命理心得

국립중앙도서관 출판예정도서목록(CIP)

명리심득 / 지은이: 안희성. — 서울 : 상원문화사, 2015
   p. ;   cm

한자표제: 命理心得
ISBN 979-11-85179-15-5 03180 : ₩35000

사주 명리학 [四柱命理學]

188.5-KDC6
133.3-DDC23   CIP2015023924

命理心得

안 희 성 지음

祥元文化社

한 20여 년 전, 주역을 몇 년째 공부하고 있을 때, 주역을 연구하는 학자들과 사주명리학을 연구하는 역학자(易學者)들 간의 토론회를 텔레비전에서 본 일이 있다. 주역학자들은 '사주는 주역과 관계가 전혀 없다'고 주장하였고, 명리학자들은 '주역에서 명리가 파생되었기에 주역과 연관되어 있다'는 것이었다. 이에 주역학자들이 완강하게 얼굴을 붉혀 가며 사주를 부정하던 장면이 생각난다.

토론회를 시청하고 몇 개월 후에 우연히 명리학에 입문하게 되어 지금까지 배우고 연구하고 있는 필자의 생각은, 명리학자들과 같이 주역과 명리는 떼려야 뗄 수 없는 불가분의 관계라고 말하고 싶다.

주역의 큰 뜻은 중용(中庸)에 있으며, 자평명리의 큰 뜻은 중화(中和)에 있지 않은가.

필자도 주역만 공부하고 명리학을 몰랐다면 우물 안 개구리같이, 그 토론회의 주역학자들처럼 생각하고 살아왔으리라.

완성된 학문이 어디 있으랴마는, 사주명리도 아직 미완의 학문이기에 여러 이론들이 존재하고 있고, 새로운 해석법이나 학파들이 등장하여 혹독하게 검증을 받아 살아남기도 하고 소멸되기도 한다.

중국 등소평의 흑묘백묘론(黑猫白猫論)처럼 검은고양이든 흰고양이든 쥐만 잘 잡으면 되듯이, 인간의 길흉화복을 정확히 예측한다면 새로운 이론이라도 기꺼이 취하고 연구하는 것이 우리 역술인의 바른 도리라고 생각한다.

역술에 관심있는 학도들이 이 책을 읽고 연구 발전시켜 사주명리학을 완성의 학문으로 자리매김할 수 있게 한다면, 미천한 지식으로 이 책을 세상에 내놓은 부끄러움이 다소 가시리라.

짧은 지식으로 세상에 책을 내놓은 송구스러움에 강호의 선배제현들께 머리를 숙이며, 출간에 도움을 주신 상원문화사 문해성 사장님께 깊은 감사의 말씀을 올린다.

을미년 입추를 맞이하고 얼마 후에

계룡산 자락 비결원에서...

目次 ......목차

제4편 기문명리

제1편
입문(入門)

命理心得

음양오행과 합·충·형·파·해·원진

① 음양陰陽

　無極과 太極에서 양의(兩儀)인 동정(動靜)의 양기(兩氣) 음양(陰陽)이 생겨났다. 무극에서 일기(一氣)가 비로소 생겨나고 일기(一氣)에서 음양 양의로 분리되므로 비로소 음양의 조화로 인하여 우주가 창시되고 삼라만상이 생겨났다. 자연계에 존재하는 사물의 성질은 모두 음과 양으로 나눠진다.

양(陽)에 속한 것

동(動), 하늘, 위, 해, 아버지, 남자, 수컷, 밝음, 낮, 겉, 나온 것, 앞, 봄, 여름, 따뜻함, 강함, 임금, 대통령, 착함, 부귀, 길복(吉福), 긴 것, 가벼움, 상승, 피부, 과학 등

음(陰)에 속한 것

정(靜), 땅, 아래, 달, 어머니, 여자, 암컷, 어둠, 밤, 속, 들어간 것, 뒤, 가을, 겨울, 추움, 약함, 신하, 장관, 악함, 빈천, 흉화, 짧은 것, 무거움, 하강, 피, 종교, 철학 등

이밖에도 모든 사물에는 상대성을 들 수 있다.

② 오행五行

오행(五行)이란 금목수화토(金木水火土)의 다섯 가지를 가리키며 곧 우주간 자연물질의 현상이다. 천지간 만물이 다섯 개의 개성이 있으니 목(木)은 나무, 화(火)는 불, 토(土)는 흙, 금(金)은 쇠, 수(水)는 물로서 자연계에 존재하는 모든 것을 다섯 가지로 구분한 것이다. 물이란 아래로 향하고, 불이란 위로 향하고, 나무란 사방으로 향하여 뻗어가고, 흙이란 움직이지 아니하고, 쇠란 견고하니 바로 물질의 자연현상이다.

사상(四象)에서 오행(五行)이 자연적으로 발생하게 되는데 土는 모체로서 우주 처음 시작이 土에서 이루어진 것으로 추측된다. 오행이 쉬지 않고 운동하여 만물을 작용시키므로 춥고 덥고 마르고 습한 한난조습(寒暖燥濕)의 기후 변화가 생겨 봄·여름·가을·겨울의 춘하추동(春夏秋冬) 사계절을 만들고, 이러한 작용이 삼라만상과 인생의 여정에서 길흉화복의 변화를 가져오는 것이다.

五行의 相生과 相剋

金〔쇠〕은 水〔물〕를 生〔낳음〕하고, 水〔물〕는 木〔나무〕을 생하고, 木〔나무〕은 火〔불〕를 생하고, 火〔불〕는 土〔흙〕를 생하고, 土〔흙〕는 金〔쇠〕을 생한다. 金은 木을 극(剋)하고, 木은 土를 극하고, 土는 水를 극하고, 水는 火를 극하고, 火는 金을 극한다.

金이 土의 생함을 받으나 土가 많으면 金이 매몰되고 土가 火의 생함을 받으나 火가 많으면 흙이 열로 인하여 못쓰고, 火가 木의 생함을 받으나 木이 많으면 불이 꺼지고, 木이 水의 생함을 받으나 물이 많으면 떠내려가고, 水가 金의 생함을 받으나 金이 많으면 물이 탁해진다. 이것을 명리학에서 인성(印星)의 해(害)라고 한다.

金이 水를 생하나 물이 너무 많으면 金이 물에 가라앉고, 水가 木을 생하나 木이 너무 많으면 물이 말라버리고, 木이 火를 생하나 불이 너무 많으면 나무가 타버리고, 火가 土를 생하나 흙이 너무 많으면 불이 꺼지고, 土가 金을 생하나 金이 너무 많으면 土가 못쓰게 된다. 이것을 명리학에서 식상(食傷)의 해(害)라고 한다.

金이 木을 극하나 木이 매우 강하면 金이 일그러져 마모되고, 木이 土를 극하나 土가 많으면 木이 꺾어지고, 土가 水를 극하나 水가 많으면 흙이 무너져 흐트러지고, 水가 火를 극하나 火가 강하면 물이 말라버리고, 火가 金을 극하나 金이 강하면 火가 꺼진다. 이것을 명리학에서 재성(財星)의 해(害)라고 한다.

金이 약한데 왕성한 火를 만나면 金이 녹아버리고, 火가 약한데 왕성한 水를 만나면 火가 꺼지고, 水가 약한데 왕성한 土를 만나면 물이 흙에 흡수되어

버리고, 土가 약한데 왕성한 木을 만나면 土가 무너지고, 木이 약한데 강한 金을 만나면 나무가 꺾어지거나 쪼개진다. 이것을 명리학에서 관살(官煞) 의 해(害)라고 한다.

金이 왕성한데 水를 만나면 강함을 설기하여 좋고, 水가 왕성한데 木을 만나면 세력을 설기하여 좋고, 木이 강한데 火를 만나면 활력에 통명(通明)하여 이 롭고, 火가 왕성한데 土를 만나면 열기를 통제하여 좋고, 土가 왕성한데 金을 만나면 좋은 전답이 되어 좋다. 이것을 명리학에서 식상(食傷)의 이(利)라 고 한다.

金이 왕성할 때 火를 만나면 좋은 물품이 이루어지고, 水를 만나면 조화를 형성하여 기제(旣濟)의 공(功)을 얻고, 水가 왕성할 때 土를 만나면 연못·저 수지·댐을 이루어 공을 얻고, 土가 왕성한데 木을 만나면 소통의 공이 되며, 木이 왕성한데 金을 만나면 좋은 재목으로 이루어진다. 이것을 명리학에서 관살(官煞)의 이(利)라고 한다.

③ 천간지지 天干地支

천간(天干)은 하늘의 기(氣) 형성과 물상(物象)을 상징하는 천기(天氣) 로서 약칭해서 간(干)이라 하고, 천간의 부호가 10종이므로 십간(十干)이 라고 한다.

지지(地支)는 땅의 질상(質象) 물상을 상징하는 지기(地氣)로서 땅의 형체를 이룬 것이며, 약칭해서 지(支)라고 하며, 지지의 부호가 12종이므 로 십이지(十二支)라고 한다.

천간과 지지를 합하여 간지(干支)라고 한다.

十天干	1	2	3	4	5	6	7	8	9	10
	甲 갑	乙 을	丙 병	丁 정	戊 무	己 기	庚 경	辛 신	壬 임	癸 계

十二地支	1	2	3	4	5	6	7	8	9	10	11	12
	子 자	丑 축	寅 인	卯 묘	辰 진	巳 사	午 오	未 미	申 신	酉 유	戌 술	亥 해

_천간(天干)의 음양(陰陽)_

甲	乙	丙	丁	戊	己	庚	辛	壬	癸
양	음	양	음	양	음	양	음	양	음

_지지(地支)의 음양(陰陽)_

子	丑	寅	卯	辰	巳	午	未	申	酉	戌	亥
양	음	양	음	양	음	양	음	양	음	양	음

사주명리학에서는 子·午가 양이지만 음으로 많이 쓰이고 巳·亥가 음이지만 양으로 많이 쓰인다.

_천간(天干)의 오행(五行)_

甲乙	丙丁	戊己	庚辛	壬癸
木	火	土	金	水

_지지(地支)의 오행(五行)_

寅卯	巳午	辰戌丑未	申酉	亥子
木	火	土	金	水

간지(干支)의 선천수(先天數)

甲己 子午	乙庚 丑未	丙辛 寅申	丁壬 卯酉	戊癸 辰戌	巳亥
9	8	7	6	5	4

간지(干支)의 중천수(中天數)

甲己 辰戌丑未	乙庚 申酉	丙辛 亥子	丁壬 寅卯	戊癸 巳午
11	10	9	8	7

간지(干支)의 후천수(後天數)

壬 子	癸 亥	丁 巳	丙 午	甲 寅	乙 卯	辛 酉	庚 申	戊辰 戌	己丑 未	己
1	6	2	7	3	8	4	9	5	10	100
水		火		木		金		土		

방위(方位) 오행(五行)

東方	南方	中央	西方	北方
木	火	土	金	水

색(色) 오행(五行)

青色	赤色	黃色	白色	黑色
木	火	土	金	水

계절(季節)의 오행(五行)

봄(春)	여름(夏)	사계(四季)	가을(秋)	겨울(冬)
木	火	土	金	水

오상(五常)의 오행(五行)

인(仁)	예(禮)	신(信))	의(義)	지(智)
木	火	土	金	水

_오미(五味)의 오행(五行)_

신맛	쓴맛	단맛	매운맛	짠맛
木	火	土	金	水

오장육부(五臟六腑)의 오행(五行)

오행	木	火	土	金	水
오장 육부	간 쓸개	심(心), 소장, 삼초	비 위장	폐 대장	신(腎) 방광
인체	어깨	가슴	발	머리	배
오관	눈	혀	입	코	귀

_오음(五音)의 오행(五行)_

木	火	土	金	水
각(角) 어금니소리 ㄱ ㅋ	치(徵) 혓소리 ㄴ ㄷ ㄹ ㅌ	궁(宮) 목구멍소리 ㅇ ㅎ	상(商) 잇소리 ㅅ ㅈ ㅊ	우(羽) 입술소리 ㅁ ㅂ ㅍ

子	丑	寅	卯	辰	巳	午	未	申	酉	戌	亥
쥐	소	범	토끼	용	뱀	말	양	원숭이	닭	개	돼지

_간지(干支)의 방위(方位)_

甲卯乙	辰巳	丙午丁	未申	庚酉辛	戌亥	壬子癸	丑寅	戊己
동	동남	남	서남	서	서북	북	동북	중앙

④ **육십갑자**六十甲子

10천간과 12지지를 조합하면 모두 60종류가 되므로 60갑자라고 한다. 60갑자에 납음오행(納音五行)을 붙이는 것을 육갑납음(六甲納音) 혹은 육십화갑자(六十花甲子)라고 한다. 천간은 10자이고 지지는 12자이므로 간지를 배합하다 보면 이지(二支)는 순(旬)에서 짝을 만나지 못하고 남게 된다. 남게 된 2지를 공망(空亡) 또는 순공(旬空)이라고 하며 공허하다, 허무하다, 무력하다, 비었다는 뜻이다. 흉성(凶星)이 공망되면 흉한 작용이 없게 되거나 감소되고, 길성(吉星)이 공망되면 길한 효력이 없어지거나 흉조가 나타나 길조가 감소된다.

六十甲子 納音五行과 空亡

甲子旬中		甲戌旬中		甲申旬中		甲午旬中		甲辰旬中		甲寅旬中	
甲子 乙丑	海中金	甲戌 乙亥	山頭火	甲申 乙酉	泉中水	甲午 乙未	沙中金	甲辰 乙巳	覆燈火	甲寅 乙卯	大溪水
丙寅 丁卯	爐中火	丙子 丁丑	澗下水	丙戌 丁亥	屋上土	丙申 丁酉	山下火	丙午 丁未	天河水	丙辰 丁巳	沙中土
戊辰 己巳	大林木	戊寅 己卯	城頭土	戊子 己丑	霹靂火	戊戌 己亥	平地木	戊申 己酉	大驛土	戊午 己未	天上火
庚午 辛未	路傍土	庚辰 辛巳	白鑞金	庚寅 辛卯	松柏木	庚子 辛丑	壁上土	庚戌 辛亥	釵釧金	庚申 辛酉	石榴木
壬申 癸酉	劍鋒金	壬午 癸未	楊柳木	壬辰 癸巳	長流水	壬寅 癸卯	金箔金	壬子 癸丑	桑柘木	壬戌 癸亥	大海水
戌亥空亡		申酉空亡		午未空亡		辰巳空亡		寅卯空亡		子丑空亡	

⑤ 천간합 天干合

천간합은 서로 극하는 관계에 있으면서도 음양이 만나 합(合)을 이룬다. 천간이 서로 친화하여 합하는 것을 천간합(天干合) 또는 간합(干合)이라고 하며, 양간(陽干)과 음간(陰干)이 부부와 같이 서로 합하는 것이 다섯 가지가 있다.

❶ 甲己合化 土__중정지합(中正之合)

❷ 乙庚合化 金__인의지합(仁義之合)

❸ 丙辛合化 水__위엄지합(威嚴之合)

❹ 丁壬合化 木__인수지합(仁壽之合)

❺ 戊癸合化 火__무정지합(無情之合)

⑥ 천간충 天干沖

천간충은 간충(干沖)이라고도 하며, 천간을 배열하고 일곱 번째 만나는 천간끼리 충(沖)을 하므로 칠충(七沖) 또는 칠살(七煞)이라고 한다. 음과 음, 양과 양이 만나 서로 극하는 관계에 있으며 싸우고 미워하여 서로 밀어내는 현상이 있다.

甲庚沖　乙辛沖　丙壬沖　丁癸沖　戊甲沖

己乙沖　庚丙沖　辛丁沖　壬戊沖　癸己沖

어떤 학자들은 甲庚沖 乙辛沖 丙壬沖 丁癸沖 戊甲沖만 본다.

⑦ 지지육합 地支六合

지지합(地支合)은 일명 지합(支合) 또는 육합(六合)이라고 하며, 6개의 합이 되므로 육합(六合)이라고 한다. 이 육합은 합화(合化)하여 다른 오행으로 변하거나 자기오행의 힘을 더 강화시킨다.

子丑合 土　　寅亥合 木

卯戌合 火　　辰酉合 金

巳申合 水　　午未合(불변)

⑧ 지지삼합 地支三合

지지삼합은 삼합(三合)이라고 하며, 12지지 중의 3개의 지지가 서로 만나 결합하는 것으로 결합이 되면 다른 오행으로 변한다.

申子辰 三合　　水局

巳酉丑 三合　　金局

寅午戌 三合　　火局

亥卯未 三合　　木局

삼합 가운데 3개의 지지가 만나지 못하고 두 개씩만 결합하여 합을 이루는 경우를 반합(半合) 또는 준삼합(準三合)이라고 한다.

申子　　申辰　　子辰

巳酉　　巳丑　　酉丑

寅午　　寅戌　　午戌

亥卯　　亥未　　卯未

⑨ 지지방합 地支方合

1, 2, 3월은 寅卯辰月이며 봄이고 4, 5, 6월은 巳午未月이며 여름이고 7, 8, 9월은 申酉戌月이며 가을이고 10, 11, 12월은 亥子丑月이고 겨울

이다. 방합(方合)도 삼합(三合)과 마찬가지로 3개의 지지가 모여서 합이 되므로 삼합과 유사한 작용을 한다.

寅卯辰 方合　東方　木局(목국)

巳午未 方合　南方　火局(화국)

申酉戌 方合　西方　金局(금국)

亥子丑 方合　北方　水局(수국)

⑩ 지지우합 地支隅合

구궁 구성(九宮九星)에서 중궁(中宮)을 제외한 팔괘궁(八卦宮)에서 같은 궁에서 만나는 지지를 우합(隅合)이라고 한다. 지지가 모두 12개인데 8괘는 8개이므로 4개의 궁에는 1개의 지지가 배속되지만 4개의 궁에는 2개의 지지가 배속되므로 4개의 궁에서는 만남이 있게 된다. 4개의 궁은 모두 모퉁이므로 우합(隅合)이라고 한다.

辰·巳 巽	午 離	未·申 坤
卯 震	中宮	酉 兌
寅·丑 艮	子 坎	亥·戌 乾

丑寅隅合

辰巳隅合

未申隅合

戌亥隅合

우합은 중요하지 않다.

⑪ 암합 暗合

암합은 지지장간(地支藏干)끼리 합하는 것을 말한다. 암합은 사교적이며 치밀하고 조직적이다. 기신(忌神)을 합하여 길신이 되면 길하고, 길신을 합하여 기신이 되면 흉하다. 한신(閒神)이 암합되면 길한 경우도 있고 흉한 경우도 있다. 여명(女命)에 암합이 많으면 부정하다. 남녀간에 암합이 많으면 이성으로 인한 색정이 염려된다.

子巳	子辰	子戌	寅丑	寅午	寅未	卯申	巳丑	午亥

子巳·子辰·子戌은 子 중의 癸水와 巳중의 戊土, 辰중의 戊土, 戌중의 戊土가 戊癸합이 된다.

寅丑·寅午·寅未는 寅 중의 甲木과 丑중의 己土, 午중의 己土, 未중의 己土가 甲己합이 된다.

卯申은 卯 중의 乙木과 申 중의 庚金이 乙庚합이 된다.

巳丑은 巳 중의 丙火와 丑 중의 辛金이 丙辛합이 된다.

午亥는 午 중의 丁火와 亥 중의 壬水가 丁壬합이 된다.

寅丑은 寅 중의 丙火와 丑 중의 辛金이 丙辛합이 된다.

巳丑은 巳 중의 戊土와 丑 중의 癸水가 戊癸합이 된다.

午亥는 午 중의 己土와 亥 중의 甲木이 甲己합이 된다.

⑫ 명암합 明暗合

명암합이란 천간이 지지와 합하는 것이며 천지합(天地合)이라고도 한다. 작용력은 바꾸어 보자는 정신이 짙으므로 아이를 낳고 살다가도 가출하기 쉽고, 혹은 이혼을 하고 첩살이를 하거나, 애인을 숨겨놓고 밀회를 즐기거나 국제결혼을 한다.

辛巳	壬午	丁亥	戊子	癸巳	甲午	己亥	乙巳	戊辰	庚辰	丙戌	壬戌
순합(純合)								잡합(雜合)			

⑬ 동합 同合

동합은 같은 지지끼리 만나는 것을 말하며, 오행은 변하지 않고 기세만 강해진다. 동합은 복음(伏吟)이 되므로 태세에서 만나면 울 일이 있거나 신음하거나 한탄할 일이 있기 쉽다.

子	丑	寅	卯	辰	巳	午	未	申	酉	戌	亥
子	丑	寅	卯	辰	巳	午	未	申	酉	戌	亥

⑭ 지지충 地支沖

지지충은 지충(地沖) 혹은 지충(支沖)이라고도 하며, 천간충과 마찬가지로 일곱 번째 만나는 지지와 충이 되는 것이다. 음은 음끼리, 양은 양끼리 만나 충돌을 일으키고 서로 파괴한다.

子午沖　　　丑未沖　　　寅申沖

卯酉沖　　　辰戌沖　　　巳亥沖

⑮ 형 刑

형살은 주로 형액을 초래하여 괸재구설, 송사, 병고, 사고, 산액, 부부풍파, 파가 등의 액난을 당한다. 그러나 사주 중에서 길신으로 용(用)이 될 때는 권위의 길신으로 변하여 권위를 만리에 떨친다.

寅巳申 三刑__持勢之刑(지세지형)

丑戌未 三刑__無恩之刑(무은지형)

子卯刑__無禮之刑(무례지형)

辰辰 午午 酉酉 亥亥__自刑(자형)

16 **파**破

파(破)는 파기한다, 파괴한다, 깨트린다는 뜻을 가지고 있다.

<table>
<tr><td>子酉破</td><td>丑辰破</td><td>寅亥破</td></tr>
<tr><td>卯午破</td><td>巳申破</td><td>戌未破</td></tr>
</table>

17 **해**害

해(害)는 육해(六亥) 또는 상천(相穿)이라고 하며, 일반적으로 가족에게 극해가 있다.

<table>
<tr><td>子未害</td><td>丑午害</td><td>寅巳害</td></tr>
<tr><td>卯辰害</td><td>申亥害</td><td>酉戌害</td></tr>
</table>

18 **원진**怨嗔

원진(怨嗔)은 원진(元辰)이라고도 하며, 흉살의 하나이며 년지 또는 일지를 기준하여 본다. 이 원진이 있으면 불화, 반목, 증오, 이별, 고독, 불평불만, 권태, 질병, 파재 등이 있다.

子未원진은 쥐는 양머리의 뾰족하게 돋아난 뿔을 매우 싫어한다.

丑午원진은 소는 말이 논·밭을 갈지 않는 것이 매우 불만이다.

寅酉원진은 범은 닭의 부리가 짧은 것을 미워한다.

卯申원진은 토끼는 원숭이가 날렵하게 나무를 타는 것을 원수로 여겨 불평이 많다.

辰亥원진은 용은 돼지의 얼굴이 검은 것을 싫어한다.

巳戌원진은 뱀은 개 짖는 소리에 놀라 경풍을 일으키니 불만이다.

子未怨嗔　　丑午怨嗔　　寅酉怨嗔

卯申怨嗔　　辰亥怨嗔　　巳戌怨嗔

제02장
사주정립법(四柱定立法)

① 연주정법 年柱定法

출생한 연·월·일·시의 네 기둥을 사주(四柱)라고 하며 사주 중 태어난 해를 연주(年柱)라고 한다. 사주명리학을 공부하려면 우선 만세력(萬歲曆)을 준비하여 참조해야 한다.

연주를 세울 때 1년의 시작과 끝을 정확하게 알아야 한다. 일반인들은 정월 초하루부터 한해가 시작되는 것으로 알고 있겠지만 사주명리학에서는 입춘(立春)을 년의 시작으로 한다. 연주를 정할 때는 반드시 입춘을 기준하여 입춘 전에 출생하였으면 당년도에 출생해도 전년도의 연주(年柱)를 쓰고, 입춘 후에 출생하였으면 새해인 당년도의 연주를 쓴다. 입춘 당일에 출생했더라도 입춘절입의 시각에 의하여 입춘절입의 시각 전이면 전년도의 연주를 쓰고, 입춘절입의 시각 후이면 새해인 당년도의 연주를 쓴다.

> 예 가령 어떤 사람이 서기 1999년 음력 12월 19일생이라면 입춘이 그해 음력 12월 18일에 들었으므로 입춘 후에 출생한 까닭으로 1999년의 연주인 己卯를 쓰게 된다.

> 예 가령 어떤 사람이 서기 2003년 음력 1월 7일에 출생하였다면 입춘이 그해 음력 1월 4일에 들었으므로 서기 2003년의 연주인 癸未를 쓴다.

> 예 가령 어떤 사람이 서기 2009년 음력 1월 9일에 출생했다면 입춘이 음력 1월 10일에 들었으므로 서기 2009년도의 연주인 己丑이 연주가 되는 것이 아니라 서기 2008년도의 연주인 戊子가 연주가 되는 것이다.

> 예 가령 어떤 사람이 서기 2012년 음력 1월 12일에 태어났다면 음력 1월 13일에 입춘이 들었으므로 서기 2012년도의 연주인 壬辰이 연주가 되는 것이 아니라 서기 2011년의 연주인 辛卯가 연주인 것이다.

> 예 가령 어떤 사람이 서기 1984년 음력 1월 4일 0시 21분에 태어났다면 입춘이 음력 1월 4일 0시 19분에 입절했으므로 입춘절입 시각 이후에 출생했으므로 서기 1984년의 연주인 甲子를 연주로 쓰게 된다.

② 월주정법 月柱定法

출생한 달을 월주(月柱)라고 한다. 한 달의 시작과 끝을 정확하게 알아야 한다. 무조건 초하루부터 시작되는 것이 아니라 각 달은 1개의 절(節)과 1개의 기(氣)를 가지고 있으며, 일년에는 이십사절기(二十四節氣)가 있다.

각 달의 시작은 절(節)이 드는 날의 절입(節入) 시각을 기준으로 월주를 정한다. 절입 전이면 전월(前月)의 월건을 월주로 삼고 절입시각 이

후이면 당월의 월건을 월주로 삼는다. 각 달의 경계점은 각 달의 절입시 각임을 명심하기 바란다.

일년 12달의 절입일은 음력 1월 입춘(立春), 2월 경칩(驚蟄), 3월 청명(淸明), 4월 입하(立夏), 5월 망종(芒種), 6월 소서(小暑), 7월 입추(立秋), 8월 백로(白露), 9월 한로(寒露), 10월 입동(立冬), 11월 대설(大雪), 12월은 소한(小寒)이다.

어느 해를 막론하고 월지는 1월 寅, 2월 卯, 3월 辰, 4월 巳, 5월 午, 6월 未, 7월 申, 8월 酉, 9월 戌, 10월 亥, 11월 子, 12월은 丑이다.

월두법(月頭法)은 다음과 같다.

甲己之年 丙寅頭   乙庚之年 戊寅頭   丙辛之年 庚寅頭

丁壬之年 壬寅頭   戊癸之年 甲寅頭

甲己合土인데 土를 생하는 것은 火이며 양간인 丙火를 사용하므로 甲·乙年 寅月의 월주는 丙寅부터 시작한다.

乙庚合金인데 金을 생하는 것은 土이며 양간인 戊土를 사용하므로 乙·庚年 寅月의 월주는 戊寅부터 시작한다.

丙辛合水인데 水를 생하는 것은 金이며 양간인 庚金을 사용하므로 丙·辛年 寅月의 월주는 庚寅부터 시작한다.

丁壬合木인데 木을 생하는 것은 水이며 양간인 壬水를 사용하므로 丁·壬年 寅月의 월주는 壬寅부터 시작한다.

戊癸合火인데 火를 생하는 것은 木이며 양간인 甲木을 사용하므로 戊·癸年 寅月의 월주는 甲寅부터 시작한다.

다음의 월간지 조견표를 참조하기 바란다.

月干支 \ 年干		甲己年	乙庚年	丙辛年	丁壬年	戊癸年
1월 寅月	立春 후부터 驚蟄 전까지	丙寅	戊寅	庚寅	壬寅	甲寅
2월 卯月	驚蟄 후부터 清明 전까지	丁卯	己卯	辛卯	癸卯	乙卯
3월 辰月	清明 후부터 立夏 전까지	戊辰	庚辰	壬辰	甲辰	丙辰
4월 巳月	立夏 후부터 芒種 전까지	己巳	辛巳	癸巳	乙巳	丁巳
5월 午月	芒種 후부터 小暑 전까지	庚午	壬午	甲午	丙午	戊午
6월 未月	小暑 후부터 立秋 전까지	辛未	癸未	乙未	丁未	己未
7월 申月	立秋 후부터 白露 전까지	壬申	甲申	丙申	戊申	庚申
8월 酉月	白露 후부터 寒露 전까지	癸酉	乙酉	丁酉	己酉	辛酉
9월 戌月	寒露 후부터 立冬 전까지	甲戌	丙戌	戊戌	庚戌	壬戌
10월 亥月	立冬 후부터 大雪 전까지	乙亥	丁亥	己亥	辛亥	癸亥
11월 子月	大雪 후부터 小寒 전까지	丙子	戊子	庚子	壬子	甲子
12월 丑月	小寒 후부터 立春 전까지	丁丑	己丑	辛丑	癸丑	乙丑

③ 일주정법 日柱定法

출생한 날을 일주(日柱) 혹은 일진(日辰)이라고 한다. 일간(日干)과 일지(日支)로 구성되며, 일간을 일주(日主) 또는 일원(日元)이라고 하며 일지를 좌하(坐下)라고 한다.

일주는 사주의 주인공이며 자신이고, 일지는 배우자이며 가정이라고 할 수 있다. 만세력을 보면 매일매일의 간지를 모두 기록해 놓았으므로 절기와 음력, 양력, 요일까지 한눈에 찾아볼 수 있다.

일주는 절기에 관계없이 출생한 날의 일진을 그대로 사용하면 된다. 그러나 주의할 것은 하루의 분계선은 자시(子時)를 경계로 하며, 당일 오후 11시가 하루의 분계선이자 하루의 시발점이다. 당일 오후 11시 이전에 출생했을 시에는 당일 亥時生이고, 당일 오후 11시 이후에 출생했을 시에는 다음날의 일주를 쓰고 子時生인 것이다.

하지만 시간에 관하여 주의해야 됨은 다음과 같다.

현재 우리가 사용하고 있는 시간은 일본 동경 135도 표준시이며, 우리나라의 표준시는 동경 127도 30분이다. 동경 135도 표준시를 사용하고 있는 현실에서는 30분 정도 시차가 생기므로 실제 子時는 오후 11시 30분부터 오전 1시 30분까지이다. 그러므로 오후 11시 20분에 출생한 사람이 있다면 그는 子時生이 아니라 亥時生이다. 왜냐하면 11시 20분에서 30분을 빼면 10시 50분이기 때문이다. 가령 오전 1시 23분생이라면 丑時生이 아니라 子時生이다. 왜냐하면 1시 23분에서 30분을 빼면 0시 53분이기 때문이다. 다만 이러한 방식은 사용상 편리에 따른 것일 뿐 실제로는 지역에 따라 다소의 시차가 있다. 실제시와 동경 135도 표준시와의 시간 차이는 지역에 따라 다르다.

독도	12분 21초	울릉도	16분 25초	울진	22분 25초
포항	22분 33초	울산	22분 43초	경주	23분 7초
동해	23분 28초	부산	23분 48초	태백	24분 7초
강릉	24분 23초	안동	25분 4초	대구	25분 32초
속초	25분 36초	마산	25분 44초	통영	25분 52초
상주	26분 56초	김천	27분 12초	사천	27분 20초
원주	28분 12초	충주	28분 20초	여수	29분
춘천	29분 4초	청주	30분 3초	대전	30분 19초
남원	30분 28초	전주	31분 24초	천안	31분 24초
평택	31분 33초	수원	31분 53초	서울	32분 5초
광주	32분 17초	정읍	32분 52초	군산	33분 28초
인천	33분 32초	서귀포	33분 44초	보령	33분 48초
제주	33분 52초	서산	34분 10초	목포	34분 26초

④ 시주정법 時柱定法

태어난 시간을 시주(時柱)라고 한다. 시주는 시간(時干)과 시지(時支)로 구성되며, 일간에 따라 시간(時干)이 변화한다. 시지는 하루 24시간 중 각각 2시간씩 맡고 있다.

시두법(時頭法)은 다음과 같다.

甲己之日 甲子時　乙庚之日 丙子時　丙辛之日 戊子時,

丁壬之日 庚子時　戊癸之日 壬子時

甲己合土인데 土를 극하는 것은 木이며 양간인 甲木을 사용하므로

甲·己日의 子時는 甲子時가 된다.

乙庚合金인데 金을 극하는 것은 火이며 양간인 丙火를 사용하므로

乙·庚日의 子時는 丙子時가 된다.

丙辛合水인데 水를 극하는 것은 土이며 양간인 戊土를 사용하므로 丙·辛日의 子時는 戊子時가 된다.

丁壬合木인데 木을 극하는 것은 金이며 양간인 庚金을 사용하므로 丁·壬日의 子時는 庚子時가 된다.

戊癸合火인데 火를 극하는 것은 水이며 양간인 壬水를 사용하므로 戊·癸日의 子時는 壬子時가 된다.

子時는 전일 오후 11시부터 금일 오전 1시까지이다.

丑時는 오전 1시부터 오전 3시까지이다.

寅時는 오전 3시부터 오전 5시까지이다.

卯時는 오전 5시부터 오전 7시까지이다.

辰時는 오전 7시부터 오전 9시까지이다.

巳時는 오전 9시부터 오전 11시까지이다.

午時는 오전 11시부터 오후 1시까지이다.

未時는 오후 1시부터 오후 3시까지이다.

申時는 오후 3시부터 오후 5시까지이다.

酉時는 오후 5시부터 오후 7시까지이다.

戌時는 오후 7시부터 오후 9시까지이다.

亥時는 오후 9시부터 11시까지이다.

生時 \ 日干		甲己日	乙庚日	丙辛日	丁壬日	戊癸日
子時	23時 30分부터 1時 30分까지	甲子	丙子	戊子	庚子	壬子
丑時	1時 30分부터 3時 30分까지	乙丑	丁丑	己丑	辛丑	癸丑
寅時	3時 30分부터 5時 30分까지	丙寅	戊寅	庚寅	壬寅	甲寅
卯時	5時 30分부터 7時 30分까지	丁卯	己卯	辛卯	癸卯	乙卯
辰時	7時 30分부터 9時 30分까지	戊辰	庚辰	壬辰	甲辰	丙辰
巳時	9時 30分부터 11時 30分까지	己巳	辛巳	癸巳	乙巳	丁巳
午時	11時 30分부터 13時 30分까지	庚午	壬午	甲午	丙午	戊午
未時	13時 30分부터 15時 30分까지	辛未	癸未	乙未	丁未	己未
申時	15時 30分부터 17時 30分까지	壬申	甲申	丙申	戊申	庚申
酉時	17時 30分부터 19時 30分까지	癸酉	乙酉	丁酉	己酉	辛酉
戌時	19時 30分부터 21時 30分까지	甲戌	丙戌	戊戌	庚戌	壬戌
亥時	21時 30分부터 23時 30分까지	乙亥	丁亥	己亥	辛亥	癸亥

태월 (胎月)

태월(胎月)은 수태(受胎)된 임신이 된 달을 말한다.

生月 생월	胎月 태월	生月 생월	胎月 태월	生月 생월	胎月 태월	生月 생월	胎月 태월	生月 생월	胎月 태월
甲子	乙卯	丙子	丁卯	戊子	己卯	庚子	辛卯	壬子	癸卯
乙丑	丙辰	丁丑	戊辰	己丑	庚辰	辛丑	壬辰	癸丑	甲辰
丙寅	丁巳	戊寅	己巳	庚寅	辛巳	壬寅	癸巳	甲寅	乙巳
丁卯	戊午	己卯	庚午	辛卯	壬午	癸卯	甲午	乙卯	丙午
戊辰	己未	庚辰	辛未	壬辰	癸未	甲辰	乙未	丙辰	丁未
己巳	庚申	辛巳	壬申	癸巳	甲申	乙巳	丙申	丁巳	戊申
庚午	辛酉	壬午	癸酉	甲午	乙酉	丙午	丁酉	戊午	己酉
辛未	壬戌	癸未	甲戌	乙未	丙戌	丁未	戊戌	己未	庚戌
壬申	癸亥	甲申	乙亥	丙申	丁亥	戊申	己亥	庚申	辛亥
癸酉	甲子	乙酉	丙子	丁酉	戊子	己酉	庚子	辛酉	壬子
甲戌	乙丑	丙戌	丁丑	戊戌	己丑	庚戌	辛丑	壬戌	癸丑
乙亥	丙寅	丁亥	戊寅	己亥	庚寅	辛亥	壬寅	癸亥	甲寅

가령 어떤 사람이 1961년 辛丑년 음력 3월 9일 오전 9시 45분에 출생하였다면 사주 네 기둥은 다음과 같다.

時	日	月	年
癸	丙	壬	辛
巳	戌	辰	丑

1961년 辛丑년에 태어났으니 연주는 辛丑이고, 3월 절후인 청명 이후에 태어났으니 월주는 壬辰이고, 음력 3월 9일은 丙戌日이니 일주는 丙戌이며, 오전 9시 45분은 巳時인데 丙日의 巳時는 癸巳이니 시주는 癸巳가 된다.

가령 어떤 사람이 2004년 甲申년 음력 10월 25일 오후 4시에 출생하였다면 사주 네 기둥은 다음과 같다.

時	日	月	年
壬	己	乙	甲
申	未	亥	申

2004년 甲申년에 태어났으므로 연주는 甲申이고, 10월 절후인 입동 이후에 태어났으니 월주는 乙亥이며, 음력 10월 25일은 己未일이니 일주는 己未이고, 오후 4시는 申시인데 己日의 申時는 壬申이니 시주는 壬申이 된다.

만약 어떤 사람이 2012년 壬辰년 음력 2월 11일 오후 10시 30분에 출생했다면 사주 네 기둥은 다음과 같다.

時	日	月	年
癸	癸	壬	壬
亥	亥	寅	辰

2012년 壬辰년에 태어났으니 연주는 壬辰이고, 2월 절후인 경칩 이전에 태어났으므로 월주는 壬寅이며, 음력 2월 11일은 癸亥일이니 일주는 癸亥이고, 오후 10시 30분은 亥시인데 癸일의 亥시는 癸亥이니 시주는 癸亥가 된다.

만약 어떤 사람이 1938년 戊寅년 음력 12월 20일 오전 7시 20분에 태어났다면 사주 네 기둥은 다음과 같다.

時	日	月	年
辛	丙	丙	己
卯	子	寅	卯

1939년 己卯년 입춘이 음력 12월 17일에 입절했으므로 연주가 戊寅이 아니고 己卯가 연주가 된다. 12월 절후인 소한 이후를 지나 1월 절후인 입춘 이후에 태어났으므로 정월 월건이 丙寅이 월주가 되고, 음력 12월 20일은 丙子일이니 일주는 丙子이며, 오전 7시 20분은 卯시인데 丙일의 卯시는 辛卯이니 시주는 辛卯가 된다.

⑤ 대운大運을 세우는 방법

대운은 월주를 기준으로 하여 양남음녀는 순행하여 정하고, 음남양녀는 역행하여 정한다. 남자가 양년(陽年)에 태어나면 양남(陽男)이고, 음년(陰年)에 태어나면 음남(陰男)이다. 여자가 양년(陽年)에 태어나면 양녀(陽女)이고, 음년(陰年)에 태어나면 음녀(陰女)이다.

<남자 양년생>

時	日	月	年
壬	己	乙	甲
申	未	亥	申

					대
辛	庚	己	戊	丁	丙	운
巳	辰	卯	寅	丑	子	

<여자 음년생>

時	日	月	年
癸	丙	壬	辛
巳	戌	辰	丑

					대
戊	丁	丙	乙	甲	癸	운
戌	酉	申	未	午	巳	

<남자 음년생>

時	日	月	年
辛	丙	丙	己
卯	子	寅	卯

					대
庚	辛	壬	癸	甲	乙	운
申	酉	戌	亥	子	丑	

<여자 양년생>

時	日	月	年
癸	癸	壬	壬
亥	亥	寅	辰

					대
丙	丁	戊	己	庚	辛	운
申	酉	戌	亥	子	丑	

⑥ 대운수 大運數 산출법

대운수는 양남음녀는 미래절을 쓰고, 음남양녀는 과거절을 쓴다.

대운이 순행하는 양남음녀는 출생일부터 다가오는 절입(節入)까지의 날짜를 세어 3으로 나누어 나온 수가 대운수가 된다. 대운이 역행하는 음남양녀는 출생일로부터 지나간 절입까지의 날짜를 세어 3으로 나누어 나온 수가 대운수이다.

　나눌 시에 1이 남으면 버리고, 2가 남으면 나눈 수에 1을 더하는데 이 것을 일사이입법(一捨二入法) 혹은 사사오입법(四捨五入法)이라고 한다. 요즘은 대부분의 만세력에 대운수가 기록되어 있어 힘들게 헤아릴 필요 가 없으니 독자는 반드시 정확한 만세력을 구입하여 참조하기 바란다.

<陽男>

時	日	月	年
壬	己	乙	甲
申	未	亥	申

51	41	31	21	11	1	대
辛	庚	己	戊	丁	丙	운
巳	辰	卯	寅	丑	子	

<陰女>

時	日	月	年
癸	丙	壬	辛
巳	戌	辰	丑

54	44	34	24	14	4	대
戊	丁	丙	乙	甲	癸	운
戌	酉	申	未	午	巳	

<陰男>

時	日	月	年
辛	丙	丙	己
卯	子	寅	卯

51	41	31	21	11	1	대
庚	辛	壬	癸	甲	乙	운
申	酉	戌	亥	子	丑	

<陽女>

時	日	月	年
癸	癸	壬	壬
亥	亥	寅	辰

59	49	39	29	19	9	대
丙	丁	戊	己	庚	辛	운
申	酉	戌	亥	子	丑	

7 서머타임제도

서머타임제도는 일명 일광절약 시간제라고 하며, 여름의 긴 낮시간을 유용하게 활용하기 위하여 임의로 시간을 앞당겨 쓰는 제도이다. 여러 나라에서 시행하고 있으며 우리나라에서도 몇 차례 시행한 적이 있다. 그러나 일상생활과 학술적으로 많은 혼란을 야기하므로 영원히 사용하지 않기를 위정자들에게 부탁 드린다.

실시방법은 시작하는 시각을 한 시간 앞당기고 끝나는 시각을 한 시간 늦추는 것이다. 예를 들어 시작 시각이 02시라면 02시를 03시로 앞당기고, 끝나는 시각인 03시를 02시로 늦추는 것이다.

실시기간은 다음과 같다.

1948년 6월 1일 0시부터 9월 13일 0시까지
1949년 4월 3일 0시부터 9월 11일 0시까지
1950년 4월 1일 0시부터 9월 10일 0시까지
1951년 5월 6일 0시부터 9월 9일 0시까지
1955년 5월 5일 0시부터 9월 9일 0시까지
1956년 5월 20일 0시부터 9월 30일 0시까지
1957년 5월 5일 0시부터 9월 22일 0시까지
1958년 5월 4일 0시부터 9월 21일 0시까지
1959년 5월 3일 0시부터 9월 20일 0시까지
1960년 5월 1일 0시부터 9월 18일 0시까지
1987년 5월 10일 02시부터 10월 11일 03시까지
1988년 5월 8일 02시부터 10월 9일 03시까지

⑧ 육신표출법 六神表出法

사주의 주인인 일간(日干)과 다른 간지들, 즉 연간·연지·월간·월지·일지·시간·시지를 대조하여 뽑는다. 육신(六神)은 육친(六親)이라고도 하며 육친이란 부모·형제·처·남편·자손 등을 가리킨다.

생아자부모(生我者父母) ☞ 나를 생해 주는 자는 부모이다.

아생자자손(我生者子孫) ☞ 내가 생해 주는 자는 자손이다.

극아자관귀(剋我者官鬼) ☞ 나를 극하는 자는 관귀이다.

아극자처재(我剋者妻財) ☞ 내가 극하는 자는 처재이다.

비화자형제(比和者兄弟) ☞ 나와 같은 자는 형제이다.

비화자(比和者) ☞ **비견**(比肩), **겁재**(劫財)이다.

아생자(我生者) ☞ **식신**(食神), **상관**(傷官)이다.

아극자(我剋者) ☞ **편재**(偏財), **정재**(正財)이다.

극아자(剋我者) ☞ **편관**(偏官), **정관**(正官)이다.

생아자(生我者) ☞ **편인**(偏印), **정인**(正印)이다.

비견(比肩) ☞ 일간과 오행이 같고 음양도 같은 것이다.

겁재(劫財) ☞ 일간과 오행이 같고 음양이 다른 것이다.

식신(食神) ☞ 일간이 생해 주는 것으로 음양이 같은 것이다.

상관(傷官) ☞ 일간이 생해 주는 것으로 음양이 다른 것이다.

편재(偏財) ☞ 일간이 극하는 것으로 음양이 같은 것이다.

정재(正財) ☞ 일간이 극하는 것으로 음양이 다른 것이다.

편관(偏官) ☞ 일간을 극하는 것으로 음양이 같은 것이다.

정관(正官) ☞ 일간을 극하는 것으로 음양이 다른 것이다.

편인(偏印) ☞ 일간을 생하는 것으로 음양이 같은 것이다.

정인(正印) ☞ 일간을 생하는 것으로 음양이 다른 것이다.

비견·겁재를 **비겁**(比劫)이라 하고, 식신·상관을 **식상**(食傷)이라 하며, 편재·정재를 **재성**(財星)이라 하고, 편관·정관을 **관성**(官星) 또는 **관살**(官煞)이라 하며, 편인·정인을 **인성**(印星) 혹은 **인수**(印綬)라고 한다. 또는 **정인**을 **인수**라고 한다.

육신(六神)을 표출할 시에 巳는 음이지만 양으로 보고, 午는 양이지만 음으로 본다. 子는 양이지만 음으로 보고, 亥는 음이지만 양으로 본다.

편관	일주	상관	식신
乙	己	庚	辛
亥	丑	寅	卯
정재	비견	정관	편관

정인	일주	편관	식신
己	庚	丙	壬
卯	戌	午	辰
정재	편인	정관	편인

겁재	일주	상관	편인
乙	甲	丁	壬
亥	寅	未	辰
편인	비견	정재	편재

정관	일주	편재	정관
壬	丁	辛	壬
寅	亥	亥	戌
정인	정관	정관	상관

편재	일주	정인	겁재
癸	己	丙	戊
酉	巳	辰	子
식신	정인	겁재	편재

정관	일주	식신	정관
甲	己	辛	甲
子	卯	未	午
편재	편관	비견	편인

육신(六神) 조견표

日干 / 六神	甲日	乙日	丙日	丁日	戊日	己日	庚日	辛日	壬日	癸日
比肩	甲寅	乙卯	丙巳	丁午	戊辰戌	己丑未	庚申	辛酉	壬亥	癸子
劫財	乙卯	甲寅	丁午	丙巳	己丑未	戊辰戌	辛酉	庚申	癸子	壬亥
食神	丙巳	丁午	戊辰戌	己丑未	庚申	辛酉	壬亥	癸子	甲寅	乙卯
傷官	丁午	丙巳	己丑未	戊辰戌	辛酉	庚申	癸子	壬亥	乙卯	甲寅
偏財	戊辰戌	己丑未	庚申	辛酉	壬亥	癸子	甲寅	乙卯	丙巳	丁午
正財	己丑未	戊辰戌	辛酉	庚申	癸子	壬亥	乙卯	甲寅	丁午	丙巳
偏官	庚申	辛酉	壬亥	癸子	甲寅	乙卯	丙巳	丁午	戊辰戌	己丑未
正官	辛酉	庚申	癸子	壬亥	乙卯	甲寅	丁午	丙巳	己丑未	戊辰戌
偏印	壬亥	癸子	甲寅	乙卯	丙巳	丁午	戊辰戌	己丑未	庚申	辛酉
印綬	癸子	壬亥	乙卯	甲寅	丁午	丙巳	己丑未	戊辰戌	辛酉	庚申

육신(六神)의 배속표

比肩	男	형제자매, 며느리, 고모부, 처남의 아들, 친구, 선배, 후배, 동업자, 직장동료, 거래인, 경쟁자, 채무자, 채권자, 아내의 애인
	女	형제자매, 시아버지, 시백부, 시숙부, 시고모, 동서, 남편의 애인, 친구, 선배, 후배, 고모부, 직장동료, 동업자, 경쟁자
劫財	男	형제자매, 이복형제, 며느리, 처남의 딸, 딸의 시모, 고조모, 선배, 후배, 경쟁자, 동업자, 직장동료, 아내의 애인
	女	형제자매, 이복형제, 시아버지, 시백부, 시숙부, 시고모, 동서, 남편의 애인, 친구, 선배, 후배, 동업자, 경쟁자, 직장동료
食神	男	조모, 장모, 손자, 손녀, 생질, 사위, 외조부, 증조부, 부하, 종업원
	女	아들, 딸, 조모, 조카, 시누이의 남편, 외조부, 손부, 증조부
傷官	男	조모, 장모, 손자, 손녀, 생질녀, 사위, 외조부, 외숙모, 증조부, 딸의 시동기
	女	아들, 딸, 조모, 조카, 시누이의 남편, 외숙모
偏財	男	부친, 백부, 숙부, 고모, 처남, 처형, 처제, 첩, 애인, 형수, 제수, 여형제의 시모
	女	부친, 백부, 숙부, 고모, 시어머니, 외손자, 시외숙, 증손녀, 오빠나 남동생의 아내나 애인
正財	男	아내, 처남, 처형, 처제, 의부, 백부, 숙부, 고모, 형수, 제수, 여형제의 시모, 애인, 어머니의 애인, 부친
	女	백부, 숙부, 고모, 의부, 시어머니, 시이모, 증손자, 시조부, 어머니의 애인, 오빠나 남동생의 아내나 애인, 부친
偏官	男	아들, 딸, 조카, 매부, 외조모, 고조부, 딸의 시아버지
	女	편부, 정부, 애인, 시형제, 며느리, 아들의 첩, 며느리의 형제, 증조모, 사위의 어머니
正官	男	아들, 딸, 매부, 외조모, 증조모, 조카
	女	남편, 시형제, 며느리, 아들의 첩, 며느리의 형제, 외조모, 애인
偏印	男	조부, 편모, 이모, 외숙부, 백모, 숙모, 모친, 장인, 증손자, 외손자, 며느리의 모친
	女	조부, 편모, 이모, 외숙부, 백모, 숙모, 모친, 손자, 손녀, 시조모, 사위, 사위의 형제
正印	男	모친, 외숙부, 이모, 백모, 숙모, 장인, 외손녀, 처남의 댁, 증손녀, 며느리의 편모
	女	모친, 외숙부, 이모, 백모, 숙모, 사위, 사위의 형제

	年	月	日	時
比肩	빈가출생 양반족 객지생활 조기체험 동기간 중 최저생활	동기불목 빈한 빚더미에서 딩굴음 건강하나 욕심없음	중년에 상부상처 집안끼리 불목함 탕진하는 동기간 둠	남을 항상 지도하며 바람끼 있고 사생아를 두며 형제가 많이 죽음
劫財	이복형제 있거나 형제들이 혼잡함 동기간 의리상충	동기에게 해끼치고 생활의 기복 심함 허욕을 많이 부린다	부부에 정이 없다 동기간 때문에 손해를 많이 보며 수술함	남에게 신용 안 서고 사생아를 두게 됨 요행·투기심이 있음
食神	장수가문 선대번창 문벌 장수무병 인물이 수려하다	효성이 지극한 사람 공부를 잘 못한다 원수를 지지 않는다	선량하고 비대하며 자식의 숫자가 적다 상부나 상처한다	자식을 많이 둔다 말년에 돈 잘 모은다 장수하고 상속준다
傷官	손이 끊어진 가문 죽은 남자 조상 허다 기능 있으나 무식가문	부친을 일찍 여읜다 부모형제를 해침 심성이 정직하지 못함	수집력 있고 돈 잘 벌며 모험심 있어 관액이 자주 생긴다	자녀가 불효함 말년에 근거이동 자식이 있어도 불효한다
偏財	조상대에 거부였으나 부모대 초에 몰락 선친은 혈혈단신	자유결혼하거나 선심공세를 잘함 배짱좋고 잘산다	처가와 화목치 못함 바람기가 심함 약자를 깔본다	빚을 무서워 않음 돈을 잘 버는 사람 통이 커서 출세한다
正財	선대조가 양반이다 장남 노릇하게 된다 생활이 순탄하다	효자 장수가 출생 처가에다 상속권 건강하고 고생 없다	남자는 처가편 된다 사람이 인색하지만 알부자로 지낸다	중년부터 우대받음 아들 많이 둔 사람 말년에 큰 벼슬함
偏官	서민가문 기술가문 족보에 수치스러움 친동기간 흩어진다	무관이나 기술가문 힘이 쎄거나 기골장대 학력 짧고 고학 경험	똑똑한 배우자 상봉 본인은 수술, 보상 전공을 지키지 못함	아들 수는 적지만 출세하는 자식 둔다 말년에 불치병 침범
正官	혈통 좋은 가문 출신 중요자격 지님 공부열중 자주 아픔	공부하기를 즐김 봉사정신으로 화목 장사하여 패한 경험	부부간에 맞벌이 함 명예욕이 대단하다 외로운 사람 구제한다	늦도록 직업 가진다 배경업고 출세한다 돈은 없어도 효자
偏印	조상대에 절손 경험 부모가 가난과 신병 본인의 자식과 불목	부모 중 혈통 혼잡 자식이 없거나 늦음 돈이 생기나 부양의무	성질이 불같아짐 남의 말 믿지 않음 배우자 연이 부족함	자식이 없거나 늦고 말년에도 안정 못함 말년에 고독이 극심
正印	학자나 의사의 집안 머리 총명하나 고독 자식이 늦고 허약함	고독한 부모 모심 후배를 많이 거느림 오래 살고 머리 총명	배우자가 가족을 자기 혈족처럼 모실 수 생활의 기복 심하다	자식이 늦고 고독함 양자 두는 수가 있음 자식을 두어도 어리다

時	日	月	年
比肩		比肩	比肩
	比肩		
▶양자가 잇따른다 ▶羊刃을 띠면 剋父 한다 ▶자녀가 적거나 자 식이 없다	▶혼인이 변하기 쉽 다. 比局을 이룬 자는 몇 번 신랑 이 된다 ▶羊刃을 띠면 剋父 하거나 剋妻한다. 羊刃을 띠고 沖을 만난 자는 원행에 불리하고 타향에 서 객사한다	▶형제가 있으며 양 자가 되고 독립 성 질이 있다. 柱中에 官星이 없으면 폭 동, 소동, 성질이 있다 ▶空亡을 범하면 형 제의 힘을 얻지 못 하고 분리한다	▶형제가 있으며 자 기는 양자가 되고 독립 성질이다.

時	日	月	年
劫財		劫財	劫財
	劫財		
▶사내아이와 인연이 박하다 ▶상관을 띠면 아들을 損한다 ▶겁재, 상관, 양인이면 創業이 어렵다. 감옥이나 거지의 命이다	▶혼인이 변하기 쉽고 比局을 이룬 자는 몇 번 신랑이 된다 ▶羊刃을 띠면 극부 극처한다. 羊刃을 띠고 沖을 만난 자는 원행에 불리하고 타향에서 객사한다	▶재물을 모으기 어려우며 재물이 없다 ▶구설, 남을 욕하는 별남이 있으며 남과 공동사업을 해서는 안 된다 ▶겁재가 羊刃에 앉으면 財를 위한 일에 재앙을 받는다	▶위에 형, 누나가 없고 長子가 될 가능성이 있다 ▶他柱에 다시 겁재가 나타난 자는 혼인이 변하기 쉽다

時	日	月	年
食神	食神	食神	食神
	食神		
▶妻子의 협력을 얻는다 ▶祿旺에 앉으면 그 아들이 반드시 발달한다 ▶偏印에 앉으면 여인은 空房을 지키고 남자는 질액이 많다	▶妻妾의 신체가 비만이고 품성이 선량하며 살림을 잘한다 ▶사주 중 偏印이 있고 偏財가 없으면 사업이 有始無終이다 ▶女子의 命에 食神이 많고 財星이 없으면 娼妓의 命이다	▶부모의 은혜를 받으며 행복을 얻는다 ▶身旺하면 음식을 좋아하고 신체가 뚱뚱하다 ▶生時에 正官이 있으면 크게 발전하는 命이다	▶조상 부모의 덕택을 받고 사업이 발전한다 ▶사주 중 財星이 있으면 복록이 더욱 증가한다 ▶干이 食神이고 支가 比肩이면 養子의 命이다

時	日	月	年
傷官		傷官	傷官
	傷官		
▶干支가 傷官이면 자녀가 무亡한다 ▶副星이 劫財이면 노후에 困苦하다 ▶처음을 女子를 낳고 자식연이 박하다 ▶柱中에 正官이 없고 傷官傷盡되는데 財運을 行하면 반드시 발달한다	▶속임이 많다 ▶처첩이 아름다움이 많다 ▶生日이 상관이고 羊刃을 띤 여인은 부부가 참사함을 만난다 ▶生日 生年에 상관이 있는데 상관운을 만나면 頭面에 상함이 있다 ▶生日이 상관이고 生時가 正偏財면 少年에 발달한다 ▶日支가 상관이고 日主가 쇠약한데 다시 상관운을 行하면 신체가 부상하고 불측의 災가 있다	▶형제연이 박하고 화목하지 못한다 ▶羊刃에 앉으면 평생 곤고하고 剋父한다 ▶干支가 傷官이면 부부가 이별한다	▶재앙을 부른다 ▶干支가 모두 상관이면 일생 중 재앙, 질병이 있고 단명한다 ▶年月에 상관이 共存하면 부모 처자가 온전치 못하고 여인은 남편연이 안정하기 어렵다 ▶年이 상관 月이 정재이고 日主가 身旺하면 큰 돈을 벌고 日主가 쇠약하면 재액이 있다 ▶年時가 모두 상관이고 日主가 쇠약하면 남녀 모두 剋子한다 日主가 健旺하면 재액이 없다

時	日	月	年
偏財		偏財	偏財
	偏財		
▶生時가 편재이고 他干에 비견, 겁재가 보이면 家産을 탕진하거나 처첩을 상한다 다시 비겁운을 만나면 더욱 흉하다 時上偏財이면 형제 만나는 것을 두려워한다 ▶生時가 편재이고 四干 중에 비겁이 없으며 身旺한 자는 크게 발달한다	▶아내의 내조를 얻는다 ▶將星에 앉으면 名門內의 여자에게 장가든다	▶生月 편재이면 가장 좋다. 다만 너무 많으면 좋지 않다 ▶生月이 편재이고 生時가 겁재이면 먼저는 부유하나 뒤에는 가난하다 ▶干支 모두 편재이면 고향을 떠나 발달한다 ▶공평함을 좋아하고 의리에 급하다	▶선조의 업무를 계승할 수 있다 ▶干支 모두 편재이면 아버지가 많은 뜻이므로 양자가 되는 命이다 ▶副星에 비견이 있으면 그의 아버지가 반드시 타향에서 죽는다 ▶편재가 둘이고 得地하면 어머니가 二夫가 있으며 어머니가 재가하는 婦人이다

時	日	月	年
正財		正財	正財
	正財		
▶晩年에 행복하다 ▶자녀가 효순하고 成家 치부한다 ▶生時가 정재이고 사주 중에 겁재가 없으면 재산이 풍 후하다. 사위로 들 어감이 많다 ▶財多身弱하면 入 壻의 命이다	▶처의 힘을 얻는다 ▶독자적으로 부귀 할수 있다 ▶生日 정재가 將星 에 앉으면 부귀 名門의 여자에게 장가든다	▶근검하고 단정하 며 독실하다 ▶生月이 정재이고 生時가 겁재이면 父는 성하나 子는 나쁘다 ▶정재가 墓에 앉으 면 구두쇠이다. 정 재가 絕에 앉으면 아내의 내조의 어 짐이 없다 ▶정재가 貴人에 앉 고 祿에 앉으면 부 모가 부귀하고 자 기는 유산을 계승 할 수 있다	▶生年에 정재가 있 으면 조부가 부귀 한 사람이다 ▶生年 生月에 정관, 정관이 並存하면 반드시 부귀한 집 에서 生한다 ▶生年生月에 정재 가 並存하면 두 집 을 상속하거나 두 아내를 娶한다

時	日	月	年
偏官		偏官	偏官
	偏官		
▶時上偏官이 홀로 있으면 성질이 강직하고 굴하지 않는다 ▶制함이 없는 자는 無子하고 또한 不肖함이 있다. 制함이 있는 자는 길하나 자식이 늦다 ▶他干에 정관이 있거나 관살혼잡됨을 꺼리며 가난한 명이다 ▶日主가 왕하고 四干 중에 財印이 있으면 재산이 풍후하다 ▶羊刃을 喜한다 ▶時上七殺이고 日에 羊刃이 앉으면 剋夫한다	▶日이 편관에 앉고 食의 制함이 없으면 처로 인하여 禍가 이르고 부부가 불목한다. 沖을 만나면 자기가 병이 많고 재앙이다. 日이 편관에 앉고 食의 制함이 있거나 合을 만난자는 길하다 ▶生月에 편관이 있고 四干 중에 정관이 없으면 급한 성미에 총명하다 ▶四干上에 다시 편관이 있고 制伏됨이 없는 자는 災禍가 있고 단명한다	▶편관이 羊刃을 띠면 父는 있으나 母가 없다 ▶年時에 食神의 制가 있으면 貴命이다 ▶자기를 내세우고 우쭐거리는 직책에 적합하다	▶빈천한 집에 태어나고 어린 동생으로 生한다

時	日	月	年
正官		正官	正官
	正官		

時	日	月	年
▶자식의 힘을 얻고 노후에 安康하다 ▶日祿歸時를 만나면 晚年에 도리어 노고한다 ▶生時 正官이 無氣하고 死絶에 앉으면 자식이 있어도 아버지보다 뛰어날 수 없다 ▶자녀가 敦厚하고 性情이 和順하며 어질고 효성스러우며 충실하다	▶처의 힘을 얻으며 一家를 主하며 지위가 안정된다 ▶女命은 복력을 얻고 다시 天月德 혹은 貴人을 만난 자는 정숙한 여자이다 ▶여인이 生日에 정관이 있고 死絶에 앉은 자는 夫運이 좋지 않다 ▶生日이 정관이고 天元이 祿에 앉고 刑沖破害가 없으며 傷官을 보지 않고 生月에 建祿이 있으며 재성이 있으면 福命이다	▶어린 동생으로 生하며 반드시 부모의 혜택을 받는다. 일생노고가 적고 아들도 있고 손자도 있다 ▶月干이 정관이면 年時干에 상관이 있음을 꺼린다. 만약 年時干에 상관이 있고 정편재, 정인이면 흉하게 된다 ▶支藏干이 透하여 모두 정관이고 日主가 健旺하며 干上에 財印이 있으면 가장 좋은 命이다 ▶月支가 정관이고 正氣가 정관이며 혼잡됨이 없고 정인이 있는 자는 부귀한 命이다. 刑沖破害傷官劫財를 꺼린다 ▶정관이 將星에 앉은 자는 부모가 貴顯하고 사람됨이 忠厚하고 마음이 인자하다	▶長子로 태어나 가업을 계승하고 반드시 조상의 덕택을 누린다 ▶生年이 정관이고 補運星이 旺한데 四干上 상관이 없고 破害空亡이 없으면 靑年時代에 발달한다 ▶干支에 정관이 있고 歲德이 정관이면 조부의 힘을 얻는다

時	日	月	年
偏印		偏印	偏印
	偏印		
▶干支에 편인, 식신이면 산액이 있거나 幼年에 젖이 부족하다 ▶편인, 상관, 양인이 同柱하면 여승의 命이다	▶남자는 어진 아내를 얻지 못하고 여자는 좋은 남편을 얻지 못한다 ▶四干上에 식신이 있는 자는 幼年에 어머니 젖이 부족하다 ▶식신운을 만나면 災禍가 각양각색이다	▶天月二德은 성질이 온순하다 ▶四干上에 재성을 보고 日主가 왕한 자는 행복한 命이다 관살을 본 자는 多成多敗의 命이다 ▶공공사업에 적합하고 死絶에 앉은 자는 인기가 변변치 않다 ▶四干上에 식신이 있으면 長上의 制肘를 받으며 자유를 얻지 못한다	▶조상사업을 파하고 식록을 잃는다 ▶편인이 養에 앉은 자는 계모에 의해 양육된다 ▶干이 편인이고 支가 비견인 자는 양자의 命이다 ▶편인이 長生을 만나면 生母와 인연이 없으며 계모의 양육을 받는 命이다

時	日	月	年
正印		正印	正印
	正印		
▶正印이 時에 있고 補運星이 旺하면 자식이 행복을 얻는다 ▶主星이 정인이면 총명하고 선량하다 ▶生月에 정관이 있고 官印運을 만나면 발달한다 ▶生時가 沖을 만나고 정인이 衰에 앉으면 백사를 성공할 수 없다	▶처첩이 현숙하고 힘을 얻는다 身弱한 자는 더욱 좋다	▶月干이 정인이면 年干 時干 主星에 정재가 있음을 꺼린다 ▶月干이 정인이면 지혜와 자비심이 있고 일생 병이 적으며 안전하다 ▶生月에 정인이 있고 四干 중에 정편재가 없으면 문장으로 이름을 이룬다 ▶月支가 정인이고 日支와 沖된 자는 母家가 반드시 쇠퇴한다 ▶月干이 정인이고 四干 중에 정편관이 있는 자는 큰 행복의 命이다	▶부귀한 집에서 태어났다 ▶天干에 雙正印인 자는 幼年에 반드시 타인의 젖을 먹거나 타인에게 맡기어 양육된다 ▶年이 인수이고 月이 정관인 자는 조상이 淸高하다 ▶年이 인수이고 月이 겁재인 자는 아우가 祖業을 계승한다

⑨ 십이운성 十二運星

십이운성은 포태법(胞胎法) 또는 절태법(絶胎法)이라고도 하며, 능동적인 십운(十運)과 수동적인 십이기(十二氣)의 변화와 순환의 법칙하에 운행되고 있다. 오행이 대자연의 우주법칙에 따라 생(生)하고 왕(旺)하며, 쇠하고 사(死)해 가는 원리를 구명한 것으로 육신(六神) 기운의 강약 관계를 측정하는 것이다. 사람이 태어나서 죽음에 이르는 생로병사의 생장성멸(生長成滅)의 12순환인 것이다.

장생(長生)은 모태 속에서 자라난 태아가 비로소 세상 밖으로 출생하는 과정이다.

목욕(沐浴)은 인간이 태어나 목욕을 시키는 과정이다.

관대(冠帶)는 옷을 입고 허리에 띠를 두르고 관을 쓰는 과정이다.

임관(臨官)인 **건록**(建祿)은 학문을 익히고 벼슬자리에 오르며 직업을 갖는 과정이다.

제왕(帝旺)은 벼슬자리나 직업 전선에서 왕성하게 활동하는 과정이다.

쇠(衰)는 전성기가 지나 나이가 들어 늙어서 심신이 쇠약해지는 과정이다.

병(病)은 늙어서 몸이 쇠하면 병이 들게 되는 과정이다.

사(死)는 병이 들어 기력이 다하여 죽음에 이르는 과정이다.

묘(墓)인 **장**(葬)은 죽으면 장사 지내고 무덤에 들어가는 과정이다.

포(胞)인 **절**(絶)은 아무것도 없는 것이요, 영혼의 개입 직전의 과정이다.

태(胎)는 음양교접으로 모태에 잉태되는 과정이다.

양(養)은 모태에 잉태되어 태 속에서 자라나는 과정이다.

십이운성을 붙이는 방법은 일간을 기준으로 하여 연·월·일·시지에 대조한다. 대운을 볼 때는 일간을 기준으로 하여 대운지를 대조하고, 세운을 볼 때는 일간을 유년지에 대조하며, 월운을 볼 때는 일간을 월지에 대조한다.

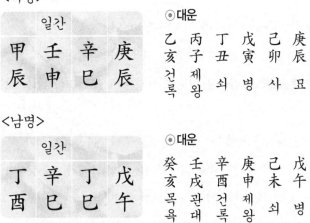

일간			
戊申	丁丑	戊寅	庚子
목욕	묘	사	절

일간			
癸亥	戊辰	辛酉	戊午
절	관대	사	제왕

일간			
乙酉	庚辰	辛亥	壬午
제왕	양	병	목욕

<여명>

일간			
甲辰	壬申	辛巳	庚辰

◉대운

乙亥 건록	丙子 제왕	丁丑 쇠	戊寅 병	己卯 사	庚辰 묘

<남명>

일간			
丁酉	辛巳	丁巳	戊午

◉대운

癸亥 목욕	壬戌 관대	辛酉 건록	庚申 제왕	己未 쇠	戊午 병

⑩ 십이신살 十二神煞

십이신살은 겁살(劫煞), 재살(災煞), 천살(天煞), 지살(地煞), 연살(年煞), 월살(月煞), 망신살(亡身煞), 장성(將星), 반안(攀鞍), 역마살(驛馬煞), 육해살(六害煞), 화개(華蓋)의 12신살을 가리킨다.

암기할 때에는 '겁재천지, 연월망장, 반역육화'라고 암기하면 편리할 것이다. 십이신살을 붙일 때에는 년지 혹은 일지를 기준하여 년·월·일·시지를 대조한다. 삼합(三合)의 원리에 의해 모든 것을 설명하며 십이운성과 유사한 점이 많다.

십이신살에서 재살은 일명 수옥살(囚獄煞)이라고 하며, 연살은 일명 도화살(桃花煞) 혹은 함지살(咸池煞), 월살은 일명 고초살(枯焦煞) 혹은 고초살(枯草煞), 망신살은 일명 망신(亡神) 혹은 파군살(破軍煞)이라고 한다. 방위학에서 많이 쓰는 삼살(三煞)과 대장군(大將軍)은 십이신살 겁살, 재살, 천살(세살), 장성에서 나온 원리이다.

겁살　☞ 삼합 끝 글자의 다음 글자.

재살　☞ 삼합 중간 글자와 충되는 글자.

천살　☞ 삼합 첫 글자의 앞 글자.

지살　☞ 삼합의 첫 글자.

연살　☞ 삼합 첫 글자의 다음 글자.

월살　☞ 삼합 끝 글자와 충되는 글자.

망신살　☞ 삼합 중간 글자의 앞 글자.

장성　☞ 삼합의 중간 글자.

반안　☞ 삼합 중간 글자의 다음 글자.

역마살　☞ 삼합 첫 글자와 충되는 글자.

육해살　☞ 삼합 끝 글자의 앞 글자.

화개　☞ 삼합의 끝 글자.

時	日	月	年
乙	己	庚	辛
亥	丑	寅	卯
지살	월살	망신	장성

時	日	月	年
己	庚	丙	壬
卯	戌	午	辰
육해	월살	재살	화개

時	日	月	年
壬	丁	辛	壬
寅	亥	亥	戌
지살	겁살	겁살	화개

일지(日支)를 기준하여 붙인 경우

時	日	月	年
甲	己	辛	甲
子	卯	未	午
년살	장성	화개	육해

時	日	月	年
乙	壬	庚	丙
巳	午	寅	寅
망신	장성	지살	지살

時	日	月	年
甲	戊	丁	癸
寅	辰	巳	未
역마	화개	겁살	천살

년지(年支)를 기준하여 대운에 붙인 예

<남명>

時	日	月	年
乙	己	庚	辛
亥	丑	寅	卯

◉ 대운

己丑	戊子	丁亥	丙戌	乙酉	甲申
월살	년살	지살	천살	재살	겁살

<남명>

時	日	月	年
乙	壬	庚	丙
巳	午	寅	寅

◉ 대운

辛卯	壬辰	癸巳	甲午	乙未	丙申
년살	월살	망신	장성	반안	역마

일지(日支)를 기준하여 대운에 붙인 예

<남명>

時	日	月	年
癸	己	丙	戊
酉	巳	辰	子

◉대운

壬戌 반안	辛酉 장성	庚申 망신	己未 월살	戊午 년살	丁巳 지살

<여명>

時	日	月	年
戊	己	辛	甲
辰	卯	未	午

◉대운

乙丑 월살	丙寅 망신	丁卯 장성	戊辰 반안	己巳 역마	庚午 육해

년지(年支)를 기준하여 세운에 붙인 예

<남명>

時	日	月	年
壬	乙	甲	丁
午	卯	辰	酉

壬辰年　천살
癸巳年　지살
甲午年　년살

<여명>

時	日	月	年
甲	己	辛	甲
子	卯	未	午

壬辰年　월살
癸巳年　망신
甲午年　장성

位置	君位				臣位				民位			
十二神煞 \ 年·日支	劫煞	災煞	天煞	地煞	年煞	月煞	亡身煞	將星	攀鞍	驛馬	六害煞	華蓋
申子辰	巳	午	未	申	酉	戌	亥	子	丑	寅	卯	辰
巳酉丑	寅	卯	辰	巳	午	未	申	酉	戌	亥	子	丑
寅午戌	亥	子	丑	寅	卯	辰	巳	午	未	申	酉	戌
亥卯未	申	酉	戌	亥	子	丑	寅	卯	辰	巳	午	未

겁살	적장, 괴수, 역모주동자, 금융업, 임대업, 속성속패
재살	적병, 습격자, 역모동조자, 도둑, 강도, 설계업, 투기업
천살	군왕, 통치자, 하느님, 부처님, 교육업, 종교업, 천재지변
지살	대통령의 전용차, 군마, 가마, 원행, 부동산, 생산업, 유흥업
년살	시녀, 비서, 화장실, 풍류, 색난, 보관업, 위생업, 음주가무
월살	장애물, 경계선, 고통, 건설업, 보안등, 침체, 중단, 수술
망신살	격전지, 패전자, 수집상, 접객업, 목욕탕, 위법, 손해, 실망
장성	장수, 장성, 충신, 총사령관, 권세, 입법, 사법, 도매업, 중개업
반안	비서실장, 경호실장, 부속상, 의류상, 갑옷, 금고, 방석, 출세
역마	자동차, 비행기, 기차, 배, 외무, 외교, 우편, 방송, 신문, 전화
육해살	마부, 운전기사, 조종사, 문지기, 운수업, 소매상, 하수구, 근심
화개	참모, 고문관, 종교인, 예술가, 사찰, 교회, 점술업, 학교

지장간(支藏干)

● 표는 잘 쓰지 않음

地 支	여기(餘氣)		중기(中氣)		정기(正氣)	
子	●壬	10일 3분			癸	20일 6분
丑	癸	9일 3분	辛	3일 1분	己	18일 6분
寅	●戊	7일 2분	丙	7일 2분	甲	16일 5분
卯	●甲	10일 3분			乙	20일 6분
辰	乙	9일 3분	癸	3일 1분	戊	18일 6분
巳	戊	5일 1분	庚	9일 3분	丙	16일 5분
午	●丙	10일 3분	己	9일 3분	丁	11일 3분
未	丁	9일 3분	乙	3일 1분	己	18일 6분
申	●己 7일 2분 ●戊 3일 1분		壬	3일 1분	庚	17일 6분
酉	●庚	10일 3분			辛	20일 6분
戌	辛	9일 3분	丁	3일 1분	戊	18일 6분
亥	●戊	7일 2분	甲	5일 1분	壬	18일 6분

時	日	月	年
乙	己	庚	辛
亥	丑	寅	卯
(戊甲壬)	(癸辛己)	(戊丙甲)	(甲乙)

時	日	月	年
己	庚	丙	壬
卯	戌	午	辰
(甲乙)	(辛丁戊)	(丙己丁)	(乙癸戊)

⑪ 합·충·형·파·해·원진의 작용

① 합合

❶ 甲己合이 있으면 분수를 지키며 매사에 절도가 있어 품격이 높고 마음이 넓으며 타인과 다투지 아니하고 세상 사람의 존경을 받는다.

甲日 己合은 신의가 있으나 지혜가 부족하다.

己日 甲合은 신의가 없고 음성이 탁하며 코가 낮은 경향이 있고 이복형제가 있기 쉽다.

❷ 乙庚合이 있으면 과감하고 강직하며 인의가 두텁다. 그러나 편관이나 사, 절과 동주하면 용감하기는 하나 천한 경향이 있다.

乙日 庚合은 예의가 소홀하고 결단심이 약하다.

庚日 乙合은 자비심이 없고 의로운 척 과장하며 치아가 튼튼하다.

❸ 丙辛合이 있으면 의표(儀表)에 위엄은 있으나 편굴하고 잔인하며 호색하는 경향이 있다.

丙日 辛合은 지혜가 뛰어나나 속임과 꾀를 잘 쓰며 예의가 소홀하다.

辛日 丙合은 큰 뜻을 품은 자는 거의 없고 몸집이 왜소한 경향이 있다.

❹ 丁壬合이 있으면 감정적으로 흐르기 쉽고 색을 좋아하며 고결하지 못하다. 만일 편관이나 도화가 있으면 음란으로 집을 파한다.

丁日 壬合은 소심하고 질투심이 강하며 키가 크고 날씬한 사람이 많다.

壬日 丁合은 몸집이 크고 부지런하나 노하기 쉽고 성질이 편굴한 경향이 있다.

❺ 戊癸合이 있으면 남녀간에 아름답고 사치를 좋아하며 무정한 경향이 있다.

戊日 癸合은 총명하나 내심 무정하고 얼굴이 붉은 경향이 있다.

癸日 戊合은 어리석고 질투심이 있으며 시작은 있으나 끝이 없다.
남자는 늙은 여자와, 여자는 늙은 남자와 혼인한다.

2 충沖

❶ 생년과 생월이 상충하면 조업을 지키지 못하고 고향을 떠나 객지에
서 살게된다.

❷ 생월을 상충하면 부모형제의 덕이 없고 부모와 별거한다.

❸ 년지와 일지가 충되면 부모와 화목하지 못한다.

❹ 생일과 생시가 상충되면 처자를 극하고 불목한다.

❺ 일지가 다른 지지를 충하면 부부간에 화목하지 못하거나 생리사별
한다.

❻ 일지와 시지가 충되면 자식과 화목하지 못한다.

❼ 천간이 동일하고 지지가 서로 충되면 항상 마음고생이 많고 조업을
파한다.

❽ 공망을 충하면 화가 변하여 길하게 된다.

❾ 酉日生이 사주에 亥가 있고 형충이 있으면 술로 인해 패가망신하는
수가 있다.

❿ 여자가 일시에 辰戌沖이 있으면 고독하다.

⓫ 일지가 충되고 사주에 간합이 있는 여자는 항상 고생이 끊이지 않는다.

⓬ 子午沖은 항상 일신이 불안하고 타향 객지에서 오래도록 살게 된다.

⓭ 丑未沖은 매사에 막힘이 많고 형제간에 재물로 인해 다툰다.

⓮ 寅申沖은 다정다감하여 애정이 많으며 남녀간에 구설수가 많다.

⓯ 卯酉沖은 친한 사람을 배반하고 근심걱정이 많으며 가족과 부부가

불화하기 쉽다.

⑯ 辰戌沖은 배우자를 잃고 고독하거나 풍파가 끊이지 않는다.

⑰ 巳亥沖은 쓸데없이 남의 걱정을 잘한다. 모든 일에 반복됨이 많고 결국은 손해를 본다.

③ 형刑

❶ 寅巳申 持勢之刑이 있으면 자기의 세력을 믿고 나가다가 일을 좌절 시키며 장생·건록·제왕 등과 같이 있으면 과감하고 용맹하며 안색 도 윤기가 있다. 사·절과 같이 있으면 교활하고 비굴한 자가 많으며 재앙을 만나기 쉽고 특히 여자는 고독하다.

❷ 丑戌未 無恩之刑이 있으면 성질이 냉혹하고 은인과 친구를 해친다. 사·절과 같이 있으면 은혜를 원수로 갚으며 의롭지 못하고 도리가 아닌 일을 저지른다. 특히 여자는 임신 중 곤란을 받는다.

❸ 子卯 無禮之刑이 있으면 성질이 난폭하고 따뜻한 기분은 조금도 없 으며 예의를 무시하고 타인에게 불쾌감을 준다. 사·절과 같이 있으 면 마음이 혹독하여 육친을 해친다. 특히 여자는 남편과 자식간에도 불화한다.

❹ 辰辰·午午·酉酉·亥亥 自刑이 있으면 자주 독립의 정신이 박약하 고 일에 대한 열성이 없다. 쓸데없이 자기주장이 강하고 침울하며 험독하다. 사·절과 같이 있으면 생각함이 천박하고 다치기 쉽다.

❺ 寅巳刑은 관재, 소송, 구설, 시비, 골육재액, 세력갈등, 형액, 질병 등이 있다.

❻ 巳申刑은 처음에는 유정하나 나중에는 시비나 불화가 발생한다.

❼ 寅申刑은 부지런하나 수입보다 지출이 많다.

❽ 丑戌刑은 형제간이나 부부간에 불화하고 주인과 종업원이 다툰다.

❾ 戌未刑은 자기의 세력을 믿고 저돌적으로 나아가다가 관재, 구설, 곤액을 겪는다.

❿ 丑未刑은 자기의 배경을 믿고 나아가다가 실패하는 수가 있다.

⓫ 辰辰은 형제간에 우애가 없고 고독하다.

⓬ 午午는 배우자와 인연이 박하거나 자식이 불화하며, 눈이 나쁘거나 관재 구설이 많다.

⓭ 酉酉는 다치거나 수술, 신경통, 흉터가 있다.

⓮ 亥亥는 자기의 잘못으로 고생을 하고 인덕이 없으며 고독하고 냉증이나 심장병이 있기 쉽다.

4 파破

❶ 일지와 월지가 파(破)가 되면 처궁이 불리하다.

❷ 년을 파하면 양친과 일찍 헤어지기 쉽다.

❸ 월을 파하면 변동이 심하다.

❹ 일지를 파하면 일신이 고립되고 처자식과 인연이 박약하다.

❺ 시지를 파하면 자손의 연이 박하고 만년에 고독해진다.

❻ 子酉破가 있으면 부모형제가 대립하고 무정하며, 부부지간에 정이 없고 자식이 불초한다.

❼ 丑辰破가 있으면 질병과 관재구설이 많고 인덕이 적으며 스스로 화를 초래한다.

❽ 寅亥破가 있으면 사이가 좋다가도 나빠지며 위장병이나 방광염이

발생하기 쉽다.

❾ 卯午破가 있으면 유흥과 오락, 색정 등으로 명예가 떨어지고 손해를 보거나 실패한다.

❿ 巳申破가 있으면 처음에는 일이 잘 되나 도중에 불화나 시비로 파산과 손재가 발생한다.

⓫ 未戌破가 있으면 골육간에 다투고 구설과 시비로 주위사람과 서로 배신, 사기, 질투 등이 일어난다.

5 해害

❶ 일과 시가 해(害)되면 노년에 잔질이 있다.

❷ 월에 해가 있으면 고독하고 박명하며, 특히 여자는 고독함이 강하다.

❸ 寅巳害가 이중으로 있으면 불구폐질이 되는 경우가 있다.

❹ 卯辰害·丑午害는 장생·건록·제왕과 같이 있으면 노하기 쉽고 인내력이 없으며 남에게 지기 싫어한다. 사·절과 같이 있으면 잔질이나 몸을 상하기 쉽다.

❺ 酉日 戌時生은 벙어리가 되는 수가 있으며, 머리나 얼굴에 나쁜 종기가 발생하는 수가 있다.

❻ 子未害가 있으면 골육간에 불화하고 관재 구설이 있으며 육친간에 떨어져 산다.

❼ 丑午害가 있으면 남에게 지기를 싫어하고 골육간에 불화하며 부부간에 화목하지 못한다.

❽ 寅巳害가 있으면 관재, 시비, 구설, 중상모략 등이 발생한다.

❾ 卯辰害가 있으면 관재 구설이 있으며 허무감이 많다.

⑩ 申亥害가 있으면 교통사고를 조심해야 하고, 희비가 교차하는 일이 많다.

⑪ 酉戌害가 있으면 남에게 베풀어도 공덕이 적다.

6 원진 怨嗔

❶ 원진이 있으면 불화, 증오, 이별, 고독, 갈등, 불평불만 등이 있다.

❷ 년과 월이 원진이면 조부모와 부모간에 불화하였거나 어려서 애정 없이 성장하였다.

❸ 일과 월이 원진이면 부모형제, 고부간에 불화한다.

❹ 일과 시가 원진이면 처자식과 인연이 박하다.

❺ 상관이 원진이면 속과 겉이 다르며 남을 험담한다.

❻ 년이 원진이면 조상의 덕이 없으며 부모와 정이 없다.

❼ 월이 원진이면 부모형제의 덕이 없고 신체 혹은 정신 방면에 문제가 있기 쉽다.

❽ 일이 원진이면 부부가 불목하거나 이별하고 자궁수술이나 산후병이 있다.

❾ 시가 원진이면 자식이 없거나 건강에 이상이 있다.

⑩ 子未원진이면 원한, 실패, 이별, 고독, 자식 걱정이 있다.

⑪ 丑午원진이면 정신병, 이별, 고독, 자식 실패가 있다.

⑫ 寅酉원진이면 부부 이별, 장애, 단명, 수족 이상이 있다.

⑬ 卯申원진이면 부부 이별, 질병, 단명, 수족 이상이 있다.

⑭ 辰亥원진이면 수술, 질병, 액운, 이별, 도난, 자식액이 있다.

⑮ 巳戌원진이면 부부 이별, 질병, 고독, 실패, 자식액이 있다.

⑫ 격국格局의 성립

(1) 건록격建祿格

월지(月支)가 일간(日干)의 정록(正祿)이 되면 성격(成格)한다.

日干	甲	乙	丙	丁	戊	己	庚	辛	壬	癸
建祿	寅	卯	巳	午	巳	午	申	酉	亥	子

(2) 양인격陽刃格

양일주(陽日主)는 월지가 제왕(帝旺)이 되고 음일주(陰日主)는 월지가 관대(冠帶)가 되면 성격(成格)한다. 양일주는 양인격(陽刃格)이라 하고 음일주(陰日主)은 음인격(陰刃格)이라고 한다.

日干	甲	乙	丙	丁	戊	己	庚	辛	壬	癸
陽刃	卯	辰	午	未	午	未	酉	戌	子	丑

(3) 식신격食神格

일간(日干) 대 월지(月支) 암장간(暗藏干)에 식신이 있고 그 식신이 천간에 투출(透出)되면 성격(成格)한다. ●표는 투간(透干)되지 않아도 취격(取格)이 가능하다.

日干	甲	乙	丙	丁	戊	己	庚	辛	壬	癸
月支	巳	午未戌	寅申辰戌	未丑	申	酉●戌丑	亥	辰●子●丑	寅	卯●辰未
透干	丙	丁	戊	己	庚	辛	壬	癸	甲	乙

（4）**상관격**傷官格

일간(日干) 대 월지(月支) 암장간(暗藏干)에 상관이 있고 그 상관이
천간에 투출되면 성격한다.

日干	甲	乙	丙	丁	戊	己	庚	辛	壬	癸
月支	午未戌	寅巳	午未丑	寅辰巳申戌	酉戌丑	巳申	辰子丑	申亥	卯辰未	寅亥
透干	丁	丙	己	戊	辛	庚	癸	壬	乙	甲

（5）**편재격**偏財格

일간(日干) 대 월지(月支) 암장간(暗藏干)에 편재가 있고 그 편재가
천간에 투출되면 성격한다.

日干	甲	乙	丙	丁	戊	己	庚	辛	壬	癸
月支	辰巳申戌	午未丑	申	酉戌丑	申亥	辰子丑	寅亥	卯辰未	寅巳	午未戌
透干	戊	己	庚	辛	壬	癸	甲	乙	丙	丁

（6）**정재격**正財格

일간(日干) 대 월지(月支) 암장간(暗藏干)에 정재가 있고 그 정재가
천간에 투출되면 성격한다.

日干	甲	乙	丙	丁	戊	己	庚	辛	壬	癸
月支	午未丑	寅辰巳申戌	酉戌丑	巳申	辰子丑	申亥	卯辰未	寅亥	午未戌	寅巳
透干	己	戊	辛	庚	癸	壬	乙	甲	丁	丙

(7) 편관격 偏官格

일간(日干) 대 월지(月支) 암장간(暗藏干)에 편관이 있고 그 편관이 투출되면 성격한다.

日干	甲	乙	丙	丁	戊	己	庚	辛	壬	癸
月支	巳申	酉戌丑	申亥	辰子丑	寅亥	卯辰未	寅巳	午未戌	寅辰巳申戌	午未丑
透干	庚	辛	壬	癸	甲	乙	丙	丁	戊	己

(8) 정관격 正官格

일간(日干) 대 월지(月支) 암장간(暗藏干)에 정관이 있고 그 정관이 천간에 투출되면 성격한다.

日干	甲	乙	丙	丁	戊	己	庚	辛	壬	癸
月支	酉•戌丑	巳申	辰子•丑	申亥	卯•辰未	寅亥	午未戌	寅巳	午未丑	寅辰巳申戌
透干	辛	庚	癸	壬	乙	甲	丁	丙	己	戊

（9）편인격 偏印格

일간(日干) 대 월지(月支) 암장간(暗藏干)에 편인이 있고 그 편인이 천간에 투출되면 성격한다.

日干	甲	乙	丙	丁	戊	己	庚	辛	壬	癸
月支	申亥•	辰子•丑	寅亥	卯•辰未	寅	未戌	寅辰巳戌	午未丑	巳申	酉•戌丑
透干	壬	癸	甲	乙	丙	丁	戊	己	庚	辛

（10）정인격 正印格

일간(日干) 대 월지(月支) 암장간(暗藏干)에 정인이 있고 그 정인이 천간에 투출되면 성격한다.

日干	甲	乙	丙	丁	戊	己	庚	辛	壬	癸
月支	辰子丑	申亥	卯辰未	寅亥	午未戌	寅巳	午未丑	寅辰巳申戌	酉戌丑	巳申
透干	癸	壬	乙	甲	丁	丙	己	戊	辛	庚

① 곡직격曲直格

甲乙일생으로서 지지에 亥卯未 三合 木局이나 寅卯 春월생으로 寅卯辰 東方 木局이 있고 명조에 庚辛申酉金이 없으면 成格한다.

② 염상격炎上格

丙丁일생으로서 巳午未월에 태어나고 지지에 寅午戌 三合 火局이나 巳 午未 方合이 있고 壬癸亥子가 없으면 成格한다.

③ 가색격稼穡格

戊己일생이 辰戌丑未월에 생하고 지지가 모두 辰戌丑未이거나 巳午未 를 많이 만나고 甲乙寅卯木이 없으면 成格한다.

④ 종혁격從革格

庚辛일생이 申酉戌월에 생하고 지지가 巳酉丑 金局이나 申酉戌 西方合 이 있고 丙丁巳午가 없으면 成格한다.

⑤ 윤하격潤下格

壬癸일생으로서 亥子丑월에 태어나고 지지에 申子辰 水局이나 亥子丑 北方合이 있으며 戊己未戌土가 없으면 成格한다.

⑥ 종왕격從旺格

지지에 全 比肩, 劫財로 局이 이루어지고 印星의 生助가 있으며 官殺의 制가 없으면 成格한다.

⑦ 종강격從强格

사주에 全 印星이 重重하고 比劫의 助가 있으며 財, 官, 傷食이 없으면 成格한다.

⑧ 종아격從兒格

日主가 쇠약하고 食神, 傷官만이 太旺하고 印星이 없으면 成格한다. 설사 印綬나 肩劫이 있다 하더라도 日主에 전혀 도움이 되지 못할 때는 食傷을 따라간다.

⑨ 종재격從財格

日主가 甚弱하여 의지할 곳조차 없고 財星만이 매우 왕하고 印星과 比劫이 없으면 成格한다. 설사 印綬나 肩劫이 있다 하더라도 日主에 전혀 도움이 되지 않을 때는 그 財星을 따라간다.

⑩ 종관살격從官殺格

日主가 의지할 데 없이 쇠약한데 편관만이 매우 왕하게 구성된 것을 從殺格이라 하며, 정관만이 매우 왕한 것을 從官格이라 하며, 식신·상관을 만나지 않으면 成格한다.

⑪ 양신성상격兩神成象格

　⊙ 水木相生格

　　命造에 水가 4개, 木이 4개로 구성되면 成格한다.

　⊙ 木火相生格

　　命造에 木이 4개, 火가 4개로 구성되면 成格한다.

⊙ 火土相生格

命造에 火가 4개, 土가 4개로 구성되면 成格한다.

⊙ 土金相生格

命造에 土가 4개, 金이 4개로 구성되면 成格한다.

⊙ 金水相生格

命造에 金이 4개, 水가 4개로 구성되면 成格한다.

⊙ 木土相成格

命造에 木이 4개, 土가 4개로 구성되면 成格한다.

⊙ 土水相成格

命造에 土가 4개, 水가 4개로 구성되면 成格한다.

⊙ 水火相成格

命造에 水가 4개, 火가 4개로 구성되면 成格한다.

⊙ 火金相成格

命造에 火가 4개, 金이 4개로 구성되면 成格한다.

⊙ 金木相成格

命造에 金이 4개, 木이 4개로 구성되면 成格한다.

⑫ 공록격拱祿格

丁巳일생이 丁未가 있고 午가 없을 것, 己未일생이 己巳가 있고 午가 없을 것, 戊辰일생이 戊午가 있고 巳가 없을 것, 癸丑일생이 癸亥가 있고 子가 없을 것, 癸亥일생이 癸丑이 있고 子가 없을 것. 이상과 같을 때 七殺이 없으면 成格한다.

⑬ 공재격拱財格

甲寅일이 甲子시생이고 丑이 없을 것, 癸酉일이 癸亥시생이고 戌이 없을 것, 己卯일이 己巳시생이고 辰이 없을 것, 庚午일이 甲申시생이고 未가 없을 것, 乙卯일이 辛巳시생이고 辰이 없을 것, 甲午일이 壬申시생이고 未가 없을 것. 이상과 같을 때 財星이 없으면 成格한다.

⑭ 일인격日 刃格

丙午, 壬子, 戊午일처럼 陽日干이 日支에 羊刃을 놓으면 成格한다.

⑮ 월인격月 刃格

甲일 卯월생, 丙일 午월생, 戊일 午월생, 庚일 酉월생, 壬일 子월생이면 成格한다.

⑯ 양인격羊刃格

月刃格과 같으며, 甲일 卯월생, 乙일 辰월생, 丙일 午월생, 丁일 未월생, 戊일 午월생, 己일 未월생, 庚일 酉월생, 辛일 戌월생, 壬일 子월생, 癸일 丑월생이면 成格한다.

⑰ 일귀격日 貴格

丁酉, 丁亥, 癸卯, 癸巳일생이면 成格한다.

⑱ 일덕격日 德格

甲寅, 丙辰, 戊辰, 庚辰, 壬戌일생이면 成格한다.

⑲ 전록격專祿格

甲寅, 乙卯, 庚申, 辛酉일생이면 成格한다.

⑳ 시묘격時墓格

辰戌丑未 四墓時生이면 成格한다.

㉑ 괴강격魁罡格

庚辰, 庚戌, 壬辰, 壬戌, 戊戌일생이면 成格한다.

㉒ 합록격合祿格

戊일 庚申시생, 癸일 庚申시생이고 官殺과 印星이 없으면 成格한다.

㉓ 합관격合官格

甲辰일생이 辰이 많을 것, 戊戌일생이 戊이 많을 것, 癸卯일생이 卯가 많을 것, 癸酉일생이 酉가 많을 것. 이상과 같을 때 正官이 없으면 成格한다.

㉔ 양간부잡격兩干不雜格

사주 天干에 五行同氣가 二位씩 있으면 成格한다.

㉕ 일덕수기격日德秀氣格

丙子, 丁酉, 辛酉, 壬子일생이 柱 중에 乙자가 2개 혹은 3개가 있고 지지에 巳酉丑 金局이 있으면 成格한다.

㉖ 형합격刑合格

癸酉일 甲寅시생, 癸卯일 甲寅시생, 癸亥일 甲寅시생이면 成格한다.

㉗ 금신격金神格

甲己일생이 乙丑시, 己巳시, 癸酉시에 태어나고 金氣, 火氣가 왕하면 成格한다.

㉘ 도충격倒沖格

丙午일생이 午자가 많고 官星이 없을 것, 丁巳일생이 巳자가 많고 官星이 없으면 成格한다.

㉙ 재관쌍미격財官雙美格

壬午일생, 癸巳일생이면 成格한다.

㉚ 공귀격拱貴格

甲寅일주가 甲子시생이고 丑이 없을 것, 甲申일주가 甲戌시생이고 酉가 없을 것, 壬辰일주가 壬寅시생이고 卯가 없을 것, 戊申일주가 戊午시생이고 未가 없을 것, 乙未일주가 乙酉시생이고 申이 없을 것, 辛丑일주가

辛卯시생이고 寅이 없을 것. 이상과 같을 때 官殺과 沖刑이 없고 天乙貴人이 없으면 成格한다.

③1 귀록격貴祿格

甲일 寅시, 乙일 卯시, 丙일 巳시, 丁일 午시, 戊일 巳시, 己일 午시, 庚일 申시, 辛일 酉시, 壬일 亥시, 癸일 子시생이고 官殺이 없으면 成格한다.

③2 정란차격井欄又格

庚申, 庚子, 庚辰일생으로 지지에 申子辰이 모두 있으면 成格한다.

③3 구진득위격句陳得位格

戊申, 戊子, 戊寅일생이 지지에 申子辰 水局이 있을 것, 己卯, 己亥, 己未일생이 지지에 亥卯未 木局이 있으면 成格한다.

③4 육음조양격六陰朝陽格

辛亥, 辛酉, 辛丑일생이 戊子시생이고 官星이 없으면 成格한다.

③5 육을서귀격六乙鼠貴格

乙亥일, 乙未일생이 丙子시에 출생하고 庚辛申酉丑午巳가 없으면 成格한다.

③6 임기용배격壬騎龍背格

壬辰일생이 辰이 많거나 寅이 많고 正官이 없으면 成格한다.

③7 현무당권격玄武當權格

壬寅, 壬午, 壬戌, 癸巳, 癸丑, 癸未일생이 寅午戌 火局 또는 辰戌丑未가 俱全하면 成格한다.

③8 비천록마격飛天祿馬格

丙午일주가 午가 많고 官殺이 없을 것, 丁巳일주가 巳가 많고 官殺이 없을 것, 庚子일주가 子가 많고 官殺이 없을 것, 辛亥일주가 亥가 많고 官殺

이 없을 것, 壬子일주가 子가 많고 正官이 없을 것, 癸亥일주가 亥가 많고 正官이 없으면 成格한다.

㊴ 축요사격丑遙巳格

辛丑일, 癸丑일생이 丑이 많고 子가 없으며 丙丁戊己午가 없으면 成格한다.

㊵ 자요사격子遙巳格

甲子일 甲子시생이고 官星이 없으며 庚辛申酉丑午가 없으면 成格한다.

㊶ 육갑추건격六甲趨乾格

甲일주가 乙亥시생이거나 亥가 많으면 成格한다.

㊷ 육임추간격六壬趨艮格

壬일주가 壬寅시에 출생하던지 寅이 많고 官星이 없으면 成格한다.

㊸ 사위순전격四位純全格

四孟인 寅申巳亥, 四正인 子午卯酉, 四庫인 辰戌丑未가 각각 완전히 갖추면 成格한다.

㊹ 복덕격福德格

乙巳, 乙酉, 乙丑일에 태어나고 지지에 巳酉丑이 있으면 陰木 福德格이 된다. 丁巳, 丁酉, 丁丑일에 태어나고 지지에 巳酉丑이 있으면 陰火 福德格이 된다. 己巳, 己酉, 己丑일에 태어나고 지지에 巳酉丑이 있으면 陰土 福德格이 된다. 辛巳, 辛酉, 辛丑일에 태어나고 지지에 巳酉丑이 있으면 陰金 福德格이 된다. 癸巳, 癸酉, 癸丑일에 태어나고 지지에 巳酉丑이 있으면 陰水 福德格이 된다.

㊺ 화기격化氣格

⊙甲己合化土格

甲일 己월, 己일 甲월, 甲일 己시, 己일 甲시생이 月支에 辰戌丑未를
놓고 甲乙寅卯가 없으면 成格한다.

⊙ 乙庚合化金格

乙일 庚월, 庚일 乙월, 乙일 庚시, 庚일 乙시생이 月支에 申酉巳丑을
놓고 丙丁巳午가 없으면 成格한다.

⊙ 丙辛合化水格

丙일 辛월, 辛일 丙월, 丙일 辛시, 辛일 丙시생이 月支에 亥子辰申을
놓고 戊己辰戌未가 없으면 成格한다.

⊙ 丁壬合化木格

丁일 壬월, 壬일 丁월, 丁일 壬시, 壬일 丁시생이 月支에 寅卯亥未를
놓고 庚辛申酉가 없으면 成格한다.

⊙ 戊癸合化火格

戊일 癸월, 癸일 戊월, 戊일 癸시, 癸일 戊시생이 月支에 巳午寅戌을
놓고 壬亥子가 없으면 成格한다.

㊽ 간지동체격 干支同體格

四甲戌, 四乙酉, 四丙申, 四丁未, 四戊午, 四己巳, 四庚辰, 四辛卯, 四壬寅,
四癸亥이면 成格한다.

㊼ 오행구족격 五行俱足格

四柱 年月日時 納音과 胎元의 納音五行이 金木水火土를 모두 갖추면 成格
한다.

㊽ 세덕부재격 歲德扶財格

年上에 一點의 財星이 있고 佳良하면 成格한다. 예를 들면 甲일주가 戊己
년을 만나는 경우이다.

㊾ 세덕부살격歲德扶殺格

年上에 一點의 七殺이 있고 身旺하면 成格한다. 예를 들면 甲일주가 庚년을 만나는 경우이다.

㊿ 호우분사격虎牛奔巳格

辛일생, 癸일생이 지지에 丑寅 二字가 있고 巳申이 없으면 成格한다.

51 귀인황추격貴人黃樞格

사묘격(四墓格)과 같으며 戊己 二字에 辰戌丑未가 완전히 갖추어지고 丑에 貴人이 회집(會集)하면 成格한다.

52 전재격專財格

生時에만 財星이 있으면 成格한다. 甲乙일 巳午시, 丙丁일 申酉시, 戊己일 亥子시, 庚辛일 寅卯시, 壬癸일 巳午시 등을 말한다.

53 삼기진귀격三奇眞貴格

甲戊庚일생이 천간에 甲戊庚이 모두 있으며 지지에 戌亥가 있을 것, 乙丙丁일생이 천간에 乙丙丁이 모두 있으며 지지에 丑寅卯巳午未가 있을 것, 辛壬癸일생이 천간에 辛壬癸가 모두 있으며 지지에 巳午未가 있으면 成格한다.

54 녹마교치격祿馬交馳格

命造에 驛馬가 있고 이 驛馬에 대하여 建祿이 되는 干이 있으면 成格한다.

55 용호포승격龍虎包承格

지지간전(地支間傳)으로 암(暗)으로 寅[호랑이]과 辰[용]을 협(挾)하면 成格한다.

56 양격저사격羊擊猪蛇格

辛未, 癸未일생이 命造에 未字가 三位 있고 刑沖이 없으면 成格한다.

(57) 자오쌍포격子午雙包格

命造 地支에 子字가 二位 午字가 二位, 또는 子字가 二位 午字가 一位, 혹은 午자가 二位 子字가 一位 있으면 成格한다.

(58) 오성공수격五星拱水格

命造에 五行이 완전하고 지지에 子와 寅이 있으면 成格한다.

(59) 일순삼위사위격一旬三位四位格

年月日時의 干支가 同一 旬中에 있으면 成格한다.

(60) 천관지축격天關地軸格

天關인 戌亥와 地軸인 未申이 잘 조화되면 成格한다.

(61) 교록격交祿格

甲申일에 庚寅, 庚寅일에 甲申, 辛卯일에 乙酉, 乙酉일에 辛卯가 있으면 成格한다.

(62) 잡기재관인수격雜氣財官印綬格

月支가 辰戌丑未 중 어느 하나가 되고 天干에 財星이 있으면 雜氣財星格이다. 月支가 辰戌丑未 중 어느 하나가 되고 天干에 官星이 있으면 雜氣官星格이다. 月支가 辰戌丑未 중 어느 하나가 되고 천간에 印綬가 있으면 雜氣印綬格이다.

(63) 토국윤하격土局潤下格

戊申, 戊子, 戊辰일생이 地支에 申子辰 三合 水局이 있으면 成格한다.

(64) 천간연주격天干連珠格

年月日時의 天干이 順으로 구성되면 成格한다.

(65) 지지연여격地支連茹格

年月日時의 地支가 十二支 순서대로 되어 있거나 一位씩 건너서 있으면

成格한다.

(66) 간지쌍련격干支雙連格

四柱 干支가 雙으로 연결되면 成格한다.

(67) 간합지형격干合支刑格

日干은 干合이 되고 日支는 日干과 干合되는 地支와 支刑이 되면 成格한다.

(68) 삼상격三象格

全局이 삼파(三派)로 成象되고 他字가 없으면 成格한다. 다시 말해서 四柱가 3가지 五行만으로 구성됨을 말한다. 土金水, 水木火, 火土金, 金水木, 木火土.

(69) 속상격屬象格

三方으로 專旺格이 되는 것을 말한다.

(70) 유상격類象格

三合으로 成局이 되어 專旺格이 되는 것을 말한다.

(71) 반상격返象格

가령 乙庚이 合化金하였는데 月令이 寅이면 絶이 되니 月令 用神이 時에 絶이 됨을 말한다.

(72) 조상격照象格

가령 炎上格 중 時에 木이 있어 火를 生助함이 있으면 木火相照라 하고, 潤下格에서 時에 金이 있으면 金水相照라 한다.

(73) 화상격化象格

從化格을 말한다.

(74) 귀상격鬼象格

官鬼가 四柱에 가득하여 관살을 從하는 棄命從殺格을 말한다.

⑦⑤ 복상격伏象格

가령 壬水가 뿌리가 없고 午月에 生하면 午 중 丁火와 丁壬合이 되고 寅午戌 全局이 됨을 말한다. 火가 伏한 것과 같으니 伏象格이라고 한다.

⑦⑥ 종상격從象格

日主가 太弱하여 從格이 된 것을 말한다.

제03장

용신론(用神論)

용신(用神)이란 사주에서 가장 필요한 것으로 사주의 영혼이라고 할 수 있다. 용신을 찾는 방법에는 억부(抑扶), 조후(調候), 병약(病藥), 전왕(專旺), 통관(通關), 격국(格局)용신 등이 있다. 용신을 정확하게 찾아야 운세와 운명을 제대로 볼 수 있는데, 쉬운 것이 아니므로 유명한 명리학 서적들을 많이 탐독해야 한다.

① 억부용신 抑扶用神

억부용신은 신강과 신약에 따라 억제하거나 도와주거나 중화(中和)시켜 주는 것을 말한다. 쉽게 말해서 강한 자는 억제하고, 약한 자는 도와주는 것이다. 신강하면 관살로 억제하고, 관살이 없으면 재성을 쓰고, 재성도 없으면 식상을 쓴다. 신약하면 인성이나 비겁으로 돕는다.

② 조후용신 調侯用神

조후용신은 기후를 조절하는 것으로, 춥거나 덥거나 건조하거나 습한 한난조습(寒暖燥濕)의 조화로 이루어진 사주를 조절한다. 사주가 한랭하면 따뜻하게 해주고, 뜨거우면 식혀주고, 건조하면 윤습하게 해주고, 습하면 말려주는 것을 말한다. 金은 한(寒)하고, 水는 냉하며, 木은 따뜻하고, 火는 조(燥)하며, 丑辰土는 습하고, 未戌土는 조(燥)하며, 戊己土는 한난(寒暖)의 중간이다.

③ 병약용신 病藥用神

병약용신은 사주에 병(病)이 있으면 이를 억제하는 약(藥)을 찾아 중화시킨다. 만일 사주에 병이 있는데 약이 있으면 길명(吉命)이고, 병이 있는데 약이 없으면 흉명(凶命)이며, 병도 없고 약도 없으면 평범한 명이다.

④ 전왕용신 專旺用神

전왕용신은 사주에 오행이 한 가지로 편중되어 억제하기 어려울 때 그 대세를 따라 순응하거나 변하게 하는 오행을 말한다.

⑤ 통관용신 通關用神

통관용신은 두 세력의 힘이 비슷하여 대립할 때 소통시켜 주는 것을 말한다. 金과 木이 대립하면 水로써 통관하고, 水와 土가 대립하면 金으로 통관하고, 木과 土가 대립하면 火로써 통관하고, 水와 火가 대립하면 木으로 통관하고, 火와 金이 대립하면 土로써 통관하여 소통시킨다. 비겁과 재성이 대립하면 식상으로 통관하고, 재성과 인성이 대립하면 관성으로 통관하고, 인성과 식상이 대립하면 비겁으로 통관하고, 관성과 식상이 대립하면 재성으로 통관하고, 비겁과 관성이 대립하면 인성으로 통관 소통시키는 것이다.

⑥ 격국용신格局用神

격국용신은 일간을 기준하여 월지나 주중에서 격국을 정한 후 신강·신약을 가려 합당한 것을 용신으로 취한다. 격국과 사주의 구성 여하에 따라 달라질 수 있으므로 세심하게 잘 살펴야 한다.

용신법(用神法)

(1) 일주가 왕하고 비겁이 많으면 관살이 용신이다.

(2) 일주가 왕하고 비겁이 많은데 관살이 없으면 식상이 용신이다.

(3) 일주가 왕하고 비견이 매우 많으면 편관이 용신이고, 겁재가 매우 많으면 정관이 용신이다.

(4) 일주가 왕하고 비겁이 많은데 재성이 없거나 힘이 없으면 식상이 용신이다.

(5) 일주가 왕하고 비겁이 많은데 관살도 없고 식상도 없으면 재성이 용신이다.

(6) 일주와 인성이 모두 왕하면 재성이 용신이다.

(7) 일주가 왕하고 재성도 없고 관살도 없으면 식상이 용신이다.

(8) 일주가 왕하고 식상이 많으면 재성이 용신이다.

(9) 일주가 왕하고 식상이 많은데 재성이 없으면 인성이 용신이다.

(10) 일주가 왕하고 식상이 많은데 재성도 없고 인성도 없으면 식상이 용

신이다.

(11) 일주가 왕하고 재성이 있으면 관성이 용신이다.

(12) 일주가 왕하고 재성이 많은데 관살도 없고 식상도 없으면 재성이 용신이다.

(13) 일주가 왕하고 재성이 있는데 관성이 없으면 식상이 용신이다.

(14) 일주가 매우 왕하면 식상이 용신이거나 인성이 용신이다.

(15) 일주가 왕하고 관살이 많은데 식상이 없으면 재성이 용신이다.

(16) 일주가 왕하고 관살이 많은데 식상도 없고 재성도 없으면 관성이 용신이다.

(17) 일주가 왕한데 관살이 많으면 식상이 용신이다.

(18) 일주가 왕하고 관살이 가벼운데 재성이 있으면 재성이 용신이다.

(19) 일주가 왕하고 관성이 가벼운데 인성이 중(重)하면 재성이 용신이다.

(20) 일주가 약한데 식신이 많거나 상관이 많으면 인성이 용신이다.

(21) 일주가 약한데 식신이 많으면 편인이 용신이고 상관이 많으면 인수가 용신이다.

(22) 일주가 약하고 식상이 많은데 인성이 없으면 재성이 용신이다.

(23) 일주가 약하고 식상이 많은데 인성도 없고 재성도 없으면 비겁이 용신이다.

(24) 일주가 약한데 재성이 많으면 비겁이 용신이다.

(25) 일주가 약한데 정재가 많으면 겁재가 용신이고, 편재가 많으면 비견이 용신이다.

(26) 일주가 약하고 관살이 많으면 인성이 용신이다.

(27) 일주가 약하고 관살이 많은데 인성이 없으면 식상이 용신이다.

(28) 일주가 약하고 관살이 많은데 인성도 없고 식상도 없으면 비겁이 용신이다.

(29) 일주가 약하고 인성이 많은데 비겁도 없고 재성도 없으면 관살이 용신이다.

(30) 일주가 약하고 인성이 너무 많으면 재성이 용신이다. 일주가 약하면 인성과 비겁으로 용신을 삼지만 매우 약하면 설기하는 것이 용신이다. 매우 약하면 관살이 용신이고, 극도로 약하면 식상이 용신이다.

위천리(韋千里) 선생의 『명학강의(命學講義)』에 실려 있는 팔격(八格)의 용신은 다음과 같다.

① 정관격 正官格
(1) 일간이 약한 정관격으로서 재성이 중하면 비겁으로 용신을 삼고, 비겁이 없으면 인성으로 용신을 취한다.
(2) 일간이 약한 정관격으로서 식상이 많으면 인성으로 용신을 삼는다.
(3) 일간이 약한 정관격으로서 관살이 중하면 인성으로 용신을 취한다.
(4) 일간이 강한 정관격으로서 비겁이 많으면 관성으로 용신을 삼는다.
(5) 일간이 강한 정관격으로서 인성이 많으면 재성으로 용신을 삼는다.
(6) 일간이 강한 정관격으로서 식상이 많으면 재성으로 용신을 삼는다.

② 편정재격 偏正財格
(1) 일간이 약하고 재격으로서 식상이 많으면 인성으로 용신을 취한다.
(2) 일간이 약하고 재격으로서 재성이 중하면 비겁으로 용신을 취한다.

(3) 일간이 약하고 재격으로서 관살이 많으면 인성으로 용신을 취한다.

(4) 일간이 강하고 재격으로서 만약 비겁이 중중하면 식상으로 용신을 취해도 좋고, 관살로 용신을 취하여도 좋다.

(5) 일간이 강하고 재격으로서 인성이 많으면 재성으로 용신을 취한다.

③ **편정인격** 偏正印格

(1) 일간이 약하고 인격(印格)으로서 관살이 많으면 인성으로 용신을 삼는다.

(2) 일간이 약하고 인격으로서 식상이 많으면 인성으로 용신을 삼는다.

(3) 일간이 약하고 인격으로서 재성이 많으면 비겁으로 용신을 삼는다.

(4) 일간이 강하고 인격으로서 비겁이 중중하고 관살이 있으면 관살로 용신을 삼고, 관살이 없으면 식상으로 용신을 삼는다.

(5) 일간이 강하고 인격으로서 인(印)이 중하면 재성으로 용신을 삼는다.

(6) 일간이 강하고 인격으로서 재성이 많으면 관살로 용신을 삼는다.

④ **식신격** 食神格

(1) 일간이 약하고 식신격으로서 관살이 많으면 인성으로 용신을 취한다.

(2) 일간이 약하고 식신격으로서 재성이 많으면 비겁으로 용신을 취한다.

(3) 일간이 약하고 식신격으로서 식상이 중하면 인성으로 용신을 취한다.

(4) 일간이 강하고 식신격으로서 인성이 많으면 재성으로 용신을 취한다.

(5) 일간이 강하고 식신격으로서 비겁이 중중하면 식상으로 용신을 취한다.

(6) 일간이 강하고 식신격으로서 재성이 많으면 칠살로 용신을 취한다.

⑤ 상관격(傷官格)

(1) 일간이 약하고 상관격으로서 재성이 많으면 비겁으로 용신을 취한다.

(2) 일간이 약하고 상관격으로서 관살이 많으면 인성으로 용신을 취한다.

(3) 일간이 약하고 상관격으로서 식상이 중중하면 인성으로 용신을 취한다.

(4) 일간이 강하고 상관격으로서 비겁이 많으면 칠살로 용신을 취한다.

(5) 일간이 강하고 상관격으로서 인성이 많으면 재성으로 용신을 취한다.

⑥ 칠살격(七煞格)

(1) 일간이 약하고 칠살격으로서 재성이 많으면 비겁으로 용신을 취한다.

(2) 일간이 약하고 칠살격으로서 상식이 많으면 인성으로 용신을 취한다.

(3) 일간이 약하고 칠살격으로서 관살이 중중하면 인성으로 용신을 취한다.

(4) 일간이 강하고 칠살격으로서 비겁이 많으면 관성으로 용신을 취한다.

(5) 일간이 강하고 칠살격으로서 인성이 많으면 재성으로 용신을 취한다.

(6) 일간이 강하고 칠살겨으로서 관살이 중중하면 식상으로 용신을 취한다.

⑦ 건록격(建祿格)

(1) 건록격으로서 재성이 많고 신약한 자는 비겁으로 용신을 취한다.

(2) 건록격으로서 재성이 많고 신강한 자는 관살로서 용신을 취한다. 관살
이 없으면 식상으로 용신을 삼는다.

(3) 건록격으로서 관살이 많고 신약한 자는 인성으로 용신을 취한다.

(4) 건록격으로서 관살이 많고 신강한 자는 재성으로 용신을 취한다.

(5) 건록격으로서 식상이 많고 신약한 자는 인성으로 용신을 취한다.

(6) 건록격으로서 식상이 많고 신강한 자는 재성으로 용신을 취한다.

(7)건록격으로서 비겁이 많으면 관살로서 용신을 취한다.

(8)건록격으로서 인성이 많으면 재성으로 용신을 취한다.

⑧ **월인격** 月刃格

(1)월인격으로서 재성이 많으면 관살로써 용신을 취한다.

(2)월인격으로서 관살이 많으면 재성으로 용신을 취한다.

(3)월인격으로서 식상이 많으면 재성으로 용신을 취한다.

(4)월인격으로서 비겁이 많으면 관살로써 용신을 취한다.

(5)월인격으로서 인성이 많으면 재성으로 용신을 취한다.

(6)월인격으로서 재관식상이 만반(滿盤)할 때는 인성으로 용신을 취한다.

외격(外格)

① **곡직격** 曲直格

木으로 용신을 취하고, 金을 꺼리며, 水는 좋고, 火도 좋으며, 土는 火가 있으면 무방하다.

② **염상격** 炎上格

火로써 용신을 취하고, 水를 꺼리며, 木은 좋고, 土도 좋으며, 金은 土가 있으면 무방하다.

③ **가색격** 稼穡格

土로써 용신을 취하고, 木을 거리며, 火는 좋고, 金은 묘하며, 水는 金이 있으면 무방하다.

④ **종혁격** 從革格

金으로 용신을 취하고, 火를 꺼리며, 土는 좋고, 水는 묘하며, 木은 水가 있으면 무방하다.

⑤ 윤하격 潤下格

水로써 용신을 취하고, 土를 꺼리며, 金은 좋고, 木은 묘하며, 火는 木이 있
으면 무방하다.

⑥ 종재격 從財格

재성으로 용신을 취하고, 식상은 좋으며, 비겁을 꺼리고, 인성도 꺼리며, 관
성은 무방하다.

⑦ 종살격 從殺格

칠살을 용신으로 삼으며, 재성은 좋고, 인성을 꺼리며, 비겁은 좋지 않다. 종
관격(從官格)은 종살격과 용신 및 희신, 기신이 동일하다.

⑧ 종아격 從兒格

식상으로 용신을 취하고, 재성과 비겁은 좋으며, 관살은 불리하고, 인성을
가장 꺼린다.

⑨ 종왕격 從旺格

비겁으로 용신을 삼고, 인성을 기뻐하며, 관살은 흉하고, 재성을 꺼리며, 인
성이 경(輕)할 시에는 식상을 만나도 무방하다.

⑩ 종강격 從强格

강신(强神)인 인수와 비겁을 용신으로 삼고, 식상은 흉하며, 재성과 관살은
흉하다.

화기격(化氣格)

화신(化神)을 생조하는 것을 좋아하고, 화신(化神)이 태강(太强)하면
설기(洩氣)하는 것을 기뻐하고 설기하는 자를 용신으로 삼는다. 혹은 화

격(化格)이 파(破)를 만날 시에는 구신(救神)을 얻으면 구신으로 용신을 삼는다. 그러나 결국 화신(化神)의 자(字)를 극파함이 없이 용신이 되는 자는 희기에 이르러 용신에 순(順)하면 기뻐하고 용신에 역(逆)하면 꺼리게 된다. 순역(順逆)의 기미로써 소식을 알게 된다.

①甲己合化土格

　火가 용신이고, 土金이 희신이며, 木이 기신이다.

②乙庚合化金格

　土가 용신이고, 金水가 희신이며, 火가 기신이다.

③丙辛合化水格

　金이 용신이고, 水木이 희신이며, 火土가 기신이다.

④丁壬合化木格

　水가 용신이고, 木火가 희신이며, 土金이 기신이다.

⑤戊癸合化火格

　木이 용신이고, 火土가 희신이며, 金水가 기신이다.

위천리(韋千里) 선생의 『명학강의(命學講義)』 「권칠(卷七)」 《제이장(第二章)》 〈여명편(女命篇)〉에는 여명취용대법(女命取用大法)이 실려 있는데, 그 내용은 아래와 같다.

(1) 일주가 강하고 식상이 많으면 재성을 용신으로 한다.

(2) 일주가 강하고 식상이 많은데 재성이 없으면 인성을 용신으로 한다.

(3) 일주가 강하고 식상이 많은데 재성도 없고 인성도 없으면 식상을 용신

으로 한다.

(4) 일주가 강하고 관살이 많으면 식상을 용신으로 한다.

(5) 일주가 강하고 관살이 많은데 식상이 없으면 재성을 용신으로 한다.

(6) 일주가 강하고 관살이 많은데 식상도 없고 재성도 없으면 관살을 용신
으로 삼는다.

(7) 일주가 강하고 재성이 많으면 관살을 용신으로 삼는다.

(8) 일주가 강하고 재성이 많은데 관살이 없으면 식상으로 용신으로 삼는다.

(9) 일주가 강하고 재성이 많은데 관살이 없으면 식상으로 용신으로 삼는다.

(10) 일주가 강하고 인성이 많으면 재성을 용신으로 삼는다.

(11) 일주가 강하고 인성이 많은데 재성이 없으면 관살을 용신으로 삼는다.

(12) 일주가 강하고 인성이 많은데 재성도 없고 관살도 없으면 식상으로
용신으로 삼는다.

(13) 일주가 강하고 비겁이 많으면 관살로 용신으로 삼는다.

(14) 일주가 강하고 비겁이 많은데 관살이 없으면 식상으로 용신으로 삼
는다.

(15) 일주가 강하고 비겁이 많은데 관살도 없고 식상도 없으면 재성으로 용
신으로 삼는다.

(16) 일주가 약하고 식상이 많으면 인성을 용신으로 삼는다.

(17) 일주가 약하고 식상이 많은데 인성이 없으면 재성으로 용신으로 삼
는다.

(18) 일주가 약하고 식상이 많은데 인성도 없고 재성도 없으면 비겁으로
용신으로 삼는다.

(19) 일주가 약하고 관살이 많으면 인성으로 용신으로 삼는다.

(20) 일주가 약하고 관살이 많은데 인성이 없으면 식상을 용신으로 삼는다.

(21) 일주가 약하고 관살이 많은데 인성도 없고 식상도 없으면 비겁으로 용신으로 삼는다.

(22) 일주가 약하고 재성이 많으면 비겁으로 용신으로 삼는다.

(23) 일주가 약하고 재성이 많은데 비겁이 없으면 관살을 용신으로 삼는다.

(24) 일주가 약하고 재성이 많은데 비겁도 없고 관살도 없으면 인성을 용신으로 삼는다.

(25) 일주가 약하고 인성이 많으면 재성으로 용신으로 삼는다.

(26) 일주가 약하고 인성이 많은데 재성이 없으면 비겁으로 용신으로 삼는다.

(27) 일주가 약하고 인성이 많은데 비겁도 없고 재성도 없으면 관살을 용신으로 삼는다.

제**04**장

사시(四時)의 오행의기(五行宜忌)

① 사시四時의 목木의기宜忌

1 春月의 木은 오히려 추운 기운이 있으니 火가 따뜻하게 하면 꼬불꼬불한 근심이 없고, 水가 있으면 윤택하여 후련하고 시원한 아름다움이 있다. 그러나 水가 많으면 木이 습하고 뿌리가 썩는다. 水가 결핍되면 木이 마르니 반드시 수화기제(水火旣濟)해야만 아름답다. 土가 많으면 힘이 줄어들고 土가 박하면 재물이 풍족하다. 金을 거듭 만나면 火를 만나도 상하지 않으며, 木이 강하면 金을 만나야 발전한다.

2 夏月의 木은 뿌리와 잎이 건조하여 구불구불함을 연유하여 곧아지며, 구부림을 연유하여 펴지니 水로써 윤택하게 해야 기뻐하며 火는 대흉하다. 엷은 己土는 무관하지만 戊土는 좋지 않으며 己土라도 두터우면 좋지 않다. 많은 金은 싫어하지만 적은 金은 싫어하지 않으며 많으

면 극제함을 받는다. 만약 거듭해서 木이 보이면 한갓 수풀을 이룰 뿐 첩
첩하고 번성하면 끝내 결과가 없다. 金의 자르고 깎음이 없으면 유용한
재목이 될 수 없다.

③ 秋月의 木은 점점 시들어 떨어진다. 초추(初秋)는 그래도 기운이
남아 있어 水土가 자생(資生)함을 기뻐하지만 중추(仲秋)는 과실이 이미
이루어져서 강한 金이 찍어 쪼개고 깎음을 좋아한다. 상강 후에는 水가
성하면 좋지 못한데 水가 성하게 되면 木이 표류하게 되고 썩기 쉽다. 한
로 전에는 또 화염(火炎)함이 마땅한데 화염하면 나무가 결실을 맺어 다
재의 재능이 있어서 좋지만 土가 두터우면 자립의 능력이 없고 재운이
희박하다.

④ 冬月의 木은 꼬불꼬불함이 땅에 있다. 土가 많아서 뿌리를 배양
해 주기를 바라지만 水가 성하면 뿌리가 썩어 망형(亡形)할까 두렵다. 金
이 비록 많으나 극벌의 해가 없고 火가 거듭 보이나 온난함의 공이 있다.
말하자면 일지와 시지가 병사절(病死絶)을 만나지 않으면 뿌리가 복명
(復命)에 돌아갈 때이므로 木의 병을 어찌 도울 수 있겠는가. 다만 사절
(死絶)을 꺼려할 뿐 생왕(生旺)이면 좋다.

② 사시(四時)의 화(火)의 기(宜忌)

春月의 火는 재성이 많은 것을 두려워하지 않고, 夏月의 火는 살이 중
한 것을 두려워하지 않고, 秋月의 火는 겁재와 인수를 기뻐하고, 冬月의
火는 인수와 식신을 기뻐한다.

① 春月의 火는 母가 왕하고 子가 상(相)하여 세력이 나란히 간다. 木

이 생부(生扶)하는 것이 좋으나 너무 왕하면 좋지 못하고 왕하면 화염(火炎)하게 된다. 화수기제(火水旣濟)하고자 하나 너무 많으면 좋지 못하니 많으면 火가 멸하고 土가 많으면 어두워지며 火가 성하면 높아진다. 金을 보면 공을 베풀 수 있고 비록 중첩하더라도 부유함은 바라볼 수 있다.

2 夏月의 火는 세력이 당권(當權)하니 水의 제극(制剋)함을 만나면 스스로 타버리는 허물을 면할 수 있지만, 木을 보면 반드시 요절의 근심을 만나게 된다. 金을 만나면 발전하고 土를 만나면 양호하다. 그러나 金 土가 비록 좋지만 水가 없으면 金은 메마르고 土는 타니 만약 火가 성하여 너무 과하면 반드시 위태롭다.

3 秋月의 火는 성질이 식(息)하고 체(體)가 휴(休)하여 木의 생(生)을 얻으면 다시 밝아지는 응함이 있지만 水의 극을 만나면 꺼져버리는 화를 피할 수 없다. 土가 많으면 빛을 가리고 金이 많으면 세력을 잃는다. 火가 火를 보면 빛이 나는데 비록 거듭 火가 있더라도 역시 유리하고, 木은 많을수록 유리하다.

4 冬月의 火는 체(體)가 절(絕)하고 형(形)이 망하니 木이 생하여 구제해야 한다. 水의 극을 만나면 재앙이 되므로 土가 극제하면 영화롭다. 火의 비견 겁재가 좋으나 金을 보면 金이 水를 생하여 火가 곤하게 되므로 재다신약이 되어 재(財)가 되지 못하고, 金이 없으면 극벌을 받지 않으므로 시달리지 않는다. 金은 오히려 재액이 된다.

③ 사시四時의 토土 의기宜忌
1 春月의 土는 그 세력이 가장 고립되어 있어서 火의 도움을 기뻐하고 木의 극삭(剋削)을 싫어한다. 비견의 조력(助力)은 기뻐하지만 水의

물결은 싫어한다. 金을 얻어 木을 제압하면 강하게 되고, 金이 많으면 土의 기운을 잃는다.

2 夏月의 土는 성질이 가장 건조하니 水를 얻어 촉촉하게 적셔야 성공한다. 왕한 火는 건조하여 좋지 못하고 木은 화염(火炎)을 도우므로 생극의 조화를 이루지 못한다. 따라서 생과 극은 취할 것이 없고 金은 水를 생하므로 재록이 유여하다. 土의 비견을 보면 힘들고 잘 진척되지 않아서 불통하는데 너무 과하면 木의 습격을 받는다(이것은 戊土에만 해당한다).

3 秋月의 土는 子는 왕하지만 母는 쇠한다. 金이 많으면 기를 누설하고 木이 성하면 金이 길하며 순진하고 선량함을 제복(制伏)한다. 火가 거듭되면 싫어하지 않지만 水가 범람하면 상서롭지 못하다. 비견을 얻으면 능히 조력(助力)할 수 있으니 상강 후는 비견이 아니더라도 무방하다.

4 冬月의 土는 외적으로는 차갑지만 내적으로는 온화하다. 水가 왕하면 재물이 풍부하고, 金이 많으면 귀하게 되며, 火가 성하면 영화를 누린다. 木이 많으면 허물이 없고, 土의 도움을 받아 아름다우니 신(身)이 강하여 수명을 더하는 것을 기뻐한다. 春月의 土는 火가 생함을 기뻐하고, 夏月의 土는 물이 적셔줌을 기뻐하고, 申酉月의 土는 비견의 도움을 기뻐하고, 冬月의 土는 목영(木榮)함을 기뻐한다.

④ 사시(四時)의 금(金) 의기(宜忌)

1 春月의 金은 찬 기운이 남아 있어 화기(火氣)가 있어야 귀하다. 체(體)는 약하고 성질은 부드러워 土가 있어 생해 주어야 좋다. 水가 성하면 金이 한랭하여 쓸모가 없고, 木이 성하면 金이 부러져서 지강(至剛)

이 변하여 불강(不剛)이 된다. 金이 와서 도우면 좋다고 하지만 火가 없으면 좋지 않다.

2 夏月의 金은 더욱더 유약하여 형질(形質)이 미비하다. 신(身)이 쇠함을 꺼려하고 水가 성하면 상서롭다. 火가 많으면 묘하지 못하고, 金이 서로 도우면 힘차고 강하며, 木을 보면 귀(鬼)를 돕고 신(身)을 상한다. 土가 후중하면 매몰되어 빛을 잃고 土가 박약하면 자생(資生)하여 유익하다.

3 秋月의 金은 당권(當權)하여 득령(得令)하고 火가 와서 녹여야 종과 가마솥의 재목을 이룰 수 있다. 土가 다시 자생(資生)하면 도리어 완탁(頑濁)한 기운이 있고, 水를 보면 정신이 빼어나서 위험이 있지만, 金이 도우면 너무 강하고 지나치면 부러진다.

4 冬月의 金은 형체나 성질이 한랭하여 木이 많으면 도끼와 끌의 공을 펴기 힘들고, 水가 성하면 가라앉음의 근심을 면하지 못한다. 土가 능히 水를 제극(制剋)하면 금체(金體)가 한랭하지 않고, 火가 土를 생하면 자모(子母)가 성공하니 비견이 상부(相扶)하는 것을 기뻐하며 관인(官印)이 온양(溫養)하면 좋다. 春月의 金은 비견과 겁재를 기뻐하고, 夏月의 金은 水土를 기뻐하고, 秋月의 金은 水木을 기뻐하고, 冬月의 金은 火土를 기뻐한다.

5 사시(四時)의 수(水)의 기(宜忌)

春月의 水는 木을 기뻐하고, 夏月의 水는 비견을 기뻐하고, 秋月의 水는 木火를 기뻐하고, 冬月의 水는 火土를 기뻐한다.

1 春月의 水는 성질이 가득차고 넘친다. 만약 土의 극제를 받으면 횡류(橫流)의 해가 없지만, 다시 水의 도움을 만나면 반드시 붕괴하는 근심이 있다. 金이 생부(生扶)하는 것은 좋지만 성하면 좋지 못하고, 화수기제(火水旣濟)함은 좋지만 화염(火炎)은 좋지 못하다. 木을 보면 공을 이룩하지만 土가 없으면 산만하다.

2 夏月의 水는 외적으로는 실하나 내적으로는 허하니 고갈하는 때를 당하여 비견을 얻고자 한다. 金이 생조하는 것을 기뻐하고, 火가 왕성하여 너무 뜨거움을 꺼리며, 木이 성하면 그 기운을 모설(耗洩)하고, 土가 성하면 그 근원을 극제한다.

3 秋月의 水는 母가 왕하고 子가 상(相)하여 金의 도움을 얻으면 맑고, 土가 왕하면 혼탁하다. 火가 많으면 재물이 풍성하지만 너무 과하면 좋지 못하며, 木이 중하면 신(身)이 영화하지만 중화(中和)되어야만 귀하다. 거듭 水를 보면 범람한 근심이 있지만 모름지기 중첩하여 土를 만나면 비로소 태평한 상이 된다.

4 冬月의 水는 바로 권세를 맡을 때이다. 火를 만나서 추운 기운을 제거해야 하고, 土를 보아 자리를 잡아야 하는데 金이 많으면 도리어 의리가 없다. 木이 성하면 유정하지만, 水가 너무 미약하면 비견의 도움을 받아야 좋고, 水가 너무 성하면 도움을 받아야 좋고, 水가 너무 성하면 土로 제방을 해야 좋다.

命理心得

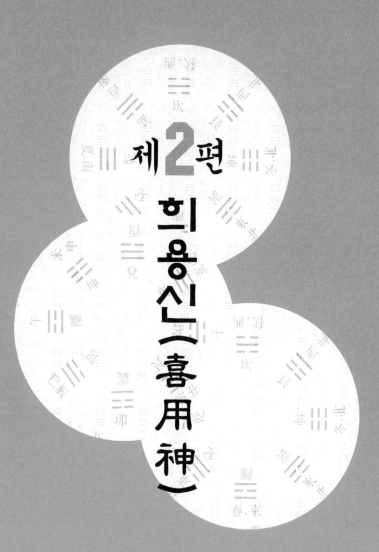

제**2**편
희용신(喜用神)

본편에는 363개의 명조(命造)가 실려 있으며, 모두 용신(用神)과 길한 방위, 재물 방위, 꺼리는 방위를 나타내었다. 원래 용신을 선정하는 것은 말처럼 쉽지 않다. 용신은 사주상에서 자신에게 가장 필요한 것이므로 용신을 찾는 것은 가장 중요한 일이다.

용신을 선정하는 법은 억부(抑扶)용신법, 조후(調候)용신법, 병약(病弱)용신법, 전왕(專旺)용신법, 통관(通關)용신법 등이 있다. 명리학에 관한 좋은 서적들을 탐독하고 오랜 기간 임상과 체험적인 경륜을 쌓아야 용신을 제대로 가릴 수 있다.

본편에서는 사주풀이에 목적을 두지 않고 초학자가 희신, 용신을 가려낼 수 있는 안목을 기르는 데 중점을 두었다. 용신을 잘 가릴 줄 알게 된다면 운세의 흐름이 길한지 흉한지를 알게 된다. 용신을 가릴 줄 알아도 통변을 할 줄 모른다면 사주를 제대로 보지 못한다.

여러분이 반드시 탐독해야 할 서적은 『궁통보감』 『조화원약』 『자평진전』 『적천수천미』 혹은 『적천수징의』 『적천수보주』 『명학강의』 『자평수언』 『연해자평』 『명리정종』 등이다.

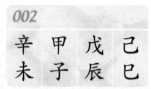

001

壬	甲	丁	甲
申	戌	卯	辰

- 甲戌일이 卯월에 생하고 쌍甲이 천간에 나오며 戌은 조토(燥土)이다. 辰
  은 습토이므로 木을 생할 수 있으며, 시지와 년지는 申辰으로 공수(拱水)
  하고 申戌은 살을 생한다. 丁壬이 상합하니 주로 귀하고, 이 명격은 丁火
  가 용신인데 남방운을 행한다.
- **길방** ☞ 남방, 서남방 **재물방** ☞ 서남방 **꺼리는 방위** ☞ 북방

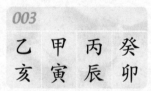

002

辛	甲	戊	己
未	子	辰	巳

- 甲木이 辰월에 생하여 木의 여기(餘氣)가 있다. 子 중에는 癸水 인수가
  있어서 중화(中和)의 상이 된다. 戊己 재성이 당령하고 시상에 辛 관성
  이 투(透)하며 土가 왕하여 金을 생한다. 子未가 상천(相穿)하여 인성을
  무너지게 하므로 이 명조는 부건파처(夫健怕妻), 처관엄(妻管嚴)이다.
  용신은 巳 중의 丙火이다.
- **길방** ☞ 남방 **재물방** ☞ 남방, 동남방 **꺼리는 방위** ☞ 북방, 동북방

003

乙	甲	丙	癸
亥	寅	辰	卯

- 甲寅일이 辰월에 생하고 연월일지가 寅卯辰 동방을 이룬다. 亥시에 생

하고 월주가 丙辰이니 丙은 허화(虛火)가 되고 辰은 습토가 되어 회화(晦火)하고 木을 기른다. 연상에 癸水가 투간하고 시상에 해왕(亥旺)을 만나므로 木은 水에게 극이 된다. 乙卯·甲寅년에는 꽤 좋았으며, 癸丑·壬子년에는 파패하여 집이 부서지고 사람이 흩어졌다. 용신은 丙火이다.

- **길방** ☞ 남방, 동남방 **재물방** ☞ 남방 **꺼리는 방위** ☞ 북방

004

丙	甲	壬	辛
午	辰	辰	未

- 甲辰일이 辰월에 생하고 시간, 월간에 庚壬이 아울러 투출하여 시지 午 중에 丁火가 암장되어 庚을 제할 방법이 없다. 甲木은 견고한 나무를 이루고 金을 얻어 동량지재가 되므로 이 명조는 주로 귀하다. 辰午가 巳를 끼므로 허신(虛神)인 巳 중의 丙火가 용신이 된다.

- **길방** ☞ 남방 **재물방** ☞ 남방 **꺼리는 방위** ☞ 북방

005

庚	甲	壬	丙
午	午	辰	寅

- 甲午일이 辰월에 생하고 庚壬이 아울러 투출하며 지지가 寅午會火局을 이룬다. 寅辰이 卯를 공(拱)하여 지지가 동방을 이루어 甲木이 왕함을 더한다. 丙火가 천간에 나왔으나 壬이 투출하여 丙을 거(去)한다 이 명격은 주로 귀하고 대부귀함이 있다. 용신은 丙火이다.

- **길방** ☞ 남방 **재물방** ☞ 남방 **꺼리는 방위** ☞ 북방

006

甲	甲	丙	壬
戌	午	午	申

● 甲午일주가 午월에 생하고 사주가 화염토조(火炎土燥)한데 다행이 년주가 壬申이므로 水를 생한다. 木火 상관이며 인성인 壬을 용신으로 하여 명을 도우니 귀격이 되고 관귀(官貴)도 있다. 용신이 壬水인데 水운을 행한다.

● 길방 ☞ 북방 재물방 ☞ 북방 꺼리는 방위 ☞ 남방

007

丙	甲	甲	丙
寅	申	午	戌

● 甲申일주가 午월에 생하고 천간에 丙火가 둘 투출하며 甲木도 둘 투출하였다. 지지에 寅午戌 火局이 성립되고 木은 남방을 향하는데 사주에 水가 없으며 申金은 火에게 극이 되므로 지극히 유약하다. 이 명조의 사람은 삶을 탐하고 죽음을 두려워하니 작은 것을 탐하다가 큰 것을 잃는다. 일생 의심이 많고 하는 바가 없으니 모두 金을 잃은 까닭이다. 용신은 庚金 혹은 壬水를 쓴다.

● 길방 ☞ 서방, 서북방 재물방 ☞ 서북방 꺼리는 방위 ☞ 남방

008

戊	甲	甲	丙
辰	戌	午	子

● 甲戌일주가 午월에 생하고 지지에 子午상충 辰戌충형이 되며 인수는 재

에게 파되었다. 또한 午戌會하여 火局이 되고 火가 왕하므로 木이 탄다. 다행이 子辰合 水局이 되어 火를 제하고 木을 윤택하게 한다. 다시 시간 상 戊土가 와서 火를 설기하니 戊土가 용신이며 재가 많고 주로 귀하다.

- **길방** ☞ 서방, 서남방 **재물방** ☞ 서남방 **꺼리는 방위** ☞ 동남방

009

辛	甲	辛	甲
未	子	未	辰

- 甲子일주가 未월에 생하고 양甲 양辛이 천간에 나와 양간부잡(兩干不雜)이 되며 국세가 청순하다. 일원 甲木이 子에 앉고 辛은 정관이니 관인상생하여 土를 윤택하게 하여 木을 생하므로 용신은 丁火이다. 비록 부귀함은 있으나 처자식은 유지하기 어려우며 혼인은 순조롭지 못하다.

- **길방** ☞ 남방 **재물방** ☞ 남방 **꺼리는 방위** ☞ 북방

010

甲	甲	辛	甲
子	寅	未	午

- 甲寅일주가 未월에 생하고 사주 천간에 甲木이 셋 나오며 甲의 녹인 寅이 있으므로 목기(木氣)가 자못 중하다. 지지에 寅午會火局이 되고 子午상충이 되며 시지 子 중에는 癸水가 있고 월지 未 중에는 己土 습토가 있어서 木을 기르고 윤택하게 할 수 있다. 관인협귀격(官印夾貴格)이 되며 관이 높고 부귀한다. 용신은 辛未이다.

- **길방** ☞ 서방 **재물방** ☞ 서방, 서북방 **꺼리는 방위** ☞ 동방

011

壬	甲	癸	庚
申	辰	未	子

- 甲辰일주가 未월에 생하고 지지가 申子辰會水局이 되며 천간에 壬癸가 나오고 庚金이 생하므로 관인상생을 한다. 인이 태왕하므로 재로써 제하니 辰 중의 戊土가 용신이다.
- **길방** ☞ 남방　**재물방** ☞ 남방　**꺼리는 방위** ☞ 북방

012

甲	甲	癸	乙
子	午	未	丑

- 甲午일이 未월에 생하고 천간에 甲 둘, 乙이 하나 있으므로 木氣가 성하다. 未는 木의 고(庫)가 되고 癸水가 천간에 나와 촉촉하게 적시며 시지 子는 癸록을 얻으므로 이 명격은 주로 귀하다. 丑 중의 辛金이 용신이다.
- **길방** ☞ 서방　**재물방** ☞ 서방　**꺼리는 방위** ☞ 동방

013

甲	甲	丁	丁
子	申	未	酉

- 甲申일이 未월에 생하고 甲이 子에 앉아 水의 생함을 받고 지지에 申子會水局이 된다. 비록 쌍丁의 투출함이 있으나 사주에 戊己가 없고 지지에 역시 辰이 없으므로 이 명격은 마땅히 戊土로써 金을 생하고 甲을 극하며 水를 제해야 되므로 용신은 戊土이다.

014

戊	甲	乙	辛
辰	戌	未	巳

• 甲戌일주가 未월에 생하고 巳未가 午를 끼어 주로 남방이다. 사주에 壬 癸가 없고 火土가 염염(炎炎)한데 水 인이 관성을 보호함이 있다. 辰 중 의 癸水를 용신으로 삼으며 묘에 들고 戊土가 와서 극거(尅去)한다. 본 여명은 세 번 시집을 갔으나 무자하였다.

• 길방 ☞ 북방, 동북방   재물방 ☞ 동북방   꺼리는 방위 ☞ 남방

015

乙	甲	甲	乙
亥	子	申	酉

• 甲子일주가 申월에 생하고 申궁은 壬水의 장생이며 申子會水局이 되고 다시 亥 중의 壬水가 가하여 이 명국은 水가 매우 많으며 丁火의 배합이 없다. 마땅히 戊土로써 제하고 다시 丁火를 가하면 부귀할 수 있다. 이 명국은 행운이 동남운에 들면 대귀하게 된다. 용신은 戊土이고 다음에 는 丁火를 쓴다.

• 길방 ☞ 남방, 동남방   재물방 ☞ 동남방   꺼리는 방위 ☞ 북방

016

乙	甲	庚	癸
亥	寅	申	亥

- 甲寅일주가 申월에 생하고 일원 甲의 녹이 寅에 있으니 신왕하다. 월주에 庚의 녹은 申에 있으니 살인상생하고 寅申상충이 된다. 乙卯운에는 살인(煞刃)상생되어 대권을 쥘 수 있으나 甲운은 불길한데 金剋木이 되는 까닭이며 흉사하게 된다. 용신은 庚金이다.
- **길방** ☞ 서방, 서북방　**재물방** ☞ 서북방　**꺼리는 방위** ☞ 동방, 甲운 꺼림

017

丙	甲	壬	甲
寅	辰	申	辰

- 甲辰일주가 申월에 생하고 양甲이 천간에 나왔으며 寅辰이 卯를 끼어 지지가 동방이 되므로 목기(木氣)가 왕하게 되었다. 申辰會水局이 되고 壬水가 천간에 나오며 申궁은 壬의 장생이다. 다행히 양辰이 壬水를 극하고 寅申이 상충되므로 용신은 庚金이며 甲을 쪼개어 왕한 丙火를 돕는다.
- **길방** ☞ 서방　**재물방** ☞ 서방　**꺼리는 방위** ☞ 동방

018

庚	甲	丙	辛
午	午	申	丑

- 甲午일주가 申월에 생하고 丙辛이 서로 합하여 庚金이 甲木을 극하지만

천간에 壬癸가 나타나지 않았으므로 우 중의 丁火를 용신으로 하여 金을 제하면 부귀함이 있다.

- **길방** ☞ 남방 **재물방** ☞ 남방 **꺼리는 방위** ☞ 북방

019

乙	甲	戊	丁
亥	申	申	酉

- 甲申일주가 申월에 생하고 戊土가 申 중의 壬水를 제하며 申 중 경살 (庚煞)의 기는 설기되지 않는다. 오로지 丁火 상관을 용신으로 삼아 가 살(駕煞)하고 남방운을 행하여 부귀함이 있다.

- **길방** ☞ 남방 **재물방** ☞ 남방 **꺼리는 방위** ☞ 북방

020

甲	甲	甲	甲
戌	辰	戌	辰

- 甲辰일주가 戌월에 생하고 천간에 甲이 네 개이므로 천원일체(天元一體)가 된다. 지지에는 辰戌 四庫가 모이고 월령은 재성인 土가 당왕하다. 甲木이 戌月에 생하여 양위(養位)가 되고 甲木이 辰 습토 위에 앉음을 기뻐하며, 水土는 뿌리를 양육하므로 이 나무는 활목(活木)이 된다. 재 가 왕하므로 비견인 甲木이 용신이 되며 부귀하고 장수하는 명이다.

- **길방** ☞ 동방 **재물방** ☞ 동방 **꺼리는 방위** ☞ 서방

021

庚	甲	庚	壬
午	午	戌	午

- 일주 甲午가 戌월에 생하고 간지에 庚午가 둘 왕하며 지지에 午戌會火
  局이 된다. 火가 왕하여 木이 마르고 甲木은 또한 庚金에게 상한다. 다행
  한 것은 壬水가 庚金을 설기하고 아울러 火旺을 제하고 甲木을 돕는다.
  이것은 가상관이 득지(得地)하는 명격이며 용신은 壬水이다.
- **길방** ☞ 북방　**재물방** ☞ 북방　**꺼리는 방위** ☞ 남방

022

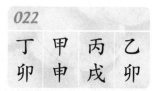

丁	甲	丙	乙
卯	申	戌	卯

- 甲申일주가 戌월에 생하고 庚의 녹은 申에 있고 甲의 양인은 卯에 있으
  며 살인(煞刃) 모두 병령(秉令) 거왕(居旺)하지 않았다. 丙火가 천간에
  나와 식신생재함을 쓰니 丙火가 용신이다.
- **길방** ☞ 남방　**재물방** ☞ 남방　**꺼리는 방위** ☞ 북방

023

戊	甲	丙	庚
辰	戌	戌	戌

- 일주 甲戌이 戌월에 생하고 지지에 戌이 셋 있고 戊土가 천간에 나왔으
  며 시지 辰은 습토가 되고 土가 중하다. 또한 丙火가 천간에 나와 기신
  (己身)을 도우므로 부유하고 장수하는 명격이다. 천간에 庚金이 관살이

되므로 무직(武職)에 종사하면 소귀(小貴)함이 있는 격국이며 용신은 丙火이다.

- **길방** ☞ 남방　**재물방** ☞ 남방　**꺼리는 방위** ☞ 북방

024

己	甲	辛	壬
巳	子	亥	辰

- 甲子일주가 亥월에 생하고 천간에 甲己化土가 되어 반드시 火로 용신을 삼아야 한다. 丙은 없고 壬辛이 투간하며 지지에 子辰會水局이 되므로 水가 많아 土를 쓸어버리니 파격이 된다. 다행히 시지 巳 중에 丙戊가 있어 득용(得用)하니 일생 고과(孤寡)요, 병이 많다. 만년에 이르면 점차 좋아져 의식에 부족함이 없게 된다. 용신은 丙火이다.

- **길방** ☞ 남방　**재물방** ☞ 남방　**꺼리는 방위** ☞ 북방, 서북방

025

甲	甲	辛	壬
子	寅	亥	子

- 甲寅일주가 亥월에 생하여 亥 중에 壬甲이 있으므로 水旺 木旺한 局이다. 사주 간지가 다 통근하고 土의 혼잡이 없으므로 水性을 거스르지 않는다. 水木운은 그 왕신이 되고 火운은 꺼리게 된다. 용신은 癸水이다.

- **길방** ☞ 북방　**재물방** ☞ 동북방　**꺼리는 방위** ☞ 남방

壬	甲	丁	庚
申	辰	亥	辰

- 甲辰일주가 亥월에 생하고 천간에 庚丁을 쓰며 시간상 壬水가 丁을 상하므로 기신이 된다. 지지에 申亥를 보고 辰은 습토가 되며 戊土가 천간에 나와 구제함이 없으므로 火土운을 행하면 좋고 壬운에 이르면 대흉하다. 용신은 丙火이고 火土운은 길하다.
- **길방** ☞ 남방 **재물방** ☞ 남방 **꺼리는 방위** ☞ 북방

丁	甲	癸	癸
卯	午	亥	未

- 甲午일주가 亥월에 생하고 쌍癸가 천간에 나와 그 세력이 범람한다. 甲木이 겨울에 생하여 火가 와서 온난함을 기뻐한다. 지지에 卯亥未會木局이 되어 일주가 생왕하고 아울러 水를 설기하여 火를 생하며 전국에 金의 혼잡이 없으므로 火土운에 이르러 주로 귀하다. 용신은 丙火이다.
- **길방** ☞ 남방 **재물방** ☞ 남방 **꺼리는 방위** ☞ 북방

己	甲	己	丙
巳	申	亥	午

- 甲申일주가 亥월에 생하고 午년생이 巳亥를 보면 파택살, 파쇄살이 되며 또한 망신, 겁살이 되므로 재물을 소모하고 파산한다. 申巳상형이 되

어 주로 주색으로 파가한다. 지지에 申, 亥를 보아 壬水가 태왕하므로 己土는 구조할 수 없다. 모름지기 丙火 식상이 재를 생하는 것을 용신으로 삼는다. 용신은 丙火이다.

- 길방 ☞ 남방   재물방 ☞ 남방   꺼리는 방위 ☞ 북방

029

庚	甲	丁	乙
午	戌	亥	未

- 甲戌일주가 亥월에 생하고 천간에 庚丁이 투출되며 지지에 午戌會火局이 되고 未가 午를 합하니 주로 귀하다. 살인(煞刃)이 요합(遙合)하니 무귀(武貴)하게 된다. 용신은 丁火이다.

- 길방 ☞ 남방   재물방 ☞ 남방   꺼리는 방위 ☞ 북방

030

戊	甲	壬	壬
辰	子	子	戌

- 甲子일주가 子월에 생하고 쌍壬이 천간에 나와 水의 세력이 범람한다. 다행한 것은 시간상 戊土가 壬을 극하고 戊土가 년지 戌土에 의지하여 뿌리가 있다. 戌은 조토(燥土)가 되니 반드시 火로써 건조시켜야 되므로 남방 火운을 행하면 돈을 벌 수 있고 다른 길에서 현달하게 되는 명이다. 용신은 丙火이다.

- 길방 ☞ 남방   재물방 ☞ 남방   꺼리는 방위 ☞ 북방

丙	甲	戊	庚
寅	寅	子	寅

- 甲寅일주가 子월에 생하고 子 중의 癸水가 甲木을 생하며 지지에 寅이 세 개나 있으므로 木氣가 왕하고 견고하다. 庚金 살기는 뿌리가 없으며 木을 극하니 기신이 된다. 戊土가 천간에 나와 水를 제하고 金을 생한다. 시간 丙火는 木을 따뜻하게 하고 庚을 설기하므로 용신이 된다. 木火운으로 가면 주로 귀하다. 용신은 丙火이다.
- **길방** ☞ 남방 **재물방** ☞ 남방 **꺼리는 방위** ☞ 북방

乙	甲	庚	辛
亥	辰	子	亥

- 甲辰일주가 子월에 생하고 庚辛金이 水를 생하며 지지 亥 중에는 壬의 녹이 있고 甲木의 장생지지이다. 지지 子 중에는 癸의 녹이 있으며 살인상생하여 일원을 돕는다. 인수가 걸맞는 지위를 얻으면 주로 귀하다. 지지가 辰子水局이 되므로 辰 중의 戊土가 용신이 된다. 火土운을 행하면 길하다.
- **길방** ☞ 남방 **재물방** ☞ 남방 **꺼리는 방위** ☞ 북방

丙	甲	壬	壬
寅	午	子	辰

- 甲午일주가 子월에 생하고 쌍壬이 천간에 나오며 년월지가 子辰會水局

을 형성하고 일시지가 寅午會火局이 되며 丙火가 천간에 나왔다. 甲의 녹은 寅에 있고 午 중에는 丁己의 녹이 있다. 겨울 나무는 춥고 얼므로 丙火로써 해동시켜야 되므로 丙火가 용신이다. 부자이면서 귀함을 취할 수 있는 명조이다.

● **길방** ☞ 남방　**재물방** ☞ 남방　**꺼리는 방위** ☞ 북방

034

庚	甲	甲	癸
午	申	子	丑

● 甲申일주가 子월에 생하고 천간에 甲木 둘이 왕하고 인에 앉았다. 庚金으로 벽갑인정(劈甲引丁)하고 子辰會水局이 되며 子午충이 되고 癸水가 천간에 나와 모름지기 戊土로 水를 제하면 좋다. 丑 중의 己土는 습토가 되므로 비록 水를 제하나 매우 약하다. 비록 소귀(小貴)함은 있으나 골육이 형상(刑傷)한다. 용신은 戊土이다.

● **길방** ☞ 남방　**재물방** ☞ 남방　**꺼리는 방위** ☞ 북방

035

辛	甲	庚	辛
未	戌	子	丑

● 甲戌일주가 子월에 생하고 천간에 庚 하나, 辛 둘이 있으므로 관살이 중하여 木을 극한다. 子월이므로 살인상생이 되는데 다행히 지지의 戌未 중에 丁火가 있어서 甲을 따뜻하게 할 수 있다. 다시 庚金으로 甲을 쪼개어 戌 중의 丁火에 당기니 丁火가 용신이다.

• 길방 ☞ 남방   재물방 ☞ 남방   꺼리는 방위 ☞ 북방

036

丙	甲	丁	甲
寅	子	丑	午

• 甲子일주가 丑월에 생하고 쌍甲이 천간에 나오며 사주에 庚金이 없고 子午상충되며 천간에 丙 하나, 丁 하나 지지에 寅午가 나타나서 木火가 왕한 격국으로 주로 부귀한다. 용신은 丙火이다.

• 길방 ☞ 남방, 동남방   재물방 ☞ 동남방   꺼리는 방위 ☞ 북방

037

戊	甲	辛	辛
辰	寅	丑	未

• 甲寅일주가 丑월에 생하고 戊土가 천간에 나왔으며 지지에 未丑辰이 모두 土이다. 다행히 일원 甲寅은 甲木이 丙火 장생지지에 앉아 火土가 상생하여 왕한 재가 관을 생하는 격으로 주로 부귀한다. 용신은 丙火이다.

• 길방 ☞ 남방   재물방 ☞ 남방   꺼리는 방위 ☞ 북방

038

庚	甲	丁	己
午	辰	丑	丑

• 甲辰일주가 丑월에 생하고 庚丁이 천간에 나오며 甲己가 합이 되고 지지에 丑辰이 寅卯를 끼며 辰午가 巳를 끼어 甲木으로 하여금 火氣가 있게

한다. 다시 庚金이 벽갑인정(劈甲引丁)하고 시지상 午 중의 火가 丁火의 세력을 도우므로 대부대귀하는 명조이다. 용신은 丙火이다.

- **길방** ☞ 남방, 동남방   **재물방** ☞ 동남방   **꺼리는 방위** ☞ 북방

039

乙	甲	癸	癸
亥	午	丑	亥

- 甲午일주가 丑월에 생하고 년지와 시지에 癸水가 亥에 임하고 장생 왕지이므로 장수하는 상이다. 다만 일지 午 중의 丁火가 용신인데 투간되지 않고 水가 많아서 丁火를 상하므로 장수하지만 고빈(孤貧)한 사람이다. 용신은 丁火이다.

- **길방** ☞ 남방   **재물방** ☞ 남방   **꺼리는 방위** ☞ 북방

040

庚	甲	乙	戊
午	午	丑	寅

- 甲午일주가 丑월에 생하고 甲乙木이 천간에 나왔으며 甲의 녹은 寅에 있고 庚의 녹은 申에 있으며 지지에 寅午會火局이 되어 庚을 제하여 木이 왕하다. 이 명조는 주로 부귀하다. 午 중의 丁火가 용신이다.

- **길방** ☞ 남방, 동남방   **재물방** ☞ 남방, 동남방   **꺼리는 방위** ☞ 북방

041

庚	甲	己	庚
午	戌	丑	辰

- 甲戌일주가 丑월에 생하고 쌍庚이 천간에 나왔으며 甲己가 상합하여 土가 되고 지지에 午戌會火局이 된다. 午 중에 丁의 녹이 있고 戌 중에 또한 丁이 있으므로 주로 부귀한다. 丁火가 용신이다.

- **길방** ☞ 남방　**재물방** ☞ 남방　**꺼리는 방위** ☞ 북방

042

壬	乙	庚	辛
午	丑	寅	酉

- 乙丑일주가 寅월에 생하고 사주 천간에 丙火가 출간됨이 없으며 乙庚이 상합하고 金水가 많다. 酉년생이 寅을 만나면 파택살이 된다. 다행히 지지에 寅午會火局이 있어서 구제가 되고, 이는 한 평범한 사람의 명조이다. 용신은 丙火이다.

- **길방** ☞ 남방　**재물방** ☞ 남방　**꺼리는 방위** ☞ 북방, 서방

043

壬	乙	壬	丁
午	卯	寅	亥

- 일주 乙卯가 寅월에 생하고 천간에 丁壬상합이 있다. 지지에 卯亥會木局이 되고 寅午會火局이 된다. 주로 귀하나 부족함이 있다. 寅 중의 丙火가 용신이다.

• 길방 ☞ 남방 재물방 ☞ 남방 꺼리는 방위 ☞ 북방

044

丙	乙	庚	丙
戌	巳	寅	子

• 일주 乙巳가 寅월에 생하고 丙火 둘이 천간에 나왔으며 지지에 寅戌會
  火局이 된다. 子 중에 癸의 녹이 있는데 용신이 되므로 부귀함이 있다.
  다만 子년생이 巳를 만나면 파택살이 되므로 일생 반드시 한번 파운이
  있다. 용신은 癸水이다.

• 길방 ☞ 북방 재물방 ☞ 북방 꺼리는 방위 ☞ 남방

045

己	乙	丙	己
卯	未	寅	巳

• 일주 乙未가 寅월에 생하고 丙火가 천간에 나오며 녹인 巳를 얻었다. 陽
  火가 성하여 木이 마르는 상이다. 사주에 癸水가 없으므로 부득이 己土
  로 火氣를 설기하여 상관생재격이 되어 하나의 부격(富格)이지만 사람
  됨이 거칠고 속되며 탁하다. 용신은 己土이다.

• 길방 ☞ 중부, 동북방 재물방 ☞ 중부, 동북방 꺼리는 방위 ☞ 남방

046

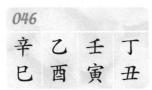

辛	乙	壬	丁
巳	酉	寅	丑

- 일주 乙酉가 정월에 생하고 丁壬상합하며 지지에 巳酉丑會金局이 되고 辛金이 투간하여 살왕함이 병이 된다. 다행히 시상 巳궁이 丙火의 녹지이므로 주로 귀하고 고시운이 戊丁운 중에 있다. 용신은 丙火이다.
- **길방** ☞ 남방　**재물방** ☞ 남방　**꺼리는 방위** ☞ 북방, 서방

047

己	乙	甲	戊
卯	亥	寅	子

- 일주 乙亥가 정월에 생하고 월지 寅 중에 丙火가 장생한다. 년지 子 중에는 癸의 녹이 있으며 丙癸가 걸맞는 지위를 얻었다. 이는 일록귀시격이며 사주에 金의 상함이 없어서 木氣가 순수하므로 부귀할 수 있다. 용신은 丙火이다.
- **길방** ☞ 남방　**재물방** ☞ 남방　**꺼리는 방위** ☞ 서방

048

丁	乙	丁	己
亥	丑	卯	未

- 乙丑일주가 卯월에 생하고 丁己가 출간하며 지지에 亥卯未會木局이 된다. 일시에 亥丑이 子 귀인을 끼고 木이 성하여 水가 줄어든다. 丑 중의 癸水를 용신으로 삼고 甲乙木운은 불길하며 水운을 행하면 용신이 생왕하여 귀인을 인출하므로 부귀함이 있다.
- **길방** ☞ 북방　**재물방** ☞ 북방　**꺼리는 방위** ☞ 동방

丙	乙	辛	丙
子	卯	卯	子

- 일주 乙卯가 卯월에 생하고 쌍丙이 출간하며 辛金을 합거(合去)한다. 卯 중에는 乙의 녹이 있고 子 중에는 癸의 녹이 있으며 丙火가 癸를 비추므로 귀하다. 나가면 장수고 들어오면 재상의 명격으로 가도가 창성하고 화목하며 처자식이 어질다. 용신은 癸水이다.
- **길방** ☞ 북방 **재물방** ☞ 북방 **꺼리는 방위** ☞ 서방

丙	乙	癸	丁
子	巳	卯	丑

- 일주 乙巳가 卯월에 생하고 사주에 丙癸가 투간하며 丙의 녹은 巳에 있고 巳궁에는 金을 생함이 있다. 癸의 녹은 子에 있고 乙의 녹은 卯에 있으므로 대귀한다. 용신은 丙火이다.
- **길방** ☞ 남방 **재물방** ☞ 남방 **꺼리는 방위** ☞ 북방

丙	乙	丁	甲
子	未	卯	寅

- 乙未일주가 卯월에 생하고 未는 木의 묘고가 된다. 비록 丙火가 출간하고 癸는 子 중에 있으나 투출하지 못하였다. 이 명조는 곡직인수격이 되고 중등의 귀함이 있다. 용신은 癸水이다.

●길방 ☞ 북방　재물방 ☞ 북방　꺼리는 방위 ☞ 남방

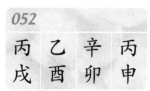

052

丙 乙 辛 丙
戌 酉 卯 申

● 乙酉일주가 卯월에 생하고 비록 양丙이 출간하였으나 癸가 없고 丙辛
이 서로 합하며 乙木 또한 酉金 절지에 앉았다. 卯酉상충되고 酉戌상해
되며 乙木이 뿌리를 묻지 못하고 도리어 월령의 녹이 상하므로 외롭고
가난한 명이다. 용신은 癸水이다.

●길방 ☞ 북방　재물방 ☞ 북방　꺼리는 방위 ☞ 남방

053

甲 乙 辛 丙
申 亥 卯 午

● 乙亥일주가 卯월에 생하고 丙이 출간하며 癸가 없고 지지에 卯亥會木局
이 된다. 申亥상해되고 천간에 丙辛이 상합한다. 午년생이 亥를 보면 파
택살이 된다. 한 평범하고 고빈(孤貧)한 명조이다. 용신은 丙火이다.

●길방 ☞ 남방　재물방 ☞ 남방　꺼리는 방위 ☞ 서방

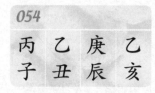

054

丙 乙 庚 乙
子 丑 辰 亥

● 乙丑일주가 3월에 생하고 丙火가 천간에 나와 庚을 파할 수 있다. 癸는

子 중에 은장되어 있고 子辰會水局이 되며 丙火 상관이 살을 제함을 쓰므로 주로 무귀(武貴)한다. 용신은 丙火이다.

- 길방 ☞ 남방 재물방 ☞ 남방 꺼리는 방위 ☞ 북방

055

丁	乙	甲	丁
亥	卯	辰	未

- 乙卯일주가 3월 토왕할 때 생하고 지지에 未卯亥會木局이 되며 사주에 木이 왕하고 庚이 없다. 丁火로 木氣를 설기함이 용신이다. 용신은 丁火이다.

- 길방 ☞ 남방 재물방 ☞ 남방 꺼리는 방위 ☞ 서방

056

丙	乙	戊	甲
子	巳	辰	辰

- 乙巳일주가 3월에 생하고 천간에 丙戊가 출간되며 지지에 辰子會水局이 된다. 巳궁에는 丙의 녹이 있다. 이 명격은 무직(武職)에 귀현(貴顯)한다. 용신은 丙火이다.

- 길방 ☞ 남방 재물방 ☞ 남방 꺼리는 방위 ☞ 북방

057

戊	乙	壬	丙
寅	未	辰	子

- 일주 乙未가 3월에 생하고 丙戌가 천간에 나왔으며 지지에 子辰會水局이 되고 壬水가 천간에 나오며 水가 많다. 다행히 戊土가 제방이 되고 다시 丙火가 나타나 土를 따뜻하게 하므로 부유한 가운데 귀함을 취하고 다른 길에 공명이 있다. 용신은 丙火이다.
- **길방** ☞ 남방　**재물방** ☞ 남방　**꺼리는 방위** ☞ 북방

058

壬	乙	戊	戊
午	巳	午	申

- 일주 乙巳가 5월에 생하고 쌍戊가 출간하여 壬水는 막힘이 매우 멀다. 지지 巳궁의 丙火는 스스로 왕하며 午 중에 丁火가 있으므로 丙丁은 마구 죽이고 학대한다. 도리어 癸水는 나타나지 않아 부모와 조상의 음덕과 비호함이 있으나 잔질이 있는 명조이다. 申 중의 壬水가 용신이다.
- **길방** ☞ 북방　**재물방** ☞ 북방　**꺼리는 방위** ☞ 남방

059

乙	乙	戊	癸
酉	未	午	酉

- 일주 乙未가 5월에 생하고 乙未는 등나무 종류이므로 성질이 약하다. 癸水가 출간하였으나 戊癸가 상합한다. 다행히 酉 중의 辛金이 생한다. 용신은 癸水이다.
- **길방** ☞ 북방　**재물방** ☞ 북방　**꺼리는 방위** ☞ 남방

060

辛	乙	戊	癸
巳	酉	午	丑

- 일주 乙酉가 5월에 생하고 천간에 戊癸상합하여 癸水를 거(去)한다. 지지에 巳酉丑會金局이 되고 辛의 녹은 酉에 있으며 丑 중에는 癸水와 辛金이 있어서 생하므로 부귀함이 있다. 용신은 癸水이다.

- **길방** ☞ 북방　**재물방** ☞ 북방　**꺼리는 방위** ☞ 남방

061

丙	乙	戊	癸
戌	亥	午	未

- 일주 乙亥가 5월에 생하고 乙木은 亥에 있으며 癸水의 뿌리가 있다. 천간에 戊癸상합하고 지지에 亥未會木局이 되며 午戌會火局이 되므로 목화통명지상(木火通明之象)이 되어 주로 귀하다. 용신은 癸水이다.

- **길방** ☞ 북방　**재물방** ☞ 북방　**꺼리는 방위** ☞ 남방

062

己	乙	辛	己
卯	丑	未	亥

- 일주 乙丑이 6월에 생하고 쌍己가 출가하며 未궁에 己土가 있고 丑 중에 己土가 있으므로 土가 왕하다. 다행히 丑 중에 癸水가 있고 辛이 생하여 金水가 상생하므로 주로 귀하다. 용신은 癸水이다.

- **길방** ☞ 북방　**재물방** ☞ 북방　**꺼리는 방위** ☞ 남방

063

丁	乙	己	戊
丑	卯	未	寅

- 일주 乙卯가 6월에 생하고 천간에 戊己가 투출하며 지지에 卯未會木局이 되어 소토(疏土)한다. 시지의 丑 중에 癸水가 용신이고 서북운을 행하면 부귀하게 된다.
- **길방** ☞ 북방　**재물방** ☞ 북방　**꺼리는 방위** ☞ 남방

064

丙	乙	辛	甲
戌	巳	未	戌

- 일주 乙巳가 6월에 생하고 사주에 水가 없으며 천간에 丙辛合水가 되고 甲木이 출가하여 戌 중의 戊土를 제한다. 이 명조는 태원이 癸亥이므로 水를 갖추게 되므로 귀하다. 용신은 壬水이다.
- **길방** ☞ 북방　**재물방** ☞ 북방　**꺼리는 방위** ☞ 남방

065

癸	乙	癸	庚
未	未	未	辰

- 乙未일주가 6월에 생하고 지지에 未가 셋 있어 乙木이 통근한다. 천간에 양癸가 투출하고 辰 중에 역시 癸가 있어서 통근한다. 천간에 庚金이 홀로 투출하고 癸水는 土를 윤택하게 하여 金을 기르므로 생화(生化)하여 어긋나지 않는 왕한 재가 관을 생하는 격으로 주로 귀하고 일생 순탄하

다. 未 중의 丁火가 용신이다.

- **길방** ☞ 남방 **재물방** ☞ 남방 **꺼리는 방위** ☞ 북방

066

丁	乙	丁	丁
亥	酉	未	亥

- 乙酉일주가 6월에 생하고 3丁이 천간에 나왔으며 지지에 亥未會木局이 되어 卯를 껴안는다. 乙의 녹은 卯에 있으니 암장록이 된다. 乙木은 해 중의 甲木에 의지하여 신(身)을 도와 생왕하다. 일지와 시지는 水를 생하고 亥 중의 壬水가 용신이며 가살위권(假煞爲權)하여 무귀(武貴)한 사람이 된다.

- **길방** ☞ 북방 **재물방** ☞ 북방 **꺼리는 방위** ☞ 남방

067

丁	乙	癸	庚
丑	亥	未	戌

- 乙亥일주가 6월에 생하고 천간에 癸庚이 아울러 투출하며 丁火가 있다. 지지에 亥未會木局이 되어 卯를 암공(暗拱)하며 卯 중에 乙의 녹이 있으니 암록이 된다. 일지와 시지 亥丑은 子 귀인을 끼므로 대부귀하는 명격이다. 癸水가 용신이다.

- **길방** ☞ 북방 **재물방** ☞ 북방 **꺼리는 방위** ☞ 남방

戊 乙 庚 戊
寅 丑 申 午

- 乙丑일주가 7월에 생하고 천간에 乙庚상합하며 지지에 寅午會火局이 되고 년지에 午火가 나타나 화금(化金)할 수 없으므로 丑 중의 癸水가 용신이다.

- 길방 ☞ 북방　재물방 ☞ 북방　꺼리는 방위 ☞ 남방

丁 乙 甲 庚
丑 卯 申 午

- 乙卯일주가 7월에 생하고 乙木이 卯에 앉아 뿌리가 있다. 庚金이 출간하여 庚의 녹이 申에 있으며 丁火가 庚을 제한다. 이 명격은 庚이 왕하나 丙이 없어서 귀기(貴氣)가 부족하므로 부유한 중이 된 명조이다. 癸水가 용신이다.

- 길방 ☞ 북방　재물방 ☞ 북방　꺼리는 방위 ☞ 남방

070

庚 乙 甲 乙
辰 巳 申 丑

- 乙巳일주가 7월에 생하고 乙庚상합하며 지지에 丑巳會金局이 되어 종화격이 되고 巳申상형이 된다. 辰 중의 戊土가 용신이다.

- 길방 ☞ 남방　재물방 ☞ 남방　꺼리는 방위 ☞ 북방

庚	乙	丙	丙
辰	未	申	戌

- 乙未일주가 7월에 생하고 쌍丙이 출간했으며 乙庚이 상합하고 庚金은 申궁에 통근하여 庚金은 생왕하다. 용신은 丙火 혹은 己土이다.
- 길방 ☞ 남방 재물방 ☞ 남방 꺼리는 방위 ☞ 북방

戊	乙	丙	丙
寅	酉	申	寅

- 일주 乙酉가 7월에 생하고 천간에 양丙이 나오며 지지에 양寅이 있고 살이 왕하며 제하는 것도 강하다. 사주에 한 점의 癸水가 없으며 북방운에 들면 주로 귀하다. 申 중의 壬水가 용신이며 무귀(武貴)의 현달함이 있다.
- 길방 ☞ 북방 재물방 ☞ 북방 꺼리는 방위 ☞ 남방

己	乙	甲	乙
卯	亥	申	未

- 일주 乙亥가 7월에 생하고 乙이 둘, 甲이 하나 천간에 나오며 지지에 卯亥未木局이 되어 木이 왕하다. 己土가 천간에 나왔으나 丙火가 없다. 未 중의 丁火가 용신이다.
- 길방 ☞ 남방 재물방 ☞ 남방 꺼리는 방위 ☞ 북방

074

辛	乙	辛	癸
巳	丑	酉	酉

- 일주 乙丑이 8월에 생하고 쌍辛이 천간에 나왔으며 관살이 왕하다. 癸가 천간에 나오고 巳 중에 丙火가 암장되어 사주에 丁火가 없으므로 살을 제하는 힘이 부족하다. 巳 중의 丙火가 용신이고 남방운을 행하면 주로 귀하다.
- **길방** ☞ 남방 **재물방** ☞ 남방 **꺼리는 방위** ☞ 북방

075

己	乙	丁	辛
卯	卯	酉	巳

- 일주 乙卯가 8월에 생하고 지지에 쌍卯가 있으므로 乙木이 응하여 가을 木이 왕성하다. 丁火가 辛金에 가까이 임하여 제살하는 공이 있다. 지지에 巳酉會金局이 되고 己土가 천간에 나왔다. 巳 중의 丙火가 용신이고 午운을 행하면 가장 좋고 水운에는 흉함이 이른다.
- **길방** ☞ 남방 **재물방** ☞ 남방 **꺼리는 방위** ☞ 북방

076

丁	乙	辛	癸
亥	巳	酉	酉

- 일주 乙巳가 8월에 생하고 癸水가 천간에 나오며 丙이 巳 중에 은장되고 지지에 巳酉會金局이 되고 辛金이 천간에 나와 살왕하다. 다행히 丁火

가 제하고 사주 천간 모두 음간이고 辛金 또한 음살(陰煞)이 되어 제함을 얻으므로 관이 극품에 이르게 되고 음복(陰福)이 있으며 무귀(武貴)한다. 용신은 癸水이다.

- **길방** ☞ 북방 **재물방** ☞ 북방 **꺼리는 방위** ☞ 남방

077

辛	乙	己	丁
巳	未	酉	丑

- 일주 乙未가 8월에 생하고 丁辛이 투출하며 己土가 천간에 나오고 지지에 巳酉丑會金局이 되므로 丑 중의 癸水가 용신이다. 북방운을 행하면 대부귀함이 있다.

- **길방** ☞ 북방 **재물방** ☞ 북방 **꺼리는 방위** ☞ 남방

078

乙	乙	乙	乙
酉	酉	酉	亥

- 네 개의 乙이 있고 癸水가 투간됨이 없으며 세 개의 酉가 지지에 있으므로 살이 된다. 亥 중의 壬水가 화살(化煞)하므로 壬水가 용신이다. 원(元)나라 세조(世祖) 홀필렬(忽必烈)의 명조이다.

- **길방** ☞ 북방 **재물방** ☞ 북방 **꺼리는 방위** ☞ 남방

079

甲	乙	己	戊
申	亥	酉	辰

- 일주 乙亥가 8월에 생하고 戊己가 천간에 나오며 酉金 관살을 생한다. 지지에 申辰會水局이 되고 亥 중에 壬水가 있으며 酉金을 돕고 관살의 기(氣)를 인통(引通)한다. 시상에 甲이 투간하여 등라계갑격이 된다. 亥 중의 壬水가 용신이 되고 乙木을 생하여 화살(化煞)할 수 있다.
- **길방** ☞ 북방 **재물방** ☞ 북방 **꺼리는 방위** ☞ 남방

080

庚	乙	庚	壬
辰	丑	戌	戌

- 일주 乙丑이 9월에 생하고 쌍庚이 천간에 나오며 乙庚이 상합하고 지지에 丑戌이 상형된다. 癸가 丑辰 중에 은장되고 辛은 丑戌 중에 은장되므로 丑 중의 癸水가 용신이며, 어떤 고집이 센 사람의 명격이다.
- **길방** ☞ 북방 **재물방** ☞ 북방 **꺼리는 방위** ☞ 남방

081

癸	乙	戊	辛
未	卯	戌	丑

- 일주 乙卯가 9월에 생하고 천간에 辛癸가 투간하며 지지에 卯未會木局이 되어 戊土를 파할 수 있다. 金水운을 행하면 주로 귀하며 용신은 癸水이다.
- **길방** ☞ 북방, 서북방 **재물방** ☞ 북방, 서북방 **꺼리는 방위** ☞ 남방

甲	乙	庚	丁
申	巳	戌	丑

- 일주 乙巳가 9월에 생하고 乙은 쇠한 木이 되며 시상에 甲申을 만나 등라계갑이 되어 乙木이 왕함이 증가된다. 천간에 乙庚이 상합되고 庚의 녹이 申에 있으므로 丑 중의 癸水가 용신이 된다.
- **길방** ☞ 북방 **재물방** ☞ 북방 **꺼리는 방위** ☞ 남방

戊	乙	戊	辛
寅	未	戌	卯

- 일주 乙未가 9월에 생하여 乙木이 卯에 통근하고 쌍戊가 천간에 나왔으며 지지에 寅戌會火局이 된다. 局 중에 癸水가 없고 火土가 생왕하며 지지에 寅이 있어서 木이 생왕함을 얻어 식상생재한다. 寅 중의 丙火가 용신이다.
- **길방** ☞ 남방 **재물방** ☞ 남방 **꺼리는 방위** ☞ 북방

丙	乙	甲	甲
子	酉	戌	寅

- 일주 乙酉가 9월에 생하고 쌍甲이 천간에 나오며 乙木이 甲을 만나 등라계갑이 된다. 지지에 寅戌會火局이 되고 丙火가 寅에 장생지지를 얻는다. 子 중의 癸水가 용신이 되고 주로 귀하다.
- **길방** ☞ 북방 **재물방** ☞ 북방 **꺼리는 방위** ☞ 남방

丁 乙 庚 丁
丑 亥 戌 卯

- 일주 乙亥가 9월에 생하고 쌍丁이 천간에 나와 庚을 제한다. 지지에 亥
卯會木局이 되어 乙木을 도운다. 지지에 亥丑이 子를 끼어 귀명이다.
丁火가 용신이다.
- **길방** ☞ 남방 **재물방** ☞ 남방 **꺼리는 방위** ☞ 북방

丙 乙 丁 乙
子 丑 亥 未

- 일주 乙丑이 시월에 생하고 丙丁이 천간에 나왔다. 丑 중의 辛金이 편관
칠살이니 부성(夫星)인데 아쉽게도 辛金이 투출되지 못하고, 지지에 亥
未會木局이 되며 乙木이 생왕하다. 동남운을 행하자 木火 왕운에 권력
을 장악한 청(淸)나라 자희(慈禧) 태후의 명격이다. 용신은 丙火이다.
- **길방** ☞ 남방 **재물방** ☞ 남방 **꺼리는 방위** ☞ 북방

壬 乙 癸 戊
午 卯 亥 寅

- 乙卯일주가 시월에 생하고 壬癸가 천간에 투출되며 지지에 亥卯會木局
이 되고 寅午會火局이 된다. 천간에 丙이 없고 戊土가 壬癸를 제하므로
戊土가 용신이다. 유명한 격극배우 양소루(楊小樓)의 명조이다.

- 길방 ☞ 남방   재물방 ☞ 남방   꺼리는 방위 ☞ 북방

088

丁	乙	乙	己
亥	巳	亥	亥

- 乙巳일주가 시월에 생하고 지지에 亥가 셋 있으며 亥 중에 壬의 녹이 木을 생하므로 乙木이 왕함에 거주한다. 천간에 丙戊가 없으나 巳궁에 丙戊의 녹이 있으며 巳亥상충한다. 역마가 충을 만나 성공 가운데 실패가 있는 국으로 대귀할 방법이 없다. 巳 중의 丙火가 용신이고 火土운을 행하면 길하다.

- 길방 ☞ 남방   재물방 ☞ 남방   꺼리는 방위 ☞ 북방

089

丙	乙	癸	戊
子	未	亥	子

- 乙未일주가 시월에 생하고 丙戊가 투간하며 지지에 亥未會木局이 되었다. 천간에 癸가 투출하고 戊土가 제한다. 가장 중요한 것은 丙이 투간하여 주로 귀하다. 丙火가 용신이다.

- 길방 ☞ 남방   재물방 ☞ 남방   꺼리는 방위 ☞ 북방

090

戊	乙	丁	乙
寅	酉	亥	丑

- 乙酉일주가 시월에 생하고 지지에 酉丑會金局이 되며 본명은 여명으로 酉金 칠살이 부성(夫星)인데 戊土로 화살(化煞)하여 관을 생한다. 년월지 丑亥가 子 귀인을 끼므로 주로 부귀한다. 戊土가 용신이다.
- **길방** ☞ 남방 **재물방** ☞ 남방 **꺼리는 방위** ☞ 북방

091

丙	乙	己	丙
子	亥	亥	子

- 乙亥일주가 시월에 생하고 쌍丙이 천간에 나오며 지지에 쌍亥壬이 많아 木이 왕하다. 쌍子癸가 많아 己土가 水를 가로막기가 부족하다. 火土가 뿌리가 없고 水木이 태과하여 火土가 상함을 받는다. 사주에 金이 없어서 본명은 사람이 반드시 청고하나 빈곤하다. 용신은 丙火이다.
- **길방** ☞ 남방 **재물방** ☞ 남방 **꺼리는 방위** ☞ 북방

092

丙	乙	甲	戊
戌	丑	子	寅

- 乙丑일주가 子월에 생하고 丙이 출간하여 寅 중에 丙火가 장생한다. 지지에 寅戌會火局이 되고 子丑상합하며 戊土가 출간하여 子 중의 癸水를 제한다. 戊土는 甲에게 제어되고 癸水는 丑 중의 辛金이 생하여 사주체가 화(和)하므로 주로 귀명이며 대부귀함이 있다. 용신은 丙火이다.
- **길방** ☞ 남방 **재물방** ☞ 남방 **꺼리는 방위** ☞ 북방

093

庚	丙	壬	壬
寅	午	寅	子

- 일주 丙午가 정월에 생하고 쌍壬과 庚 하나가 천간에 나오고 지지에 寅午會火局이 되어 신살(身煞)이 양왕(兩旺)하므로 주로 귀하다. 寅 중의 戊土가 용신이다.
- **길방** ☞ 남방 **재물방** ☞ 남방 **꺼리는 방위** ☞ 북방

094

庚	丙	戊	乙
寅	申	寅	未

- 일주 丙申이 정월에 생하고 庚이 천간에 나오며 庚의 녹이 申에 있고 丙의 녹이 寅에 있으므로 재와 인이 교차하여 중등으로 부귀한다. 申궁의 壬水가 용신이다.
- **길방** ☞ 북방 **재물방** ☞ 북방 **꺼리는 방위** ☞ 남방

095

戊	丙	戊	乙
戌	戌	寅	亥

- 일주 丙戌이 정월에 생하고 쌍戊가 천간에 나오며 寅은 戊土의 장생지지이므로 土가 왕해 火가 어둡다. 지지에 寅戌會火局이 되고 乙木은 土를 제할 힘이 없으며 寅亥 중 甲木이 소토(疏土)한다. 亥 중의 壬水가 용신이다.
- **길방** ☞ 북방 **재물방** ☞ 북방 **꺼리는 방위** ☞ 남방

壬	丙	乙	戊
辰	子	卯	申

- 일주 丙子가 2월에 생하고 천간에 戊가 壬을 제하며 지지에 申子辰會水
  局이 되고 辰은 습토가 되지만 壬을 설기할 수는 있고 제할 수는 없다.
  용신은 戊土이며 火土운을 행한다.
- **길방** ☞ 남방　**재물방** ☞ 남방　**꺼리는 방위** ☞ 북방

己	丙	癸	丁
亥	寅	卯	亥

- 일주 丙寅이 2월에 생하고 지지 寅궁은 火土의 장생지가 된다. 壬水는
  亥 중에 은장되고 지지에 卯亥會木局이 되며 천간에 壬이나 庚은 없고
  癸水가 나왔으므로 己土가 용신이다.
- **길방** ☞ 남방　**재물방** ☞ 남방　**꺼리는 방위** ☞ 북방

癸	丙	癸	丁
巳	辰	卯	巳

- 일주 丙辰이 2월에 생하고 지지에 卯辰巳가 연주(連珠)된다. 丙丁火가
  巳궁에 득록하고 巳궁의 金은 癸를 기를 수 있다. 쌍癸가 천간에 나와
  乙木을 자윤(滋潤)하여 丙火를 돕는다. 癸水 또한 辰에 통근하므로 이
  명격은 주로 귀하다. 용신은 癸水이다.

• **길방** ☞ 북방 **재물방** ☞ 북방 **꺼리는 방위** ☞ 남방

099

庚	丙	乙	戊
寅	午	卯	戌

• 일주 丙午가 2월에 생하고 천간에 丙乙이 있으며 지지에 寅午戌會火局
이 되어 火가 왕하여 염상격이 된다. 戊土가 천간에 나와 丙의 빛을 어둡
게 하여 귀하지 않다. 甲木이 천간에 나오는 것을 기뻐하며 동남운을 행
하면 주로 부자이다. 甲木이 용신이다.

• **길방** ☞ 동방, 남방 **재물방** ☞ 동방 **꺼리는 방위** ☞ 서북방

100

己	丙	丁	己
亥	申	卯	亥

• 일주 丙申이 2월에 생하고 丙丁이 출간하며 지지에 亥卯會木局이 된다.
또한 쌍己가 출간하고 申궁에 壬水가 장생이 되고 아울러 庚金이 생하
며 亥 중에 역시 壬水가 있어서 水가 많으므로 己土가 용신이 된다.

• **길방** ☞ 남방 **재물방** ☞ 남방 **꺼리는 방위** ☞ 북방

101

辛	丙	癸	丁
卯	戌	卯	丑

• 일주 丙戌이 2월에 생하고 인수와 정관이 맑으며 일주가 생왕하다. 丙辛

이 상합하고 卯戌이 합하여 丁 겁재가 되므로 어릴 때는 총명하였으나 후에는 주색으로 몸을 상하여 한 가지 일도 이루지 못하였다. 癸水가 용신이다.

- **길방** ☞ 북방   **재물방** ☞ 북방   **꺼리는 방위** ☞ 남방

102

壬	丙	戊	甲
辰	子	辰	辰

- 일주 丙子가 3월에 생하고 壬水가 천간에 나왔으며 지지에 子辰會水局이 된다. 甲木을 용신으로 하여 戊土를 제하고 壬을 보호하며 丙火를 도우니 주로 귀하다.

- **길방** ☞ 동방   **재물방** ☞ 동방   **꺼리는 방위** ☞ 서방

103

丙	丙	甲	壬
申	寅	辰	申

- 일주 丙寅이 3월에 생하고 寅 중의 甲木 역시 왕하다. 년간에 壬水가 나와 甲木을 생하고 지지에 양申이 寅을 충하여 甲의 뿌리를 보존하지 못한다. 다행히 壬水가 金을 설기하여 木을 생하므로 소귀(小貴)함이 있다. 火운을 행하면 길하고 土金운을 행하면 불길하다. 용신은 丙火이다.

- **길방** ☞ 남방   **재물방** ☞ 남방   **꺼리는 방위** ☞ 서방, 서북방

104

戊	丙	丙	戊
子	辰	辰	子

- 丙辰일주가 3월에 생하고 지지에 子辰會水局이 되며 쌍子 쌍辰이 있으므로 조상(照象)이 된다. 천간에 쌍丙 쌍戊가 나왔으나 甲木이 없으므로 부유하나 귀하지는 않다. 용신은 戊土이다.
- **길방** ☞ 남방 **재물방** ☞ 남방 **꺼리는 방위** ☞ 북방

105

戊	丙	庚	庚
戌	午	辰	申

- 丙午일주가 3월에 생하고 丙이 양인 午에 임하며 쌍庚이 천간에 나오고 지지에 午戌會火局이 되며 申辰會水局이 된다. 申궁에 壬이 암장되고 庚은 戊土를 설기하며 壬을 생한다. 용신은 壬水이다.
- **길방** ☞ 북방 **재물방** ☞ 북방 **꺼리는 방위** ☞ 남방

106

甲	丙	戊	己
午	申	辰	巳

- 丙申일주가 3월에 생하고 년과 시가 녹인(祿刃)을 형성하여 午 중에는 己의 녹이 있고 午 또한 살인(煞刃)이 된다. 戊己土가 천간에 나와 火를 어둡게 하며 甲木이 제한다. 申궁에 壬水의 장생이 있고 아울러 庚金이 생한다. 이 명격은 주로 귀하고 용신은 壬水이다.

- 길방 ☞ 북방, 동방 재물방 ☞ 북방 꺼리는 방위 ☞ 서방

107

癸 丙 壬 辛
巳 戌 辰 卯

- 丙戌일주가 3월에 생하고 壬水가 천간에 나왔으나 甲이 없다. 시지 巳 중에 丙의 녹이 있다. 辛金으로 壬을 돕는 것을 용신으로 삼는다. 다만 혐오스런 것은 관살혼잡됨이 좋지 않으나 소귀(小貴)함은 있다. 辛金이 용신이다.
- 길방 ☞ 서방 재물방 ☞ 서방 꺼리는 방위 ☞ 동방

108

己 丙 乙 壬
丑 子 巳 辰

- 丙子일주가 4월에 생하고 丙火가 巳月에 생하여 火가 왕하고 乙의 도움이 있어서 신왕하다. 천간에 壬水가 있고 지지에 子辰會水局이 된다. 다만 시지 丑이 子水를 합거(合去)하여 壬水의 뿌리가 없어 세력을 잃는다. 丑은 己土를 도와 일원 丙火를 설기하고 일점의 乙木은 소토(疏土)할 수 없으므로 이로(異路)에 현달하는 명이며 소귀(小貴)함이 있다. 壬水가 용신이다.
- 길방 ☞ 북방 재물방 ☞ 북방 꺼리는 방위 ☞ 남방

109

丙	丙	乙	丁
申	寅	巳	卯

- 丙寅일주가 4월에 생하고 천간에 丙丁이 나왔으며 壬水가 없다. 申 중의
  壬水가 용신이고 주로 귀하다.
- **길방** ☞ 북방 **재물방** ☞ 북방 **꺼리는 방위** ☞ 남방

110

乙	丙	辛	庚
未	辰	巳	申

- 丙辰일주가 4월에 생하여 丙火가 巳월 건록에 생하고 庚辛이 천간에 나
  와 乙木이 상함을 받으므로 신약하다. 지지에 申辰會水局이 있으며 재다
  신약한 명격이다. 巳궁의 丙火가 용신이다.
- **길방** ☞ 남방 **재물방** ☞ 남방 **꺼리는 방위** ☞ 북방

111

甲	丙	辛	乙
午	午	巳	未

- 丙午일주가 4월에 생하고 천간에 壬戊가 없어 염상격의 정격이다. 木이
  丙火를 생하고 土가 천간에 나오지 않았으며 지지에 巳午未 남방이 있
  다. 未궁의 己土가 火의 불꽃을 제하고 金을 생하며, 동방운을 행하면
  주로 대귀하고 水운에는 재앙이 있다. 己土가 용신이다.
- **길방** ☞ 남방 **재물방** ☞ 남방 **꺼리는 방위** ☞ 북방

112

壬	丙	辛	庚
辰	申	巳	辰

- 丙申일주가 4월에 생하고 巳궁에 丙火의 녹이 있으며 천간에 壬庚이 나오고 지지에 申辰會水局이 된다. 申궁의 壬水가 용신이고 庚辛이 生水를 돕는다. 이 명격은 주로 부귀한다.
- **길방** ☞ 북방 **재물방** ☞ 북방 **꺼리는 방위** ☞ 남방

113

戊	丙	丁	己
戌	戌	丑	未

- 일주 丙戌이 丑월에 생하여 만국이 모두 土이므로 화토종아격이다. 丑 중의 辛金이 용신이 되고, 다만 월주 丑에 丁火가 개두하여 未戌에 통근하므로 丁火가 기신이 된다.
- **길방** ☞ 서방 **재물방** ☞ 서방 **꺼리는 방위** ☞ 남방

114

乙	丁	丙	甲
巳	丑	寅	戌

- 일주 丁丑이 정월에 생하고 甲丙이 출간하여 寅巳에 통근한다. 지지에 寅戌會火局이 되고 丑 중의 辛金이 癸水를 생할 수 있다. 용신은 辛金이다.
- **길방** ☞ 서방 **재물방** ☞ 서방 **꺼리는 방위** ☞ 동방

115

己	丁	甲	戊
酉	卯	寅	辰

- 일주 丁卯가 정월에 생하고 지지에 寅卯辰 동방이 되며 甲木이 출간하여 木이 왕하다. 金으로 木을 제해야 되니 酉 중의 辛金이 용신이다. 金운에 이르면 주로 귀하게 되므로 金운에 국가원수가 된 중화민국 초기 임삼 (林森) 주석의 명격이다.
- **길방** ☞ 서방 **재물방** ☞ 서방 **꺼리는 방위** ☞ 동방

116

辛	丁	甲	癸
丑	巳	寅	未

- 일주 丁巳가 정월에 생하고 월주 甲木이 寅에 통근하여 丁火를 도운다. 辛金이 癸水를 生하여 재자약살격이 되며 癸水가 용신이고 주로 귀하다.
- **길방** ☞ 북방 **재물방** ☞ 북방 **꺼리는 방위** ☞ 남방

117

己	丁	庚	丙
酉	未	寅	戌

- 일주 丁未가 寅월에 생하고 지지에 寅戌會火局이 되며 丙이 천간에 나와 일주가 생왕하다. 식신생재함을 쓰므로 酉金을 생하는 己土가 용신이다.
- **길방** ☞ 서방 **재물방** ☞ 서방 **꺼리는 방위** ☞ 동방

118

丙	丁	丙	甲
午	酉	寅	午

- 일주 丁酉가 寅월에 생하고 쌍丙이 천간에 나와 丙이 丁의 빛을 탈취하며 지지에 寅午會火局이 되고 천간에 甲木이 있다. 酉金이 병이 되는데 午중의 丁火가 酉金을 제하므로 丁火가 용신이다.
- **길방** ☞ 남방 **재물방** ☞ 남방 **꺼리는 방위** ☞ 북방

119

癸	丁	庚	丙
卯	亥	寅	辰

- 일주 丁亥가 정월에 생하고 지지에 寅卯辰 동방을 이룬다. 庚金이 천간에 나와 화목격(化木格)을 형성하지 못한다. 庚金은 뿌리가 없어서 水를 생할 방법이 없다. 癸水가 용신이다.
- **길방** ☞ 북방 **재물방** ☞ 북방 **꺼리는 방위** ☞ 남방

120

甲	丁	己	庚
辰	丑	卯	辰

- 일주 丁丑이 2월에 생하고 庚甲이 천간에 나왔으며 재로 인을 파하니 庚金을 용신으로 하여 甲木을 쪼개어 丁을 당긴다. 서방운을 행하면 주로 귀하다.
- **길방** ☞ 서방 **재물방** ☞ 서방 **꺼리는 방위** ☞ 동방

121

乙	丁	丁	己
巳	卯	卯	未

- 일주 丁卯가 2월에 생하여 木이 성하고 火가 막으며 쌍丁이 천간에 나오고 乙이 천간에 있으며 지지에 卯未會木局이 된다. 巳 중의 庚金을 취하여 용신한다. 서방운을 행하면 벼락출세하고 주로 귀하다.
- 길방 ☞ 서방 재물방 ☞ 서방 꺼리는 방위 ☞ 동방

122

庚	丁	乙	癸
子	巳	卯	卯

- 일주 丁巳가 卯월에 생하고 庚재가 출간하며 아쉽게도 癸水가 천간에 나와 金을 설기하고 木을 생함이 병이 된다. 巳 중의 戊土가 水를 제하고 병을 거(去)한다. 다시 戊己운을 행하면 좋고 金水운은 불길하다. 용신은 戊土이다.
- 길방 ☞ 남방 재물방 ☞ 남방 꺼리는 방위 ☞ 서방, 북방

123

壬	丁	乙	戊
寅	未	卯	寅

- 일주 丁未가 卯월에 생하고 천간에 丁壬合化木이 있으며 지지에 寅卯를 서로 만나고 卯未가 木局을 이루어 化木이 득시(得時)하였다. 寅 중의 甲木이 용신이고 동남운을 행하면 주로 귀하다.

●길방 ☞ 동방 재물방 ☞ 동방 꺼리는 방위 ☞ 서방

124

戊	丁	戊	甲
申	亥	辰	子

●일주 丁亥가 3월에 생하고 지지에 子辰會水局이 되며 쌍戊가 투출하여
水를 제한다. 다만 甲木이 戊를 제하여 용신이 손상되므로 비교적 발달
하기 어렵다.

●길방 ☞ 남방 재물방 ☞ 남방 꺼리는 방위 ☞ 북방

125

壬	丁	辛	乙
寅	丑	巳	亥

●일주 丁丑이 4월에 생하고 지지에 巳丑會金局이 되며 辛金이 투출되고
巳궁의 土金이 상생된다. 관성 壬水가 용신이며 주로 귀하다.

●길방 ☞ 북방 재물방 ☞ 북방 꺼리는 방위 ☞ 남방

126

丙	丁	丁	癸
午	卯	巳	巳

●일주 丁卯가 4월에 생하고 천간에 壬이 없으므로 癸를 용신으로 한다. 태
원 申궁의 庚金이 癸를 생한다. 지지에 卯巳午(乙丙丁) 삼기가 모여 귀격
이 된다.

- 길방 ☞ 북방 재물방 ☞ 북방 꺼리는 방위 ☞ 남방

127

庚	丁	辛	乙
戌	巳	巳	亥

- 일주 丁巳가 4월에 생하고 천간에 庚辛이 있고 지지에 巳궁이 있어 土
  生金하여 생조함을 만난다. 巳亥沖이 되어 火를 거(去)하고 金이 존재
  하므로 부건파처(夫健怕妻)가 되어 아내를 무서워한다. 동방 木운을 행
  하면 주로 귀하고 子운은 불길하다. 亥 중의 甲木이 용신이다.
- 길방 ☞ 동방 재물방 ☞ 동방 꺼리는 방위 ☞ 서방

128

庚	丁	丁	戊
戌	未	巳	子

- 일주 丁未가 4월에 생하고 지지에 巳未가 午록을 끼고 子戌이 亥를 끼어
  관귀(官貴)가 되므로 상관생재격이 된다. 戊土가 용신이며 주로 부귀한다.
- 길방 ☞ 서방, 북방 재물방 ☞ 서방 꺼리는 방위 ☞ 동남방

129

甲	丁	乙	丁
辰	酉	巳	亥

- 일주 丁酉가 4월에 생하고 甲이 투간하며 壬은 亥 중에 암장되고 亥는
  관귀(官貴)가 된다. 지지에 巳酉會金局이 되어 재가 관을 생하여 주로

귀하다. 다만 지지에 삼자형(三自刑)이 모이고 亥년이 辰을 보면 자의살 (自縊煞)이 되므로 선종(善終)하지 못한다. 용신은 壬水이다.

● **길방** ☞ 북방 **재물방** ☞ 북방 **꺼리는 방위** ☞ 남방

130

甲	丁	乙	丁
辰	亥	巳	酉

● 일주 丁亥가 4월에 생하고 지지에 巳酉會金局이 되며 천간에 甲木이 丁을 당긴다. 亥 중의 壬水가 용신이 되고 亥는 관귀(官貴)가 되므로 주로 귀하다.

● **길방** ☞ 북방 **재물방** ☞ 북방 **꺼리는 방위** ☞ 남방

131

丙	丁	戊	辛
午	巳	戌	未

● 일주 丁巳가 戌月에 생하고 천간에 丙戌辛이 나오고 壬甲의 잡란(雜亂)이 없다. 지지에 午戌會火局이 되고 화토상관상진이 되어 대부귀함이 있다. 용신은 丁火이고 남방운을 행하면 주로 귀하고 북방운을 행하면 대흉하다.

● **길방** ☞ 남방 **재물방** ☞ 남방 **꺼리는 방위** ☞ 북방

甲	丁	甲	甲
辰	未	戌	子

- 중화민국 초에 총통을 역임한 여원홍(黎元洪)의 명조이다. 천간에 세 개의 甲이 있고 지지에 子辰會水局이 되므로 甲木이 용신이고 동방운을 행하면 대부귀한다.
- 길방 ☞ 동방 재물방 ☞ 동방 꺼리는 방위 ☞ 서방

丁	丁	丙	庚
未	酉	戌	寅

- 일주 丁酉가 戌월에 생하고 지지에 寅戌會火局이 된다. 酉未는 申록을 끼어 庚의 녹은 申에 있다. 丁火가 신왕하므로 庚金 재성을 용신한다. 金水운을 행하면 대길하다.
- 길방 ☞ 서방 재물방 ☞ 서방 꺼리는 방위 ☞ 동방

甲	丁	戊	丙
辰	亥	戌	戌

- 일주 丁亥가 戌월에 생하고 甲이 천간에 나와 상관패인격이 된다. 용신은 甲木이고 동방운을 행하면 주로 귀하다.
- 길방 ☞ 동방 재물방 ☞ 동방 꺼리는 방위 ☞ 서방

135

癸	丁	癸	癸
卯	丑	亥	未

- 일주 丁丑이 亥월에 생하고 세 개의 癸가 천간에 나오며 지지에 亥卯未 會木局이 되어 살인상생하므로 주로 귀하다. 亥 중의 甲木이 용신이다.
- 길방 ☞ 동방 재물방 ☞ 동방 꺼리는 방위 ☞ 서방

136

癸	丁	丁	庚
卯	卯	亥	子

- 일주 丁卯가 亥월에 생하고 지지에 卯亥會木局이 되며 연주에 庚金이 출간하므로 庚金 재성을 용신으로 삼으며 주로 부귀한다.
- 길방 ☞ 서방 재물방 ☞ 서방 꺼리는 방위 ☞ 동방

137

癸	丁	辛	丁
卯	巳	亥	亥

- 일주 丁巳가 亥월에 생하고 지지에 亥卯會木局이 되어 살인상생이 되므로 정관격이 된다. 亥 중의 甲木이 용신이며 未운을 행하면 대길하다.
- 길방 ☞ 동방 재물방 ☞ 동방 꺼리는 방위 ☞ 서방

138

丙	丁	辛	丁
午	未	亥	卯

- 일주 丁未가 亥월에 생하고 지지에 亥卯未會木局이 되며 丁火는 午 중
  에 녹을 얻으니 시에 귀록이 되므로 부귀 장수하는 명이다. 丙火가 용신
  이며 남방운을 행하면 대부귀함이 있다.
- 길방 ☞ 남방 재물방 ☞ 남방 꺼리는 방위 ☞ 북방

139

壬	戊	丙	甲
戌	子	寅	戌

- 戊子일주가 寅월에 생하고 甲丙壬이 구전(俱全)한 여명으로 길하다. 부
  성(夫星)이 당왕하고 일주는 子 중에 癸의 녹인 재성에 앉으므로 부귀쌍
  전한 명조이다. 丙火가 용신이다.
- 길방 ☞ 남방 재물방 ☞ 남방 꺼리는 방위 ☞ 북방

140

丁	戊	甲	癸
巳	寅	寅	卯

- 戊寅일주가 寅월에 생하고 甲癸가 천간에 나왔으나 癸水는 뿌리가 없다.
  寅 중의 丙火가 용신이며 소부(小富)함이 있다.
- 길방 ☞ 남방 재물방 ☞ 남방 꺼리는 방위 ☞ 북방

141

丙	戊	壬	丁
辰	辰	寅	巳

- 戊辰일주가 寅월에 생하고 비록 丙壬이 천간에 나왔으나 壬水는 뿌리가 없고 戊에게 제압된다. 戊辰은 火가 조(燥)함을 가장 두려워한다. 년월지 모두 火旺이 되므로 癸운에 이르면 요절한다. 丙火가 용신이다.
- **길방** ☞ 남방　**재물방** ☞ 남방　**꺼리는 방위** ☞ 북방

142

甲	戊	戊	庚
寅	午	寅	辰

- 戊午일주가 寅월에 생하고 寅 중에는 丙火가 있으며 甲庚이 천간에 나오고 癸가 결여되었다. 신왕하고 살이 높으며 辰 중의 癸水가 용신이다.
- **길방** ☞ 북방　**재물방** ☞ 북방　**꺼리는 방위** ☞ 남방

143

庚	戊	戊	乙
申	申	寅	未

- 戊申일주가 寅에 생하고 戊土는 寅궁에 장생이 있으며 사주에 土가 많고 丙壬이 암장되어 있으며 寅궁의 甲木이 용신이다.
- **길방** ☞ 동방　**재물방** ☞ 동방　**꺼리는 방위** ☞ 서방

甲	戊	庚	丙
寅	戌	寅	午

- 戊戌일주가 寅월에 생하고 甲丙庚이 천간에 나오며 지지에 寅午戌會火
  局이 되고 사주에 壬癸水가 나타나지 않으므로 먼저는 태평하고 뒤에는
  좋지 않다. 외롭고 가난한 스님의 명조이다. 癸水가 용신이다. 金水운을
  행하면 대길하다.

- **길방** ☞ 북방 **재물방** ☞ 북방 **꺼리는 방위** ☞ 남방

癸	戊	己	庚
亥	子	卯	子

- 戊子일주가 卯월에 생하고 癸庚이 출간하며 甲은 亥에 암장되어 있고
  지지에 亥卯會木局이 되며 사주에 丙火가 없다. 丙火가 용신이며 빈곤
  하고 온갖 어려움이 있는 명격이다.

- **길방** ☞ 남방 **재물방** ☞ 남방 **꺼리는 방위** ☞ 북방

壬	戊	乙	癸
辰	寅	卯	未

- 戊寅일주가 卯월에 생하고 癸水가 출간하며 甲丙이 寅 중에 암장되어
  있고, 지지에 卯未會木局이 되어 癸甲丙이 구전(俱全)하게 되므로 丙火
  가 용신이고 주로 부귀한다. 水운을 꺼린다.

- 길방 ☞ 남방 재물방 ☞ 남방 꺼리는 방위 ☞ 북방

147

丙 戊 乙 癸
辰 辰 卯 丑

- 戊辰일주가 卯월에 생하고 천간에 丙癸가 투간하여 주로 귀하다. 다만, 丙火가 뿌리가 없으나 丙火가 용신이다.
- 길방 ☞ 남방 재물방 ☞ 남방 꺼리는 방위 ☞ 북방

148

丙 戊 癸 丁
辰 午 卯 丑

- 戊午일주가 卯월에 생하고 丙丁이 투간하여 인성이 왕하므로 癸水 재성을 용신으로 삼는다. 卯가 午를 만나 양인이 되므로 주로 귀하다.
- 길방 ☞ 북방 재물방 ☞ 북방 꺼리는 방위 ☞ 남방

149

癸 戊 丁 甲
亥 申 卯 戌

- 戊申일주가 卯월에 생하고 甲癸가 천간에 나오며 지지에 亥卯會木局이 되고 사주에 丙이 없다. 관이 왕하므로 인을 용신으로 하니 丁火가 용신이다.
- 길방 ☞ 남방 재물방 ☞ 남방 꺼리는 방위 ☞ 북방

150

丙	戊	癸	辛
辰	申	巳	丑

- 戊申일주가 巳월에 생하고 丙癸가 출간하며 戊癸가 상합하여 火가 된다. 火가 원두(源頭)가 되어 흘러서 水方에 멈춘다. 지지에 申辰會水局이 되고 丑巳會金局이 된다. 癸水 재성이 용신이고 주로 대부귀하며 일생 위험한 고비를 무사히 지났다.
- **길방** ☞ 북방 **재물방** ☞ 북방 **꺼리는 방위** ☞ 남방

151

丁	戊	癸	辛
巳	戌	巳	丑

- 戊戌일주가 巳월에 생하고 천간에 癸辛이 나오며 지지에 巳酉會金局이 되고 辰이 없으므로 戊癸가 불화(不化)한다. 辛金이 水를 생함을 용신한다. 용신은 辛金이다.
- **길방** ☞ 서방 **재물방** ☞ 서방 **꺼리는 방위** ☞ 남방

152

戊	戊	丙	丁
午	子	午	未

- 戊子일주가 午월에 생하고 일주 戊子는 子 중에 癸가 있으므로 戊癸상합이 되어 戊癸化火格이 되고 염상격과 같은 이치이다. 丙火가 용신이고 동남운을 행하면 주로 대부귀한다.

- **길방** ☞ 남방, 동남방 **재물방** ☞ 남방 **꺼리는 방위** ☞ 북방, 서북방

153

丙	戊	丙	丁
辰	寅	午	丑

- 戊寅일주가 午월에 생하고 천간은 한 조각 丙丁이며 지지에 寅午會火局
  이 된다. 지지 丑辰 중의 癸水가 용신이다. 다만 火에게 마르므로 장님이
  된 장애인의 명조이다.
- **길방** ☞ 북방 **재물방** ☞ 북방 **꺼리는 방위** ☞ 남방

154

甲	戊	甲	辛
寅	辰	午	亥

- 戊辰일주가 午월에 생하여 戊의 양인은 午에 있고 甲의 녹은 寅에 있으
  며 지지에 寅午會火局이 된다. 亥 중의 壬水가 용신이고 辛金의 생함을
  얻었다.
- **길방** ☞ 북방 **재물방** ☞ 북방 **꺼리는 방위** ☞ 남방

155

戊	戊	戊	戊
午	午	午	申

- 戊午일주가 午월에 생하고 천간에 한 조각 戊土 비견이며 午 중에 丁火
  인수 및 己土 겁재가 있고 양인이 되므로 양인격이 된다. 申 중의 庚金

이 용신이다.

● **길방** ☞ 서방 **재물방** ☞ 서방 **꺼리는 방위** ☞ 남방, 북방

156

己	戊	戊	戊
未	申	午	辰

● 戊申일주가 午월에 생하고 명국에 후토(厚土)가 중중하여 土가 태왕하다. 지지에 申辰會水局이 되고 신강하므로 申 중의 庚金이 용신이다. 金운을 행하면 대길하고 火운과 水운은 모두 불길하다.

● **길방** ☞ 서방 **재물방** ☞ 서방 **꺼리는 방위** ☞ 남방, 동방

157

壬	戊	庚	己
子	戌	午	未

● 戊戌일주가 午월에 생하고 午戌會火局이 되며 壬水가 천간에 나오고 다시 庚金이 壬을 생한다. 재가 인을 파함을 용신으로 하니 壬水가 용신이다. 사주에 비록 甲은 나타나지 않았으나 주로 부귀하고 명성에 좋다.

● **길방** ☞ 북방 **재물방** ☞ 북방 **꺼리는 방위** ☞ 남방

158

癸	戊	辛	己
丑	子	未	巳

● 戊子일주가 未월에 생하여 金水가 진기(進氣)하므로 삼복(三伏)에 생한

(生寒)하므로 巳 중의 丙火가 용신이고 상관생재격이며 인을 찬다. 이 명조는 부유하고 색을 밝힌다.

- 길방☞ 남방 재물방☞ 남방 꺼리는 방위☞ 북방

159

乙	戊	辛	己
卯	寅	未	未

- 戊寅일주가 未월에 생하고 지지에 卯未會木局이 된다. 6월 삼복에 생한 (生寒)하므로 寅 중의 丙火를 용신으로 하여 관살을 化한다.
- 길방☞ 남방 재물방☞ 남방 꺼리는 방위☞ 북방

160

壬	戊	辛	己
戌	辰	未	酉

- 戊辰일주가 未월에 생하여 여름 土가 왕한데 金을 만나 토수(吐秀)한다. 이는 여명으로 사주에 木이 나오지 않아 관살 상해(相害)가 없어 부귀한 명이다. 辛金이 용신이다. 木운은 불길하다.
- 길방☞ 서방 재물방☞ 서방 꺼리는 방위☞ 동방

161

甲	戊	己	癸
寅	午	未	亥

- 戊午일주가 未월에 생하고 甲癸가 천간에 나오며 지지에 寅午會火局이

되며 戊癸는 己에 막혀 서로 합할 수 없다. 살이 왕하고 인이 높으므로 재성인 癸水가 용신이다.

- 길방 ☞ 북방 재물방 ☞ 북방 꺼리는 방위 ☞ 남방

162

癸	戊	辛	己
丑	申	未	丑

- 戊申일주가 未월에 생하고 사주에 土가 왕하여 癸水로 辛을 적시므로 辛金이 용신이다.
- 길방 ☞ 서방 재물방 ☞ 서방 꺼리는 방위 ☞ 동방

163

丁	戊	己	癸
巳	戌	未	未

- 戊戌일주가 未월에 생하고 일원 戊의 녹은 巳에 있으므로 일록귀시가 된다. 이 명국은 태원이 庚戌이며 태원 庚金이 용신이 되고 주로 귀하다. 청(淸)나라 때 총독을 역임한 정일창(丁日昌)의 명조이다.
- 길방 ☞ 서방 재물방 ☞ 서방 꺼리는 방위 ☞ 동방

164

丙	戊	壬	甲
辰	子	申	午

- 戊土일주가 申월에 생하고 丙壬甲이 천간에 나왔으며 지지에 申子辰會

水局이 된다. 종재격이 되지 못하고 모름지기 甲木으로 水氣를 설기하고, 丙이 천간에 나왔으므로 甲木이 용신이며 이 명은 주로 귀하고 부자가 된다. 金운을 꺼린다.

- 길방 ☞ 동방　재물방 ☞ 동방　꺼리는 방위 ☞ 서방

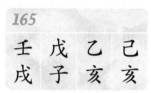

- 戊子일주가 亥월에 생하여 壬水가 천간에 나오고 편재가 태왕하여 편재격이 된다. 戊土가 戌에 통근하고 戌이 시에 있으므로 만년운이 좋다. 火地의 운을 행하는 중년 이후에 부자가 된다. 戌 중의 丁火가 용신이다.

- 길방 ☞ 남방　재물방 ☞ 남방　꺼리는 방위 ☞ 북방

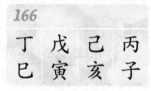

- 戊寅일주가 亥월에 생하고 丙戊의 녹은 巳에 있으므로 일록귀시가 된다. 寅亥 중에는 甲木이 있고 사주에 庚이 없으므로 이 명조는 주로 부귀한다. 丙火가 용신이다.

- 길방 ☞ 남방　재물방 ☞ 남방　꺼리는 방위 ☞ 북방

167

甲 戊 辛 壬
寅 寅 亥 戌

- 戊辰일주가 亥월에 생하고 丙火가 寅 중에 암장되며 壬水가 멀리 떨어
  져 극하지 않는다. 甲木이 천간에 나오고 지지에 寅戌會火局과 寅亥合
  木이 있으므로 寅 중의 丙火가 용신이고 주로 부귀한다.
- 길방 ☞ 남방 재물방 ☞ 남방 꺼리는 방위 ☞ 북방

168

丙 戊 丁 乙
辰 午 亥 卯

- 戊午일주가 亥월에 생하고 壬水 재성이 왕함에 임하며 乙木 관성이 卯
  록에 앉았다. 丁의 녹은 午에 있으며 일원은 왕함에 임하여 생을 만난다.
  부귀와 복수(福壽)의 명조이고 용신은 丙火이다.
- 길방 ☞ 남방 재물방 ☞ 남방 꺼리는 방위 ☞ 북방

169

丙 戊 乙 己
辰 申 亥 未

- 戊申일주가 亥월에 생하고 丙火가 천간에 나왔으며 지지에 亥未會木局
  이 되고 申辰會水局이 된다. 戊土 일원이 약하여 재를 맡을 방법이 없으
  므로 丙火가 용신이다.
- 길방 ☞ 남방 재물방 ☞ 남방 꺼리는 방위 ☞ 북방

170

丙	戊	乙	己
辰	戌	亥	酉

- 戊戌일주가 亥월에 생하고 丙火가 천간에 나왔으며 甲은 亥 중에 장생이 되고 壬은 살지에 거하여 극을 받으므로 반드시 부귀하고 이름을 드날린다. 丙火가 용신이다.
- **길방** ☞ 남방　**재물방** ☞ 남방　**꺼리는 방위** ☞ 북방, 서북방

171

庚	戊	戊	庚
申	子	子	辰

- 戊子일주가 子월에 생하여 전식합록격이 된다. 상관생재하고 戊일이 庚申시를 만나 전식합록이 된다. 申이 巳를 합하여 戊의 녹이 되어 허신(虛神)인 巳 중의 丙戊를 전용하여 용신이 된다. 주요한 것은 戊土가 용신이 되며 주로 부귀하지만 장구하지 못하다.
- **길방** ☞ 남방　**재물방** ☞ 남방　**꺼리는 방위** ☞ 북방

172

壬	戊	丙	己
戌	寅	子	未

- 戊寅일주가 子월에 생하고 丙火가 寅에 통근하며 월령은 재성이 병령(秉令)하고 지지에 寅午會火局이 된다. 寅 중에 甲이 은장되어 있고 壬水는 제(制)되므로 주로 부귀하다. 丙火가 용신이다.

・ 길방 ☞ 남방 재물방 ☞ 남방 꺼리는 방위 ☞ 북방

173

丙 戊 庚 辛
辰 辰 子 巳

・ 戊辰일주가 子월에 생하고 丙戊의 녹은 巳에 있으며 庚辛이 천간에 나왔으며 지지에 子辰會水局이 된다. 식상생재하고 일주가 약하여 재를 감당하지 못하므로 丙火 인수를 용신하며 주로 부귀한다.
・ 길방 ☞ 남방 재물방 ☞ 남방 꺼리는 방위 ☞ 북방

174

甲 戊 丙 己
寅 午 子 丑

・ 戊午일주가 子월에 생하고 甲丙이 천간에 나오며 丙戊는 寅이 장생이다. 甲의 녹은 寅에 있고 지지에 寅午會火局이 되며 子丑상합하여 土가 되어 일주가 왕하므로 재를 감당할 수 있다. 子 중의 癸水가 용신이다.
・ 길방 ☞ 북방 재물방 ☞ 북방 꺼리는 방위 ☞ 남방

175

丁 戊 丙 己
巳 申 子 丑

・ 戊申일주가 子월에 생하고 丙火가 천간에 나왔으나 甲이 없다. 戊土는 巳에 녹을 얻어 일록귀시가 된다. 지지에 子申會水局이 된다. 丙火가 용

신이다.

- **길방** ☞ 남방 **재물방** ☞ 남방 **꺼리는 방위** ☞ 북방

176

庚	戊	戊	庚
申	戌	子	辰

- 戊戌일주가 子월에 생하고 庚申시를 만나 전신합록격이 된다. 신약하고 추우므로 丙火가 용신이며 동남운에 이르면 부귀하게 된다. 金水운을 꺼린다.
- **길방** ☞ 남방, 동남방 **재물방** ☞ 남방 **꺼리는 방위** ☞ 북방

177

癸	戊	辛	丙
丑	子	丑	戌

- 戊子일주가 丑월에 생하고 丑 중의 辛癸가 투간하였으며 또한 丙火가 천간에 나와 같은 궁에 기가 모이므로 丙火가 용신이고 주로 부귀한다.
- **길방** ☞ 남방 **재물방** ☞ 남방 **꺼리는 방위** ☞ 북방

178

甲	戊	癸	壬
寅	寅	丑	午

- 戊寅일주가 丑월에 생하고 壬癸甲이 천간에 나오며 지지에 寅午會火局이 된다. 戊土는 寅 중에 장생이 있고 甲의 녹은 寅에 있으며 이 명격은

주로 부귀한다. 寅 중의 丙火가 용신이다.

- 길방 ☞ 남방   재물방 ☞ 남방   꺼리는 방위 ☞ 북방

壬	戊	辛	辛
戌	辰	丑	未

- 戊辰일주가 丑월에 생하고 지지에 사고(四庫)가 모였으며 辛金이 천간에 나와 토수(吐秀)한다. 丑 중의 원신(元神)이 투출하여 그 정영(精英)을 설(洩)한다. 사주에 木火가 없어서 기상이 순청(純淸)하다. 오로지 辛金이 용신이고 木火운을 거린다.

- 길방 ☞ 서방   재물방 ☞ 서방   꺼리는 방위 ☞ 남방, 동방

丁	戊	乙	癸
巳	午	丑	酉

- 戊午일주가 丑월에 생하고 丑 중의 원신(元神)인 癸水가 천간에 나왔으며 지지에 巳酉丑會金局이 된다. 戊의 녹은 巳에 있으므로 일록귀시가 되고 巳궁의 丙火가 용신이며 주로 부귀한다.

- 길방 ☞ 남방   재물방 ☞ 남방   꺼리는 방위 ☞ 북방

壬	戊	辛	辛
子	申	丑	巳

- 戊申일주가 丑월에 생하고 쌍辛이 천간에 나오며 지지에 巳丑會金局이 되고 申子會水局이 되며 사주에 木이 없으므로 토금상관패인격이 된다. 巳 중의 丙火가 용신이고 이 명격은 주로 부귀한다.
- **길방** ☞ 남방 **재물방** ☞ 남방 **꺼리는 방위** ☞ 북방

182

丙	戊	丁	己
辰	戌	丑	未

- 戊戌일주가 丑월에 생하고 己土가 천간에 나왔으며 지지에 사고(四庫)가 모이고 사주에 木이 없으므로 가색격이 된다. 己土가 용신이다.
- **길방** ☞ 남방 **재물방** ☞ 남방 **꺼리는 방위** ☞ 북방

183

戊	己	戊	乙
辰	丑	寅	未

- 일주 己丑이 寅월에 생하고 쌍戊가 천간에 나오며 지지에 모두 土가 있어 사주에 土가 중하다. 정월은 차가운 土가 되니 丙火를 보아 향영(向榮)하므로 군경 무직(武職)으로 귀함을 취한다. 寅 중의 丙火가 용신이다.
- **길방** ☞ 남방 **재물방** ☞ 남방 **꺼리는 방위** ☞ 북방

184

庚	己	甲	戊
午	未	寅	戌

● 일주 己未가 寅월에 생하고 천간에 戊土가 나오며 지지에 寅午戌會火局이 된다. 사주에 水가 없고 庚金으로 甲을 제한다. 寅 중의 丙火가 용신이고 부귀함이 있다.

● **길방** ☞ 남방   **재물방** ☞ 남방   **꺼리는 방위** ☞ 북방

185

戊	己	己	己
辰	酉	巳	丑

● 일주 己酉가 巳월에 생하고 지지에 巳酉丑會金局이 되어 辰 중의 癸水를 생한다. 천간에 3己 1戊로 사주에 土가 많다. 더욱 기쁜 것은 태원이 庚申이 되어 庚의 녹이 壬水를 생하여 土가 윤택하고 金을 생하여 부귀하는 명조이다. 壬水가 용신이다.

● **길방** ☞ 북방   **재물방** ☞ 북방   **꺼리는 방위** ☞ 남방

186

癸	己	辛	庚
酉	亥	巳	子

● 일주 己亥가 巳월에 생하고 癸水가 출간하며 년지 午에 녹을 얻고 천간의 庚辛金이 생한다. 지지에 巳酉會金局이 되고 다시 水를 생하므로 주로 부유하다. 용신은 癸水이다.

● **길방** ☞ 북방   **재물방** ☞ 북방   **꺼리는 방위** ☞ 남방, 동방

丙	己	庚	己
寅	丑	午	卯

- 일주 己丑이 午월에 생하여 己의 녹은 午에 있고, 지지에 丑寅卯 동북방이 되며 寅午會火局이 된다. 천간의 庚金이 丑 중의 癸水를 생하므로 부자이면서 귀하다. 癸水가 용신이다.

- **길방** ☞ 북방, 서북방　**재물방** ☞ 북방　**꺼리는 방위** ☞ 남방

壬	己	丙	丁
申	卯	午	丑

- 일주 己卯가 午월에 생하고 일주 己土가 卯살에 앉았으며 丙의 양인은 午에 있으므로 살인상정(煞刃相停)한다. 丁己의 녹은 午에 있고 壬水가 천간에 나오며 申 중에 장생이 있으므로 이 명격은 주로 대부귀한다. 壬水가 용신이며 동남운을 꺼린다.

- **길방** ☞ 북방　**재물방** ☞ 북방　**꺼리는 방위** ☞ 남방

乙	己	庚	己
亥	巳	午	丑

- 일주 己巳가 午월에 생하고 庚金이 투간하며 癸는 丑 중에 암장되고 壬水는 亥 중에 은장되며 지지에 巳丑會金局이 되어 庚의 뿌리가 되므로 부귀쌍전한다. 壬水가 용신인데 행운이 역행하여 대귀함에 다다를 방법

이 없다.

• **길방** ☞ 북방 **재물방** ☞ 북방 **꺼리는 방위** ☞ 남방

190

己 己 戊 戊
巳 未 午 申

• 일주 己未가 午월에 생하고 사주가 모두 土이므로 土가 지극히 왕하다. 申 중의 壬水는 戊土가 개두되고 지지에 巳午未 남방 火局을 이룬다. 己의 녹은 午에 있고 戊의 녹은 巳에 있으므로 종왕격이 된다. 午 중의 丁火가 용신이고 동남운을 행하면 주로 귀하다.

• **길방** ☞ 남방, 동남방 **재물방** ☞ 남방 **꺼리는 방위** ☞ 북방

191

辛 己 丙 丁
未 酉 午 丑

• 일주 己酉가 午월에 생하여 여름에 火가 왕하고 천간에 丙丁이 나오며 사주에 水木이 전혀 없다. 辛金이 투간하여 酉에 통근하고 지지에 丑酉 會金局이 된다. 아쉽게도 동방운을 행하여 火를 생하고 金을 극하므로 불길하다. 辛丑운 戊辰년에 이르면 불이 어둡게 되고 金을 생하여 식신이 겁지(劫地)를 기뻐하므로 부귀하게 된다. 용신은 辛金이다.

• **길방** ☞ 서방 **재물방** ☞ 서방 **꺼리는 방위** ☞ 동방

己	己	丙	丁
巳	亥	午	丑

- 일주 己亥가 午월에 생하고 천간에 丙丁이 나와 丙의 녹은 巳에 있고 丁己의 녹은 午에 있다. 지지에 巳丑會金局이 되고 신왕하므로 亥 중의 壬水가 용신이고 부귀쌍전한 명격이다.

- **길방** ☞ 북방   **재물방** ☞ 북방   **꺼리는 방위** ☞ 남방

乙	己	乙	辛
丑	丑	未	卯

- 일주 己丑이 未월에 土가 왕할 때 생하고 쌍乙이 천간에 나오며 지지에 卯未會木局이 되어 연상의 辛金으로 土를 설기하고 乙木을 제하며 金이 연상에 있으므로 조상의 음덕과 복을 누릴 수 있다. 辛金이 용신으로 이는 청(淸)나라 함풍(咸豐) 황제의 명조이다.

- **길방** ☞ 서방   **재물방** ☞ 서방   **꺼리는 방위** ☞ 동방

乙	己	丁	壬
亥	卯	未	寅

- 일주 己卯가 未월에 생하고 지지에 亥卯未會木局이 되며 천간에 丁壬合木이 되고 乙木이 투간하였으며 甲木은 寅亥 중에 암장되므로 종살격이 된다. 甲木이 용신이며 동방운을 행하면 주로 귀한 명이다.

• 길방 ☞ 동방 재물방 ☞ 동방 꺼리는 방위 ☞ 서방

195

己	己	辛	己
巳	巳	未	巳

• 일주 己巳가 未월에 土가 왕할 때에 생하고 사주에 土火가 많다. 辛金
또한 뿌리가 있고 더하여 태원이 壬戌이므로 밭에 가뭄이 들지 않는다.
태원 壬水를 용신으로 하고 서북운을 행하면 횡재한다.

• 길방 ☞ 북방 재물방 ☞ 북방 꺼리는 방위 ☞ 남방

196

戊	己	己	戊
辰	未	未	戌

• 일주 己未가 未월에 생하고 사주가 다 土이고 木이 없으므로 가색격이
된다. 戊土를 용신으로 하고 火土운 혹은 土金운을 행하면 길하고 木운
을 만나면 대흉하므로 木운을 꺼린다.

• 길방 ☞ 남방, 서방 재물방 ☞ 남방 꺼리는 방위 ☞ 동방

197

辛	己	己	癸
未	酉	未	酉

• 일주 己酉가 未월에 생하고 천간에 癸辛이 투간하며 사주에 丙이 없으
므로 己土가 허한(虛寒)하다. 酉酉 未未가 형이 된다. 未 중의 丁火가 용

신이고 火土운을 행하면 신(身)을 돕고 재를 생한다.

- **길방** ☞ 남방　**재물방** ☞ 남방　**꺼리는 방위** ☞ 북방

- 일주 己亥가 未월에 생하고 천간에 癸辛이 투간하며 지지에 亥未會木局
  이 되어 살이 중하고 신(身)이 가볍다. 辛金은 살을 제하기에 부족하고 사
  주에 丙火가 없어 土의 기가 허한(虛寒)하다. 未 중의 丁火가 용신이다.

- **길방** ☞ 남방　**재물방** ☞ 남방　**꺼리는 방위** ☞ 북방

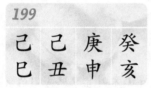

- 일주 己丑이 申월에 생하고 癸水가 출간하며 지지에 巳丑會金局이 된다.
  庚의 녹은 申에 있고 亥 중에 壬甲이 있으므로 金水가 많은 명국이다. 巳
  중의 丙火가 용신인 이 명조는 주로 부유한 가운데 귀함을 취한다.

- **길방** ☞ 남방　**재물방** ☞ 남방　**꺼리는 방위** ☞ 북방

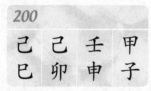

- 일주 己卯가 申월에 생하고 壬水가 천간에 나오며 지지에 申子會水局이

되어 水가 왕하고 木이 왕하다. 巳 중의 丙火가 용신이고 火金운을 행하면 주로 귀하다.

- **길방** ☞ 남방   **재물방** ☞ 남방   **꺼리는 방위** ☞ 북방, 동방

201

己	己	丙	庚
巳	卯	戌	寅

- 일주 己卯가 戌월에 생하고 천간에 火土金이 있으며 戌궁은 火土金의 쓰임이 있으므로 토금상관패인격이 된다. 丙火가 용신이며 주로 무귀(武貴)한다.

- **길방** ☞ 남방   **재물방** ☞ 남방   **꺼리는 방위** ☞ 북방

202

乙	己	丙	乙
亥	巳	戌	亥

- 일주 己巳가 戌월에 생하고 丙火가 투간되며 亥 중에 壬甲이 은장되고 쌍乙이 천간에 나왔다. 일주 己巳는 신(身)이 왕지에 임하고 戌月에 생하므로 甲木으로 土를 소통해야 하는데 아쉽게도 甲木이 투간되지 않으므로 乙木을 쓰지만 乙木은 소토(疏土)하는데 역부족이라 귀함이 부족하나 무귀(武貴)한다. 乙木이 용신이다.

- **길방** ☞ 동방   **재물방** ☞ 동방   **꺼리는 방위** ☞ 서방

203

丁	己	丙	乙
卯	未	戌	酉

• 일주 己未가 戌월에 생하고 丙丁이 투간하며 사주에 癸가 없으며 지지에 卯未會木局이 되어 토조목고(土燥木枯)하다. 9월 己土가 甲木이 없어 귀함을 취하기에 부족하다. 이 명조는 귀함이 많아 무(武)에 나아간다. 용신은 乙木이다.

• **길방** ☞ 동방 **재물방** ☞ 동방 **꺼리는 방위** ☞ 서방

204

己	己	戊	丙
巳	酉	戌	午

• 일주 己酉가 戌월에 생하여 丙戊가 천간에 나오고 지지에 午戌會火局이 되며 巳酉會金局이 되는데 사주에 水가 없고 甲도 없다. 태원이 己丑이므로 丑 중의 일점 癸水를 용신으로 한다. 金水운을 만나면 작은 부자가 된다.

• **길방** ☞ 북방 **재물방** ☞ 북방 **꺼리는 방위** ☞ 남방

205

戊	己	戊	丙
辰	亥	戌	寅

• 일주 己亥가 戌월에 생하고 천간에 쌍戊 일丙이 나와 土가 중하다. 지지에 寅戌會火局이 되어 土가 더욱 실하다. 亥 중의 壬水가 甲木을 생하고

소토(疏土)하니 구진득위(勾陳得位)가 된다. 辰 중의 癸水가 용신이다.

- **길방** ☞ 북방   **재물방** ☞ 북방   **꺼리는 방위** ☞ 남방

206

丙	己	癸	戊
寅	丑	亥	午

- 일주 己丑이 亥월에 생하고 癸水가 천간에 나왔으나 戊土가 제하고 丙
  火가 출간하여 寅에 장생이 되며 寅午會火局이 있다. 寅亥 중의 甲木이
  丙을 돕고 시진(時辰)을 얻어 丙火가 용신이며 주로 부귀한다.

- **길방** ☞ 남방   **재물방** ☞ 남방   **꺼리는 방위** ☞ 북방

207

甲	己	癸	戊
子	卯	亥	辰

- 일주 己卯가 亥월에 생하여 재관격이다. 戊土가 출간하여 己土가 생왕
  하게 되어 土가 중하므로 甲木으로 소토(疏土)한다. 재가 관을 생하고 태
  원이 甲寅이므로 寅 중의 丙火를 용신으로 하고 주로 귀하다.

- **길방** ☞ 남방   **재물방** ☞ 남방   **꺼리는 방위** ☞ 북방

208

己	己	乙	甲
巳	巳	亥	子

- 일주 己巳가 亥월에 생하고 己土가 출간하며 丙火는 양巳에 은장되고

巳 중에는 丙戌의 녹이 있어 土가 중하므로 甲木이 소통한다. 丙火가 용
신이고 남방운을 행하면 주로 부귀한다.

- **길방** ☞ 남방   **재물방** ☞ 남방   **꺼리는 방위** ☞ 북방

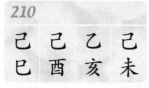

- 일주 己未가 亥월에 생하고 천간에 丙丁이 나왔으며 지지에 亥未合木局
  이 되고 寅 중에 丙火가 암장되었다. 寅亥 중의 甲木이 丙을 도우므로 대
  부귀하는 명조이다. 丙火가 용신이다.
- **길방** ☞ 남방   **재물방** ☞ 남방   **꺼리는 방위** ☞ 북방

210

丙	己	乙	己
巳	酉	亥	未

- 일주 己酉가 亥월에 생하여 천간에 3己가 있고 지지에 亥未會木局이 있
  으며 巳酉會金局이 있다. 丙火는 巳 중에 은장되고 木으로 소토(疏土)하
  고 丙으로 土를 따뜻하게 한다. 이 명격은 火土金을 모두 갖추어 반드시
  부귀함이 있다. 丙火가 용신이다.
- **길방** ☞ 남방   **재물방** ☞ 남방   **꺼리는 방위** ☞ 북방

己	己	癸	丁
巳	未	丑	亥

- 일주 己未가 丑월에 생하고 丑 중의 己癸가 함께 투간하고 丁火가 천간에 나왔으며 亥未會木局이 되고 巳酉會金局이 된다. 巳 중의 丙火가 용신이고 득위(得位)하므로 대귀한다.
- **길방** ☞ 남방　**재물방** ☞ 남방　**꺼리는 방위** ☞ 북방

辛	己	丁	甲
未	酉	丑	戌

- 일주 己酉가 丑월에 생하고 丑 중의 己辛이 투간하며 甲木으로 土를 소통하고 丁火로 土를 따뜻하게 하며 丁火는 戌未에 통근하고 지지에 丑酉會金局이 된다. 丁火가 용신이고 火土金이 구전(俱全)하므로 주로 부귀한다.
- **길방** ☞ 남방　**재물방** ☞ 남방　**꺼리는 방위** ☞ 북방

壬	己	己	庚
申	亥	丑	申

- 일주 己亥가 丑월에 생하고 丑 중에 己辛이 있으므로 水를 모으고 金을 감춘다. 庚壬이 투간하고 申에 통근하여 전국 한 조각이 허습(虛濕)한 기(氣)이다. 다만 그 세력에 순종하므로 壬水가 용신이고 사주에 火가

없으므로 도리어 주로 부귀한다. 火土운을 꺼린다.

- 길방 ☞ 북방　재물방 ☞ 북방　꺼리는 방위 ☞ 남방

214

壬	庚	庚	丙
午	子	寅	午

- 일주 庚子가 寅월에 생하고 지지에 寅午會火局이 되며 子午상충이 된다. 천간에 비견이 나와 壬水를 구제하고 壬水 식신으로 火局 살을 제하므로 대부귀함이 있다.
- 길방 ☞ 북방　재물방 ☞ 북방　꺼리는 방위 ☞ 남방

215

戊	庚	庚	丙
寅	寅	寅	午

- 일주 庚寅이 정월에 생하고 지지에 寅午會火局이 되며 丙戊庚이 천간에 나오고 사주에 水가 없으므로 외롭고 가난한 사람이다. 水운을 행하면 의식이 있고 火운에는 대흉하다. 壬水가 용신이다.
- 길방 ☞ 북방　재물방 ☞ 북방　꺼리는 방위 ☞ 남방

216

癸	庚	戊	庚
未	辰	寅	戌

- 일주 庚辰이 寅월에 생하고 지지에 寅戌會火局이 되며 천간에 癸水가

나와 辰에 통근하지만 辰은 水의 묘가 된다. 비록 庚金이 생하고 水 또한 약하므로 의식이 풍족한 소부(小富)의 사람이다. 癸水가 용신이다.

- **길방** ☞ 북방 **재물방** ☞ 북방 **꺼리는 방위** ☞ 남방

217

丙	庚	甲	癸
戌	午	寅	卯

- 일주 庚午가 寅월에 생하고 지지에 寅午戌會火局이 되며 癸水가 천간에 나왔으나 뿌리가 없다. 癸가 卯 위에 앉아 木에게 설기된다. 火가 왕하여 金이 녹는 명격이므로 잔질과 고독하고 가난한 사람이다. 戌 중의 辛金이 용신이고 金水운을 행하면 의식이 있다.

- **길방** ☞ 서방, 북방, 서북방 **재물방** ☞ 서방 **꺼리는 방위** ☞ 남방

218

辛	庚	庚	丙
巳	申	寅	申

- 일주 庚申이 寅월에 생하고 천간에 庚辛이 나오며 申 중에 庚의 녹이 있고 丙火 또한 巳 중에 녹을 얻으며 巳궁은 金의 장생지지이다. 재자약살 하니 寅 중의 甲木이 용신이고 동남운을 행하면 주로 부귀한다.

- **길방** ☞ 동방, 남방 **재물방** ☞ 동남방 **꺼리는 방위** ☞ 서방, 북방, 서북방

乙	庚	庚	丙
酉	戌	寅	寅

- 일주 庚戌이 寅월에 생하고 丙庚乙이 천간에 나오며 지지에 寅戌會火
  局이 된다. 酉시에 생하여 庚의 양인은 酉에 있으므로 일주가 약하지 않
  다. 다만 寅月의 한기(寒氣)는 제거되지 않아 丙火를 용신으로 한다. 酉
  戌은 서방이고 寅은 동방이며 동서가 대립하므로 주로 귀하다.
- **길방** ☞ 남방 **재물방** ☞ 남방 **꺼리는 방위** ☞ 북방

甲	庚	己	庚
申	子	卯	戌

- 일주 庚子가 卯월에 생하고 천간에 己庚이 함께 투간하여 庚金이 대략
  강하며 지지에 子申會水局이 된다. 천간에 甲庚이 구전(俱全)하여 다른
  길에 현달하는 사람이고 무직(武職)에 귀현(貴顯)한다. 戌 중의 丁火가
  용신이다.
- **길방** ☞ 남방 **재물방** ☞ 남방 **꺼리는 방위** ☞ 북방

丁	庚	辛	辛
亥	寅	卯	酉

- 일주 庚寅이 卯월에 생하고 丁火가 출간하며 지지에 卯亥會木局이 되
  고 寅 중의 甲木이 丁을 당기므로 丁火가 용신이며 주로 부귀한다. 무직

(武職)으로 귀하게 된다.

● **길방** ☞ 남방　**재물방** ☞ 남방　**꺼리는 방위** ☞ 북방

222

丁	庚	辛	丙
亥	辰	卯	申

● 일주 庚辰이 卯월에 생하고 丙火가 출간하며 卯 중에 乙木이 있고 亥 중
에 甲木이 있다. 甲木은 申 중의 庚金이 쪼개고 지지에 亥卯會木局이 되
며 申辰會水局이 되므로 丁火가 용신이고 주로 대귀하다. 다만 申辰水
局이 丁을 극하므로 자식이 형극된다.

● **길방** ☞ 남방　**재물방** ☞ 남방　**꺼리는 방위** ☞ 북방

223

丁	庚	辛	辛
亥	午	卯	丑

● 일주 庚午가 卯월에 생하고 丁火가 출간하여 午에 녹을 얻으며 지지에
卯亥會木局이 된다. 천간에 쌍辛이 있어 일주가 왕하게 된다. 亥 중에 甲
木이 있어 丁을 당기며 甲은 암장되고 丁은 투출하므로 귀함이 나타나
부귀하게 된다. 丁火가 용신이다.

● **길방** ☞ 남방　**재물방** ☞ 남방　**꺼리는 방위** ☞ 북방

224

庚	庚	丁	己
辰	申	卯	亥

• 일주 庚申이 卯월에 생하고 庚金이 녹에 앉아 왕하며 시주에 비견과 인성이 있으므로 관을 쓴다. 丁火 관은 卯 재향에 앉고 亥水가 생부(生扶)하므로 丁火의 뿌리 기반은 점차 견고해진다. 이 명격은 천지가 순조로워 정수(精粹)한 격국이므로 주로 대부귀한다. 丁火가 용신이다.

• **길방** ☞ 남방　**재물방** ☞ 남방　**꺼리는 방위** ☞ 북방

225

己	庚	丁	己
卯	戌	卯	酉

• 일주 庚戌이 卯월에 생하고 쌍己가 출간하여 庚金이 은밀히 강하다. 지지에 쌍卯가 있고 卯 중의 乙木은 습한 木이므로 丁을 당기지 못한다. 다만 사주에 水가 없으니 丁을 상하지 않는다. 丁火가 용신이고 金운을 기뻐하며 주로 귀하다.

• **길방** ☞ 남방, 서방　**재물방** ☞ 남방　**꺼리는 방위** ☞ 북방, 동방

226

甲	庚	甲	壬
申	子	辰	子

• 일주 庚子가 辰월에 생하고 지지에 申子辰會水局이 되며 사주에 丙丁火가 없으므로 정란차격이 되며 주로 대부귀한다. 申 중에 庚의 녹이 있어 일록귀시가 되고 庚金이 용신이다.

• **길방** ☞ 서방, 서북방, 북방　**재물방** ☞ 서방　**꺼리는 방위** ☞ 동방, 남방

227

丁	庚	壬	丙
丑	寅	辰	辰

- 일주 庚寅이 辰월에 생하고 천간에 壬이 丙을 곤란하게 한다. 다행히 丁火
  가 천간에 나오고 寅 중에 甲木이 있으며 寅辰이 卯를 끼어 寅卯辰 동방이
  된다. 丑寅卯辰이 구슬처럼 이어지므로 부귀함이 있다. 용신은 丁火이다.
- **길방** ☞ 남방 **재물방** ☞ 남방 **꺼리는 방위** ☞ 북방

228

甲	庚	戊	辛
申	申	戌	酉

- 일주 庚申이 戌월에 생하고 戊土가 출간하여 甲木으로 土를 파하며 지
  지에 申酉戌 서방국이 된다. 戌 중의 丁火를 용신으로 하고 남방운을 행
  하면 주로 귀하고 문귀(文貴)한다.
- **길방** ☞ 남방 **재물방** ☞ 남방 **꺼리는 방위** ☞ 북방

229

辛	庚	丙	庚
巳	戌	戌	寅

- 일주 庚戌이 戌월에 생하고 지지에 寅戌會火局이 되며 辛金이 투간하여
  양인이 된다. 丙火 칠살이 양인을 제하니 살인격이며 주로 대부귀하고
  문무겸전한다. 丙火가 용신이다.
- **길방** ☞ 남방 **재물방** ☞ 남방 **꺼리는 방위** ☞ 북방

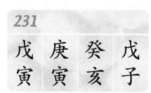

230

壬	庚	辛	丁
午	子	亥	亥

- 일주 庚子가 亥월에 생하고 丁火가 출간하며 午 중에 丁火가 있고 亥 중에 甲木이 있어 丁甲이 구전(俱全)하므로 수부귀(小富貴)함이 있다. 丁火가 용신이다.
- **길방** ☞ 남방　**재물방** ☞ 남방　**꺼리는 방위** ☞ 북방

231

戊	庚	癸	戊
寅	寅	亥	子

- 일주 庚寅이 亥월에 생하고 甲丙이 천간에 나오지 않았으며 지지 寅 중에 甲丙이 은장되었다. 아쉽게도 丁이 없으므로 부유하나 귀하지 못하다. 戊土가 金을 생하여 신강하다. 寅 중의 丙火가 용신이다.
- **길방** ☞ 남방　**재물방** ☞ 남방　**꺼리는 방위** ☞ 북방

232

庚	庚	丁	庚
辰	辰	亥	辰

- 일주 庚辰이 亥월에 생하고 丁火가 출간하여 金을 녹인다. 亥 중에 甲木이 있으며 辰 습토는 金을 생한다. 丁火가 용신이며 주로 부귀한다. 다만 土가 많으므로 미련하고 나약한 사람이다.
- **길방** ☞ 남방　**재물방** ☞ 남방　**꺼리는 방위** ☞ 북방

戊	庚	丁	庚
寅	午	亥	子

- 일주 庚午가 亥월에 생하고 지지에 寅午會火局이 되며 丁火가 출간하고 午에 녹을 얻는다. 庚金은 비견과 인성이 상조하여 생왕하다. 甲木은 寅亥 중에 은장되고 寅 중에는 丙火가 있으므로 주로 부귀한다. 丁火가 용신이다.
- **길방** ☞ 남방 **재물방** ☞ 남방 **꺼리는 방위** ☞ 북방

丁	庚	癸	癸
亥	申	亥	酉

- 일주 庚申이 亥월에 생하고 겨울 壬水가 당권하며 金이 녹왕을 만나고 시상 丁火는 뿌리가 없다. 局 중의 기세가 金水를 따르므로 丁은 도리어 병이 된다. 金水운에는 주로 부귀하고 火土운에는 주로 형극되고 파패한다. 용신은 庚金이고 火土운을 꺼린다.
- **길방** ☞ 서방, 서북방, 북방 **재물방** ☞ 서방, 서북방 **꺼리는 방위** ☞ 남방

丙	庚	乙	甲
戌	戌	亥	戌

- 일주 庚戌이 亥월에 생하고 甲丙이 천간에 나오며 丁火가 戌 중에 암장되고 지지에 3戌이 있으며 주로 부유하다. 다른 길에 현달한 사람의 명

조이다. 丙火가 용신이다.

- **길방** ☞ 남방　**재물방** ☞ 남방　**꺼리는 방위** ☞ 북방

236

丙	庚	戊	庚
戌	子	子	子

- 일주 庚子가 子월에 생하고 지지에 3子가 있으며 丙火가 천간에 나오고 丁火는 戌 중에 암장되었으며 戊土는 戌에 통근한다. 庚戌가 천간에 나와 己身을 도와 강하게 된다. 丙火가 용신이고 金운을 행하면 귀하다.
- **길방** ☞ 남방　**재물방** ☞ 남방　**꺼리는 방위** ☞ 북방

237

戊	庚	戊	乙
寅	寅	子	卯

- 일주 庚寅이 子월에 생하고 쌍戊가 천간에 나오며 寅 중의 甲木이 소토(疏土)한다. 丙火가 寅에 암장되고 子水에 戊土가 개두하며 사주에 丁이 없으므로 주로 부유하다. 寅 중의 丙火가 용신이며 木火운을 행하면 길하고 金水운은 불길하다.
- **길방** ☞ 남방　**재물방** ☞ 남방　**꺼리는 방위** ☞ 북방

238

丁	庚	戊	乙
丑	辰	子	未

- 일주 庚辰이 子월에 생하고 지지에 子未상천하여 子水를 파한다. 천간
의 乙丁 모두 木火이고 辰未의 여기가 된다. 木으로 火를 생하니 丁火가
용신이고 丙丁운은 길하고 酉운에는 木火가 상하므로 대흉하다.
- **길방** ☞ 남방 **재물방** ☞ 남방 **꺼리는 방위** ☞ 북방

239

辛 庚 丙 己
巳 子 子 未

- 일주 庚午가 子월에 생하고 丙火가 출간하며 지지에 巳午未 남방국이
되어 관살이 중하므로 己土 인성을 용신으로 하여 庚金을 생조한다. 金
水운을 행하면 길하게 된다.
- **길방** ☞ 북방, 서방 **재물방** ☞ 서북방 **꺼리는 방위** ☞ 남방

240

庚 庚 戊 庚
辰 申 子 申

- 일주 庚申이 子월에 생하고 사주에 丙丁이 전무하며 지지에 申子辰會水
局이 되어 정란차격이 되어 소부(小富)함이 있다. 戊土가 용신이며 일주
가 신왕하고 木火운을 행하면 주로 귀하다.
- **길방** ☞ 동남방 **재물방** ☞ 동남방 **꺼리는 방위** ☞ 서북방

庚	辛	庚	辛
寅	丑	寅	丑

- 일주 辛丑이 寅월에 생하고 己土는 丑에 은장되며 庚金은 寅 중의 甲木을 제할 수 있고 사주에 壬이 없다. 寅 중의 丙火가 용신이고 무직(武職)과 대서로 생활하며 부귀가 온전하지 못하다.
- **길방** ☞ 남방 **재물방** ☞ 남방 **꺼리는 방위** ☞ 북방

壬	辛	戊	乙
辰	卯	寅	酉

- 일주 辛卯가 寅월에 생하고 寅 중의 丙火가 추운 것을 풀리게 한다. 천간에 己土가 없고 지지에 辰酉가 상합하여 金이 되어 일주를 생조하므로 壬水가 용신이다.
- **길방** ☞ 북방 **재물방** ☞ 북방 **꺼리는 방위** ☞ 남방

壬	辛	戊	庚
辰	巳	寅	申

- 일주 辛巳가 寅월에 생하고 壬水가 출간하여 申에 통근하며 戊土가 출간하고 己土는 없다. 지지에 申辰會水局이 되고 寅辰이 卯를 끼었다. 巳 중의 丙火가 용신이고 丙火가 천간에 나오지 않았으므로 일생 곤고하여 평범할 따름이다.

- 길방 ☞ 남방　재물방 ☞ 남방　꺼리는 방위 ☞ 북방

244

壬	辛	戊	庚
辰	未	寅	申

- 일주 辛未가 寅월에 생하고 壬水가 출간하며 지지에 申辰會水局이 된다. 丙火가 출간됨이 없으며 水가 냉하고 金이 춥다. 寅 중의 丙火가 용신이고 소년에 곤고하며 평범한 명격이다.
- 길방 ☞ 남방　재물방 ☞ 남방　꺼리는 방위 ☞ 북방

245

己	辛	庚	辛
丑	酉	寅	亥

- 일주 辛酉가 寅월에 생하고 己土가 천간에 나오며 壬水가 亥 중에 은장되었다. 寅亥 중에 모두 甲木이 있으며 庚金에게 극된다. 지지에 丑酉會金局이 되어 일주가 신왕하다. 寅 중의 丙火가 용신이다.
- 길방 ☞ 남방　재물방 ☞ 남방　꺼리는 방위 ☞ 북방

246

壬	辛	庚	辛
辰	亥	寅	卯

- 일주 辛亥가 寅월에 생하고 壬水와 庚辛이 천간에 나왔으며 지지에 寅卯辰 동방국을 이루었다. 亥 중에 甲木이 있으며 壬水가 용신이고 주로

부귀한다.

- **길방** ☞ 북방　**재물방** ☞ 북방　**꺼리는 방위** ☞ 남방

己	辛	辛	丙
亥	丑	卯	子

- 일주 辛丑이 卯월에 생하고 지지에 亥卯會木局이 되며 재가 왕하여 관을 생한다. 丙火가 용신이며 무직(武職)으로 귀함을 취한다. 다만 丙子와 辛 卯가 간합지형되는 것이 명국의 병이다.

- **길방** ☞ 남방　**재물방** ☞ 남방　**꺼리는 방위** ☞ 북방

丙	辛	己	乙
申	卯	卯	酉

- 일주 辛卯가 卯월에 생하고 乙木이 출간하며 지지에 쌍卯가 乙木이 녹지 이다. 辛의 녹은 酉이고 壬은 申 중에 암장되며 木이 많으므로 申 중의 庚 金이 木을 극하기에 부족하다. 태원이 庚午이니 庚金을 용신으로 하여 일 주를 도우니 주로 부귀하다. 아내가 많아도 자식은 없다. 木운을 꺼린다.

- **길방** ☞ 서방　**재물방** ☞ 서방　**꺼리는 방위** ☞ 동방

己	辛	己	乙
亥	巳	卯	丑

- 일주 辛巳가 卯월에 생하고 지지에 巳丑會金局이 되어 일주가 생왕하며, 양己가 상생하여 매우 왕하다. 지지에 亥卯會木局이 되고 乙木이 투출하여 卯에 녹을 얻으며 木으로 土를 소통한다. 亥 중에 壬甲이 있으며 壬水가 용신이다.
- **길방** ☞ 북방　**재물방** ☞ 북방　**꺼리는 방위** ☞ 남방

250

己	辛	丁	甲
亥	未	卯	午

- 일주 辛未가 卯월에 생하고 甲木이 출간하여 丁火를 생할 수 있으므로 己土를 상하지 않는다. 丁己는 午에 녹을 얻고 지지에 亥卯未會木局이 되므로 재가 왕하여 관을 생한다. 己土가 辛金을 상생하여 재를 감당할 수 있으므로 주로 대부귀한다. 丁火가 용신이다.
- **길방** ☞ 남방　**재물방** ☞ 남방　**꺼리는 방위** ☞ 북방

251

庚	辛	丁	甲
寅	酉	卯	申

- 일주 辛酉가 卯월에 생하고 庚金이 천간에 나와 辛을 도우며 庚은 甲을 제하고 甲木은 인정(引丁)하며 一氣를 이루고 지지에 寅卯는 동방이고 申酉는 서방으로 동서가 대립하므로 주로 부귀하고 재능이 있는 명조이다. 丁火가 용신이다.
- **길방** ☞ 남방　**재물방** ☞ 남방　**꺼리는 방위** ☞ 북방

252

壬	辛	己	乙
辰	亥	卯	亥

- 일주 辛亥가 卯월에 생하고 지지에 卯亥會木局이 되며 乙木이 출간하여 卯에 녹을 얻으며 壬水의 기를 설기한다. 亥 중에 壬水가 있으나 庚이 壬을 돕고 木을 제함이 없다. 다행히 태원이 庚午이므로 庚金이 용신이고 주로 부귀한다. 火土운을 꺼린다.
- 길방 ☞ 서방   재물방 ☞ 서방   꺼리는 방위 ☞ 남방

253

甲	辛	壬	丙
午	丑	辰	寅

- 일주 辛丑이 辰월에 생하고 壬甲이 천간에 나오며 지지에 寅午會火局이 되고 壬水는 뿌리가 없다. 壬水가 용신이고 주로 청귀하다.
- 길방 ☞ 북방   재물방 ☞ 북방   꺼리는 방위 ☞ 남방

254

壬	辛	甲	丙
辰	亥	午	子

- 일주 辛亥가 午월에 생하고 壬甲이 투간하며 甲木이 亥 중에 장생이 있고 壬水는 亥에 녹을 얻으며 지지에 子辰會水局이 된다. 午 중의 己土가 용신이고 주로 부귀한다. 金水운을 꺼린다.
- 길방 ☞ 남방   재물방 ☞ 남방   꺼리는 방위 ☞ 북방

255

庚	辛	己	癸
寅	丑	未	亥

- 일주 辛丑이 未월에 생하고 癸水가 출간하며 지지에 亥未會木局이 되어 재가 왕하다. 아울러 庚金이 출간하고 亥 중에 壬水가 있으므로 土를 윤택하게 하여 金을 생하여 신왕하며 재를 감당할 만하다. 이 명조는 주로 부귀한다. 亥 중의 壬水가 용신이다.

- **길방** ☞ 북방 **재물방** ☞ 북방 **꺼리는 방위** ☞ 남방

256

庚	辛	丁	壬
寅	卯	未	申

- 일주 辛卯가 未월에 생하고 천간에 丁壬이 상합하여 木이 되며 지지에 卯未會木局이 되어 재가 왕하여 방국(方局)을 이룬다. 壬의 장생은 申에 있고 아울러 庚의 녹지이다. 일주는 庚의 도움이 있어 왕하므로 재를 맡을 수 있다. 재가 왕하므로 丁火 관을 용신으로 하고 金水운을 꺼린다.

- **길방** ☞ 남방 **재물방** ☞ 남방 **꺼리는 방위** ☞ 북방

257

壬	辛	癸	乙
辰	巳	未	卯

- 일주 辛巳가 未월에 생하고 壬癸가 천간에 나오며 지지에 卯未會木局이 된다. 卯辰巳未가 午를 끼고 연주(聯珠)한다. 未 중의 己土가 金을 생

하고 일주를 도우므로 己土가 용신이고 주로 귀하다.

- **길방** ☞ 서방 **재물방** ☞ 서방 **꺼리는 방위** ☞ 동방

258

庚	辛	丁	壬
寅	未	未	戌

- 일주 辛未가 未월에 생하고 丁壬이 상합하여 壬水를 합거(合去)한다.
  지지에 寅戌會火局이 되고 비록 庚金이 천간에 나왔으나 火가 왕하므
  로 壬水를 용신으로 한다.
- **길방** ☞ 북방 **재물방** ☞ 북방 **꺼리는 방위** ☞ 남방

259

辛	辛	丁	壬
卯	酉	未	寅

- 일주 辛酉가 未월에 생하고 천간에 丁壬이 상합하며 지지에 卯未會木
  局이 되고 金이 천간에 나와 壬을 생하고 木을 제하여 귀함을 취한다.
  庚金이 용신이고 金水운을 행하면 길하다.
- **길방** ☞ 서방 **재물방** ☞ 서방 **꺼리는 방위** ☞ 동방

260

戊	辛	己	癸
子	亥	未	亥

- 일주 辛亥가 未월에 생하고 癸水가 출간하며 亥 중에 壬水가 은장되고

지지에 亥未會木局이 된다. 戊己가 함께 투간하여 기신(忌神)이 되고 庚金이 없으며 亥 중의 甲木이 土를 제한다. 다행히 태원이 庚戌이므로 庚金이 용신이고 일주를 생부하며 주로 부유한 명조이다.

- 길방☞ 서방 재물방☞ 서방 꺼리는 방위☞ 동방

261

戊 辛 庚 戊
子 丑 申 申

- 일주 辛丑이 申월에 생하고 쌍戊가 출간하며 지지에 申子會水局이 되고 사주에 甲이 없으므로 병은 있으나 약이 없다. 태원이 辛亥이므로 亥 중의 甲木이 용신이다.

- 길방☞ 동방 재물방☞ 동방 꺼리는 방위☞ 서방

262

壬 辛 壬 甲
辰 卯 申 寅

- 일주 辛卯가 申월에 생하고 쌍壬이 출간하며 지지에 申辰會水局이 되고 寅卯辰 동방국을 이룬다. 庚은 없고 壬이 투출하였으며 申 중의 庚金을 용신하여 일주를 생부하는 어떤 평상인의 명조이다.

- 길방☞ 서방 재물방☞ 서방 꺼리는 방위☞ 동방

263

壬	辛	庚	戊
辰	巳	申	戌

- 일주 辛巳가 申월에 생하고 戊庚壬이 출간하며 지지에 申辰會水局이 된다. 戊土가 투출하여 戊土에 앉으며 巳 중에 火土가 있으므로 좌실(坐實)이 된다. 局 중에 甲이 없으므로 주로 부귀하고 용신은 戊土이다.
- **길방** ☞ 남방 **재물방** ☞ 남방 **꺼리는 방위** ☞ 북방

264

己	辛	庚	癸
丑	未	申	丑

- 일주 辛未가 申월에 생하여 득령하고 庚金이 출간하여 도우며 丑 중에 모두 金이 있으므로 申궁의 壬水를 용신하여 金을 설기한다.
- **길방** ☞ 북방 **재물방** ☞ 북방 **꺼리는 방위** ☞ 남방

265

己	辛	甲	庚
丑	酉	申	申

- 일주 辛酉가 申월에 생하고 지지에 丑酉會金局이 되어 종혁격이 되므로 庚金이 용신이다. 火의 극을 꺼리고 申 중의 壬水가 金을 씻으므로 주로 귀하다.
- **길방** ☞ 서방 **재물방** ☞ 서방 **꺼리는 방위** ☞ 동방

266

甲	辛	甲	乙
午	亥	申	丑

- 일주 辛亥가 申월에 생하고 천간에 다 甲乙 재성이고 지지는 방국을 이루지 못하여 재성이 너무 많으므로 비겁인 庚金을 용신으로 하여 일주를 생부한다.
- **길방** ☞ 서방 **재물방** ☞ 서방 **꺼리는 방위** ☞ 동방

267

丁	辛	己	丁
酉	丑	酉	丑

- 일주 辛丑이 酉월에 생하고 지지에 丑酉會金局이 되며 壬水가 천간에 나오지 않았으므로 丁火를 용신으로 하여 金을 녹이므로 부격(富格)이다.
- **길방** ☞ 남방 **재물방** ☞ 남방 **꺼리는 방위** ☞ 북방

268

己	辛	辛	癸
亥	卯	酉	卯

- 일주 辛卯가 酉월에 생하여 월령이 건록이고 지지에 卯亥會木局이 되며 癸水가 천간에 나오고 壬水는 亥 중에 은장되었다. 亥 중의 壬水를 용신으로 하여 상관생재한다.
- **길방** ☞ 북방 **재물방** ☞ 북방 **꺼리는 방위** ☞ 남방

269

戊	辛	己	丁
子	巳	酉	未

- 일주 辛巳가 酉월에 생하여 백호격(白虎格)인데 천간에 丁火가 나와 백호격이 깨졌다. 모름지기 壬水를 용신으로 하여 설기하고 土가 너무 중하므로 가난하여 작은 무기도 없다. 火운을 꺼린다.
- **길방** ☞ 북방 **재물방** ☞ 북방 **꺼리는 방위** ☞ 남방

270

己	辛	癸	己
亥	未	酉	酉

- 일주 辛未가 酉월에 생하고 己癸가 천간에 함께 투간하여 습니오금(濕泥汚金)이 된다. 아쉽게도 壬甲이 모두 亥 중에 암장되어 조금 능력이 있는 사람이지만 빈궁하다. 亥 중의 甲木을 용신으로 하여 土를 파한다.
- **길방** ☞ 동방 **재물방** ☞ 동방 **꺼리는 방위** ☞ 서방

271

丙	辛	己	丁
申	酉	酉	酉

- 일주 辛酉가 酉월에 생하고 丙丁이 출간하여 己土를 생한다. 壬庚은 申 중에 은장되며 관인상생이 되고 신강하여 살이 얇으며 주로 귀하다. 丁火가 용신이다.
- **길방** ☞ 남방 **재물방** ☞ 남방 **꺼리는 방위** ☞ 북방

272

戊	辛	乙	庚
戌	亥	酉	午

- 일주 辛亥가 酉월에 생하고 乙庚이 서로 합하므로 庚이 乙을 파한다. 亥
  궁에는 甲木이 암장되어 戊土를 파할 수 있다. 壬水는 亥 중에 은장되고
  지지에 午戌會火局이 되어 水를 필요로 하므로 壬水가 용신이며 다른
  길에서 현달한다.
- **길방** ☞ 북방 **재물방** ☞ 북방 **꺼리는 방위** ☞ 남방

273

壬	辛	甲	己
辰	丑	戌	巳

- 일주 辛丑이 戌월에 생하고 사주에 土가 중하며 甲己가 상합하여 土를
  파할 수 없다. 壬水가 출간하고 壬水로 씻어 내리고 金을 설(洩)하여 주로
  부유하다. 용신은 壬水이다.
- **길방** ☞ 북방 **재물방** ☞ 북방 **꺼리는 방위** ☞ 남방

274

辛	辛	壬	癸
卯	卯	戌	巳

- 일주 辛卯가 戌월에 생하고 壬癸가 천간에 나오며 지지에 쌍卯가 土를
  파한다. 壬水가 용신이고 주로 부귀한다.
- **길방** ☞ 북방 **재물방** ☞ 북방 **꺼리는 방위** ☞ 남방

丙	壬	甲	戊
午	戌	寅	辰

- 일주 壬戌이 寅월에 생하고 丙戌가 천간에 나오며 지지에 寅午戌會火局이 되고 사주에 金水가 없다. 주로 부유하나 명리가 다 비었다. 허신(虛神)인 庚金을 용신으로 하여 일주를 생부한다.

- **길방** ☞ 서방 **재물방** ☞ 서방 **꺼리는 방위** ☞ 북방

辛	壬	己	庚
亥	子	卯	子

- 일주 壬子가 卯월에 생하고 庚辛이 출간하며 지지에 卯亥會木局이 된다. 이 명조는 주로 부귀 현달한다. 庚金이 용신이다.

- **길방** ☞ 서방 **재물방** ☞ 서방 **꺼리는 방위** ☞ 동방

庚	壬	己	庚
戌	寅	卯	申

- 일주 壬寅이 卯월에 생하고 양庚이 천간에 나오며 지지에 寅戌會火局이 되어 재가 관을 생하고 관이 인을 생하여 부귀가 쌍전한 명조이다. 申 중의 壬水가 용신이다.

- **길방** ☞ 북방 **재물방** ☞ 북방 **꺼리는 방위** ☞ 남방

278

壬	壬	己	庚
寅	辰	卯	辰

- 일주 壬辰이 卯월에 생하고 쌍壬이 천간에 나오며 지지에 寅卯辰 동방국을 이루어 木이 왕하므로 庚을 용신으로 하고 주로 대귀함이 나타난다.
- 길방 ☞ 서방 재물방 ☞ 서방 꺼리는 방위 ☞ 동방, 남방

279

庚	壬	辛	丙
子	午	卯	子

- 일주 壬午가 卯월에 생하고 丙辛이 상합하여 水가 되고 水가 왕하며 庚이 투출하였으나 戊土가 水를 제함이 없으므로 戊土로써 용신을 삼으며 주로 부유하고 일생 조마조마함이 많다.
- 길방 ☞ 남방 재물방 ☞ 남방 꺼리는 방위 ☞ 북방

280

乙	壬	己	庚
巳	申	卯	午

- 일주 壬申이 卯월에 생하고 庚金이 천간에 나오며 일주 壬水는 장생에 앉아 신왕하다. 지지에 卯巳午(乙丙丁) 삼태(三台)의 귀함이 있으므로 주로 부귀한다. 庚의 녹은 申에 있고 己의 녹은 午에 있으며 乙의 녹은 卯에 있어 천간이 지지에 녹왕장생을 얻었다. 庚金을 용신으로 상관을 제하고 壬水를 생한다.

● **길방** ☞ 서방 **재물방** ☞ 서방 **꺼리는 방위** ☞ 동방, 남방

281

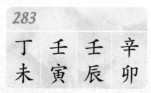

乙　壬　乙　癸
巳　戌　卯　酉

● 일주 壬戌이 卯월에 생하여 신약하므로 년지인 酉 중의 辛金을 용신으로 하여 일주를 생한다. 이 명격은 水木이 청화(淸華)하므로 주로 문귀(文貴)한다.

● **길방** ☞ 서방 **재물방** ☞ 서방 **꺼리는 방위** ☞ 동방

282

乙　壬　壬　丙
巳　子　辰　申

● 일주 壬子가 辰월에 생하고 지지에 子辰會水局이 되지만 辰月은 土가 왕한 시기이며 사주에 甲이 없어서 귀하지 못하다. 巳 중의 戊土가 용신이다.

● **길방** ☞ 남방 **재물방** ☞ 남방 **꺼리는 방위** ☞ 북방

283

丁　壬　壬　辛
未　寅　辰　卯

● 일주 壬寅이 辰월에 생하고 지지에 寅卯辰 동방국이 있다. 천간에 丁壬이 상합하여 木이 되며 木氣가 매우 성한데 사주에 庚이 없다. 壬水가 용신이다.

• 길방 ☞ 북방 재물방 ☞ 북방 꺼리는 방위 ☞ 남방

284

壬	壬	戊	甲
寅	辰	辰	寅

• 일주 壬辰이 辰월에 생하고 戊土가 당권하여 木 역시 성하며 일주는 양 辰庫에 앉고 비견의 생부(生扶)가 있다. 壬운에는 일주가 생을 만나고 寅木을 충거하므로 주로 귀하다. 壬水가 용신이고 부귀가 모두 넉넉한 명조이다.

• 길방 ☞ 북방 재물방 ☞ 북방 꺼리는 방위 ☞ 남방

285

丁	壬	壬	丙
未	午	辰	午

• 일주 壬午가 辰월에 생하고 천간에 丁壬 상합하여 木이 되며 지지에 辰 午未가 巳를 끼고 연주(聯珠)되며 한 조각 火木이 왕한 국이다. 庚金이 용신이고 주로 부유하다.

• 길방 ☞ 서방 재물방 ☞ 서방 꺼리는 방위 ☞ 동방

286

乙	壬	壬	丙
巳	申	辰	子

• 일주 壬申이 辰월에 생하고 지지에 申子辰會水局이 되며 시지 巳궁에

丙火가 녹을 얻는다. 상관생재격이고 丙火가 용신이며 주로 부귀한다.

● 길방 ☞ 남방   재물방 ☞ 남방   꺼리는 방위 ☞ 북방

287

庚	壬	庚	庚
戌	戌	辰	戌

● 일주 壬戌이 辰월에 생하고 천간에 3庚, 지지에 3戌이 있고 戌은 火土가
되며 庚으로 火土의 기를 설(洩)한다. 壬水가 용신이다.

● 길방 ☞ 북방   재물방 ☞ 북방   꺼리는 방위 ☞ 남방

288

甲	壬	癸	辛
辰	子	巳	丑

● 일주 壬子가 巳월에 생하고 辛癸가 천간에 나오며 甲木이 천간에 있으니
주로 소귀한다. 지지에 巳丑會金局이 되고 子辰會水局이 된다. 金水운에
는 生을 만나고 실(實)에 앉는다. 巳 중의 丙火가 용신이다.

● 길방 ☞ 남방   재물방 ☞ 남방   꺼리는 방위 ☞ 북방

289

壬	壬	丁	癸
寅	寅	巳	卯

● 일주 壬寅이 巳월에 생하고 천간에 壬癸가 있으나 庚辛이 없으며 비인
(比印)이 부전(不全)하여 귀함을 취하기에 부족한 보통의 명격이다. 丁壬

상합하여 木이 되어 火를 돕는다. 태원 申궁의 庚金이 용신이다.

- 길방 ☞ 서방 재물방 ☞ 서방 꺼리는 방위 ☞ 남방, 동방

290

壬	壬	丁	戊
寅	辰	巳	申

- 일주 壬辰이 巳월에 생하고 천간에 丁壬이 상합하여 지지에 申辰會水局
  이 된다. 일주가 재를 향하므로 큰 뜻이 없는 명격이다. 지지에 寅巳상형
  이 되어 토목교봉(土木交鋒)이 된다. 戊土가 용신이다.
- 길방 ☞ 남방 재물방 ☞ 남방 꺼리는 방위 ☞ 북방

291

丙	壬	丁	癸
午	午	巳	酉

- 일주 壬午가 巳월에 생하고 지지에 巳酉會金局이 되며 癸水가 천간에
  나왔다. 酉 중의 辛金이 용신이고 주로 무귀(武貴)한다.
- 길방 ☞ 서방 재물방 ☞ 서방 꺼리는 방위 ☞ 동방

292

戊	壬	己	甲
申	申	巳	辰

- 일주 壬申이 巳월에 생하고 지지에 申辰會水局이 되며 戊土가 천간에
  나왔으므로 식신으로 제살함이 용신이 된다. 己土가 甲을 합함이 병이

되고 金水운이 도움을 기뻐하며 주로 무귀(武貴)한다. 甲木이 용신이고 金水운을 행하면 길하다.

- **길방** ☞ 동방, 서방, 북방   **재물방** ☞ 동방   **꺼리는 방위** ☞ 남방

293

辛 壬 辛 庚
丑 戌 巳 辰

- 일주 壬戌이 巳월에 생하고 庚辛이 천간에 나오며 지지에 巳丑會金局이 되어 인이 매우 중하다. 巳궁의 丙火가 용신이다.

- **길방** ☞ 남방   **재물방** ☞ 남방   **꺼리는 방위** ☞ 북방

294

己 壬 庚 己
酉 子 午 巳

- 일주 壬子가 午월에 생하고 己土가 午에 녹을 얻으며 지지에 巳丑會金局이 되고 쌍己가 천간에 나와 관이 많으므로 庚金 인성을 용신으로 한다.

- **길방** ☞ 서방   **재물방** ☞ 서방   **꺼리는 방위** ☞ 동방

295

庚 壬 戊 癸
戌 寅 午 丑

- 일주 壬寅이 午월에 생하고 살왕한데 재국을 만나며 戊土가 천간에 나오고 지지에 寅午戌會火局이 된다. 戊癸상합하여 火가 되어 金水가 상

함을 받으므로 주로 잔질로 요절하는 명조이다. 癸水가 용신이다.

- **길방** ☞ 북방 **재물방** ☞ 북방 **꺼리는 방위** ☞ 남방

296

甲	壬	戊	戊
辰	辰	午	辰

- 일주 壬辰이 午월에 생하고 사주에 모두 戊土가 살이 된다. 지지 3辰에 앉아 신고(身庫)에 통근한다. 사주에 金이 없고 시에 식신이 투간하여 살을 제하니 일장(一將)이 당관(當關)하여 군흉(群凶)이 자복(自伏)한다. 甲木이 용신이다.

- **길방** ☞ 동방 **재물방** ☞ 동방 **꺼리는 방위** ☞ 서방

297

壬	壬	甲	辛
寅	午	午	卯

- 일주 壬午가 午월에 생하고 辛壬이 천간에 나오며 지지에 寅午會火局이 되어 壬水가 용신이다.

- **길방** ☞ 북방 **재물방** ☞ 북방 **꺼리는 방위** ☞ 남방

298

壬	壬	壬	庚
寅	申	午	戌

- 일주 壬申이 午월에 생하고 일주가 장생에 앉아 신왕하다. 庚壬이 천간

에 나오고 지지에 寅午戌 火局이 되므로 壬水가 용신이다.

- 길방 ☞ 북방   재물방 ☞ 북방   꺼리는 방위 ☞ 남방

299

丁	壬	丙	壬
未	戌	午	申

- 일주 壬戌이 午월에 생하고 丙丁이 천간에 나오며 지지에 午戌會火局
  이 된다. 壬水는 申 중에 장생이 있으므로 壬水를 용신으로 한다.
- 길방 ☞ 북방   재물방 ☞ 북방   꺼리는 방위 ☞ 남방

300

甲	壬	乙	辛
辰	子	未	丑

- 일주 壬子가 未월에 생하고 辛甲이 투간하여 子辰會水局이 된다. 未월에
  土가 중하여 甲으로 소토(疏土)한다. 辛金으로 용신을 한다.
- 길방 ☞ 서방   재물방 ☞ 서방   꺼리는 방위 ☞ 동방

301

丁	壬	丁	壬
未	寅	未	寅

- 일주 壬寅이 未월에 생하고 천간에 두 번 丁壬상합하며 지지는 木局이
  되지 않으므로 丁壬상합은 되지 않는다. 丁火가 未에 통근하고 壬水는
  무근이다. 壬水를 용신으로 하여 일주를 생조한다. 金운을 행하면 합이

풀리게 된다. 어릴 때 곤고하고 일생 빈곤한 명이다.

- 길방 ☞ 북방   재물방 ☞ 북방   꺼리는 방위 ☞ 남방

302

甲	壬	乙	丙
辰	辰	未	申

- 일주 壬辰이 未월에 생하고 지지 2辰 신고(身庫)에 통근한다. 辰土는 水를 저장하고 木을 기를 수 있으며 甲乙이 투간하고 통근하며 土를 제하여 아능구모(兒能救母)한다. 丙火는 木을 설기하고 土를 생하여 기신(己身)이 된다. 申 중의 壬水가 용신이다.

- 길방 ☞ 북방   재물방 ☞ 북방   꺼리는 방위 ☞ 남방

303

壬	壬	己	戊
寅	午	未	申

- 일주 壬午가 未월에 생하고 戊己 관살이 혼잡하며 주 중에 甲木이 없고 지지에 寅午會火局이 된다. 寅 중의 甲木은 火에 설기되며 申 중의 庚金을 용신으로 하여 일주를 생조한다.

- 길방 ☞ 서방   재물방 ☞ 서방   꺼리는 방위 ☞ 동방

304

丁	壬	辛	己
未	申	未	未

- 일주 壬申이 未월에 생하고 丁己가 未에 통근하여 體와 用이 동궁한다. 土가 많으나 甲이 없고 丁壬이 상합한다. 申 중의 壬水가 용신이다.
- **길방** ☞ 북방 **재물방** ☞ 북방 **꺼리는 방위** ☞ 남방

305

辛	壬	癸	壬
亥	子	丑	子

- 일주 壬子가 丑월에 생하고 천간에 비겁이 있으며 지지에 亥子丑 북방을 이루어 윤하격이 되므로 壬水가 용신이다.
- **길방** ☞ 북방 **재물방** ☞ 북방 **꺼리는 방위** ☞ 남방

306

辛	壬	己	庚
亥	寅	丑	子

- 일주 壬寅이 丑월에 생하고 지지에 亥子丑을 이룬다. 寅 중의 丙火가 용신이다.
- **길방** ☞ 남방 **재물방** ☞ 남방 **꺼리는 방위** ☞ 북방

307

乙	壬	己	庚
巳	辰	丑	申

- 일주 壬辰이 丑월에 생하고 지지에 申辰會水局이 되며 巳丑會金局이 된다. 巳궁의 丙火가 용신이다.

308

辛	壬	丁	己
亥	午	丑	丑

• 일주 壬午가 丑월에 생하고 丑궁에 己丁辛이 동궁하여 함께 투간하여 丁火를 용신으로 한다. 이것은 설야등광격(雪夜燈光格)이 되며 밤에 태어난 자는 귀명이다.

• 길방 ☞ 남방   재물방 ☞ 남방   꺼리는 방위 ☞ 북방

309

乙	壬	乙	戊
巳	申	丑	午

• 일주 壬申이 丑월에 생하고 지지에 巳丑會金局이 되며 巳궁에 丙戊가 녹을 얻는다. 巳궁의 丙火가 용신이고 남방운을 행하면 주로 귀하다.

• 길방 ☞ 남방   재물방 ☞ 남방   꺼리는 방위 ☞ 북방

310

庚	壬	乙	癸
子	戌	丑	未

• 일주 壬戌이 丑월에 생하고 지지에 사고(四庫)가 모이며 甲丙이 없다. 시상에 庚子가 양인을 만나므로 戊土 칠살로 제해야 하고 지지에 丑戌未 삼형이 되므로 삼형이 용(用)을 얻으니 주로 무귀(武貴)한다. 戊土가 용

신이다.

- **길방** ☞ 남방　**재물방** ☞ 남방　**꺼리는 방위** ☞ 북방

311

壬	癸	壬	丁
子	丑	寅	亥

- 일주 癸丑이 寅월에 생하고 지지에 亥子丑 북방이 있으므로 癸水가 강하게 되어 寅궁의 戊土가 용신이다.
- **길방** ☞ 남방　**재물방** ☞ 남방　**꺼리는 방위** ☞ 북방

312

丙	癸	庚	辛
辰	卯	寅	丑

- 일주 癸卯가 寅월에 생하고 지지에 寅卯辰 동방을 이루어 식상이 중하므로 水의 기를 설기한다. 辛金을 용신으로 하여 癸를 생한다.
- **길방** ☞ 서방　**재물방** ☞ 서방　**꺼리는 방위** ☞ 동방

313

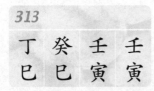

丁	癸	壬	壬
巳	巳	寅	寅

- 일주 癸巳가 寅월에 생하고 양壬이 출간했으나 木이 왕하고 火가 많다. 癸水가 설기되어 마르므로 외롭고 가난하며 잔질이 있는 사람이다. 壬水가 용신이다.

• 길방 ☞ 북방 재물방 ☞ 북방 꺼리는 방위 ☞ 남방

314

丙 癸 甲 癸
辰 未 寅 卯

• 일주 癸未가 寅월에 생하고 지지에 寅卯辰 동방을 이루며 甲木이 출간하
  여 木이 태왕하다. 庚金으로 木을 제함을 필요로 하지만 사주에 金이 없
  다. 허신(虛神)인 庚金을 용신으로 하고 금운을 행하면 비교적 길하다.

• 길방 ☞ 서방 재물방 ☞ 서방 꺼리는 방위 ☞ 동방

315

甲 癸 戊 乙
寅 酉 寅 亥

• 일주 癸酉가 寅월에 생하고 戊癸상합하나 불화(不化)한다. 甲乙이 천간
  에 나와 木이 왕하다. 酉 중의 辛金이 용신이다.

• 길방 ☞ 서방 재물방 ☞ 서방 꺼리는 방위 ☞ 동방

316

己 癸 丙 己
未 亥 寅 卯

• 일주 癸亥가 寅월에 생하고 쌍己가 출간하며 지지에 卯亥未會木局이 되
  어 土를 극할 수 있다. 亥 중의 壬水를 용신으로 하여 己身을 생한다.

• 길방 ☞ 북방 재물방 ☞ 북방 꺼리는 방위 ☞ 남방, 동방

$$乙\ 癸\ 乙\ 癸$$
$$卯\ 丑\ 卯\ 卯$$

- 일주 癸丑이 卯월에 생하고 천간에 쌍乙이 나왔으며 지지에 3卯가 있어 木이 중하므로 丑 중의 辛金을 용신으로 한다.
- **길방** ☞ 서방 **재물방** ☞ 서방 **꺼리는 방위** ☞ 동방

$$癸\ 癸\ 癸\ 丁$$
$$丑\ 卯\ 卯\ 亥$$

- 일주 癸卯가 卯월에 생하고 지지에 亥卯會木局이 되므로 반드시 패인 (佩印)해야 하므로 丑 중의 辛金이 용신이다.
- **길방** ☞ 서방 **재물방** ☞ 서방 **꺼리는 방위** ☞ 동방

$$癸\ 癸\ 癸\ 丁$$
$$丑\ 巳\ 卯\ 未$$

- 일주 癸巳가 卯월에 생하고 丁火가 천간에 나오며 지지에 卯未會木局이 되고 巳酉會金局이 되며 丁火가 金을 제한다. 巳 중의 庚金이 용신이다.
- **길방** ☞ 서방 **재물방** ☞ 서방 **꺼리는 방위** ☞ 동방

庚	癸	癸	丁
申	未	卯	未

- 일주 癸未가 卯월에 생하고 지지에 卯未會木局이 되므로 庚金이 용신이다.
- **길방** ☞ 서방　**재물방** ☞ 서방　**꺼리는 방위** ☞ 동방

戊	癸	癸	壬
午	酉	卯	子

- 일주 癸酉가 卯월에 생하고 戊土가 천간에 나와 水를 제하며 지지에 子午卯酉 사극(四極)이 모이므로 주로 대귀한다. 戊土가 용신이다.
- **길방** ☞ 남방　**재물방** ☞ 남방　**꺼리는 방위** ☞ 북방

庚	癸	己	庚
申	亥	卯	寅

- 일주 癸亥가 卯월에 생하고 지지에 卯亥會木局이 되며 庚이 천간에 나오고 寅 중에 丙火가 있으며 庚金을 용(用)하므로 음양이 잘 어울리는 묘함이 있다. 庚金이 용신이다.
- **길방** ☞ 서방　**재물방** ☞ 서방　**꺼리는 방위** ☞ 동방

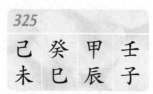

323

辛 癸 丙 戊
酉 丑 辰 午

- 일주 癸丑이 辰월에 생하고 하반월에 생하여 巳월 火土로 진기(進氣)하
  므로 辛金을 용신하고 주로 부귀한다.
- 길방 ☞ 서방   재물방 ☞ 서방   꺼리는 방위 ☞ 동방

324

癸 癸 丙 戊
丑 卯 辰 申

- 일주 癸卯가 辰월에 생하고 丙戊가 천간에 나오며 지지에 申辰會水局이
  되고 상반월에 생하였으므로 丙火가 용신이다.
- 길방 ☞ 남방   재물방 ☞ 남방   꺼리는 방위 ☞ 북방

325

己 癸 甲 壬
未 巳 辰 子

- 일주 癸巳가 辰월에 생하고 甲己가 천간에 나오며 지지에 子辰會水局이
  되고 甲木이 己를 파하여 평범한 명격이다. 巳 중의 丙火가 용신이다.
- 길방 ☞ 남방   재물방 ☞ 남방   꺼리는 방위 ☞ 북방

326

辛 癸 甲 丁
酉 未 辰 卯

- 일주 癸未가 辰월에 생하고 지지에 卯未會木局이 되며 丙이 없고 甲丁이
  천간에 나왔으므로 辛金이 용신이다.
- **길방** ☞ 서방　**재물방** ☞ 서방　**꺼리는 방위** ☞ 동방

327

辛 癸 丙 癸
酉 酉 辰 丑

- 일주 癸酉가 辰월에 생하고 지지에 丑酉會金이 되므로 丙火가 용신이다.
- **길방** ☞ 남방　**재물방** ☞ 남방　**꺼리는 방위** ☞ 북방

328

癸 癸 壬 辛
丑 亥 辰 亥

- 일주 癸亥가 辰월에 생하고 亥丑이 子를 끼어 북방이 되며 윤하격이 되
  나 실시(失時)하였다. 전국에 丙戊가 없으므로 壬水가 용신이 된다.
- **길방** ☞ 북방　**재물방** ☞ 북방　**꺼리는 방위** ☞ 남방

329

壬 癸 辛 庚
子 丑 巳 寅

- 일주 癸丑이 巳월에 생하여 庚辛壬이 투간하고 지지에 酉丑이 있으며 아쉽게도 년지가 寅이 되어 겁인화진격(劫印化晉格)이 순수하지 못하다. 巳 중의 丙火가 용신이다.
- 길방 ☞ 남방 재물방 ☞ 남방 꺼리는 방위 ☞ 북방

330

壬	癸	癸	丙
子	卯	巳	午

- 일주 癸卯가 巳월에 생하고 壬癸가 천간에 나와 丙火를 제할 수 있다. 지지에 卯巳午는 삼태(三台)의 귀함이 된다. 巳 중의 庚金이 용신이다.
- 길방 ☞ 서방 재물방 ☞ 서방 꺼리는 방위 ☞ 동방

331

癸	癸	癸	辛
丑	巳	巳	亥

- 일주 癸巳가 巳월에 생하고 辛金이 출간하며 지지에 丑巳會金局이 된다. 巳궁의 丙火가 용신이다.
- 길방 ☞ 남방 재물방 ☞ 남방 꺼리는 방위 ☞ 북방

332

辛	癸	癸	丙
酉	未	巳	午

- 일주 癸未가 巳월에 생하고 지지에 巳午未 남방이 되며 천간에 辛癸가

나왔다. 辛金을 용신으로 하고 癸水를 생한다.

• 길방 ☞ 서방   재물방 ☞ 서방   꺼리는 방위 ☞ 동방

333

辛	癸	己	甲
酉	酉	巳	辰

• 일주 癸酉가 巳월에 생하고 지지에 巳酉會金局이 되며 辛은 酉 록에 앉고 癸水는 辰에 통근한다. 辛金이 용신이다.

• 길방 ☞ 서방   재물방 ☞ 서방   꺼리는 방위 ☞ 동방

334

癸	癸	己	甲
亥	亥	巳	申

• 일주 癸亥가 巳월에 생하고 甲己가 상합하며 庚은 申巳 중에 은장되고 壬은 申亥 중에 은장된다. 申 중의 庚金이 용신이다.

• 길방 ☞ 서방   재물방 ☞ 서방   꺼리는 방위 ☞ 동방

335

甲	癸	戊	癸
寅	丑	午	卯

• 일주 癸丑이 午월에 생하고 천간에 戊癸가 상합하여 火가 되며 지지에 寅午會火局이 있어 종재격이 된다. 남방운 재지(財地)를 행하면 주로 부유하다. 午 중의 丁火가 용신이다.

• 길방 ☞ 남방 재물방 ☞ 남방 꺼리는 방위 ☞ 북방

336

<table>
<tr><td>壬</td><td>癸</td><td>戊</td><td>癸</td></tr>
<tr><td>子</td><td>卯</td><td>午</td><td>巳</td></tr>
</table>

• 일주 癸卯가 午월에 생하고 천간에 戊癸가 상합하여 火가 되고 庚辛이 출간함이 없으며 지지에 卯巳午가 삼태(三台)의 귀(貴)가 된다. 午궁에는 丁己의 녹이 있고 巳궁에는 丙戊의 녹이 있어 재록이 태왕하므로 壬水가 용신이며 주로 귀하다.

• 길방 ☞ 북방 재물방 ☞ 북방 꺼리는 방위 ☞ 남방

337

<table>
<tr><td>癸</td><td>癸</td><td>壬</td><td>庚</td></tr>
<tr><td>亥</td><td>巳</td><td>午</td><td>辰</td></tr>
</table>

• 일주 癸巳가 午월에 생하고 庚壬癸가 천간에 나오며 金水가 왕하다. 午궁의 丁己로 용신을 하는데 아쉽게도 지지에 巳午가 함께 나타나 관살혼잡이 된다. 이 명격은 주로 부귀한다. 용신은 丁火이다.

• 길방 ☞ 남방 재물방 ☞ 남방 꺼리는 방위 ☞ 북방

338

<table>
<tr><td>癸</td><td>癸</td><td>甲</td><td>辛</td></tr>
<tr><td>亥</td><td>未</td><td>午</td><td>丑</td></tr>
</table>

• 일주 癸未가 午월에 생하고 지지에 亥未會木局이 된다. 甲辛癸가 천간에

나오며 辛金이 용신이다.

- **길방** ☞ 서방　**재물방** ☞ 서방　**꺼리는 방위** ☞ 동방

339

辛	癸	壬	庚
酉	酉	午	子

- 일주 癸酉가 午월에 생하고 庚辛壬이 투간하며 지지에 子水가 하나 있다.
  午 중의 丁己를 쓰며 丁火가 용신이고 주로 거부이다.

- **길방** ☞ 남방　**재물방** ☞ 남방　**꺼리는 방위** ☞ 북방

340

丁	癸	戊	癸
巳	亥	午	巳

- 일주 癸亥가 午월에 생하고 태원이 己酉이니 인겁(印劫)을 전용한다. 辛
  金이 용신이고 주로 부귀한다.

- **길방** ☞ 서방　**재물방** ☞ 서방　**꺼리는 방위** ☞ 동방

341

壬	癸	乙	辛
戌	丑	未	巳

- 일주 癸丑이 未월에 생하고 壬辛이 출간하며 지지에 巳丑會金局이 되
  고 하반월에 생하여 金水가 진기(進氣)한다. 未궁의 己土가 용신이고
  가살위권(假煞爲權)하여 소부귀(小富貴)함이 있다.

- 길방 ☞ 남방   재물방 ☞ 남방   꺼리는 방위 ☞ 북방

342

癸	癸	癸	乙
丑	卯	未	未

- 일주 癸卯가 未월에 생하고 지지에 卯未會木局이 되며 상반월에 생하고 시상에 癸丑이 金水상생하므로 丑 중의 辛金이 용신이다.
- 길방 ☞ 서방   재물방 ☞ 서방   꺼리는 방위 ☞ 동방

343

癸	癸	辛	己
亥	巳	未	卯

- 일주 癸巳가 未월에 생하고 천간에 己辛이 살인상생하며 지지에 亥卯未會木局이 되고 하반월에 생하므로 辛金이 용신이다.
- 길방 ☞ 서방   재물방 ☞ 서방   꺼리는 방위 ☞ 동방

344

庚	癸	癸	乙
申	未	未	酉

- 일주 癸未가 未월에 생하고 상반월에 생하여 庚金이 적당한 자리를 얻으며 庚金은 申 록에 앉았다. 庚金이 용신이고 주로 부귀한다.
- 길방 ☞ 서방   재물방 ☞ 서방   꺼리는 방위 ☞ 동방

345

辛	癸	乙	辛
酉	酉	未	亥

- 일주 癸酉가 未월에 생하고 지지에 亥未會木局이 되며 쌍辛이 천간에 나오고 酉에 녹을 얻는다. 辛金이 용신이다.
- **길방** ☞ 서방   **재물방** ☞ 서방   **꺼리는 방위** ☞ 동방

346

丁	癸	乙	丙
巳	亥	未	子

- 일주 癸亥가 未월에 생하여 癸水가 약한데 년지 子水가 구원하므로 조상의 음덕이 있다. 亥未會木局이 되고 乙이 투간하여 주로 총명하고 문채가 있다. 상반월에 생하여 亥 중의 壬水가 용신이 된다.
- **길방** ☞ 북방   **재물방** ☞ 북방   **꺼리는 방위** ☞ 남방

347

丁	癸	庚	癸
巳	丑	申	未

- 일주 癸丑이 申월에 생하고 丁火가 출간하여 庚을 제하고 미고(未庫)에 통근한다. 丁火가 용신이다.
- **길방** ☞ 남방   **재물방** ☞ 남방   **꺼리는 방위** ☞ 북방

甲	癸	戊	丁
寅	卯	申	未

- 일주 癸卯가 申월에 생하고 甲丁이 천간에 나오며 지지에 卯未會木局이 되고 甲으로 土를 제하며 丁은 癸에게 상한다. 丁火가 용신이고 辰년과 丑년에 충을 만나면 대발한다.
- 길방 ☞ 남방 재물방 ☞ 남방 꺼리는 방위 ☞ 북방

壬	癸	甲	乙
子	巳	申	巳

- 일주 癸巳가 申월에 생하여 지지에 子申會水局이 되고 甲乙이 천간에 나왔다. 巳궁의 丙火가 용신이다.
- 길방 ☞ 남방 재물방 ☞ 남방 꺼리는 방위 ☞ 북방

戊	癸	甲	乙
午	未	申	酉

- 일주 癸未가 申월에 생하고 午 중에 丁火가 있으므로 독재득위(獨財得位)가 된다. 丁火가 용신이고 주로 부유하다.
- 길방 ☞ 남방 재물방 ☞ 남방 꺼리는 방위 ☞ 북방

癸 癸 癸 癸
亥 亥 亥 亥

- 일주 癸亥가 亥월에 생하여 윤하격이 되므로 癸水가 용신이다.
- **길방**☞ 북방 **재물방**☞ 북방 **꺼리는 방위**☞ 남방

丁 癸 甲 戊
巳 丑 子 寅

- 일주 癸丑이 子월에 생하고 지지에 巳丑會金局이 되며 천간에 甲이 戊土
  를 제한다. 巳 중의 丙火가 용신이다.
- **길방**☞ 남방 **재물방**☞ 남방 **꺼리는 방위**☞ 북방

丁 癸 戊 庚
巳 卯 子 子

- 일주 癸卯가 子월에 생하고 庚金 인수가 己身을 생한다. 巳궁의 丙火가
  용신이다.
- **길방**☞ 남방 **재물방**☞ 남방 **꺼리는 방위**☞ 북방

癸 癸 戊 庚
亥 巳 子 子

- 일주 癸巳가 子월에 생하고 戊土가 水를 제한다. 巳 중의 丙火를 용신으로 하여 언 것을 풀리게 한다.
- 길방 ☞ 남방 재물방 ☞ 남방 꺼리는 방위 ☞ 북방

355

癸	癸	庚	丙
丑	未	子	寅

- 일주 癸未가 子월에 생하고 천간에 丙火가 寅에 통근한다. 조후가 우선이므로 丙火가 용신이다.
- 길방 ☞ 남방 재물방 ☞ 남방 꺼리는 방위 ☞ 북방

356

丁	癸	甲	戊
巳	酉	子	申

- 일주 癸酉가 子월에 생하고 甲으로 戊를 제한다. 巳궁의 丙火가 용신이다.
- 길방 ☞ 남방 재물방 ☞ 남방 꺼리는 방위 ☞ 북방

357

壬	癸	丙	甲
戊	亥	子	申

- 일주 癸亥가 子월에 생하고 局 중에 金水가 상생한다. 丙火가 용신이고 甲木이 보조하므로 주로 귀하다.
- 길방 ☞ 남방 재물방 ☞ 남방 꺼리는 방위 ☞ 북방

丙	癸	己	乙
辰	丑	丑	丑

- 일주 癸丑이 丑월에 생하여 丑은 습니한동(濕泥寒凍)이 되므로 시상 丙火가 용신이다.
- 길방 ☞ 남방　재물방 ☞ 남방　꺼리는 방위 ☞ 북방

壬	癸	己	乙
子	卯	丑	巳

- 일주 癸卯가 丑월에 생하여 지지에 巳丑會金局이 되므로 巳 중의 丙火가 용신이다.
- 길방 ☞ 남방　재물방 ☞ 남방　꺼리는 방위 ☞ 북방

庚	癸	己	乙
申	巳	丑	酉

- 일주 癸巳가 丑월에 생하여 지지에 巳酉會金局이 되고 丙火가 巳에 은장되어 득지(得地)하며 용신이 재에 있고 처궁에 앉으며 申궁에 壬水 겁재가 있으므로 아내를 형한다. 丙火가 용신이다.
- 길방 ☞ 남방　재물방 ☞ 남방　꺼리는 방위 ☞ 북방

361

乙 癸 乙 戊
卯 未 丑 寅

● 일주 癸未가 丑월에 생하고 지지에 卯未會木局이 되며 金이 木을 파함
  이 없으므로 寅 중의 丙火가 용신이고 주로 외롭고 가난하다.

● 길방 ☞ 남방   재물방 ☞ 남방   꺼리는 방위 ☞ 북방

362

甲 癸 丁 己
寅 酉 丑 丑

● 일주 癸酉가 丑월에 생하고 甲木이 土를 제하며 지지에 丑酉會金局이
  된다. 寅 중의 丙火가 용신이다.

● 길방 ☞ 남방   재물방 ☞ 남방   꺼리는 방위 ☞ 북방

363

丙 癸 癸 丁
辰 亥 丑 亥

● 일주 癸亥가 丑월에 생하고 천간에 癸水가 丁을 상한다. 시상에 丙火가
  용신이다.

● 길방 ☞ 남방   재물방 ☞ 남방   꺼리는 방위 ☞ 북방

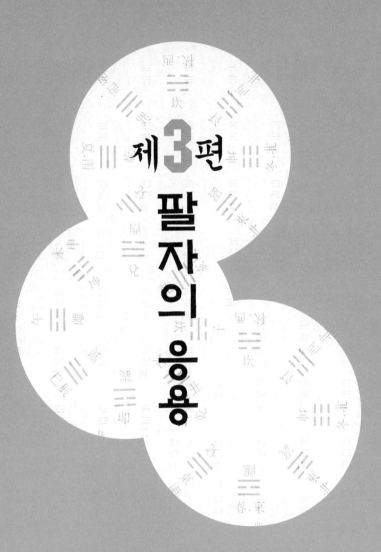

제3편
팔자의 응용

命理心得

부모와의 연분

1 월주가 관인상생으로 형성된 자는 조상이 청고하여 명망이 있으며 유년 시절 부모님의 엄격한 가르침을 받는다.

2 월지 정관이 귀인과 동주한 자는 부모가 부귀하고 유명하며 그 비호와 물질적으로 도움을 받을 수 있다.

3 월령이 천을귀인이 되고 형충이 없는 자는 주로 부모의 용모가 빼어나고 우아하며 도리에 밝고 기질이 있다.

4 월령 정관이 장성과 동주하고 형충이 없는 자는 부친이 귀하고 영달하며 또한 그 감싸줌을 얻을 수 있다.

5 일지 인원(人元)이 년간에 투출하여 기신인 자는 자기가 사상상 부모와 협조가 안 되고 구설이 있기 쉽다.

<乾命>

乙 甲 癸 辛
亥 寅 巳 丑

본 명국은 연월 이주(二柱)가 정관 정인이 상생으로 형성되므로 출신이
선비의 집안이다. 또한 조상이 청고하여 명망이 있고 자기는 유년 시기
부모의 엄격한 교육을 받았으며 그 비호함을 받음이 매우 크다.

<坤命>

己 乙 壬 甲
卯 未 申 辰

본 명국은 월지 정관이 월덕 및 천을귀인과 동주하고 형충이 없으므로 부
모의 용모가 수려하고 우아하다. 또한 사리에 밝고 기질이 있으며 그 부모
가 부귀하고 명망이 있어 그 감싸줌을 받음을 나타낸다.

<乾命>

甲 丙 庚 辛
午 子 子 亥

본 명국은 월령 정관이 장성과 동주하고 형충이 없으므로 그 부친이 귀하
고 영달했으며 또한 그 비호와 도움의 힘이 매우 크다.

<乾命>

壬 戊 乙 甲
戌 寅 亥 辰

본 명국은 木이 왕하여 기신이 되고 또한 일지 인원인 甲木이 년간에 투출

하여 기신이 되므로 자기가 사상상 및 관념상 부모와 협조가 되지 않아 구설과 고집을 부림이 있기 쉽다.

6 월주에 정관 혹은 정인이 있고 천월덕과 동주한 자는 부모의 성격이 자선심이 있고 온화하며 덕망이 있다.

7 월주 간지가 정관과 상관인 자는 주로 부모가 노고가 많고 안일함이 적으며 또한 질액과 재난이 많다.

8 월간이 정관이고 충극이 없는 자는 주로 부친이 정직하고 충후하며 상냥하고 친절하다. 또한 책임감이 중하다.

9 월간이 정인이고 충극이 없는 자는 주로 부친이 부드러운 선비이며 재덕을 겸비한 사람으로 문직(文職)의 일에 종사한다.

10 월간이 칠살 혹은 양인인 자는 주로 모친의 성격이 조급하고 고집이 세며 비교적 남의 의견을 받아들이지 않고 권력을 잡는 것을 좋아한다.

11 편재가 사·절에 앉으면 부친과의 연이 박하고 혹은 화목하지 못하다. 정인이 사·절에 앉으면 모친과의 인연이 얕다.

12 편재가 희신인 자는 부친과의 연분이 깊고 두텁다. 정인이 희신이면 모친과의 연분이 깊다.

＜乾命＞

甲	癸	壬	辛
寅	酉	辰	亥

본 명국은 월주 정관이 천월덕과 동주하므로 그 부모의 성격이 자선심이 있고 온화하며 덕망을 갖추었으며 아울러 그 비호함을 받는다(辰은 癸水

의 정관이고 辰의 천월덕은 壬이다).

<乾命>

丁	丙	癸	乙
酉	寅	未	巳

본 명국은 월주 간지에 정관과 상관이 동주하므로 그 부모는 일생 고생이 많고 안일함이 적다. 또한 질액과 재난이 많으며 부모의 비호함을 받음이 매우 적다.

<乾命>

丙	甲	辛	癸
寅	寅	酉	丑

본 명국은 월간이 정관이고 충극이 없으며 스스로 녹신(辛은 정관이고 酉는 辛의 녹신이다)에 앉으므로 그의 부친은 정직하고 충후하며 상냥하고 친절하다. 책임감도 있고 부유하며 명망이 있어서 그 비호함을 받을 수 있다.

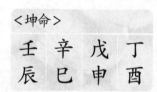

<坤命>

壬	辛	戊	丁
辰	巳	申	酉

본 명국은 월간이 정인이고 충극이 없으므로 그의 부친 성격이 부드러운 선비와 같고 재덕을 겸비한 사람으로 문직에 종사한다. 월지가 양인이므로 그의 모친 성격이 조급하고 꿋꿋하며 비교적 남의 말을 받아들이지 않

고 권력을 잡는 것을 좋아한다. 때문에 모친에게 제약을 받음이 매우 많다.

양인살(羊刃煞)

잠시 양인살(羊刃煞)에 관하여 언급하자면 甲일은 卯, 丙戊일은 午, 庚일은 酉, 壬일은 子가 양인(陽刃)이며 음일간은 보지 않는다. 혹자는 甲일은 卯, 乙일은 辰, 丙戊일은 午, 丁己일은 未, 庚일은 酉, 辛일은 戌, 壬일은 子, 癸일은 丑이 양인이라고 한다. 맹파(盲派)에서는 甲일은 卯나 乙, 丙일은 午나 丁, 戊일은 未나 己, 庚일은 酉나 辛, 壬일은 子나 癸를 양인(羊刃)으로 본다. 그러나 본서에서는 甲일은 卯, 乙일은 寅, 丙戊일은 午, 丁己일은 巳, 庚일은 酉, 辛일은 申, 壬일은 子, 癸일은 亥가 양인(羊刃)이라는 설을 병용하고 있으니 착오없기를 바란다.

13 월주에 칠살·상관·양인이 많이 나타난 자는 부모가 온전치 못하기 쉽고, 한 분을 일찍 잃을 우려가 있다.

14 명국에 인성이 약하거나 정인이 공망을 만난 자는 모친이 몸이 약하여 병이 많기 쉽고, 또한 일찍 잃을 암시가 있다.

15 명국에 비겁이 많고 재가 약하거나 혹은 편재가 공망을 만난 자는 부친이 몸이 약하여 병이 많기 쉬우며 일찍 돌아가실 우려가 있다.

16 연월주에 재인(財印)이 상충극이 된 자는 유소년 시기에 부모가 다투기 쉽고, 중하면 부모가 혼인관계의 변화가 있기 쉽다.

17 월주에 정인 혹은 편재가 있고 형충극을 만난 자는 부모 중 한 분이 질액이 많이 있어서 일찍 잃기 쉽다.

18 명국에 재성이 나타나지 않은 자는 부친과 모임이 적고 헤어짐이 많으며 또한 정분이 무심하고 부친을 일찍 잃기 쉽다.

19 명국에 인성이 나타나지 않은 자는 모친과 함께 지낼 기회가 적으며 또한 정분이 무심하고 어머니를 일찍 잃기 쉽다.

20 유일한 정인이 합이 되면 어머니와 인연이 박하고 유일한 편재가 합이 되면 아버지와 인연이 박하다.

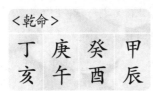

본 명국은 월간이 상관이고 월지가 양인이므로 그의 부모 중 한 분이 일찍 죽는다고 논한다. 명 중에 인성이 약하고 극설되므로 그의 모친이 몸이 약하고 병이 많아서 일찍이 돌아가신다고 판단할 수 있다.

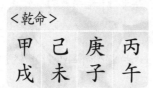

본 명국에는 연월 이주(二柱)에 재와 인이 상충극을 하므로 유소 시기에 부모가 늘 고집을 부리고 다투어 마음으로 그 영향을 받았다. 局 중에 子水 편재가 공망을 만나므로 그의 부친이 몸이 약하고 병이 많아서 부친의 수명이 모친보다 단명하다.

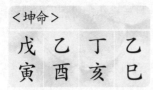

본 명국은 정인이 월지에 있으며 충을 만나므로 모친이 몸이 약하고 병이

많다. 또한 질액과 재난이 많으며 모친은 본명의 고등학교 시기에 병으로 일찍 돌아가셨다.

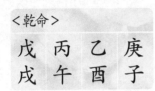

본 명국은 유일한 정인이 乙庚合이 되므로 그 사람은 모친과 연분이 박하고 모친이 일찍 돌아가실 우려가 있다. 그러나 인성이 일원에 가까이 붙어 있으므로 모자간의 감정은 좋다.

본 명국은 인성이 나타나지 않았으므로 모친과 함께 지낼 기회가 매우 적다. 또한 모자간 정분도 무심하고 모친이 일찍 돌아가실 우려가 있으므로 어머니의 재정적인 도움을 받음이 적다.

본 명국은 재성이 나타나지 않았으므로 부친과 함께 지내거나 대화를 나눌 기회가 매우 적으며 또한 부녀간의 정분도 박하다. 때문에 부친은 본명이 초등학교 시기에 뜻밖의 차 사고로 사망하였다. 암장된 辰 중의 乙木

재성이 辛酉酉와 丑 중 辛金이 합한 살국을 만나 丑辰破가 되니 잡초가
된서리를 맞아 시들어 버리는 상이다.

본 명국은 유일한 편재가 丁壬合이 되므로 그의 부친과 연분이 박하여 그
비호함을 받음이 매우 적다. 부친은 본명이 초등학교 시기에 뜻밖의 상해
를 심하게 입어 일찍이 사망하였다.

본 명국은 편재가 월주에 나타났으나 寅申沖이 되므로 그의 부친은 몸이
약하여 병이 많으며 일생 재난과 위험함이 많다. 때문에 부친은 본명이
초등학교 시기에 뜻밖의 돌변 사고로 일찍 돌아가셨다.

21 명 중에 칠살 및 양인이 함께 나타나고 인성이 명백하지 않은 자는 아버지는
있고 어머니가 없거나 반대로 어머니는 있으나 아버지가 없을 우려가 있다.

22 재성이 장생·건록·제왕에 앉은 자는 주로 부친이 영달하고 장수하며 그 감
싸줌을 받기 쉽다.

23 인성이 장생·건록에 앉은 자는 주로 모친이 현명하고 자비로우며 온화하고
이성적이며 수명도 높다.

24 명국에 재인이 없고 대운 앞 이주(二柱)에 모두 재인이 보이지 않으면 부모 연이 극히 박하고 일찍 이별한다.

25 재다신약한 자는 비록 부친연이 깊어도 그 돕는 힘을 얻지 못하고 도리어 아버지에게 피곤함을 받기 쉽다.

26 월주 간지가 만일 상극되면 아버지와 어머니의 감정이 불목하고, 중하면 부모가 별거하거나 이별하기 쉽다.

27 월주 간지 오행이 상생하거나 서로 같으면 아버지와 어머니의 감정이 양호하고 서로 존경하는 정의가 있다.

28 명국이 재가 많고 인이 약하면 아버지는 건장하고 어머니는 병약하다. 인이 많고 재가 적으면 어머니는 건장하고 아버지는 병약하기 쉽다.

＜乾命＞

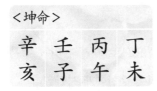

본 명국은 월주에 칠살 및 양인이 함께 나타나고 명 중에 인성이 분명치 않으므로 모친의 수명이 비교적 부친보다 짧다.

＜坤命＞

辛 壬 丙 丁
亥 子 午 未

본 명국은 재성이 제왕(丙은 壬水의 재성이고 午는 丙火의 제왕이다)에 앉으므로 그의 부친은 몸이 건강하고 영달하여 성취함이 있다. 부친이 장수하고 아울러 그 비호를 받음이 심히 크다.

<乾命>

丁	壬	辛	戊
未	寅	酉	戌

본 명국은 인성이 건록(辛은 壬水의 인성이고 酉는 辛金의 건록이다)에 앉으므로 그의 모친은 신심이 건강하고 성격이 현명하고 자비로우며 온화하고 재덕을 갖추었으며 수명이 높다.

<乾命>

癸	丙	己	癸
巳	辰	未	丑

본 명국은 재성 및 인성이 보이지 않고 또한 대운 앞 이주(二柱)에 戊午, 丁巳 모두 비겁운으로 역시 재인성이 나타나지 않았으므로 부모와의 연분이 극히 박하다. 또한 비호하는 힘을 받기 어려우며 아울러 부모와 일찍 이별한다.

<坤命>

壬	癸	丙	丁
戌	亥	午	未

본 명국은 일원 癸水가 약하고 火 재성이 많으므로 부친과 비록 정분이 깊고 두터우나 그 감싸줌을 받지 못하고 도리어 부친에게 시달린다.

<乾命>

丁	甲	丙	己
卯	申	子	酉

본 명국은 월주 간지가 상극(지지 子水가 천간 丙火를 극한다)하므로 그의 부친과 모친은 생각의 차이가 있고 감정상 불목하며 집안에 항상 다툼이 있다.

<坤命>

乙	丁	庚	癸
巳	未	申	卯

본 명국은 월주 간지 오행이 서로 같으므로(천간 庚과 지지 申이 모두 金이다) 그의 부친과 모친은 사상적으로 사이가 좋고 또한 감정이 양호하며 아울러 서로 존경하는 정의가 있다.

<乾命>

乙	甲	丁	庚
亥	寅	亥	戌

본 명국은 인성 및 비겁성이 많고 재성이 약하므로 그의 모친 몸이 건강하고 편안하다. 부친은 도리어 몸이 약하고 병나기 쉬우며, 아울러 모친의 수명이 부친보다 길다.

29 재성을 당겨 시지에 이르러 녹왕지지(祿旺之地)를 얻은 자는 주로 부친이 영달하고 성공하며 수명이 높다.

30 인성을 당겨 시지에 이르러 건록제왕지를 얻은 자는 주로 모친이 자선심이 있고 솜씨가 좋으며 웃어른이나 선배의 도움을 얻기 쉽다.

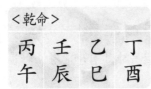

본 명국은 재가 왕하고 丁火 재성을 당겨서 시지 午에 이르면 건록 지지를 얻으므로 그의 부친이 귀하고 영달하여 성취함이 있다. 아울러 명망이 있고 수명이 높으며 그 비호함을 얻을 수 있다.

본 명국은 인성 甲木을 시지 寅에 당겨서 이르면 마침 건록을 얻으므로 그의 모친은 자선심이 있고 유능하다. 또한 신체가 건강하여 질액이 적고 수명이 길며 아울러 그 비호함을 받을 수 있다.

31 유일한 인성이 공망을 만난 자는 어머니가 병약하거나 일찍 죽기 쉽다. 어머니와의 인연이 박하고 서로 대화할 기회가 적다.

32 유일한 재성이 공망을 만난 자는 부친이 병약하여 일찍 죽기 쉽다. 부친과의 연분이 엷고 서로 대화를 나눌 기회가 적다.

33 월주 간지에 관인상생이 형성되고 충극이 없는 자는 부모가 부유하지 않으면 귀하게 되고 그 비호함을 받기 쉽다.

34 세운(유년운과 대운을 말한다)에 비겁지(比劫地)를 행하면 주로 부친이 뜻밖의 사고·재난·질액 등 흉험함이 생기기 쉽다.

35 세운에 재왕지(財旺地)를 행하면 주로 모친이 재난·질액 이외의 상해 등 위험함이 있기 쉽다.

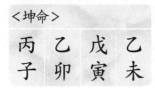

＜坤命＞

| 丙 | 乙 | 戊 | 乙 |
| 子 | 卯 | 寅 | 未 |

본 명국은 유일한 인성인 子가 공망을 만나므로 그의 모친은 몸이 약하고 병이 많다. 또한 모친과 대화를 나눌 기회가 적고, 아울러 모녀간 정분이 박하며 모친의 수명이 부친보다 짧다.

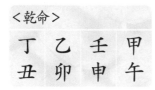

＜乾命＞

| 丁 | 乙 | 壬 | 甲 |
| 丑 | 卯 | 申 | 午 |

본 명국은 유일한 재성 丑이 공망을 만나므로 그의 부친이 몸이 약하고 병이 많다. 또한 부친과 대화를 나눌 기회가 적고, 아울러 부자간 정분이 박하며 부친이 일찍 사망하기 쉽다.

＜坤命＞

| 丁 | 甲 | 癸 | 己 |
| 卯 | 寅 | 酉 | 亥 |

본 명국은 월주 간지가 관인상생이 되므로 그의 부모가 부귀하고 현명하

며 또한 그 비호함과 도움을 받는다. 16세 유년 甲寅, 대운 乙亥 모두 비겁운을 행하므로 그 해에 부친이 뜻밖의 재난이 매우 많았으며 몸이 편안하지 않았다.

<乾命>

乙	丙	癸	癸
未	寅	亥	卯

본 명국은 19세 유년 辛酉, 대운 역시 辛酉 모두 재성 왕운이고 또한 명 중의 인성인 卯를 상충극하므로 그 해에 모친이 몸이 약하여 질액과 재난이 많았으며 아울러 병이 중하여 일찍이 사망하였다.

제02장
형제자매의 연분

1 명 중에 월주 간지가 희신인 자는 형제자매의 품성과 조건이 좋음을 나타낸다. 또한 상부상조하고 피차간 비호할 수 있으며 형제자매의 정분이 양호함을 나타낸다.

```
<乾命>
己 戊 癸 甲
未 辰 酉 辰
```

본 명국은 일원인 戊土가 강하므로 金水가 희신인데 월주 간지가 마침 金水로 희신이 되므로 형제자매의 인품 조건이 좋다. 또한 형제자매가 서로 도와 피차 비호가 되고 정분이 깊고 두텁다.

2 명 중에 비겁성이 연주 혹은 월주에 있고 형충극이 되면 유소년 시기에 형제자매 중 한 사람이 요절하거나 타인의 양자나 양녀가 됨을 나타낸다.

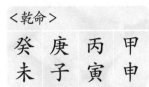

본 명국은 년지에 비견인 申이 寅申沖이 되므로 유소년 시기에 형제자매 중 하나가 의외의 변고로 요절하였다. 비견이 년지에 있으므로 형이 강가에서 수영을 하다가 물에 빠져 죽었다.

3 명 중에 관살성이 월령을 얻고 또한 사주에 비겁성이 없으며 인성이 왕한 자는 비록 형제자매가 있더라도 서로 감싸주고 의지함이 결여되며 형제자매의 정분이 얕다.

본 명국은 관살성이 월령을 얻고 사주에 비겁이 없으며 인성이 왕하므로 형제자매가 비록 많으나 서로간에 감싸주고 돕는 힘이 결여되었으며 정분이 박하다.

4 일원(일간인 일주를 말한다)이 약하고 관살이 왕한데 명 중에 비겁성이 없으며 칠살 유년을 만나면 형제자매에 의외의 형사소송이 있기 쉽다.

<乾命>

庚　丙　癸　癸
寅　子　亥　卯

본 명국은 일원 丙火가 약하고 水星 관살이 왕하며 사주에 비겁성이 없는데 30세 유년 壬申 칠살년을 만나므로 그 해에 형제자매 중 동생이 뜻밖에 차 사고를 당하였다. 寅 중 丙火 비견이 시지에 있으니 동생이 되는데 寅申沖되므로 지살·역마가 충하니 지살·역마는 도로가 되고 차량이 되기 때문이다.

5 명 중에 재살(財煞)이 왕하고 비겁이 일원을 돕는 자는 형제자매가 서로 화목하고 정분이 깊다. 피차 서로 비호할 수 있으며 또한 벗의 도움을 받기 쉽다.

<坤命>

丙　甲　庚　戊
寅　子　申　戌

본 명국은 재살(財煞)이 왕하고 비겁이 일원을 도우므로 형제자매가 서로 화목하고 정분이 깊고 두텁다. 형제자매가 서로 비호하고 의지가 되며 인간관계 사교상에 있어서도 벗의 도움을 받기 쉽다.

6 명국에 칠살이 중하고 일원이 약한데 식신제살(食神制煞)이나 인성화살(印星化煞)이 없는 자는 형제자매 중 손상 혹은 일찍 이별할 우려가 있음을 나타낸다.

＜坤命＞

丙	丁	癸	癸
午	亥	亥	巳

본 명국은 관살이 중하고 일원이 약하며 식신이 제살하거나 인성이 화살하는 힘이 없으므로 형제자매가 손상이 있기 쉽고, 정분이 박하여 비록 피차 돕는 마음이 있더라도 역량이 박하다.

7 일원이 월령과 상생하는 국을 이루지 못하지만 인성, 비겁성의 힘이 있는 자는 형제자매가 여럿이고 형제자매의 영향을 매우 많이 받는다.

＜乾命＞

乙	甲	壬	戊
亥	子	戌	申

본 명국은 일원과 월령이 상생국(相生局)을 이루지 못하지만 局 중에 인성과 비겁이 유력하므로 형제자매가 많고, 또한 형제자매의 영향을 매우 많이 받으며 동기간의 정의가 깊고 두텁다.

8 명국에 일지 인원이 월간에 투출되어 기신이 된 자는 배우자가 본인의 형제자매와 불목하게 지냄을 나타내고 구설과 다툼이 있기 쉽다.

＜坤命＞

甲	丙	丁	庚
午	午	亥	子

본 명국은 일지 인원 丁이 월간에 투출되어 기신이 되므로 형제자매와 배

우자가 서로 불목하여 구설과 다툼이 있기 쉬워 자신으로선 난처한 입장이다.

9 명 중에 비겁성이 녹신(祿神)을 만난 자는 형제자매 중 하나가 비교적 명망이 높고 두드러진 성과가 있다.

10 명 중에 비겁성이 천월득과 동주한 자는 형제자매 중 하나가 심성이 충후하고 자선심이 있으며 부유하고 명망이 있다.

11 명 중에 비겁성이 목욕 혹은 도화와 동주한 자는 형제자매 중 하나가 비교적 풍류와 호색하다.

12 비견 녹신이 장성과 동주한 자는 형제자매 중 하나가 부귀 영달하고 성취함이 비범하다.

< 乾命 >

丁	庚	庚	癸
丑	子	申	卯

본 명국은 월간 비견이 녹신(월지 申은 일원 *庚金*의 녹신이다)을 만나므로 그의 형제자매 중 명망이 높고 성취함이 훌륭한 사람이 있으며 본명에 대해 돕는 힘이 있다.

< 乾命 >

壬	丁	丙	乙
寅	酉	戌	巳

본 명국은 월간 겁재가 천월덕(丙은 일원인 丁의 겁재이고 戌土는 천월덕

이 丙이다)과 동주하므로 그의 형제자매 중 한 사람이 심성이 충성스럽고 자선심이 있으며 부유하고 명망이 있다. 때문에 형제자매가 서로 비호하는 힘이 크다.

<坤命>

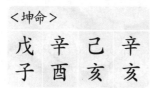

본 명국은 연주 비견이 목욕과 동주하므로 그의 형제자매 중 한 사람이 비교적 풍류와 색을 밝힌다. 또한 색정으로 분쟁이 발생하기 쉬우며 자신에 대해 돕는 힘은 작다.

<坤命>

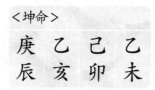

본 명국은 월지 비견 녹신(卯는 일원 乙의 녹신이고 亥의 장성은 卯에 있다)이 장성과 동일주에 있으므로 그의 형제자매 중 한 사람이 부귀영화하고 성취함이 비범하며, 형제자매가 서로 돕는 공이 있다.

13 명 중에 비겁이 왕하고 통근된 자는 형제자매 중 한두 명이 사업에서 성취하는 바가 있다.

14 명 중에 살왕하고 인(印)이 없으며 시주에 겁재가 있는 자는 형제자매 및 친구의 비호와 도움을 얻을 수 있으며 정분이 깊다.

15 명국에 일원이 왕하고 월령이 겁재인 자는 친동기가 비록 많으나 서로 도와

주는 힘은 결여되었다.

16 식신 혹은 재성이 월령에 있고 일원이 통근됨이 없는 자는 친동기가 대략 4~6명이다.

＜乾命＞

丙	辛	丁	辛
申	亥	酉	丑

본 명국은 명 중에 비겁이 왕하고 통근(申酉金은 辛의 根이다)되므로 그 형제자매가 무리를 이루고 형제자매 중 1~2명은 사업상에서 성취함이 있다. 아울러 형제자매가 서로 화목하지만 서로 돕는 힘은 적다.

＜乾命＞

甲	乙	辛	戊
申	卯	酉	戌

본 명국은 살이 왕하고 인성을 인화(引化)함이 없으며 시간에 겁재가 나타나 일원의 힘을 도우므로 그의 형제자매와 정분이 깊고 두텁다. 형제자매가 서로 비호하고 돕는 공이 있으며 친구의 협조와 도움의 정의를 얻을 수 있다.

＜坤命＞

甲	辛	丙	丙
午	未	申	申

본 명국은 일원 辛金이 가을에 생하고 인성과 비겁의 도움이 많으므로 일

원이 왕하고 겁재가 월령을 얻으므로 형제자매가 많다. 그러나 피차 서로
돕고 비호하는 힘이 결여되었다.

본 명국은 식신이 월령을 얻고 일원 戊土는 통근됨이 없으므로 그의 형제
자매는 대략 4명쯤 있겠다. 실제로 본인을 포함하여 4명이다.

17 명국의 월령에 재가 왕하고 일지에 관성이 있는 자는 형제자매가 대략 2~4명
이고 서로 비호함과 협조가 있으며, 또한 형제자매의 정분이 깊고 두텁다.

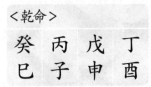

본 명국은 월령에 재가 왕하고 일지가 정관이므로 형제자매가 대략 3명쯤
된다. 또한 서로 돕고 비호하며 화목하고 정분이 깊고 두텁다.

18 월령에 일원의 사묘절지를 만난 자는 형제자매와 정분이 평범하고 서로 모
일 기회가 적으며 서로 비호하는 힘이 부족함을 나타낸다.

본 명국은 월령 추가 일원인 癸의 절지이므로 그 형제자매의 정분이 평범하다. 또한 형제자매가 서로 만나 이야기를 나눌 때가 적고 아울러 비교적 서로 비호하는 힘이 결여되었다.

19 명국에 월령이 형충을 만난 자는 형제자매의 정분이 박함을 나타낸다. 또한 형제자매 중 하나가 요절하거나 남의 양자가 되기 쉽다.

<乾命>

丙	乙	辛	癸
戌	亥	酉	卯

본 명국은 월령이 卯酉沖되고 비겁성이 충극되므로 그 형제자매와 정분이 박하고 일찍 이별할 우려가 있다. 실제로 유소시에 그의 형이 차 사고로 요절하였다. 연주에 있는 비겁성은 형님 또는 누님으로 본다.

20 명 중에 상관이 많고 월령을 얻으면 형님이나 누님의 권위를 빼앗으며 가정 살림으로 수고한다.

<坤命>

丁	壬	乙	癸
未	子	卯	卯

본 명국은 상관이 많고 또한 득령하므로 그의 형이나 누나와 구설이 생기기 쉽고, 형님이나 누님의 직위를 책임지기 쉽다. 때문에 집안 살림 업무로 수고롭다. 실제 그의 형님, 누님과 생각의 차이가 있으므로 다툼이 일

어나기 쉽다.

21 연주에 칠살을 만나고 월주에 상관을 만난 자는 형제자매가 드물고 연분이
평범하며 서로 의지하고 돕는 힘이 결여되었다.

<坤命>
癸　丙　己　壬
巳　辰　酉　寅

본 명국은 연주에 칠살을 만나고 월주에 상관을 만나므로 그의 형제자매가
드물고 연분이 평범하다. 아울러 형제자매와 비교적 서로 돕고 비호하는
힘이 부족하다.

22 명 중에 관살이 왕하고 월령을 얻은 자는 형제자매가 드물고 형상(刑傷)과
재난이 있기 쉽다.

23 명 중에 비겁성이 없는 자는 형제자매와 정분이 박함을 나타내고 서로 비호
함을 얻지 못한다.

24 명 중에 비겁성이 희신인 자는 형제자매의 도움을 받으며, 또한 친구의 도움
을 얻을 수 있다.

25 명국에 재성이 약한데 겁재를 만나고 관성이 분명하게 천간에 나온 자는 형
제자매가 서로 화목하고, 또한 재리(財利)로 인하여 시비 다툼이 일어날 리
가 없다.

<乾命>

己	辛	甲	丙
亥	酉	午	午

본 명국은 관살이 왕하고 월령을 얻었으므로 그 형제자매가 드물고 형상과 재액이 있기 쉽다. 초등학교 시기에 그의 누나가 질액이 과중하여 요절하였다.

<乾命>

丙	己	丙	甲
寅	酉	子	午

본 명국은 비겁성이 없으므로 친동기와의 정분이 박하고 서로 만날 기회가 적으며 돕고 협조하는 힘이 적다. 본명이 초등학교를 졸업하고 외국에 공부하러 가게 되어 형제자매와 접촉이 적었다.

<乾命>

辛	壬	癸	己
亥	午	未	巳

본 명국은 일원 壬水가 뜨거운 여름에 태어나서 水로 조후함이 희신이 된다. 또한 水가 마침 비겁성이므로 그 형제자매와 정분이 깊고 두터우며, 형제자매 및 벗이 서로 돕는 힘을 얻기 쉽다. 실제로 형제자매 및 친구 모두 서로 돕고 정의가 있다.

<乾命>

庚　辛　丙　丙
寅　酉　申　午

본 명국은 재성이 약한데 겁재(庚寅은 겁재와 정재가 동주하였다)를 만나고 다행히 천간에 관성이 분명하게 나타났으므로 그 형제자매와 서로 화목하고 재리로 인한 형제자매의 시비와 싸움은 일어나지 않는다.

26　명 중에 비겁성이 공망을 만난 자는 형제자매가 드물고 연분이 평범함을 나타낸다. 또한 형제자매의 손상이나 요절이 있고 혹은 흩어지며 타인의 양자가 됨이 있다.

27　비겁성이 형충극을 만난 자는 형제자매 중 한 명이 비교적 몸이 약하여 병이 많거나 혹은 화목하지 못하고 인연이 박함을 나타낸다.

<坤命>

丁　己　丙　甲
卯　亥　子　辰

본 명국은 비겁성 辰이 공망을 만나므로 그 형제자매가 드물고 연분이 박하며 아울러 형제자매가 손상의 재액이 있겠다. 실제로 본명의 아우가 감정의 좌절로 자살하였다. 겁재 辰은 甲辰 백호대살이고 辰亥 귀문관살, 원진이니 흉살이 가세하여 자살한 것이다.

<坤命>

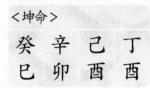

癸　辛　己　丁
巳　卯　酉　酉

본 명국은 비겁성이 형충되므로 형제자매 중 한 명이 몸이 약하여 병이 많고, 또한 형제자매의 연이 박하다. 실제로 여동생이 어릴 때부터 몸이 약하여 병이 많았으며, 게다가 본인은 일찍이 가문을 나와서 형제자매와 서로 대화할 기회가 적었다.

28 비겁성이 장생록왕에 앉은 자는 친동기의 운세가 좋음을 나타내고 또한 사업상에 있어서 성취함이 있기 쉽다.

29 비겁성이 사묘절에 앉은 자는 친동기의 운세가 하락하고, 늘 곤역(困逆)과 순조롭지 않은 일이 있다.

30 명 중에 비겁성이 강하거나 혹은 월령을 얻은 자는 형제자매가 무리를 이루고 오늘날 사회로 대략 4명 이상이다.

<乾命>

丙	己	己	壬
寅	未	酉	寅

본 명국은 비견이 장생에 앉으므로 그 친동기의 운세가 좋다. 또한 사업상에 있어서 성취함이 있기 쉽고 그 도움을 받음이 매우 크다.

<乾命>

丁	乙	甲	庚
亥	未	申	子

본 명국은 겁재가 자좌절지(自坐絶地)하므로 형제자매의 운세가 하락한다. 또한 항상 곤액과 거스름이 있고 순조롭지 못한 재액이 있다. 아울러 형제자매가 서로 돕는 힘이 결여되었다.

<乾命>

丙	丁	丁	癸
午	丑	巳	卯

본 명국은 비겁성이 강하고 월령을 얻었으므로 형제자매가 많고 정분이 깊다. 그러나 서로 돕는 힘은 박약하다.

31 비겁성이 천을귀인, 천월덕 혹은 장성을 만난 자는 친동기가 비교적 영화와 기회와 운수가 있음을 나타내고 또한 성취함이 비범하고 서로 돕는 정의가 있다.

<乾命>

乙	壬	壬	壬
巳	辰	子	寅

본 명국은 비겁성이 월덕 및 장성을 만나므로 그의 친동기 중 1~2명은 비교적 영화와 운수가 좋다. 또한 성취함이 걸출하고 형제자매가 서로 돕는 정의도 있다.

32 일원이 약하고 지지에 인고(印庫)가 있으며 다시 양인이 나타난 자는 형제자매가 대략 3~4명임을 나타내며 또한 서로 비호하고 돕는다.

<乾命>

辛	壬	丙	丁
丑	子	午	未

본 명국은 일원 壬水가 약하고 지지에 인고(印庫) 丑(金의 庫는 丑에 있고 金은 水의 인성이므로 丑은 水의 인고이다)이 있다. 또는 일지에 양인이 나타났으므로 그 형제자매는 대략 3명쯤 되고 서로 비호하는 힘이 있다.

33 일원이 녹신(祿神)을 만난 자는 형제자매가 부귀영화하거나 명예가 높고 고귀한 사람이 되기 쉽다. 또한 재물의 원조도 얻을 수 있고 서로 도울 수 있다.

　　＜乾命＞

丁	乙	庚	癸
亥	卯	申	未

본 명국은 일원 乙이 녹신을 만나므로 그 형제자매 중 한 사람이 부호이거나 고귀한 사람이 되기 쉽다. 또한 서로 비호함을 받기 쉽고 서로 돕는 정의가 있다.

34 명 중에 비겁이 많거나 왕한 자는 친동기가 무리를 이루고 비록 정분이 있으나 서로 돕는 공은 결여되었다.

　　＜坤命＞

甲	辛	戊	丁
午	未	申	酉

본 명국은 비겁이 많고 월령을 얻었으며 인성의 생조를 받으므로 그 친동기는 무리를 이룬다. 또한 연분도 깊고 두터우며 서로 영향이 크다. 그러나 서로 비호하고 돕는 공이 결여되었다.

35 비겁이 적거나 쇠약한 자는 형제자매가 질병이 많거나 흩어짐이 많거나 요절하는 사람이 있다.

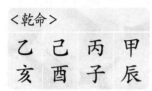

본 명국은 겁재가 하나뿐인데 극설이 되므로 형제자매 중 하나가 질병이 많다. 또한 형제자매가 모임이 적고 헤어짐이 많으며 서로 돕는 공이 부족하다.

36 일원이 왕하고 양인을 만난 자는 형제자매와 서로 불화함을 나타내고 친구에게 재리로 인하여 피곤함을 받기 쉽다.

본 명국은 일원 甲木이 봄에 생하고 局 중에 水木이 왕하여 일원이 왕하고 월지에 양인을 만났다. 그러므로 형제자매가 서로 불목하게 지내고, 형제자매 및 친구가 늘 재리로 분쟁이 있어 그 피곤함을 받는다.

37 일원이 약하고 양인을 만난 자는 형제자매 및 벗에게 재리의 도움을 얻기 쉬우며 서로 도울 수 있다.

<坤命>

己	丙	乙	庚
亥	午	酉	子

본 명국은 일원 丙火가 가을에 태어나고 국 중에 인비인 木火가 약한데 다행히 일지에 양인을 만났으므로 형제자매와 정분이 깊고 두텁다. 또한 형제자매 및 친구의 재정적인 도움을 얻을 수 있으며 서로 돕고 의지하는 공이 있다.

38 명 중에 관살성이 월주에 있고 천간에 인성이 투출하면 형제자매가 2~3명 이고 서로 협조할 수 있다.

<乾命>

辛	甲	癸	己
未	辰	酉	亥

본 명국은 관성이 월령을 얻었으며 천간에 인성이 투출하였으므로 그의 형제자매는 대략 2~3명이고 서로 협조할 수 있다. 또한 비호하고 보좌하는 공이 있으며 형제자매간 정분이 돈독하다.

39 명 중에 재가 살을 생함이 중하고 비겁이 일원을 돕는 자는 형제자매가 서로 화목하게 지내고 비호할 수 있음을 나타낸다.

40 명국에 겁재가 중하고 재성이 약하며 식상의 인화(引化)함이 있는 자는 형 제자매가 쟁탈하는 우려는 없다.

41 일원이 비록 약하고 인성이 월 제강에 있는 자는 형제자매가 비록 정의는 깊

고 두텁지만 서로 돕는 힘은 매우 적다.

42 명 중에 식신제살함이 태과하고 또한 비겁이 식신을 생조하는 자는 일생 형
제자매 및 벗의 재리로 인한 피곤함을 받기 쉽다.

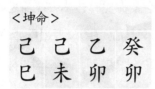

＜坤命＞

己 己 乙 癸
巳 未 卯 卯

본 명국은 재가 살을 생함이 중하고 土 비견이 일원을 도우므로 형제자매
와 서로 화목하게 지내고 서로 비호하고 돕는 공이 있다.

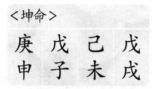

＜坤命＞

庚 戊 己 戊
申 子 未 戌

본 명국은 겁재가 중하고 재성이 약하며 식신이 겁재의 힘을 인화(引化)
함이 있으므로 형제자매가 서로 화목하게 지내고 정분이 돈독하며 서로
돕고 협조하는 공이 있다.

＜坤命＞

辛 甲 丁 乙
未 申 亥 未

본 명국은 일원 甲木이 비록 약하지만 편인이 월지에 있으므로 친동기가
비록 정분이 깊고 두텁지만 서로 돕는 힘은 부족하며 도리어 친척의 지지
와 도움을 받음이 매우 많다.

<坤命>

癸 癸 乙 癸
亥 丑 卯 卯

본 명국은 식신제살함이 태과하고 비겁이 식신을 생조함을 만났으므로 형제자매 및 벗의 도움을 얻기 어려우며 도리어 재리로 피곤함을 받기 쉽다. 그러므로 동업으로 장사를 하는 것은 좋지 못하다.

43 명 중에 인성이 없고 비겁성도 없으나 유년(幼年)에 비겁운을 행하는 자는 부모 및 형제자매와 연분이 박하여 친우, 친척의 부양을 받기 쉽다.

<坤命>

辛 乙 丙 戊
巳 丑 辰 申

본 명국은 일원 乙木이 매우 약하고 국 중에 인성이 없으며 비겁도 없다. 다만 유년(幼年) 대운이 乙卯, 甲寅을 행하여 모두 비겁운이므로 부모 및 친동기와의 인연이 박하다. 실제로 어릴 때부터 백부에 의해 길러졌다.

44 명조에 재가 가볍고 겁재가 중하며 인성이 식상을 극제하는 자는 골육상잔의 우려를 면키 어렵다.

45 명조에 일원이 약하고 인성이 없으며 비겁이 일원을 도우면 부모의 도움은 얻지 못하지만 형제자매의 복덕과 비호함을 얻을 수 있다.

<乾命>

癸	己	壬	戊
酉	巳	戌	戌

본 명국은 겁재가 중하고 재성이 약하며 인성이 식신을 극제하므로 형제자매가 서로 해칠 우려가 있다. 실제로 형제자매가 재산으로 다툼이 일어났다.

<坤命>

戊	丙	己	丙
戌	子	亥	午

본 명국은 일원 丙火가 약하고 국 중에 인성이 없으며 비겁이 일원을 도우므로 부모가 비호하는 힘은 작지만 친동기의 도움을 얻는 힘은 크다. 실제로 곤란할 때 형제자매가 모두 손을 내밀어 구원함이 있다.

제03장
혼인의 조만(早晚)

1 남녀명 팔자 중에 비겁이 태왕한 자는 모두 주로 만혼한다. 남명이 비겁이 과다하면 재를 극하기 쉽고, 여명이 비겁이 과다하면 관성의 힘이 소모되기 쉬운 까닭이다.

2 남녀명이 일지에 형충합이 된 자는 모두 주로 만혼한다. 일지가 형충합이 되면 부부궁이 안정적이지 못함을 나타내므로 만혼하는 것이 좋다.

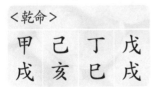

본 명국은 팔자에 비겁이 태왕하고 재성이 극되며 일지가 충을 만나므로 이성의 인연이 박하다. 또한 감정상에 있어서 장애를 받으므로 만혼하는

국을 형성한다.

본 명국은 팔자에 비겁이 태왕하고 재성이 다 약하므로 이성친구를 사귈 기회가 적고 감정상에 있어서 항상 곤혹을 만나므로 혼연운(婚緣運)이 비교적 더디고 늦다.

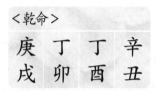

본 명국은 일지가 충이 되고 합도 되며, 또한 재성이 혼잡되어 맑지 않으므로 감정상에 있어서 좌절을 받기 쉽다. 때문에 혼연이 늦게 맺어지는 국으로 조성되었다.

3 남명에 재가 없거나 재가 약하고 여명에 관이 약하면 주로 만혼한다. 남명이 재가 약하면 이성연이 박하고 여명이 관이 약하면 남편연이 박하다.

본 명국은 재성이 지나치게 약하고 뿌리가 없다. 자신의 성격은 내성적이

며 내심의 감정을 잘 나타내지 못하므로 이성친구와 얼굴을 알 기회가 적어서 만혼하게 된다.

본 명국은 관성이 나타나지 않았으며 일지가 巳酉로 극합되므로 자신이 감정상 혼인에 대한 추구가 적극적이지 못하다. 때문에 이성을 알고 지낼 기회가 적어서 만혼하게 된다.

◢ 남명 팔자에 인비가 많고 여명 팔자에 비겁 식상이 많으면 주로 만혼한다.

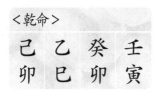

본 명국은 인성 및 비겁성이 많고 재성이 매우 약하므로 이성친구를 사귈 기회가 적고 자신의 감정을 잘 드러내지 못하므로 만혼하는 형세이다.

본 명국은 비겁성 및 식상성이 태왕하고 재관성은 없으므로 이성친구와 알고 지낼 기회가 적다. 또한 감정을 밖으로 내놓기가 쉽지 않아서 만혼한다.

5 남명은 재성이 없고 여명은 관살성이 없으면 주로 만혼 혹은 독신자가 된다.
남자는 재가 없고 여자는 관이 없으면 주로 부부연이 박한 까닭이다.

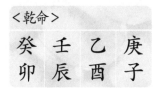

본 명국은 재성이 없고 일지가 합을 만났으므로 이성 인연이 극히 약하다.
또한 감정상 혼인에 있어서 좌절을 받기 쉬우며 혼인연이 늦게 이뤄진다.

본 명국은 관성이 없으나 재성이 강하므로 이성연이 좋고 감정이 풍부하
다. 그러나 자신의 결혼 욕망이 높지 않으므로 만혼한다.

6 남명은 재성이 태왕하고 여명은 관살성이 태왕하면 모두 만혼하는 것이 좋다.
남자가 재가 태왕하거나 여자가 관살이 태왕하면 주로 이성 관계가 복잡하여
혼인 변동이 있거나 감정의 분쟁이 있기 쉽다.

본 명국은 팔자에 재성이 태왕하므로 이성 관계가 복잡하고 또한 다정하

여 전념하지 않는 사람이다. 결과는 늘 감정의 분쟁이 있으므로 만혼하는 것이 좋다.

＜坤命＞

甲 辛 丁 丁
午 巳 未 酉

본 명국은 팔자에 관살성이 태왕하므로 비록 이성이 많으나 애정의 세계에 있어서 우여곡절이 많다. 항상 감정사로 고민하므로 만혼하는 것이 좋으며 만혼하면 혼변의 재액을 피할 수 있다.

7 남명은 대운 앞 2, 3주가 비겁운을 행하고 여명은 대운 앞 2, 3주가 식상운을 행하면 주로 만혼한다. 대운 앞 2, 3주는 마침 결혼적령기가 되고, 배우자 성을 극하는 운이므로 만혼하는 것이다.

＜乾命＞

己 甲 壬 壬
巳 申 子 寅

본 명국은 대운 앞 2, 3주가 甲寅, 乙卯로 비겁운을 행하므로 그 운에는 이성친구와 알고 지낼 기회가 적다. 또한 감정상에 있어서 파란곡절이 많아 만혼을 하게 된다.

8 남명이 신약한데 재가 기신이 되고 여명이 신약한데 관살이 기신이 되면 모두 주로 만혼한다. 재관이 기신이면 이성연이 좋지 않고, 또한 혼변이 있으므로

만혼하는 것이 좋다.

＜乾命＞

乙 甲 丁 己
亥 辰 丑 酉

본 명국은 일원 甲木이 신약하고 재성이 태왕한데 기신이 되므로 이성연이 박약하다. 또한 감정상에 있어서 순조로운 진전을 얻기 어려우며 만혼하게 된다.

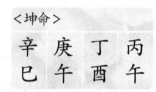

＜坤命＞

辛 庚 丁 丙
巳 午 酉 午

본 명국은 일원 庚金이 비록 가을에 태어났으나 국 중에 火星이 태왕하므로 일원이 강함에서 약함으로 바뀌어 관살이 기신이 된다. 그러므로 감정 방면에 있어서 곤혹함이 많고 애정 세계에 파란이 많으므로 만혼하는 것이 좋다.

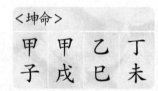

＜坤命＞

甲 甲 乙 丁
子 戌 巳 未

본 명국은 대운 1, 2주가 丙午, 丁未로 모두 식상운을 행하므로 그 운에는 이성친구와 사귈 기회가 매우 적고 감정상에 있어서 장해를 받으므로 만혼하게 된다.

9 남명은 식상성이 극을 받고, 여명은 재성이 극을 받으면 모두 주로 만혼하다. 남자가 식상이 극을 받으면 감정에 저항이 많고, 여자는 재가 극을 받으면 감정을 표면에 드러내기가 쉽지 않다.

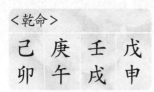

본 명국은 식신이 편인에게 극을 받으므로 감정상에서 늘 장애를 받아 순조롭지 못하다. 또한 이성친구와 사귐에 속마음의 감정을 잘 표현하지 못하므로 만혼하기 쉽다.

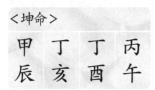

본 명국은 국 중에 재관이 모두 극을 받으므로 감정 혼인상에 있어 늘 장해와 거스름을 받으며 이성연이 박약하므로 혼인연이 더디고 늦다.

10 남명은 정재가 없으면 편재로 아내를 논하고 여명은 정관이 없으면 편관으로 남편을 논하며 모두 만혼하는 것이 좋다. 남자는 재성이 없으면 식상을 처로 삼고, 여자는 관성이 없으면 재성으로 남편을 삼는다. 남명은 편재, 여명은 편관 모두 주로 양호하지 못한 혼인연 까닭에 만혼이 좋다고 논한다.

<乾命>

丁	乙	己	丙
亥	未	亥	午

본 명국은 국 중에 정재가 없어서 편재로 처를 논하므로 이성연이 비록 좋으나 모두 양호한 감정이 아니므로 만혼하는 것이 좋으며 혼변의 재액을 피할 수 있다.

<坤命>

辛	癸	己	庚
酉	丑	丑	子

본 명국은 국 중에 정관이 없어서 편관으로 남편을 논하므로 감정상에 있어서 우여곡절이 있기 쉽다. 또한 알고 지내는 이성친구가 모두 좋지 않은 사람이므로 만혼하는 것이 좋다.

11 남명에 유일한 재성이 일시주에 나타나고, 여명에 유일한 관성이 일시주에 나타나면 모두 주로 만혼한다. 재관이 일시주에 나타남은 이성연이 더디고 늦음을 나타내는 까닭이다.

<乾命>

甲	辛	己	辛
午	酉	亥	亥

본 명국은 유일한 재성이 시주에 나타났으므로 이성친구가 적고 또한 내심의 감정을 잘 나타내지 못하므로 만혼할 확률이 높다. 아울러 나이가

자기보다 많은 이성친구를 좋아하는 경향이 있다.

<坤命>

| 丁 | 壬 | 壬 | 壬 |
| 未 | 午 | 寅 | 寅 |

본 명국은 유일한 관성이 시주에 나타났으므로 이성친구를 사귈 기회가
적다. 또한 감정 방면에서 순조로운 진전을 얻기 어려우며 만혼한다.

<乾命>

| 丙 | 戊 | 庚 | 辛 |
| 辰 | 子 | 寅 | 丑 |

본 명국은 유일한 재성이 일주에 나타나고 子辰으로 합극이 되었으므로
이성연이 박약하다. 또한 감정상에 있어서 장해를 받기 쉬우므로 만혼하
기 쉬운 명이다.

12 남명에 정재 혹은 편재가 넷 나타나고, 여명에 정관 혹은 편관이 넷 나타나면
　　　모두 주로 만혼한다.

<乾命>

| 己 | 乙 | 己 | 乙 |
| 卯 | 丑 | 丑 | 巳 |

본 명국은 팔자에 정재는 없고 또한 국 중에 편재가 4개이므로 이성연이
비록 좋으나 자신이 다정하여 전념하지 않으므로 감정에 대한 완전무결

한 요구로 인하여 만혼하게 된다.

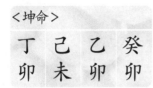

<坤命>
丁 己 乙 癸
卯 未 卯 卯

본 명국은 팔자에 정관이 없고 국 중에 편관이 4개 있으므로 이성연이 좋다. 그러나 감정에 있어서 파란곡절이 많고 알고 지내는 이성이 모두 좋지 못한 인연이므로 만혼하게 된다.

13 남명이 일지에 편인을 만나고, 여명이 일지에 상관을 만나면 모두 주로 만혼한다. 일지는 부부궁인데 편인, 상관을 만나면 모두 혼인에 장애가 있는 까닭이다.

<乾命>
癸 丁 癸 甲
卯 卯 酉 辰

본 명국은 일지에 편인을 만나고 또한 국 중에 정재가 없으므로 이성연이 비록 좋으나 자신이 다정하여 독점하지 않으며, 감정이 복잡하므로 만혼하는 것이 절묘하고 좋다.

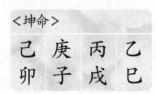

<坤命>
己 庚 丙 乙
卯 子 戌 巳

본 명국은 일지에 상관을 만나고 국 중에 정관이 없으므로 감정상 항상 장애를 받는다. 또한 이성친구가 매우 적으며 아울러 이성과 교제를 잘하지 못하므로 만혼할 명국이다.

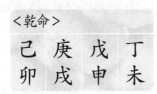

＜乾命＞

己 庚 戊 丁
卯 戌 申 未

본 명국은 일지에 편인을 만나고 또한 국 중에 유일한 재성이 시에 나타나고 명국에 인성 및 비겁성이 너무 많으므로 이성친구와 사귈 기회가 매우 적다. 또한 속마음의 감정을 잘 드러내지 못하므로 만혼할 상이다.

14 명 중에 쟁합을 띤 자는 이성연이 좋기 쉬우며 또한 연애의 기회가 많아 조혼한다.

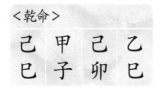

＜乾命＞

己 甲 己 乙
巳 子 卯 巳

본 명국은 二己와 一甲이 쟁합을 하고 또한 재성이 일원을 쟁합하므로 이성 인연이 좋다. 일생 연애의 기회가 많으므로 조혼할 명에 속한다.

15 명국 내에 삼합 혹은 삼회(三會)가 있는 자는 인간관계 사교가 폭이 넓으므로 조혼할 경향이 있다..

<乾命>

己 壬 丙 丙
酉 戌 申 午

본 명국은 지지에 申酉戌 三會局을 이루므로 인간관계 사회상 교우가 광범위하다. 또한 이성연이 좋으므로 25세 유년 庚午년 봄에 결혼하였다.

16 여름에 출생한 사람이 국 내에 수기(水氣)가 부족하면 이성에 대한 요구됨이 강하여 조혼한다.

<坤命>

辛 壬 丙 丁
亥 戌 午 未

본 명국은 여름에 태어나고 국 중에 수기(水氣)가 부족하며, 또한 재관이 일찍(연주에 나타남을 빠르다고 한다) 나타났으므로 이성친구를 사귈 기회가 많다. 또한 성에 대한 욕구가 강한데다가 아기가 생기는 바람에 23세인 己巳 유년에 결혼하였다.

17 겨울에 출생한 사람이 국 내에 화기(火氣)가 부족한 자는 내심의 감정을 잘 표현하지 못하므로 만혼하기 쉽다.

<乾命>

甲 壬 丁 庚
辰 子 亥 子

본 명국은 겨울에 태어나 국 중에 화기(火氣)가 부족하고 또한 비겁이 강하고 재성이 약하므로 이성친구와 사귈 기회가 적다. 또한 내심의 감정을 잘 나타내지 못하여 운명적으로 만혼할 사람이다.

18 남방 염열(炎熱)한 지역에서 출생한 자는 민속적으로 새롱거리기, 즉 추파를 던지므로 조혼하기 쉽다.

19 북방 한습한 지역에서 태어난 자는 지나치게 사업을 중시하므로 만혼한다.

20 천간 一字가 연(連)하거나 혹은지지 一字가 연하면 감정에 곤혹됨이 많거나 혹은 연애과정에서 제3자의 개입이 있기 쉬우므로 혼연이 늦게 온다. 천원일기격과 지원일기격은 일기(一氣)가 연(連)하였다.

<乾命>

본 명국은 북쪽 지역에서 출생하였으며 또한 국 중에 습기가 약간 중하므로 사업을 중시한다. 비록 이성연이 좋으나 결혼 욕망이 엷으므로 혼인이 늦다.

<坤命>

본 명국은 지지에 一字가 연(連)하고 명 중에 양인이 태왕하며 정관이 없으므로 만혼할 팔자이다. 또한 감정상에 있어서 항상 곤혹을 받는다. 연애시에는 늘 제3자의 개입이 있으므로 결혼이 늦다.

＜乾命＞

辛	辛	辛	辛
卯	酉	丑	丑

본 명국은 명국이 천간에 一字가 연하고 재성이 약하며 일지가 충되었으므로 만혼할 팔자이다. 또한 감정상 파란곡절이 많으며 이성과 이야기를 나눌 기회가 적으므로 혼인이 늦다.

21 남명은 식상이 왕한 자는 성사상이 조숙하여 조혼하는 경향이 있다.

22 여명은 재성이 왕한 자는 이성연이 좋고 성사상이 조숙하므로 조혼하는 경향이 있다.

＜乾命＞

辛	壬	丁	甲
亥	申	卯	辰

본 명국은 식상이 왕하고 재성이 일찍 나타났으므로 성사상이 조숙하고 이성연이 좋으므로 24세 丁卯 유년에 결혼하였다.

＜坤命＞

庚	癸	丙	丁
申	亥	午	未

본 명국은 재성이 왕하므로 이성연이 좋다. 또한 성사상이 조숙하므로 22세 戊辰 유년에 결혼하였다.

23 여명은 정관 혹은 편관이 월지에 있고 사묘절지이면 이성연이 약하고 만혼
하기 쉽다.

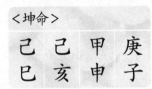

본 명국은 관성이 월지에 있고 절지(甲은 己의 정관이고 申은 甲 정관의
절지이다)이며, 또한 관성이 약하고 극을 받았으므로 이성연이 박약하다.
또한 이성과 이야기를 나눌 기회가 적으므로 만혼한다.

24 남명은 유일한 재성이, 여명은 유일한 관성이 연월주에 나타나고 극을 받음
이 없는 자는 조혼한다. 재관이 연월주에 나타남은 이성연이 양호함을 나타
내고, 또한 인연이 조숙하므로 조혼하다.

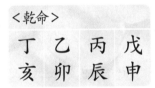

본 명국은 재성이 연월주에 나타나고 극됨이 없음으로 이성연이 좋다. 또
한 연애의 기회가 많으므로 조혼하기 쉽다. 그러므로 22세 己巳 유년에
결혼하였다.

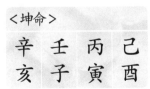

본 명국은 유일한 관성이 년주에 나타나고 관 또한 재의 생함을 만나므로 이성 인연이 양호하다. 또한 연애의 기회가 많아 조혼할 명국이므로 21세 己巳 유년 봄에 결혼하였다.

25 남명은 식상재가 일원 가까이 붙어 있고, 여명이 재관이 일원 가까이 붙어 있으면 모두 주로 조혼한다. 식상재 혹은 재관이 일주 가까이 붙으면 이성연이 좋고 성에 대한 사상이 조숙함을 나타내므로 조혼한다.

26 남명은 대운 2, 3주가 식상 재운을 행하고 여명은 대운 2, 3주가 재관운을 행하면 모두 주로 조혼한다. 결혼 적령운에 남자는 식상재를 만나고 여자는 재관을 만나면 모두 주로 이성 인연이 좋고 성사상이 조숙한 까닭이다.

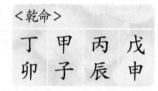

본 명국은 식상이 일원에 가까이 붙었으며 또한 대운 2, 3주가 식상 재운을 행하므로 이성친구가 많다. 또한 감정상 순조로운 진전을 얻으므로 22세 己巳 유년에 결혼하였다.

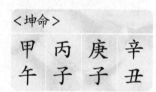

본 명국은 재관이 일원 가까이 붙어서 원래는 조혼할 명이지만 일지가 충이 되고 또한 행운이 2, 3주 모두 관의 기운을 빼므로 이성연이 비록 좋으

나 혼연은 더디고 늦다.

<乾命>

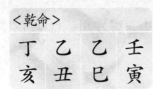

본 명국은 식신 및 편재가 일원에 가까이 붙었으므로 이성연이 좋고 연애의 기회가 많으므로 조혼하기 쉽다. 또한 대운 2, 3주가 재운을 행하므로 26세 丁卯 유년 여름에 결혼하였다.

<坤命>

본 명국은 재관이 일원에 가까이 붙어 있고 대운 2, 3주가 戊午, 己未로 모두 재관지이므로 이성친구를 사귈 기회가 많다. 또한 감정상에 있어서 순조로운 진전을 얻을 수 있으므로 27세 己巳 유년 봄에 결혼하였다.

27 남명은 식상재가 희신이고, 여명은 재관성이 희신이면 모두 주로 조혼한다. 식상 재성 혹은 재관성이 희신이면 이성연이 좋고 감정의 순조로움을 얻게 되므로 조혼한다.

<乾命>

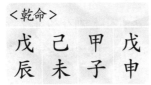

본 명국은 비겁이 태왕하므로 식상재로써 설수(洩秀)함이 유창하니 희신이 된다. 원래 조혼에 속하지만 국 중에 정재가 나타나지 않고 또한 대운 앞 3주 모두 재성이 나타나지 않았으므로 이성친구가 비록 많지만 결혼인연은 박약하다.

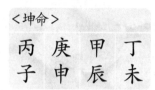

<坤命>

丙 庚 甲 丁
子 申 辰 未

본 명국은 일원이 강하므로 재관이 희신이 되며 재관이 일원에 가까이 붙어 있으므로 조혼하는 명에 속한다. 또한 대운 앞 三柱 모두 재관지를 행하므로 연애의 기회가 많아 23세 己巳 유년에는 관성이 합하여(巳申合) 부부궁에 들므로 결혼하였다.

28 여명은 월지에 일원의 사묘절을 만난 자는 자기가 감정에 대해 지나치게 보수적이고 결혼에 대한 욕망이 담박하므로 만혼하기 쉽다.

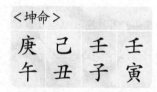

<坤命>

庚 己 壬 壬
午 丑 子 寅

본 명국은 월지에 일원의 절을 만나고 또한 겨울에 생하여 국 중에 화기(火氣)가 부족하며 일지가 합이 되므로 만혼할 팔자다. 재가 왕하기 때문에 이성연이 좋으나 대운 앞 三柱 모두 관이 나타나지 않았으므로 결혼이 늦다.

29 남녀를 막론하고 정재, 정관, 정인이 모두 천간에 나타나면 명조가 좋고 인연도 좋으며 감정이 순조로워 파란곡절이 없으므로 조혼하기 쉽다.

< 乾命 >

乙	丙	癸	辛
未	辰	巳	丑

본 명국은 천간에 정재, 정관, 정인이 나타나고 또한 유일한 재성이 연주에 있으므로 이성연이 좋다. 또한 감정이 순조로워 조혼할 명이다. 21세 유년 辛酉와 일주가 천합지합이 되므로 그 해에 결혼하였다.

30 남명은 정편인이 지나치게 왕하고 재성이 천간에 투출됨이 없으며 다만 지지에 나타나면 이성연이 박약하다. 또한 자신은 내심의 감정을 잘 나타내지 못하므로 만혼한다.

< 乾命 >

丁	乙	壬	壬
亥	未	子	寅

본 명국은 정편인이 지나치게 왕하고 재성이 천간에 투출됨이 없으며 또한 명 중에 정재가 없다. 그리고 유일한 재성이 일주에 나타났으므로 이성연이 약하다. 이성과 서로 이야기를 나눌 기회가 적고 또한 심중의 감정을 잘 표현하지 못하므로 만혼하게 된다.

31 여명은 일지가 상관이고 또한 관성이 천간에 나타나지 않은 자는 이성친구에 대한 요구가 지나치게 높고 또한 감정상에 있어서 완전함을 추구하므로 만혼한다.

＜坤命＞

戊 庚 甲 乙
寅 子 申 巳

본 명국은 일지가 상관이고 천간에 관성이 나타나지 않았으며 명 중에 유일한 관성이 巳申合이 되므로 미래의 반려자에 대한 요구가 지나치게 높다. 또한 감정상에 있어서 완전함을 추구하므로 만혼하게 된다.

32 남명은 재성이 공망과 동주하고, 여명은 관살성이 공망과 동주하면 모두 주로 만혼한다. 재관이 공망과 동주하면 이성 인연이 박약하거나 인연이 순조롭지 못함을 암시한다.

＜乾命＞

戊 辛 庚 丙
子 亥 寅 午

본 명국은 辛亥일주이므로 공망은 寅卯이다. 국 중에 정재 寅이 마침 공망을 만나므로 이성연이 박약하다. 또한 감정상에 있어서 늘 장애를 받으므로 만혼할 사람이다.

<坤命>

己 庚 戊 丁
卯 辰 申 酉

본 명국은 庚辰일주이므로 공망은 申酉이다. 국 중에 丁火 관성이 酉金에 앉으므로 관성이 공망과 동주한다. 그러므로 이성연이 취약하고 이성을 사귈 기회가 적으므로 만혼하게 된다.

33 남명은 재성이 겁재와 동주한 자는 이성친구와 알고 지낼 기회가 적으며 연분이 박하므로 만혼하기 쉽다.

<乾命>

癸 丁 甲 丙
卯 未 午 申

본 명국은 겁재와 재성이 동주하므로 이성연이 담박하다. 또한 이성과 대화를 나눌 기회가 적으므로 만혼하기 쉽다. 실제로 서른이 넘어서 결혼하였다.

34 남명은 재성이 쟁합을 만나고, 여명은 관성이 쟁합을 만나면 모두 주로 감정상 제3자의 개입이 있기 쉽다. 또한 자신은 감정에 대해 비교적 집중하지 않으므로 만혼하기 쉽다.

35 명국에 식신제살하여 관이 머물고 또한 관이 재의 생함을 만나면 감정상에 있어서 순조로운 진전을 얻을 수 있다. 또한 이성연이 좋으므로 조혼하기 쉽다.

<乾命>

辛 甲 己 甲
未 子 巳 辰

본 명국은 己土 재성이 二甲을 만나 쟁합하므로 감정상에 있어서 항상 제 3자의 개입이 있으며 혼연에 파란곡절이 생겨 한두 번 지연되므로 만혼하게 된다.

<坤命>

丙 辛 戊 壬
申 巳 申 寅

본 명국은 巳火 관성이 二申을 만나 쟁합하므로 감정상에 있어서 좌절을 몇 차례 받았다. 또한 연애과정에 삼각관계가 생기기 쉽고 혼연이 지연되므로 만혼하는 명이다.

<坤命>

癸 甲 庚 丙
酉 辰 寅 午

본 명국은 식신제살하며 유관(留官)하고 관 또한 재와 생합하므로 감정상에 있어서 순조롭고 파란이 없다. 또한 이성연이 양호하므로 조혼하는 사람이다.

36 남녀명을 막론하고 일시 양주에 辰戌沖이 형성되면 만혼 혹은 독신자가 되기 쉽다. 辰戌은 천라지망 방이 되므로 이성연이 약함을 나타낸다. 또한 혼인에 욕망이 하락하므로 만혼 혹은 결혼을 하지 않을 수 있다.

<乾命>

甲	甲	庚	丙
戌	辰	寅	午

본 명국은 일시 양주에 辰戌상충이 형성되므로 이성연이 약하다. 또한 자기의 결혼 욕망은 낮으므로 독신사상을 갖고 있다. 게다가 명 중에 정재성이 나타나지 않았으므로 만혼하게 된다.

제04장

혼연운(婚緣運)

1 유년(流年) 지지가 원명(原命) 지지와 육합이 되면 남명은 재성과 합을 이루고, 여명은 관성과 합을 이루면 주로 그 해에 이성연이 많고 연애의 기회가 많으므로 혼연운이 있기 쉽다.

<乾命>

乙	丙	壬	丙
未	申	辰	午

본 명조는 28세 유년 癸酉와 원명 지지가 辰酉로 육합이 되고 재성과 합을 이루므로 그 해에 이성친구와 사귈 기회가 증가하므로 좋은 인연과 혼인이 성사되기 쉽다.

2 유년 천간이 원명 천간과 오합이 되면 남성은 재성과 합화(合化)를 이루고, 여
  명은 관성과 합화를 이루면 주로 그 해에 감정 연애의 일이 많고 혼인 인연의
  운이 있기 쉽다.

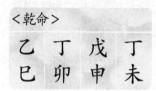

본 명조는 24세 유년 庚午와 원명 천간이 乙庚으로 오합하고 재성과 합화
를 이루므로 그 해에 감정 연애의 기회가 많고 이성친구를 사귐이 많아서
혼연이 이루어지는 운이다.

본 명조는 29세 유년 庚午와 원명 천간이 乙庚으로 오합하고 관성과 합화
를 이루므로 그 해에 감정 연애의 기회가 많고 이성친구를 사귐이 많아서
혼연이 이루어지는 운이다.

3 유년 천간이 일원과 합하고 유년 지지가 원명의 지지와 삼합 혹은 삼회국이 되
  면 주로 그 해에 혼연의 기회가 있다. 만일 삼합회(三合會) 또는 재관국을 이
  루면 더욱 영험하다.

<乾命>

庚	丁	丙	乙
戌	酉	戌	巳

본 명조는 28세 유년 壬申년에 천간이 일원과 丁壬合되고 지지와 원명 지지가 삼합국을 이루어 재국을 합화하므로 그 해에 이성연이 많아서 혼인이 이루어진다. 33세 유년 丁丑과 명국 또한 巳酉丑 삼합하여 재국을 이루므로 그 해에는 모름지기 색정으로 인하여 시비 화근을 방비해야 한다.

4 남녀명을 막론하고 희용신의 유년을 만나면 주로 그 해에 비교적 혼인 양연(良緣)이 있다.

5 원명에 쟁합 혹은 투합이 있고 유년에 원앙합(鴛鴦合)을 이루게 되면 주로 그 해에 혼연의 기회가 있고 이성과 사귈 행운이 많다.

6 세운(歲運)에 일원과 합하거나 지지가 일지와 합하고 재관이면 주로 그 해에 혼인 양연(良緣)이 있기 쉽다.

<坤命>

戊	丙	壬	乙
子	申	午	巳

본 명조는 팔자가 火가 왕하므로 金水가 희용신이 된다. 28, 29세 유년 壬申, 癸酉년 모두 희용신인 金水운이므로 金水가 마침 재관성이 된다. 때문에 그 양년에는 이성연이 많아서 결혼이 이루어지는 기회가 있다.

<坤命>

甲	己	甲	辛
子	卯	午	丑

본 명조는 국 중에 二甲이 一己와 쟁합하는 형세이고, 19세 유년 己未가 명국과 양조(兩組)로 甲己合이 되므로 그 해에는 연애를 실컷 이야기하였다. 29세 유년 己巳와 본명이 함께 원앙합을 이루므로 그 해에는 이성친구와 사귐이 많았으며 결혼하게 되었다.

<乾命>

辛	丁	戊	丙
亥	卯	戌	申

본 명조는 35세 유년 庚午, 대운 壬寅에 유년이 정재이고 대운 천간이 일원과 丁壬合되므로 그 해 세운에는 이성친구를 사귀기 쉽고 감정 연애의 기회가 많아서 혼인 양연(良緣)이 있기 쉽다.

<乾命>

己	丙	乙	癸
亥	辰	丑	卯

본 명조는 31세 유년 癸酉, 대운 辛酉에 세운 지지가 모두 일지와 辰酉合하고 재성이 되므로 그 세운에는 연애의 기회가 많고 양연과 혼인이 성사되기 쉽다.

7 명운세(命運歲 : 본명 대운, 세운을 말한다)가 삼합회(三合會)하여 재관의 유년이 되면 주로 그 해에는 혼인을 할 수 있는 좋은 기회이다.

8 일이 유년을 취하여 천을귀인을 만나고 형충극손이 없으면 그 해에 이성연이 좋으므로 혼연운이 있다.

9 일이 유년을 취하여 도화, 홍염, 천희, 홍란을 만나면 주로 그 해에 좋은 인연과 이루어지기 쉽다.

10 남녀명에서 일주가 유년을 만나 최고로 서로 순조로운 자는 주로 그 해에 좋은 인연과 결혼하기 쉽다.

본 명조는 31세 유년 壬申, 대운 戊申에 명 운세가 삼회(三會)하여 관성국이 형성되므로 그 해에 이성연이 좋고 연애 기회가 많으므로 결혼하였다.

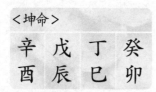

본 명조는 23세 유년 乙丑년에 일이 천을귀인의 유년 지지를 취하고 형충극이 없다. 또한 유년 천간이 마침 관성이 되므로 그 해에 이성친구를 사귐이 많으므로 혼연의 기회가 많아 그 해에 혼인이 성사되었다.

<乾命>

乙	甲	丙	戊
亥	辰	辰	申

본 명조는 24세 유년 辛未에 천을귀인 및 홍란을 만나고 26세 癸酉년에 도화를 만나므로 그 양년에는 이성연이 많고 연애의 기회가 늘어나므로 혼인 양연이 있기 쉽다. 30세 유년 丁丑에 천희 및 천을귀인을 만나므로 그 해에 혼연이 있거나 혹은 이성문제로 시끄러운 일이 생긴다.

<乾命>

庚	壬	癸	乙
子	申	未	巳

본 명조는 27세 유년 辛未 및 29세 癸酉 유년 모두 원명의 일주와 일급 상순(相順)을 이루므로 그 두 해 모두 이성연이 많고 혼인이 성사되는 좋은 기회이다. 상순(相順)은 서로 생하여 유통이 잘 된 것을 말한다.

11 남녀명에서 일주가 유년을 만나 천합지합이 되면 주로 그 해에 연애의 기회가 많고 혼연이 이루어지기 쉽다.

12 남녀명에서 일지가 유년을 만나 상충되면 주로 그 해에는 혼연이 있기 쉽고 감정이 번개처럼 빨리 진전되므로 기혼자는 혼인 변동의 조짐이 있다.

13 남녀명에서 일지가 유년과 육합 혹은 반삼합을 만나고 또한 마침 재관을 합성(合成)하면 주로 그 해에 감정 연애의 일이 있기 쉬우며 혼연이 이루어질 기회가 높다.

14 남명은 재성이 약하고 극을 받으며 식상 세운을 만나 생조하여 구조가 되면

그 운에는 혼인이 이루어지기 쉽다.

15 남명은 유일한 재성이 합이 되고 세운을 만나 충개(沖開)되면 주로 그 운 중
에는 결혼하기 쉽다.

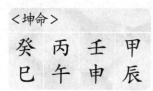

＜坤命＞

癸	丙	壬	甲
巳	午	申	辰

본 명조는 28세 유년 辛未가 원명 일주와 천합지합되므로 그 해에 이성친
구를 사귈 기회가 많고 연애도 많이 하므로 그 해에 결혼하였다.

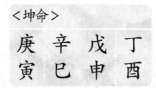

＜坤命＞

庚	辛	戊	丁
寅	巳	申	酉

본 명조는 27세 유년 癸亥가 원명 일지와 巳亥상충이 되므로 그 해에 감
정 연애가 신속히 발전하고 번개처럼 빨리 혼인이 성사된다.

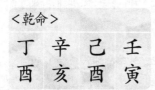

＜乾命＞

丁	辛	己	壬
酉	亥	酉	寅

본 명조는 팔자에 재성이 약하고 酉剋寅으로 극을 받는다. 34세 유년 乙
亥가 재성년이 되고 또한 지지에 식상 亥水가 寅木 재성을 생조하므로 그
해에 연애 양연이 있기 쉽고 혼인이 이루어지기 쉽다.

<乾命>

丙	戊	庚	辛
辰	子	寅	丑

본 명조는 유일한 재성 子水가 子辰合이 되고 30세 유년 庚午에 명 중의
합신인 子를 子午로 충개(沖開)하므로 그 해에 이성연이 많고 또한 감정
의 진전이 신속하므로 혼연이 성취된다.

<坤命>

丁	乙	庚	丙
亥	丑	子	午

본 명조는 28세 유년 癸酉가 원명 일지와 丑酉合으로 반삼합을 이루어 관
성을 합성하므로 그 해 이성연이 좋고 연애 기회가 많아 혼연이 성취된다.

16 남명은 일원이 대운을 만나 재성을 합성하고, 여명은 일원이 대운을 만나 관
성을 합성하면 주로 그 운 중에는 이성연이 많고 혼인이 이루어지는 좋은 기
회이다.

<乾命>

丙	甲	癸	癸
寅	子	亥	卯

본 명조는 34세 대운 己未가 명국과 재성을 형성하고 일원과 甲己合되며
지지가 亥卯未로 삼합국을 이루므로 그 운 중에는 이성연이 많고 좋은 인
연과 혼인이 성사되기 쉽다.

＜坤命＞

丁 辛 癸 丁
酉 卯 卯 未

본 명조는 23세에 대운 丙午가 원명과 정관이 형성되고 丙辛合으로 일원을 합하므로 그 운 중에는 이성친구를 사귀기 쉽고, 연애의 기회가 많으므로 좋은 인연과 혼인이 성사되기 쉽다.

17 남성은 명 운세(命 運歲)가 삼합회하여 재국(財局)이 되고, 여성은 명 운세가 삼합회(三合會)하여 관살국이 되면 주로 그 세운에는 이성연이 좋고 연애의 기회가 많으므로 혼연이 이루어지기 쉽다.

＜乾命＞

己 庚 癸 辛
卯 戌 巳 丑

본 명조는 28세 대운 庚寅, 유년 戊辰에 명 운세가 寅卯辰 三會하여 재국이 되므로 그 세운에 이성연이 좋고 연애의 기회가 많아지므로 그 해에 혼연이 성취된다.

＜坤命＞

己 庚 庚 辛
卯 午 寅 丑

본 명조는 31세 대운 癸巳 유년 辛未에 명 운세(본명·대운·유년)가 巳午未 三會하여 관살국이 형성되므로 그 세운에 이성연이 좋고 연애의 기회가 늘어나므로 그 해에 혼인이 성취되었다.

18 남명은 국 중에 재성의 유무(有無)를 막론하고 재성 세운을 만나 입명(入命) 되면 주로 그 운 중에는 양연과 혼인하기 쉽다. 기혼자는 혼외정사의 조짐이 있어서 우려된다.

19 남명은 인(印)이 중하고 식상이 가벼운데 모름지기 재성 혹은 비겁운을 만나면 바야흐로 연애 및 이성과 사귈 기회가 증가되어 혼연이 이루어지기 쉽다.

20 남명은 유일한 재성이 일지에 나타났으나 합이 되고 모름지기 합이 된 신을 충거(沖去)하는 세운을 만나면 바야흐로 연애 및 혼연이 이루어지는 기회가 있다.

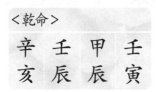

본 명조는 팔자에 재성이 나타나지 않았으나 26세 유년 丁卯 대운 丁未에 세운 모두 재성이고 명 운세가 삼합 삼회국을 형성하므로 그 해에 이성친구를 사귈 기회가 많고 연애가 많으므로 혼연이 성취되었다.

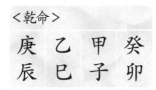

본 명조는 팔자가 인(印)이 중하고 식상이 경(輕)한 국인데 26, 27세 유년 戊辰, 己巳 모두 재성 왕운이므로 그 양년에는 이성연이 좋고 감정 연애

의 기회가 많다. 그러므로 27세 己巳 유년에 인연이 이루어졌다.

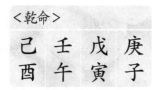

본 명조는 유일한 재성이 일지에 나타나고 합이 되었다. 33세 유년 壬申이 명 중 합재(合財)의 신을 寅申沖하므로 그 해 이성연이 좋고 감정상에 있어서 순조로운 진전을 얻으므로 혼연이 성취되었다.

21 남명은 재성이 세운합을 만나고, 여명은 관성이 세운 합을 만나면 모두 주로 그 세운에 이성연이 많으므로 혼연(동거 혹은 혼외정사도 포함)이 이루어지기 쉽다.

본 명조는 33세 유년 丁卯에 명 중에 재성을 丁壬으로 합거(合去)하므로 그 해에는 이성연이 좋다. 그러므로 혼외정사의 사고가 발생하여 부부의 감정이 무관심한 경향이 되었다.

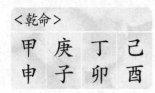

본 명조는 24세 유년 壬申에 관성이 丁壬合으로 세운합을 만나므로 그 해에 이성친구를 사귐이 많고 연애의 기회가 많으므로 혼사가 성취되었다.

22 여명은 국 중에 관살성의 유무를 막론하고 관살 세운을 만나 입명(入命)되면 주로 그 운 중에는 이성친구가 많다. 또한 감정 연애의 기회가 많으므로 혼연(동거도 포함)이 이뤄지기 쉽다.

23 여명은 유일한 관성이 일지에 나타나고 다만 합이 되면 모름지기 합을 충개(沖開)하는 세운을 만나면 바야흐로 연애 결혼의 기회가 있다.

24 여명은 관살성이 약하고 극제를 받으면 모름지기 재성 세운의 생조를 만나 구원되면 주로 그 세운에 이성친구가 많고 혼연이 성사되기 쉽다.

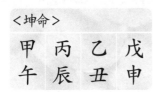

본 명조는 팔자에 관성이 나타나지 않았으며 25, 26세 유년 壬申, 癸酉년 대운 壬戌이 세운 모두 관살 왕운을 만나므로 그 양년에는 이성연이 많고 연애의 기회가 많아지므로 26세에 혼연이 이루어졌다.

본 명조는 유일한 관성이 일지에 나타났으나 寅午로 합이 된다. 30세 유년 壬申년에 명 중에 합한 관성의 신을 寅申으로 충개(沖開)하므로 그 해에

이성친구와 사귐이 많고 연애 기회가 증가하므로 혼연이 이루어졌다.

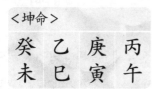

본 명조는 관성이 약한데 극을 받았다. 23, 24세 유년 戊辰, 己巳년 모두 재성 왕운으로 명 중의 관성의 힘을 생조하므로 그 양년에는 이성연이 좋고 연애의 기회가 많으므로 24세에 혼연이 성취되었다.

25 남명이 재성 세운을 만나고, 여명이 관살 세운을 만나면 주로 그 세운에 이성연이 좋고 연애의 기회가 많아 혼사(동거 혹은 혼외정사도 포함)가 이루어지기 쉽다.

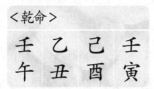

본 명조는 27, 28세 유년 戊辰, 己巳 모두 재성 왕운을 만나므로 그 양년에는 이성연이 좋고 연애의 기회가 많으므로 28세에 혼연이 이루어졌다.

본 명조는 22, 23세 유년 戊辰, 己巳 모두 관살 왕운을 만나므로 그 양년

에 이성연이 좋고 감정 연애가 신속하게 진전되므로 23세에 혼연이 성취되었다.

26 여명이 비겁은 중하고 재성이 약하면 모름지기 식상 혹은 관살운을 만나면 바야흐로 이성친구를 사귈 기회가 많고 좋은 인연과 혼인하기 쉽다.

<坤命>

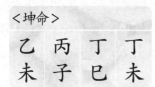

본 명조는 팔자에 비겁이 중하고 재가 약하며 26, 27세 유년 壬申, 癸酉년 모두 관살 왕운을 만나므로 그 양년에는 사귀는 이성친구가 많다. 또한 연애의 기회가 증가하므로 27세에 혼연이 이루어졌다.

27 남명은 겁재가 천간에 투출하고 모름지기 관살운을 행하며 재성 유년이면 바야흐로 이성친구를 사귈 기회가 있고 좋은 인연과 혼인함이 있다.

<乾命>

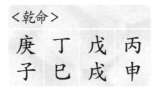

본 명조는 겁재가 투간하고 26세 대운 壬은 관운이며 유년 辛未는 재년이므로 그 해에 이성을 사귈 기회가 많아지고 감정이 순조로우므로 혼연이 맺어졌다.

28 여명은 상관이 천간에 투출하고 모름지기 인성운을 행하며 관성 유년이면
바야흐로 이성을 사귈 기회가 늘어나고 혼연이 성사되기 쉽다.

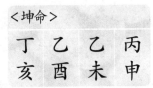

본 명조는 상관이 투간하고 26세 대운 壬은 인성운이며 유년 辛酉는 관성
년이므로 그 해에 이성친구를 사귈 기회가 증가하므로 그 해에 혼연이 이
루어졌다.

제05장

부부간 정분의 깊이

남명의 아내론

1 남명의 일지가 비견이고 충극됨이 없는 자는 그의 아내 성질이 믿음직하고 솔직하며 의지가 좋고 변통함이 쉽지 않다. 사람을 대하는 처사가 직선적이며 남의 의향을 잘 헤아리지 못하여 원망함이 결여되었다.

2 남명 일지에 겁재가 있고 충극됨이 없는 자는 그의 아내 성격이 급하고 충동적이며 일을 행함에 있어 생각이 부족하다. 말재주가 좋고 진 것을 인정하지 않으며 꼿꼿하고 제멋대로이다. 범사에 크게 하며 솔직하여 숨기는 것이 없다.

3 남명 일지가 식신이고 충극됨이 없는 자는 그의 아내 성격이 온화하고 선량하며 관용이 있고 남의 뜻을 잘 헤아린다. 사람을 대접하고 일을 처리함에 친절하고 평화적이다. 진정으로 사양하고 사교 능력이 강하다.

4 남명 일지에 상관이 있고 충극됨이 없는 자는 그의 아내 성격이 외유내강함을 나타낸다. 정서가 잘 변하고 반응함이 영리하며 세심하고 총명하다. 또한 표현력이 강하고 의심함도 있다.

5 남명의 일지에 정재가 있고 충극됨이 없는 자는 그의 아내 성격이 꾸밈이 없고 근검하며 동정심이 풍부함을 나타낸다. 그러나 일을 행함에 고집하기 쉽고 점유욕이 있으며 마음이 세밀하고 재무이념이 강하다.

6 남명의 일지가 편재이고 충극됨이 없는 자는 그의 아내 성질이 연하고 부드러우며 기묘함을 나타낸다. 도량이 크고 착함을 즐기고 베품을 좋아한다. 사람을 접대하고 일을 처리함에 성실하게 진심으로 하며 친화력이 있고 교제수완이 교묘하다.

7 남명의 일지에 정관이 있고 충극됨이 없는 자는 그의 아내 성격이 충후하고 정직하며 입이 무거워 말이 적음을 나타낸다. 일을 행함에 직무를 다하고 품격이 단정하며 용모가 돈후하다. 책임감이 있고 행정관리 능력도 갖추었다.

8 남명 일지에 편관이 있고 충극이 없는 자는 그 아내의 성질이 꿋꿋하고 절박함을 나타낸다. 정명(精明)하고 유능하며 노련하다. 일을 행함에 융통성이 결여되고 사교를 잘하지 못한다. 이기기를 좋아하고 내심은 취약하다. 범사에 있어서 효율과 완전무결함을 추구한다.

9 남명 일지에 정인이 있고 충극됨이 없는 자는 그 아내의 성격이 침착, 인자, 현숙, 근면하며 부드럽고 착함을 나타낸다. 용모는 빼어나고 사람을 접대하고 일을 처리함은 신중하고 세심하며 언사를 잘 나타내지 않는다.

10 남명의 일지에 편인이 있고 충극됨이 없는 자는 그 아내의 성격이 입이 무겁고 예민하며 모방을 잘하고 관찰력이 강하며 영리한 생각을 잘함을 나타낸다. 근심이 많고 감정이 예민하며 생활이 비교적 낭만적이지만 집안 업무는

잘하지 못한다.

<乾命>

丁	庚	辛	壬
丑	申	亥	寅

본 명조는 일지에 비견이 있고 충극됨이 없으므로 그의 아내 성격이 침착하고 솔직하며 의지가 굳고 변통함이 쉽지 않다. 사람을 대접하고 일을 처리함에 직선적이며 비교적 남의 생각을 잘 헤아리지 못한다. 일을 행함에 비교적 원활성이 부족하다.

<乾命>

乙	壬	乙	庚
巳	子	酉	子

본 명조는 일지에 겁재가 있고 충극을 받음이 없으므로 그의 아내 성질이 조급하고 충동적이며 일을 행함에 깊이 생각함이 결여되었다. 개성은 말재주가 좋고 진 것을 인정하지 않으며 꿋꿋하고 제멋대로이며 솔직하여 숨기는 것이 없다.

<乾命>

丙	己	戊	乙
寅	酉	子	未

본 명조는 일지에 식신이 있고 충극됨이 없으므로 그 아내의 성격이 연하고 부드러우며 도량이 크다. 또한 남의 생각을 잘 이해하고 사람을 접대

하고 일 처리에 있어서 친절하고 평화적이다. 진심으로 사양하고 사교능력이 강하다.

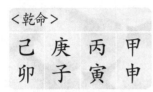

＜乾命＞

己 庚 丙 甲
卯 子 寅 申

본 명조는 일지에 상관이 있고 충극됨이 없으므로 그 아내의 성격이 외유내강하고 정서가 잘 변하며 반응됨이 약았다. 세심하고 총명하며 예리하고 드러내는 힘이 강하며 의심하는 마음이 있다.

＜乾命＞

己 壬 癸 壬
酉 午 未 辰

본 명조는 일지가 정재이고 충극을 받지 않았으므로 그의 아내 성질은 꾸밈이 없고 근면하며 동정심이 많다. 그러나 일을 행함에 비교적 집착하고 생각함이 세밀하며 점유욕이 있고 재무이념이 풍부하다.

＜乾命＞

乙 甲 辛 癸
亥 戌 酉 巳

본 명조는 일지 편재가 충극을 받지 않았으므로 그 아내의 성격은 연하고 부드러우며 기묘하다. 도량이 크고 선함을 즐기며 베풀기를 좋아한다. 사람을 접대하고 일에 대한 일 처리에 진심으로 임하며 친화력이 있고 교제수완이 풍부하다.

<乾命>

丁	丙	丁	甲
酉	子	卯	午

본 명조는 일지에 정관이 있고 충극을 받지 않았으므로 그의 아내 성질은 충후하고 정직하며 입이 무겁고 말이 적다. 일을 행함에 그 직무를 다하고 책임감이 무겁다. 품격이 단정하고 용모가 돈후하며 행정관리 능력이 풍부하다.

<乾命>

丙	戊	壬	丁
辰	寅	子	酉

본 명조는 일지 편관이 충극됨이 없으므로 그 아내의 성격이 꿋꿋하고 절박하다. 유능하고 노련하며 일을 행함에 융통성이 결여되었다. 겉으로는 이기기를 좋아하나 속마음은 연하고 약하다. 범사에 있어서 효율성과 완전무결함을 추구한다.

<乾命>

乙	戊	辛	戊
卯	午	酉	戌

본 명조는 일지 정인이 충극됨이 없으므로 그의 아내 성격이 인자하고 현숙하다. 일을 행함에 침착하고 근면하며 부드럽고 선하며 이성적이다. 용

모가 빼어나고 사람을 접대하고 일을 처리함에 신중하고 세심하며 표현
을 잘하지 않는다.

본 명조는 일지에 편인이 있고 충극을 받지 않았으므로 그의 아내 성질이
입이 무겁고 생각을 잘한다. 예민하고 영리하며 사물에 대한 관찰력이 강
하다. 집안 살림은 잘하지 못하며 근심이 많고 감정이 예민한 사람이다.

11 남명에 유일한 재성이 일지에 있고 금궤와 동주하며 충극됨이 없는 자는 부
귀 명문의 규수를 아내로 삼기 쉽고 그 도움을 받을 수 있다.

12 남명은 일원이 왕하고 일지가 또한 양인인 자는 처의 성격이 조급하고 이기
기를 좋아하며 꼿꼿하고 영리하며 세심하고 똑똑하다.

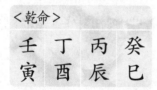

본 명조는 유일한 재성이 일지에 있고 금궤(金櫃)와 동주하며 충극을 받
지 않았으므로 그의 아내가 명문가 혹은 부호가 출신이며 그 도움을 받을
수 있다. 금궤는 관리능력이 특히 강하고 재물을 잘 다스리며 재무에 고
수이다. 만일 재성과 아우르면 더욱 확실하다. 금궤는 申子辰년에는 子,
巳酉丑년에는 酉, 寅午戌년에는 午, 亥卯未년에는 卯이다.

<乾命>

己	丙	丙	甲
亥	午	寅	辰

본 명조는 일원 丙火가 왕하고 일지가 양인이므로 그의 아내는 성질이 조급하고 이기기를 좋아하며 꿋꿋하고 영리하며 정명하다.

13 남명의 일지 혹은 재성이 도화에 앉은 자는 자기의 이성연이 좋고 또한 아내와의 혼연은 자유연애로 이루어지며 부부의 성생활이 잘 어울린다.

14 남명에 비겁이 많고 재성이 다만 일위(一位)가 있고 또한 월령을 얻지 못한 자는 이성연이 박약하다. 또한 혼인 후 처와의 인연이 얕고 해로하기 어렵다.

15 남명이 일원은 왕하고 재성이 강한 자는 이성연이 좋고 부귀함이 많은 아내를 얻으며 부부가 해로할 수 있다.

16 남명은 재성이 월령을 얻고 인성이 많은 자는 어진 아내의 재성적인 도움과 비호를 얻기 쉽다.

<乾命>

壬	丁	丙	庚
寅	亥	戌	子

본 명조는 재성이 도화에 앉으므로 자신의 이성연은 좋으며 아내와의 혼연은 자유연애로 이루어졌다. 아울러 부부의 성생활은 협조적으로 잘 맞는다.

<乾命>

癸	丙	丙	丁
巳	辰	午	酉

본 명조는 비겁이 많고 재성은 다만 일위(一位)뿐이고 월령을 얻지 못했으므로 이성연이 박약하다. 또한 혼인 후 아내와의 정분이 얕고 이야기를 나눌 기회가 적다. 실제로 일하느라고 아내와 서로 만남이 적다.

<乾命>

丙	乙	戊	辛
子	亥	戌	丑

본 명조는 지지가 亥子丑 三會하여 인왕국(印旺局)이고 또한 재성이 강하므로 이성연이 좋다. 또한 부부가 서로 돕는 공이 있으며 아울러 해로할 수 있다. 실제로 본명은 풍류를 조금 띠었다.

<乾命>

乙	甲	壬	癸
亥	寅	戌	巳

본 명조는 인성이 많고 재성이 월령을 얻으므로 아내가 현명하고 세심하며 영리하다. 또한 아내의 재정적인 도움과 비호를 받는다. 실제로 부인의 재리 지원을 받음이 매우 크다.

17 남명이 일원은 약하고 일지가 비겁인 자는 그의 아내가 품성이 선량하고 부드럽다. 또한 그의 비호를 얻을 수 있고 부부가 화목하게 지낼 수 있으며 해

로하게 된다.

<乾命>

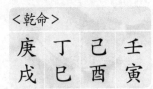

庚　丁　己　壬
戌　巳　酉　寅

본 명조는 일원 丁火가 약한데 다행히 일지에 겁재를 얻으므로 그의 아내
가 품성이 어질고 부드러우며 부부가 서로 화목하다. 또한 아내의 비호와
돕는 힘을 얻기 쉽다.

18 남명이 四天干 모두 비겁인 자는 이성연이 약하고 만혼하기 쉬우며 아내와
　　의 연분이 박하다.

19 남명이 칠살은 중하고 일원이 약하며 또한 재가 많고 인을 극하는 자는 모두
　　아내의 일 때문에 그 피곤함을 받기 쉽다.

20 남명이 일원은 태왕하고 재가 약한데 일지 역시 양인인 자는 아내로 인해서
　　파재하고 아내가 병약하기 쉽다.

<乾命>

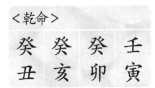

癸　癸　癸　壬
丑　亥　卯　寅

본 명조는 四天干이 모두 비겁성이므로 이성연이 약하고 만혼하기 쉽다.
또한 혼인 후 아내와 같이 지낼 기회가 적고 정분이 박하다.

<乾命>

癸　丁　癸　戊
卯　酉　亥　子

본 명조는 일원 丁火가 약하고 칠살이 중하다. 또한 재가 인을 극하므로 아내로 인하여 그 피곤함을 받기 쉽다. 또한 부부가 서로 돕는 공이 결여되었다. 실제로 아내가 도박을 좋아하여 재무의 피곤함을 항상 받는다.

<乾命>

癸　壬　辛　丁
卯　子　亥　酉

본 명조는 일원 壬水가 겨울에 태어나고 국 중에 인비가 많고 일지가 양인이며 재성이 약하므로 아내로 인하여 금전 손실을 입기 쉽다. 실제로 아내가 항상 병약하므로 재리를 소비하였다.

21 남명이 四天干에 합이 많은 자는 감정 연애상 삼각관계가 생기기 쉽고 아내와 인연이 변하기 쉽다.

22 남명에 정편재가 교집(交集)된 자는 부부가 불목하기 쉽다. 본인은 색정으로 시끄러움이 많고 혼인 변동이 있기 쉽다.

23 남명에 양인이 중중한 자는 부부가 중도에 생리사별하기 쉽고 비교적 해로할 방법이 없다.

24 남명에 식신이 정재를 생하고 또한 희신인 자는 아내의 내조의 공을 얻기 쉽고 부부가 화목한다.

25 남명에 재관이 상생하고 희신인 자는 어진 아내가 살림을 잘하고 남편을 돕

는 공이 있기 쉽다.

<乾命>

戊	癸	丁	壬
午	酉	未	辰

본 명조는 四天干에 합이 많으므로 감정 연애상에 있어서 삼각관계가 생기기 쉽다. 또한 혼인 후 색정으로 혼인 변동의 화가 일어나기 쉽다.

<乾命>

戊	甲	己	丁
辰	午	酉	亥

본 명조는 정편재가 교집(交集)되므로 이성연이 비록 좋으나 부부가 불목하며 지낸다. 또한 자신은 색정으로 분쟁이 많으므로 부부가 헤어질 염려가 있다.

<乾命>

甲	丙	戊	癸
午	午	午	未

본 명조는 양인이 중중하므로 아내와 정분이 평범하며 서로간에 만나는 시간이 적다. 아울러 일찍 헤어질 우려가 있는데 본명이 36세 때 부인이 차 사고로 사망하였다. 명조에 재성이 없고 배우자궁인 일지에 양인이 놓이고 午午로 자형살이 범하며 비겁이 왕하므로 처덕이 없다.

<乾命>

戊	戊	丙	甲
午	辰	子	申

본 명조는 식신이 정재를 생하고 희신이므로 부부가 서로 순조롭게 화목한
다. 또한 아내의 내조의 힘을 얻을 수 있고 서로가 돕는다. 실제로 부부가
함께 장사를 경영하고 있다.

<乾命>

壬	癸	戊	丙
子	亥	戌	申

본 명조는 정재가 정관을 생하고 희신이므로 집안 살림에 있어서 현처의
많은 도움을 얻을 수 있다. 또한 남편에 대한 비호와 도움의 공이 있다. 실
제로 가사를 모두 아내가 처리하고 있다.

26 남명은 일원이 왕하고 재성이 천을귀인과 동주한 자는 아내의 용모가 빼어
　 나고 성격은 온화하고 영리함을 나타낸다. 또한 남편을 돕는 공이 있고 부부
　 가 서로 비호할수 있다.

<乾命>

辛	丁	丙	壬
亥	未	午	辰

본 명조는 일원 丁火가 왕하고 재성이 귀인(亥는 일원 丁의 천을귀인이고
亥은 일원 丁의 재성이다)과 동주하므로 아내의 용모가 뛰어나게 아름답다.

성격은 온화하고 영리하며 또한 부부가 서로 비호할 수 있다.

27 남명은 재가 태왕하고 일지 사묘절에 앉은 자는 부인의 학대나 기만을 당하기 쉽고 또한 아내가 어머니와 화목하지 못한다.

28 남명은 재가 극이 되고 관이 상한 자는 아내와 만남이 적고 헤어짐이 많으며 자녀와의 연분이 박하다.

29 남명은 일지가 녹신(祿神)인 자는 아내의 몸이 풍만하고 낙천적이며 너그러움을 나타내고 또한 어질고 살림을 잘 한다.

30 남명은 일지가 양인이고 시지가 편인인 자는 아내에게 산액이 있기 쉽고 또한 처참하게 죽을 우려가 있다.

＜乾命＞

戊	乙	乙	丙
寅	酉	未	申

본 명조는 재성이 강하고 일원 乙木이 절지에 앉으므로 아내의 능력이 자기보다 강하다. 또한 부인에게 학대를 받기 쉽고 아울러 아내와 어머니가 화목하지 못하다.

＜乾命＞

丙	甲	庚	丙
寅	辰	寅	申

본 명조는 재가 극이 되고 관이 상하므로 아내와 함께 지낼 기회가 적다. 또한 부부가 항상 차이가 있고 아울러 자녀와 연분이 박하다. 일 때문에 늘

출장을 가므로 처자식과 서로 모임이 적다.

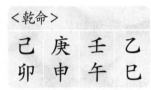

< 乾命 >

己 庚 壬 乙
卯 申 午 巳

본 명조는 일지가 녹신이므로 그의 아내 몸집이 풍만하고 낙천적이며 너그럽다. 또한 어질고 살림을 잘 한다. 아내의 능력은 비교적 자기보다 강하고 그 돕는 힘을 얻음이 많다.

< 乾命 >

戊 壬 丙 丁
申 子 午 酉

본 명조는 일지가 양인이고 시지가 편인이므로 아내에게 산액이 있기 쉬우며 비참하게 죽을 우려가 있으므로 부부가 해로하기 어렵다. 실제로 본명의 아내가 아기를 낳다가 난산으로 출혈이 과다하여 비참하게 죽었다.

31 남명이 일지가 식신이고 편인운을 행하는 자는 아내가 몸이 약하고 병이 많기 쉬우며 또한 상망(傷亡)의 우려가 있다.

32 남명은 유일한 재성이 합화(合化)가 된 자는 아내가 정절(貞節)을 지키지 못하기 쉽다. 또한 색정으로 분쟁의 재액이 있다.

33 남명은 천간에 재성이 있고 녹신에 앉은 자는 처의 성격이 인정이 많고 후하며 현숙하다. 또한 남편을 도울 수 있다.

34 남명은 일원이 약하고 재성이 많은 자는 아내의 영향을 받음은 크지만 돕는

힘은 작다. 또한 주로 아내가 병이 많고 중하면 아내를 일찍 잃는다.

본 명조는 일지가 식신이고 37세 대운이 편인운을 행하므로 그 운 내에 있어서 아내가 몸이 약하고 다병하여 사상할 우려가 있다. 실제로 申運에 그의 아내가 차 사고로 상망(傷亡)하였다.

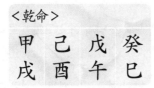

본 명조는 유일한 재성이 합화(合化)되므로 그의 아내는 비교적 정조관념이 없고 색정으로 알력이 있다. 그의 아내는 이성연이 좋으므로 색정 풍파를 야기한다.

본 명조는 천간의 재성이 녹신에 앉으므로 그의 아내 성격은 돈후하고 현숙하며 남편을 돕는 공이 있다.

<乾命>

丁 壬 癸 丙
未 申 巳 午

본 명조는 일원 壬水가 약하고 재성이 많으므로 일을 행함에 아내의 영향을 크게 받으나 돕는 힘은 작다. 또한 아내가 병약하기 쉽고 일찍 잃을 우려가 있기 쉽다.

35 남명은 일원의 강약을 막론하고 일지가 희신인 자는 아내의 품성 조건이 자기보다 좋고 그의 도움을 받을 수 있다.

36 남명은 격국이 종재격인 자는 처재(妻財)의 도움을 얻기 쉽고 그의 비호함을 받는다.

37 남명이 금여일에 출생한 자는 처재의 도움을 얻기 쉽고 또한 부부가 서로 존경한다.

38 남명은 일원이 木이며 왕하고 재성이 土인 자는 아내가 비(脾), 장, 위, 피부 등 질병에 걸리기 쉽다.

39 남명은 일원이 火이며 왕하고 재성이 金인 자는 아내가 코, 폐, 대장, 근골 등 질병에 걸리기 쉽다.

40 남명은 일원이 土이며 왕하고 재성이 水인 자는 아내가 간, 신(腎), 자궁, 혈액 등 질병에 걸리기 쉽다.

41 남명은 일원이 金이며 왕하고 재성이 木인 자는 아내가 간담결석, 원시안, 폐병, 관절염, 모발병 등 질병에 걸리기 쉽다.

42 남명은 일원이 水이며 왕하고 재성이 火인 자는 아내가 안질, 심혈병, 피부 과민증, 중풍 등 질병에 걸리기 쉽다.

<乾命>

丁　庚　癸　壬
丑　申　卯　寅

본 명조는 木이 왕하므로 金으로 木을 제어함이 희신이 되므로 일지가 희신이다. 그러므로 그의 아내 품성 조건이 자기보다 좋고 아내의 도움을 받기 쉽다. 부인의 출신이 자기보다 높고 학위도 역시 자기보다 높다.

<乾命>

辛　戊　壬　壬
酉　子　子　寅

본 명조는 종재격이므로 아내에게 재정적인 도움을 받음이 매우 많다. 또한 서로간에 비호하고 존중하며 부부의 감정이 화목하다.

<乾命>

戊　辛　丙　甲
戌　亥　寅　申

본 명조는 辛亥일주가 금여일이므로 어진 아내가 집안일을 잘 돌보고 부부가 서로 존경한다.

<乾命>

丁　乙　癸　壬
丑　卯　卯　辰

본 명조는 일원 乙木이 왕하고 재성이 土이므로 아내가 비, 위, 장 및 소화계통 등 질병에 걸리기 쉽다. 또한 국 중에 재가 약하므로 그의 아내가 몸이 약하고 병이 많기 쉽다.

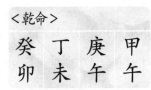

＜乾命＞

癸　丁　庚　甲
卯　未　午　午

본 명조는 일원 丁火가 왕하고 재성이 金이므로 아내가 코, 폐, 대장, 근골 등 질병에 걸리기 쉽다. 또한 재성이 약하므로 그의 아내가 몸이 약하고 병이 많다.

＜乾命＞

丁　戊　戊　辛
巳　子　戌　卯

본 명조는 일원 戊土가 왕하고 재성이 水이므로 그의 아내가 간, 신(腎), 자궁, 혈액순환 등 질병에 걸리기 쉽다. 또한 재성이 약하므로 아내가 몸이 약하고 병이 많기 쉽다.

＜乾命＞

庚　辛　庚　癸
寅　酉　申　未

본 명조는 일원 辛金이 왕하고 재성이 木이므로 그의 아내가 간담결석, 원시안, 폐병, 풍습증, 관절염, 모발병 등 질액에 걸리기 쉽다. 재성이 약하므로 아내가 몸이 약하고 병이 많다.

<乾命>

己 壬 辛 壬
酉 午 亥 辰

본 명조는 일원 壬水가 왕하고 재성이 火이므로 그의 아내가 혈액순환, 안질, 피부과민증, 신경쇠약 등 질액에 걸리기 쉽다. 그의 아내는 혈액순환이 좋지 않은 지 오래되었다.

여명의 남편론

1 여명에 관살이 식상과 동주하거나 혹은 가까이서 극이 되면 남편과 논쟁하고 중하면 별거하기 쉽고 혹은 혼인 변동이 있다.

<坤命>

戊 己 丁 甲
辰 巳 卯 申

본 명조는 연주 정관이 상관과 동주하므로 남편과 고집을 부려 논쟁함이 다단하고 부부가 헤어지는 혼인 변동이 있다. 남편이 혼외정사를 하므로 협의하여 이혼하였다.

2 여명에 일원이 강하고 관살이 희신이며 힘이 있으면 남편과 화목하게 지내고 또한 부부의 감정이 양호하다. 아울러 남편의 비호함과 도움을 얻기 쉽다.

3 여명에 일원이 강하고 일지가 재성 혹은 관살인 자는 남편이 부귀함을 나타낸다. 또한 그의 비호함과 도움을 얻음이 매우 크다.

4 여명은 일원의 강약을 막론하고 일지가 기신 혹은 상관인 자는 남편의 도움과

몹시 귀여워하고 아낌을 얻지 못한다. 또한 부부가 입씨름을 하기 쉬우며, 중하면 혹은 변동이 있기 쉽다.

5 여명에 유일한 관 혹은 살기가 전(專)하고 충극을 받지 않은 자는 남편이 부귀영화하기 쉬움을 나타낸다. 자기는 남편의 애틋한 사랑과 비호를 받기 쉽다.

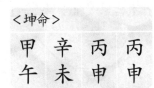

＜坤命＞

| 甲 | 辛 | 丙 | 丙 |
| 午 | 未 | 申 | 申 |

본 명조는 일원 辛金이 강하므로 火 관살성이 희신이고 힘이 있으므로 남편과 화목하게 지낸다. 또한 부부의 감정이 양호하고 아울러 남편의 비호와 도움을 얻기 쉽다. 본명은 남편과 자유연애로 결혼하였으며 감정이 줄곧 화목하다.

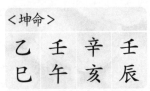

＜坤命＞

| 乙 | 壬 | 辛 | 壬 |
| 巳 | 午 | 亥 | 辰 |

본 명조는 일원 壬水가 강하고 일지가 재성이므로 그 남편의 품성 조건 및 출신 배경이 자기보다 좋다. 또한 남편의 지원, 도움, 비호함이 매우 크다.

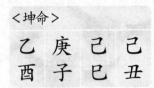

＜坤命＞

| 乙 | 庚 | 己 | 己 |
| 酉 | 子 | 巳 | 丑 |

본 명조는 일지가 상관이므로 남편의 도움과 애틋한 사랑을 얻기가 쉽지

않다. 또한 부부가 구설 분쟁이 생기기 쉽고 아울러 혼인 변동의 우려가 있다. 남편과 생각 차이가 매우 크므로 35세에 남편과 이혼하였다.

<坤命>

戊 己 甲 癸
辰 未 子 巳

본 명조는 유일한 관성의 기운이 독차지하고 충극을 받음이 없으므로 남편 사업이 성공하였다. 또한 남편의 애틋한 사랑과 비호와 도움을 받는다. 아울러 부부의 정분이 양호하고 서로 공경하는 정의가 있다.

6 여명은 일원의 강약을 논하지 않고 상관이 투간하고 제어함이 없는 자는 감정 상에 있어서 좌절을 만나기 쉽고 만혼하기 쉽다. 또한 혼인 후 남편의 도움을 얻기가 쉽지 않으며 부부가 화목을 잃기 쉽다.

7 여명은 일원의 강약을 막론하고 관살혼잡한데 다시 관살 혹은 식상운을 행하는 자는 그 운 중에 감정 혼인상 갑자기 사고가 발생하기 쉽다. 중하면 부부가 이별하기 쉽다.

8 여명은 일원이 약하고 관살이 중한 자는 시집가면 도리어 불리하게 된다. 혼인 후 늘 남편에게 업신여김을 받으며 모름지기 서로 인내하면 혼인 변동을 면할 수 있다.

<坤命>

庚 丁 丁 戊
子 未 巳 子

본 명조는 상관이 천간에 투출하고 극제됨이 없으므로 감정상에 있어서 좌절이 생기기 쉬우므로 만혼한다. 또한 혼인 후 부부가 구설이 생기기 쉽고 남편의 도움을 받기 어렵다. 연애시에는 항상 삼각관계가 있었으며 혼인 후 남편과 개성이 불화하여 구설이 생긴다.

<坤命>

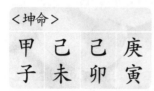

본 명조는 관살혼잡하고 또한 31, 32세 유년 庚申, 辛酉 모두 식상이므로 그 양년은 감정 혼인상에 갑자기 사고가 발생하기 쉽고 혼인 변동의 우려가 있다. 본명은 31, 32세에 색정 분쟁으로 남편과 이별하였다.

<坤命>

본 명조는 일원 癸水가 약하고 관성이 중하므로 조혼은 불리하다. 또한 혼인 후 남편의 애틋한 사랑을 받음이 쉽지 않으며 도리어 남편에게 멸시를 받는다. 남편의 성질이 조급하고 꿋꿋하며 이기기를 좋아하고 남의 말을 듣지 않으므로 부부가 항상 말다툼이 일어난다.

9 여명이 관살혼잡한 자는 남편의 성격이 일정하지 않고 색정으로 분쟁이 있기 쉬우며 부부가 혼인 변동이 있기 쉽다.

10 여명이 정관은 있고 편관 및 상관이 없는 자는 부부의 감정이 화목하고 행복하며 서로 공경하기를 손님을 대한듯 한다.

<坤命>

乙	辛	丙	丙
未	酉	申	午

본 명조는 관살이 혼잡하므로 남편의 성격이 일정치 못하다. 또한 남편이 색정으로 분쟁이 있기 쉬우므로 부부가 혼변의 우려가 있기 쉽다.

<坤命>

癸	甲	辛	己
酉	寅	未	亥

본 명조는 단지 정관만 나타나고 편관 혼잡 및 상관의 극이 없으므로 감정 혼인상에 있어서 파란곡절은 없다. 또한 혼인 후 부부의 정분이 깊고 두터우며 서로 공경하고 돕는 공이 있다.

11 여명에 정관, 정인이 모두 천간에 투출하면 부부가 서로 돕는 공이 있다. 또한 서로간에 정분이 돈후하다.

12 여명에 정관이 일원을 합하면 남편과 정분이 양호하다. 또한 마음과 뜻이 맞고 서로 비호하는 공이 있다.

<坤命>

辛	己	丙	甲
未	酉	寅	午

본 명조는 정관, 정인이 모두 천간에 투출하고 충극됨이 없으므로 부부가 서로 도움이 있다. 또한 남편의 애틋한 사랑을 얻으며 부부의 정분이 깊

고 두텁다. 본명은 남편과 같은 직업에 종사하며 모든 일에 서로 협조하고
상의를 한다.

본 명조는 정관이 일원을 丙辛合하므로 남편과의 감정이 좋고 의기투합한
다. 또한 서로간에 보호하는 공이 있다. 본명은 모든 일에 남편과 상의하고
공감을 얻는다.

13 여명은 재관이 상생하고 희신이 되면 부부가 서로 공경하고 비호하며 정분
　　이 깊고 두텁다.

14 여명에 칠살이 왕하고 국 중에 정관이 없으면 주로 혼인이 정실이 아니거나
　　혹은 남편이 색정으로 분쟁이 있기 쉽다.

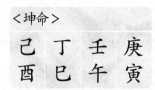

본 명조는 재관이 상생하고 희신이므로 남편과 정분이 깊고 두텁다. 또한
남편의 애틋한 사랑과 보호를 얻을 수 있다. 아울러 부부가 서로 존중한다.

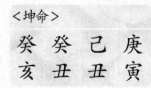

본 명조는 칠살이 중하고 정관이 없으므로 첫 혼인은 정실이 아니고 남편이 색정으로 분쟁이 있기 쉽다. 본명은 남편이 항상 감정의 분쟁이 있으므로 부부가 늘 다투고 별거한다.

15 여명에 비겁이 정관과 쟁합하는 자는 남편이 비교적 풍류와 호색하고 혼외 정사가 있기 쉽다. 부부가 혼인 변동 혹은 별거하기 쉬우며 아울러 남편의 애틋한 사랑을 얻기 어렵다.

16 여명의 사주에 관살이 보이지 않고 또한 식상이 없는 자는 감정 혼인에 대해 오로지 마음을 쏟는 사람이다. 또한 정절심(貞節心)이 중하고 현처로서 남편을 돕는 명이다.

17 여명에 유일한 정관 혹은 편관이 장생에 앉은 자는 귀부(貴夫)에게 시집가기 쉽고 남편이 장수하기 쉽다. 또한 남편의 도움과 보호하는 힘을 얻을 수 있다.

18 여명의 천간에 관을 만남이 많거나 혹은 지지가 전(全) 관인 자는 비록 이성 연이 좋으나 감정이 복잡하다. 또한 혼인 후 부부가 불목하고 재혼해서 사는 자가 많다.

<坤命>

丙	辛	乙	乙
申	巳	酉	酉

본 명조는 비겁이 정관을 쟁합하므로 그의 남편은 비교적 풍류와 호색한다. 또한 남편이 혼외정사하기 쉽고 부부가 혼인 변동이 생기기 쉬우며 남편의 애틋한 사랑을 얻지 못한다. 본명은 남편이 색정으로 늘 분쟁하므로 이혼하였다.

<坤命>

己 乙 戊 己
卯 亥 辰 丑

본 명조는 사주에 관살성이 없고 식상성도 없으므로 이 사람은 감정 혼인에 대하여 집중한다. 또한 정절심이 중하고 어질며 지혜롭고 남편을 돕는 부인이다.

<坤命>

乙 丁 壬 甲
巳 未 申 午

본 명조는 유일한 정관이 장생에 앉으므로 명망 있는 남편에게 시집가기 쉽다. 또한 남편의 신체는 강건하고 남편에게 보호를 받음이 매우 크다.

<坤命>

辛 甲 辛 辛
未 子 丑 卯

본 명조는 천간에 관성을 만남이 많으므로 이성연이 비록 좋으나 감정은 복잡하다. 또한 부부가 불목하기 쉬우며 혼인 변동이 생기기 쉽다. 본명은 부부가 색정으로 분쟁하다가 이혼하였다.

19 여명의 경국이 종관살격인 자는 이성연이 좋고 감정상에 있어서 순조롭게 전개될 수 있다. 혼인 후에는 부부가 의기투합하고 서로 돕는다.

20 여명에 살성이 양인을 만난 자는 남편의 성격이 조급하고 강렬하며 꿋꿋하

고 고집이 세다. 또한 일을 행함에 칭찬하기 쉽고 부부가 다툼이 일어나기 쉬우며 중하면 혼인 변동이 있기 쉽다.

21 여명이 관살혼잡하고 재의 생조를 많이 만나면 이성연이 비록 좋으나 애정의 세계에 파란곡절이 많다. 또한 혼인 후에는 남편의 비호를 얻기 어려우며 색정 분쟁 혹은 혼변의 재액이 있기 쉽다.

22 여명에 유일한 관성이 입묘되면 이성연이 박하다. 또한 혼인 후 남편이 몸이 약하고 병이 많기 쉽다. 아울러 남편을 일찍 잃을 암시가 있다.

본 명조는 종관살격이므로 이성연이 좋고 감정상에 있어서 마음대로 된다. 아울러 혼인 후 부부가 의기투합하여 서로 돕는 공이 있다. 본명은 모든 일에 남편과 상의하여 공감한다.

본 명조는 관성이 양인을 만나므로 그 남편의 성격이 조급하고 강렬하며 꿋꿋하고 고집이 세다. 또한 일을 행함에 칭찬하기 쉬우며 부부가 고집과 쟁투를 일으키기 쉽다.

<坤命>

癸	癸	戊	辛
丑	巳	戌	巳

본 명조는 관살혼잡하고 재성의 생조를 받았으므로 이성연이 좋다. 그러나 애정 세계에 우여곡절이 많고 혼인 후에는 남편의 보호함을 얻기 어렵다. 본명은 부부가 동상이몽으로 인하여 남편과 이혼하였다.

<坤命>

乙	丁	壬	辛
巳	丑	辰	卯

본 명조는 유일한 관성이 입묘(辰은 정관인 壬水의 묘이다)하므로 이성연이 박하다. 또한 혼인 후 남편이 몸이 약하고 병이 많다. 본명은 남편이 방광 요독증에 걸려 여러 해 고생하였다.

23 여명에 재관 모두 손상을 받은 자는 감정상에 있어서 장애를 받기 쉬우며 남편 및 자녀와의 정분이 박하고 독수공방하기 쉽다.

24 여명이 상관은 중하고 재성 인화(印化) 및 인성 제복(制伏)이 없는 자는 남편과 겉으로는 친한 듯하지만 속은 소원하고 모임은 적고 헤어짐은 많다. 또한 혼인 변동이나 재혼할 조짐이 있다.

25 여명에 정관과 상관이 동주한 자는 비록 남편을 도울 수 있으나 남편의 권위를 빼앗는다. 또한 남편과 항상 구설과 의견충돌이 생기며 혼변이 있기 쉽다.

26 여명에 재가 왕하고 관을 생하는 자는 자기가 일을 행함에 남편보다 재덕을

겸비한 사람이며 남편을 비호한다. 도리어 남편의 권위를 빼앗으며 자신은 대략 인색하다.

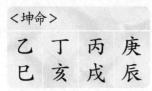

본 명조는 재관 모두 충극되므로 감정 혼인상에 있어서 갑자기 장해가 발생하기 쉽다. 또한 혼인 후 남편 및 자녀와의 정분이 박하고 항상 독수공방한다. 본명은 남편, 자식과 일찍 이별하고 미국에 가서 일을 하였다.

본 명조는 상관이 중하고 재성이 그 힘을 인화(引化)함이 없으며 또한 인성이 그 세력을 제복(制伏)함이 없으므로 일생 애정의 세계에 파란이 많다. 또한 혼인 후 남편과 겉으로는 친한 듯하지만 실은 소원하며 서로 만날 기회가 적으므로 혼변의 염려가 있다. 본명은 남편이 부적절한 남녀 관계가 있으므로 이혼하였다.

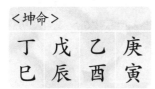

본 명조는 상관과 동주하고 관살이 모두 합극(乙庚合, 酉剋寅)되므로 비록

남편을 돕는 공이 있으나 이러한 정을 남편이 긍정적으로 받아주지 않는다. 또한 부부가 늘 구설과 논쟁이 생겨 모든 일에 남편과의 공감을 얻기 어렵다.

본 명조는 재가 왕하여 관을 생하므로 이 사람은 행동이 남편보다 재덕을 겸비하였고 영리하다. 아울러 남편을 돕고 보호할 수 있다. 또한 집안 살림의 권세가 자신에게 돌아가 처리한다.

27 여명에 일시 二柱가 辰戌로 형성된 자는 혼인이 더디고 늦다. 또한 남편이 혼외정사의 경향이 있기 쉽고 자신은 독수공방 혹은 독신녀가 된다.

28 여명의 사주에 관성이 나타나지 않고 오직 재가 왕하여 암(暗)으로 관을 생하는 자는 귀부(貴夫)에게 시집가기 쉽다. 또한 그 영화로운 보호를 누릴 수 있으며 부부가 서로 돕는 공이 있다.

29 여명에 관성 및 일지 모두 충극이 된 자는 남편과 정분이 박하고 서로 만날 기회가 적다. 아울러 그 도움을 받는 힘이 적고 중하면 일찍 잃기 쉽다.

30 여명에 격국이 비겁 및 관살이 양강(兩強)으로 형성된 자는 주로 남편이 부귀영달하고 자신도 역시 귀하다. 또한 부부가 서로 공경하는 정의가 있으며 서로 간에 돕는 공이 있다.

<坤命>

庚	壬	辛	丙
戌	辰	卯	申

본 명조는 일시 양주가 辰戌沖을 형성하므로 감정에 장해를 받기 쉬우며 혼연은 늦기 쉽다. 또한 혼인 후 남편이 혼외정사 혹은 색정으로 분쟁의 근심이 있기 쉽다. 본명은 남편이 항상 화류계에 발을 들여 놓아 색정으로 시비를 야기한다.

<坤命>

丙	丁	庚	戊
午	卯	申	戌

본 명조는 관성이 없고 오직 재성이 왕하며 암(暗)으로 관을 생하므로 명망 있는 남편에게 시집가기 쉽다. 또한 그 영화와 보호를 누릴 수 있다. 아울러 부부가 서로 돕는 공이 있다. 본명의 남편은 공공기관에서 일을 하고 있으며 또한 모든 일에 상의를 하여 공감을 얻을 수 있다.

<坤命>

乙	丁	戊	壬
巳	亥	申	辰

본 명조는 관성 및 일지가 모두 충극을 만나므로 남편과의 정분이 박하다. 또한 부부가 서로 만날 기회가 적으며 남편의 도움을 받음이 적다. 남편이 일 때문에 늘 출장을 가므로 집에 있을 시간이 적다.

<坤命>

甲 辛 丁 丙
午 巳 酉 申

본 명조는 비겁과 관살이 양강(兩强)한 세력을 형성하므로 그 남편이 사업
상 성취한 바가 있다. 또한 부부가 서로 공경하는 정의가 있고 서로 돕는
공이 있다.

31 여명에 관성이 없으면 남편과 인연이 얕다. 또한 독신사상이 있고 결혼욕이
　　낮다. 만일 국 중에 인성이 없으면 혼인 후에 고부간의 문제가 있기 쉽다.

32 여명에 인이 중하고 관이 약한데 재가 없는 자는 남편이 몸이 약하고 병이
　　많기 쉽다. 자기는 항상 집안 살림 때문에 열실히 일하며 또한 남편의 수명
　　이 자기보다 짧다.

33 여명에 관성 혹은 일지에 도화 혹은 목욕에 앉은 자는 남편의 성격이 낭만적
　　이고 풍류끼가 있다. 성욕을 중시하고 색을 밝히며 또한 주로 남편이 혼외정
　　사가 있기 쉽다.

34 여명에 관살이 약하고 사절에 앉은 자는 남편의 신체가 허약하고 병들기 쉽
　　다. 또한 남편 운이 보잘 것 없으므로 자신은 항상 남편을 위한 일로 마음을
　　쓴다.

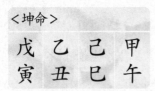

<坤命>

戊 乙 己 甲
寅 丑 巳 午

본 명조는 관성이 없고 인성도 없으므로 이성연이 박약하다. 또한 혼인

후 남편과 같이 지낼 기회가 적다. 아울러 고부간 문제가 생기기 쉽다. 본명은 친우의 소개로 혼인했으며 시어머니의 사상이 보수적이므로 항상 구설이 생긴다.

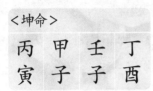

본 명조는 인성이 중하고 관성이 약한데 재성이 관을 생함이 없으므로 남편의 몸이 약하고 병이 많다. 자신은 집안 살림으로 수고롭기 쉽다. 본명은 남편이 폐결핵에 걸린 지 여러 해가 되었다.

본 명조는 관성이 도화에 앉으므로 그 남편의 성격이 낭만적이고 풍류가이다. 또한 성생활을 중요시하므로 남편이 색정 분쟁이 있기 쉽다. 본명의 남편은 늘 화류계에 들락거리므로 부부가 항상 구설과 언쟁이 있다.

본 명조는 관살이 약하고 절지에 앉으므로 그 남편의 몸이 약하고 다병하다. 또한 사업상에 있어서 비록 성취는 있으며 일은 늘 변경되므로 자기는 항상 남편 일을 위해 애쓰고 고생한다.

35 여명이 년간에 칠살이 있고 제어함이 없는 자는 친동기와의 인연이 얕다. 또한 첫 번째 혼인은 실패하기 쉬우며 모름지기 만혼하는 것이 묘하다.

36 여명에 관성이 二位가 있고 그 하나가 공망을 만난 자는 감정 혼인에 있어서 좌절을 받기 쉽고 이혼이나 재가할 징조가 있다.

37 여명에 관성이 매우 약하고 비겁이 강한 자는 부부의 감정이 얕다. 또한 서로 돕는 공이 결여되었으며 부부가 비교적 해로하기 어렵다.

38 여명에 유일한 관성이 타신(他神)과 합이 된 자는 남편의 애틋한 사랑을 얻기가 쉽지 않다. 또한 남편이 혼외정사가 있기 쉬우며 중하면 부부가 혼인 변동이 있다.

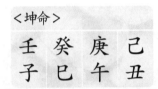

본 명조는 년간에 칠살이 있고 제함이 없으므로 이 사람은 친동기와의 연분이 박하다. 또한 첫 번째 혼인은 실패하기 쉽다. 아울러 감정 방면에 있어서 우여곡절이 생기기 쉽다. 본명은 자신이 양녀이며 남편이 혼외정사를 하였으므로 그와 이혼하였다.

본 명조는 관성이 二位가 있으며 그 하나는 공망(子는 관성이고 공망이다)을 만났으므로 감정 혼인상에 있어서 좌절을 받기 쉽다. 또한 혼인 후 부

부가 불화하여 이별하기 쉽다.

＜坤命＞

甲	丙	壬	庚
午	午	午	辰

본 명조는 관성이 극히 약하고 비겁이 강하므로 부부의 정분이 박하다. 또한 서로가 돕는 공이 결핍되었다. 남편이 일 때문에 서로 만나는 시간이 적다. 또한 남편이 몸이 약하여 병에 걸리기 쉬우므로 지원이 적다.

＜坤命＞

辛	丙	戊	癸
卯	午	午	未

본 명조는 유일한 관성이 타신(他神)과 戊癸合이 되므로 그 남편의 정은 비교적 전념하지 않는다. 또한 남편의 애틋한 사랑을 얻기 어렵다. 아울러 남편의 혼외정사가 있기 쉬우므로 부부가 혼인 변동이 있기 쉽다. 본명은 남편은 풍류와 호색으로 늘 색정문제를 일으켰으므로 부부는 비로소 이혼하였다.

39 여명에 일원이 약하고 재가 많은 자는 비록 남편을 도울 수 있으나 그 남편이 감사하게 여기지 않는다. 또한 항상 남편 일 때문에 걱정된다.

40 관귀가 많고 합이 많은 여명은 남편에 대해 두 마음이 생기기 쉬우므로 혼인이 완전무결하지 못하다.

<坤命>

乙	甲	戊	丙
亥	戌	戌	申

본 명조는 일원 甲木이 약하고 土 재성이 많으므로 비록 남편을 도울 능력이 있으나 그 정을 남편이 감사하게 받지 않는다. 또한 항상 남편의 일 때문에 수고로우며 고민된다.

<坤命>

丁	乙	庚	辛
亥	酉	子	丑

본 명조는 관살이 많고 또한 합이 많으므로 남편에 대해 두 마음을 가지기 쉽다. 또한 남편에 대한 정이 전념하지 못하고 혼외정사가 생기기 쉽다. 본명은 그의 남편과 정감이 화목하지 못하고 바깥으로 발전한다.

제06장

건강과 질병

1 팔자에 火가 성하고 土가 쇠하거나 혹은 水가 많고 土가 약하면 위장이 한랭한
  증세 혹은 피부과민증에 걸리기 쉽다.

<乾命>

乙 壬 己 辛
巳 子 亥 亥

본 명조는 팔자에 水가 많고 土가 약하여 선천적으로 위장이 한랭한 증세
에 걸리기 쉽다. 22, 23세 壬申, 癸酉년 모두 水가 왕한 유년이므로 국 중
의 土가 더욱 한습해진다. 그러므로 그 양년에는 위장을 잘 보양해야 위
장의 질액을 감소시킬 수 있다.

<坤命>

壬 戊 甲 丙
戌 申 午 午

본 명조는 팔자에 火가 성하고 土가 쇠하므로 선천적으로 피부가 좋지 않음을 암시한다. 21세 유년 丙寅년과 원국이 寅午戌 三合하므로 국 중의 火가 더욱 성하고 土는 더욱 약하므로 그 해에 항상 피부 과민증에 걸렸다. 33세 戊寅년에는 마찬가지로 유년과 명국이 三合 火가 되므로 그 해에는 피부병을 삼가 방비해야 된다.

2 팔자가 화염목분(火炎木焚)하여 화성목약(火盛木弱)하면 머리카락이 적갈색 혹은 머리를 묶은 형상이 되기 쉽다. 또한 항상 간화(肝火)가 허왕(虛旺)하므로 피부의 독을 야기한다.

<乾命>

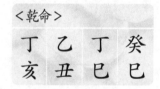

丁 乙 丁 癸
亥 丑 巳 巳

본 명조는 팔자가 화조목분(火燥木焚)하므로 머리카락이 적갈색의 형상이 있다. 또한 일상생활에 신경질을 부리기 쉬워 늘 피부의 독을 야기시킨다. 34, 35세 유년 丙寅, 丁卯년에 명 중의 火가 더욱 왕하고 木이 더욱 약하게 형성되므로 그 양년에는 여러 차례 피부병에 걸렸다.

3 팔자에 화염토초(火炎土焦)하여 火가 성하고 土가 약하면 겨울에 피부가 얼어 터지거나 혹은 피부병에 걸린다.

<乾命>

己　丙　丁　戊
亥　午　巳　戌

본 명조는 팔자가 화염토초하여 火가 성하고 土가 약하므로 이 사람의 피부는 겨울에 얼어 터지거나 피부병에 걸린다. 29세 유년 丙寅년 및 34세 유년 辛未 모두 원명과 회합하여 화국(火局)이 형성되므로 火土가 더욱 초조(焦燥)해지므로 그 양년에는 늘 피부의 독에 걸렸다.

4 팔자에 土가 희신이고 천간에 己土가 투출하여 甲木과 극합(尅合)을 만나면 피부가 벗겨지는 피부염에 걸리기 쉽다.

5 팔자에 습토가 너무 많거나 혹은 土가 왕한 水를 만나 잠기면 물집, 무좀, 습진 등 습독성 피부병에 걸리기 쉽다.

<坤命>

丁　丁　己　甲
未　卯　巳　辰

본 명조는 팔자가 화왕(火旺)하므로 土가 희신이고 천간에 己土가 투출하여 甲木의 극합(尅合)을 만났으므로 피부가 벗겨지는 병에 걸리기 쉽다.

<坤命>

庚　乙　戊　己
辰　丑　辰　亥

본 명조는 팔자에 습토가 많으므로 습독성의 피부병에 걸리기 쉽다. 26세

甲子 유년에 명세(命歲)가 삼회(三會)하여 수왕지(水旺地)가 되고 국 중의
습토가 왕한 水에게 충침(沖浸)을 받으므로 그 해에 항상 수포성의 피부
병에 걸렸다.

6 원명의 상관이 세운의 형충극파합화를 만나면 화류계를 찾아 다녀서 성병에
감염되기 가장 쉽다.

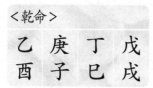

본 명조는 28세 乙丑년에 명 중의 子水 상관이 유년 丑土를 만나 합극(合
剋)되므로 그 해에 화류계에 들락거리다가 성병에 감염되었다. 33세 庚午
년에는 상관을 충동(沖動)하므로 역시 성병에 걸렸다.

7 팔자에 丁火가 약하고 입고(入庫)되면 심혈병(心血病)에 걸리기 쉽다. 다시
세운의 형충을 만나면 심혈로 돌연사하기 쉽다.

본 명조는 丁火가 약하고 입고(入庫)되므로 선천적으로 심혈병에 걸리기
쉬움을 암시한다. 34, 35세 유년 壬申, 癸酉년 모두 원명의 丁火를 극손(剋
損)하므로 그 양년에는 심혈병에 걸려 매우 중하다.

8 팔자 중에 丁火가 약하고 기운이 올라감이 성하면 빈혈증이나 심혈 쇠약증에 걸리기 쉽다.

본 명조는 丁火가 약하고 土의 기가 성하므로 선천적으로 빈혈 증세가 있다. 36, 37세 유년 壬申, 癸酉년 모두 국 중의 丁火의 힘을 극손하므로 그 양년에는 심혈 쇠약증에 걸려 매우 중하였다.

9 팔자에 壬水가 매우 약하고 원국 혹은 세운에 강한 金을 만나 수원(水源)을 막으면 방광결석증에 걸리기 쉽다.

10 팔자에 癸水가 매우 약하고 원국 혹은 세운에 강한 金을 만나 수원(水源)을 막으면 신(腎)결석증에 걸리기 쉽다.

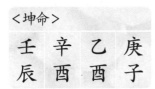

본 명조는 국 중에 壬水가 매우 약하고 묘고에 앉았다. 또한 팔자에 강한 金이 수원(水源)을 막으므로 선천적으로 방광이 좋지 않음을 암시한다. 21, 22세 유년 庚申, 辛酉년 모두 강한 金을 만나는 운이므로 그 양년에 여러 차례 방광결석으로 수술하고 치료를 하였다.

<坤命>

丁 庚 癸 甲
丑 申 酉 辰

본 명조는 국 중에 癸水가 매우 약하고 강한 金을 만나 수원(水源)을 막으므로 선천적으로 신장기관이 좋지 않음을 암시한다. 37, 38세 *庚辰, 辛巳* 유년 모두 원명과 강한 金운을 형성하므로 그 양년에는 모름지기 신결석증을 방비해야 한다.

11 남명이 겨울생이고 수기(水氣)가 동결(凍結)되며 사주에 火가 와서 빙수를 녹이거나 혹은 木이 와서 水를 소통시킴이 나타나지 않으면 신수(腎水)가 동결되어 불통하거나 신장기능이 쇠약한 병증에 걸리기 쉽다.

12 남명이 팔자 중에 癸水가 입고(入庫) 또는 형충극을 만나거나 혹은 癸水가 입고(入庫)되고 왕한 火가 증발되면 신수(腎水) 부족 및 신장 허약증에 걸리기 쉽다.

<乾命>

壬 己 壬 壬
申 亥 子 辰

본 명조는 겨울에 태어나 수기(水氣)가 동결되고 국 중에 木火가 빙수(氷水)의 기운을 소통함이 나타나지 않았으므로 선천적으로 신장기능이 쇠약한 증세가 있다. 41, 42세 유년 壬申, 癸酉년 모두 수왕(水旺)의 운이므로 국 중의 수기(水氣)가 더욱 동결되므로 그 양년에 신장병이 심하였다.

<乾命>

丙	丁	癸	乙
午	丑	未	巳

본 명조는 癸水가 입고(入庫)되고 충을 만났으며 다시 왕한 火가 수기(水氣)를 증발시키므로 선천적으로 신장기능이 퇴화됨을 암시한다. 34, 35세 유년 戊寅, 己卯년 모두 국 중의 癸水를 극손하므로 그 양년에는 신수(腎水) 부족 및 신허(腎虛) 등에 걸릴 우려가 있다.

13 팔자 중에 丁火가 강왕하고 토기(土氣)가 매우 약하면 저혈압, 심장박동이 비교적 느린 증세 및 천식에 걸리기쉽다.

14 여명의 팔자에 癸水와 丁火 둘이 약하면 월경불순 증세에 걸리기 쉬우며 월경이 더디게 오는 수가 많다.

15 여명이 팔자에 癸水와 丁火 둘이 강하면 월경불순 증세에 걸리기 쉬우며 월경이 빨리 오는 수가 많다.

<坤命>

甲	丁	丙	丁
辰	巳	午	酉

본 명조는 팔자에 丁火가 강왕하고 土氣가 매우 약하여 선천적으로 천식 및 저혈압이 있음을 암시한다. 30, 31세 丙寅, 丁卯 유년에는 원명의 土氣가 더욱 박약하고 丁火가 더욱 강왕해지므로 그 양년에는 심혈이 좋지 않은 증세가 매우 많았다.

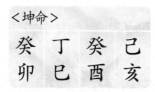

<坤命>

甲	己	癸	丁
戌	酉	丑	亥

본 명조는 丁火와 癸水 둘 다 약하므로 선천적으로 혈기가 불순하거나 월경불순 등의 병증이 있음을 암시한다. 42, 43세 유년 戊辰, 己巳년에는 원명 水火의 힘이 더욱 약해지므로 그 양년에는 늘 혈액계통 병증에 걸렸다. 또한 월경불순과 함께 월경이 더디게 왔다.

<坤命>

癸	丁	癸	己
卯	巳	酉	亥

본 명조는 丁火와 癸水 둘 다 강하므로 선천적으로 월경불순이 있음을 암시한다. 火旺 혹은 水旺의 세운을 만나면 모름지기 혈액순환 증세를 방비해야 한다. 또한 월경이 빨리 오거나 혈해실조(血海失調) 등의 질병이 있다.

16 팔자에 丙火가 지나치게 약하면 소장병, 안질, 신경쇠약 등에 걸리기 쉽다.

17 팔자 중에 水가 많고 土가 약하며 火가 가리면 신경쇠약증 및 정신분열증에 걸리기 쉽다.

<坤命>

丙	辛	甲	乙
申	亥	申	未

본 명조는 丙火가 지나치게 약하므로 장병(腸病), 안질, 신경쇠약증에 걸

리기 쉽다. 38, 39세 유년 壬申, 癸酉년 모두 원명의 丙火를 극손하므로 그 양년에 항상 안질과 신경쇠약, 장질(腸疾)에 걸린다. 38, 39세 유년 모두 金水 왕운을 만나므로 모름지기 안질과 장병 및 신경계통에 방비해야 한다.

<坤命>

본 명조는 수다(水多), 토약(土弱), 화엄(火掩)의 세력을 형성하므로 선천적으로 신경계통이 좋지 않음을 암시하고 있다. 33~36세 유년 모두 금수 왕운(金水旺運)을 만나 원명 火土의 힘이 극설됨이 너무 중하므로 그 몇 년 안에 항상 신경쇠약증 및 정신분열의 병리 변화가 있다.

18 팔자에 비겁이 약하고 상관이 중하면 신경분열증 및 불면증에 걸리기 쉽다.

19 팔자 중에 丙火 및 庚金이 둘 약하고 水土가 지나치게 왕하면 장질에 걸리기 쉽다.

20 팔자 중에 丙火가 강하고 庚金이 매우 약하면 만일 평상시 안력(眼力)을 사용함이 매우 지나치면 청각에 민감하지 못함이 많고 이명(耳鳴)이나 가는 귀가 먹기 쉽다.

<乾命>

본 명조는 비겁이 박약하고 식신의 도설(盜洩)이 너무 중하므로 선천적으

로 신경계통이 좋지 않음을 암시한다. 34, 35세 유년 戊辰, 己巳년 모두 식상운을 행하므로 국 중 비겁의 힘을 설기함이 매우 중하므로 그 양년에 는 늘 신경분열증 및 불면증이 있었다.

<乾命>

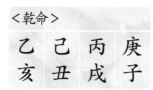

본 명조는 丙火 및 庚金이 둘 약하고 水土가 지나치게 왕하고 중하므로 선천적으로 소화불량의 병리 변화가 있다. 세운에 土 혹은 水가 왕한 운을 만나면 모름지기 장질을 방비해야 한다.

<乾命>

癸	丙	庚	甲
巳	午	午	辰

본 명조는 丙火가 강하고 庚金은 약하게 형성되므로 선천적으로 귀의 힘 이 손상받았음을 암시한다. 23, 24세 유년 丙寅, 丁卯년 모두 명 중에 庚金 의 힘을 극손하므로 그 양년에 항상 귀가 우는 증세 또는 청각의 손상으로 이따금 가는 귀가 먹는 현상이 있다.

21 명 운세(命運歲)가 兩辰沖一戌 혹은 兩戌沖一辰으로 형성되면 위장병이나 성병에 감염되기 쉽다.

22 명 운세(命運歲)가 兩丑沖一未 혹은 兩未沖一丑으로 형성되면 비병(脾病) 혹은 각기병 또는 부종증(浮腫症)에 걸리기 쉽다.

23 팔자 중에 戊土와 丁火가 둘 약하고 국 중에 습기가 지나치게 중하면 위궤양 혹은 위출혈에 걸리기 쉽다.

24 팔자 중 戊土가 甲木의 극제를 만나거나 癸와 합하여 火가 되고 土가 희신 이면 위출혈에 걸리기 쉽다.

25 팔자에 土氣가 박약하고 金氣가 왕성하면 위하수증에 걸리기 쉬우며, 세운 에 金을 만나면 더욱 심각하다.

<乾命>

본 명조는 명 중에 辰戌沖이 일조(一組) 있으므로 선천적으로 위병이 있음을 암시한다. 51세 유년 丙戌, 대운 戊戌에 명운세(명조, 대운, 세운을 말한다)가 兩戌沖一辰이 형성되므로 그 세운에는 모름지기 위병 및 화류병을 삼가고 방비해야 한다.

<坤命>

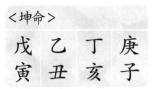

본 명조는 30세 辛未년, 대운 癸未에 명운세가 兩未沖一丑이 형성되므로 그 세운 내에는 비병(脾病), 각기병 및 부종병 등에 걸리기 쉽다.

<坤命>

丁	庚	辛	戊
丑	子	酉	申

본 명조는 戊土 및 丁火가 지나치게 약하고 명국에 습기가 지나치게 무거
우므로 선천적으로 위병의 증세가 있다. 25, 26세 유년 壬申, 癸酉년 양년
모두 원국 火土의 힘을 극설하므로 그 양년에는 늘 위병에 걸렸으며 또한
위출혈의 병리 변화도 있었다.

<坤命>

丁	丁	戊	癸
未	酉	午	巳

본 명조는 火가 왕하므로 土로 설수(洩秀)함이 희신이다. 다만 戊가 癸에
게 합이 되어 火가 되므로 선천적으로 위장병에 걸리기 쉽다. 36, 37세 유
년 戊辰, 己巳년 양년은 비록 土運이지만 조토열화(燥土烈火)이므로 그
양년에 위출혈이 여러 차례 있었다.

<坤命>

戊	戊	乙	庚
午	申	酉	子

본 명조는 팔자에 土氣가 박약하고 金氣가 왕성하여 土를 설기하는 힘이
과중하므로 선천적으로 위병에 걸리기 쉽다. 31, 32세 유년 庚午, 辛未년
양년 모두 원명 土星의 힘을 설기하여 소모하므로 그 양년에는 위하수병
에 걸려 건강을 회복하지 못하였다.

26 팔자에 金氣가 지나치게 약하고 국 중에 水木이 지나치게 왕하면 골격의 질병에 걸리기 쉽다. 일상에서 골격이 취약하고 견실하지 못하여 외부에서 작용하는 힘을 받아 골격을 상하기 쉽다.

<坤命>

己	辛	甲	癸
亥	丑	子	卯

본 명조는 팔자에 金氣가 지나치게 약하고 국 중에 水木이 지나치게 왕하므로 일상에 골격이 약하고 견실하지 않아 외부에서 작용하는 힘에 골격을 상하기 쉽다. 30, 31세 유년 壬申, 癸酉 모두 水旺의 운이므로 그 양년에 늘 골격 질병에 걸렸다.

27 팔자에 토다금매(土多金埋) 혹은 수다금침(水多金沈)을 형성하면 풍습증, 관절염, 연골증(軟骨症)에 걸리기 쉽다.

<坤命>

丁	庚	丙	己
亥	辰	子	亥

본 명조는 팔자에 수금상한(水金相寒)과 수다금침(水多金沈)을 형성하므로 선천적으로 근골 풍습증에 걸리기 쉽다. 34, 35세 유년 壬申, 癸酉년에 원명과 수왕지국(水旺之局)을 이루어 金의 힘을 더욱 약화시키므로 그 양년에 항상 풍습증 및 연골증 등에 걸림이 있다.

28 국 중에 금다수탁(金多水濁)을 형성하여 庚金이 강하고 壬水가 극히 약하면 방광결석증에 걸리기 쉽다. 만약 庚金이 강하고 癸水가 극히 약하면 신결석증에 걸리기 쉽다.

<乾命>

乙　壬　庚　戊
巳　戌　申　申

본 명조는 팔자에 금다수탁(金多水濁)을 형성하고 庚金이 강하며 壬水가 약하므로 선천적으로 방광이 좋지 않음을 암시한다. 33, 34세 유년 庚辰, 辛巳년 모두 명 중에 庚金의 힘을 증강하고 壬水를 더욱 탁하게 하므로 그 양년에는 모름지기 방광결석증을 방지해야 한다.

<乾命>

丁　癸　庚　戊
巳　酉　申　戌

본 명조는 팔자에 금다수탁(金多水濁)을 형성하고 또한 庚金이 강하며 癸水가 약하므로 선천적으로 신장기능이 불량함을 암시한다. 33, 34세 유년 庚午, 辛未년 모두 명 중에 庚金의 힘을 증강하여 癸水가 더욱 흐리게 하므로 그 양년에 몇 차례 신결석의 경험을 하였다.

29 팔자에 토중금매(土重金埋)를 형성하고 습기가 과중하며, 또한 辛金이 매우 약하면 폐결핵, 폐종맥병(肺腫脈病) 등에 걸리기 쉽다.

<乾命>

戊	辛	乙	己
戌	亥	亥	丑

본 명조는 팔자에 토다금매(土多金埋)를 형성하고 국 중에 습기가 무거우며 辛金이 매우 약하므로 선천적으로 폐 부위가 좋지 않음을 암시한다. 40, 41세 유년 戊辰, 己巳년 모두 명 중에 土星의 힘을 증강시키므로 매금(埋金)의 힘이 더욱 중하므로 그 양년에 항상 폐병 및 폐결핵 등에 걸렸다.

30 팔자 안에 지나치게 건조하여 金水가 부족하면 폐렴과 폐결핵 등에 걸리기 쉽다.

31 세운 모두 金星을 만나면 유혈 혹은 질액으로 수술하는 재액이 발생하기 쉽고 담병(膽病)에 걸리기 쉽다.

32 사주에 水星이 나타나지 않았거나 혹은 水氣가 단지 지지 人元에 있고 분명하게 나타나지 않으면 신병(腎病), 당뇨병에 걸리기 쉽다.

<乾命>

丁	丙	己	癸
酉	寅	未	卯

본 명조는 지나치게 건조하고 金水가 부족하므로 선천적으로 폐병에 걸리기 쉽다. 24~28세 유년 모두 火土運을 행하므로 국 중의 건조함을 가중시키는 상이다. 그러므로 金水의 힘이 더욱 약하므로 그 4년은 항상 폐병 또는 폐결핵이 있었다.

<乾命>

庚 甲 癸 癸
午 戌 亥 巳

본 명조는 28, 29세 유년 庚申, 辛酉년, 대운 庚申에 세운(유년과 대운을
말한다)이 모두 金星地를 만나므로 그 세운에 여러 차례 혈광의 재액이 있
었으며 담병(膽病)에 걸려 질액을 수술하였다.

<乾命>

甲 丙 戊 丁
午 辰 申 未

본 명조는 水星이 나타나지 않았으나 지지 인원에 水氣를 함유하고 있으
므로 선천적으로 신병(腎病)에 걸리기 쉽다. 28세 유년 甲戌과 원명이 辰
戌沖이 되므로 水氣를 함유한 지지가 충동(沖動)되므로 모름지기 그 해에
는 당뇨병 등의 질액을 삼가 방비해야 한다.

33 팔자에 木이 지나치게 많으면 위장 및 소화계통의 모든 병, 생식기관의 모든
병, 피부병에 걸리기 쉽다. 일상생활에 간화(肝火), 심화(心火)가 허왕(虛旺)
하기 쉽다. 넘어져 상하거나 접질리거나 부딪쳐 상하는 등 질액이 있기 쉽다.

34 팔자에 火가 지나치게 많으면 폐병, 콧병, 대장염, 기관지염, 인후 및 호흡계
통의 모든 병에 걸리기 쉽다. 일상생활에 치아병, 신경쇠약증, 근골이 시큰
거리고 아픈 병, 피로 증세, 부인병에 걸리기 쉽다.

35 팔자에 土가 지나치게 많으면 신(腎), 방광 및 비뇨계통의 모든 병에 걸리기
쉽다. 일상생활에 귓병 및 청각에 손상을 받기 쉽다. 심혈쇠약증, 피부가 붉

거나 적갈색이 되기 쉬우며, 비위가 붓는 등 질액이 있기 쉽다.

36 팔자에 金이 지나치게 많으면 간담, 안목, 사지의 모든 병, 폐렴, 장염, 비염 등의 질병에 걸리기 쉽다. 일상생활에 비위 허한증(虛寒症), 피부과민증, 혈액이 불량한 병에 걸리기 쉽다.

37 팔자에 水가 지나치게 많으면 심장병, 풍습증, 관절염, 당뇨병, 뇌일혈 및 비뇨계통의 모든 병에 걸리기 쉽다. 일상에서는 빈혈증, 사지한랭증, 간병의 모든 증세에 걸리기 쉽다.

38 팔자에 木土 상극이 형성된 자는 위출혈, 편두통, 변비, 설사, 장염 등에 걸리기 쉽다. 근골이 비틀리는 증세, 간담결석증에 걸리기 쉬우며 시력 원시안 혹은 약시의 증세에 걸리기 쉽다.

39 팔자에 火金 상극이 형성된 자는 폐 부위, 인후의 질병, 신경이 시큰거리고 아픈 증세, 피부병에 걸리기 쉽다. 일상에서 화상, 열상, 어지러움, 불면증이 있기 쉽고 부녀자는 혈해(血海) 실조 등의 병이 있기 쉽다.

40 팔자에 土水 상극이 형성된 자는 건망증, 요독증, 신(腎) 및 방광의 모든 병, 동맥경화, 중풍, 뇌일혈 등에 걸리기 쉽다. 시력이 좋지 않고 청각이 안 들리며 위한(胃寒) 등이 있기 쉽다.

41 팔자에 金木 상극이 형성된 자는 근골, 관절, 간담, 열손가락, 안목, 사지 등 모든 질병에 걸리기 쉽다. 골격 취약증, 기침병, 안면 신경의 모든 병, 잇병, 소화불량 등에 걸리기 쉽다.

42 팔자에 水火 상극이 형성된 자는 심혈쇠약증, 중풍, 소장염, 안목 피로증, 간경화, 간결석, 화상, 배설계통, 비뇨계통의 모든 질병, 신병(腎病) 등에 걸리기 쉽다.

＜乾命＞

壬 乙 丁 甲
午 卯 卯 辰

본 명조는 팔자에 木이 지나치게 왕함으로 선천적으로 소화계통 및 생식
기관 등 모든 병에 걸리기 쉽다. 일상생활에 간화(肝火), 심화(心火)가 허왕
(虛旺)하기 쉬우며, 넘어져 상하거나 부딪쳐 상하거나 근골을 접질리기 쉽
다. 세운에 목왕지향(木旺之鄕)을 만나면 위병, 장질, 신병(腎病) 및 생식
계통의 병에 걸리기 쉽다.

＜乾命＞

丁 丙 丁 癸
酉 寅 巳 巳

본 명조는 팔자에 火가 지나치게 왕하므로 선천적으로 폐병 및 호흡계통의
병에 걸리기 쉽다. 일상생활에 잇병, 신경쇠약증 및 피로증 등의 병에 걸리
기 쉽다. 세운에 화왕지향(火旺之鄕)을 만나면 콧병, 피부병 및 근골이 시
큰시큰 쑤시고 아픈 병 등에 걸리기 쉽다.

＜乾命＞

乙 己 壬 戊
亥 巳 戌 戌

본 명조는 팔자에 土가 지나치게 왕하므로 선천적으로 신(腎), 방광 및 비
뇨계통의 병에 걸리기 쉽다. 일상생활에 귓병, 심혈쇠약증 및 비위 허약,
부어오르는 증세에 걸리기 쉽다. 세운에 토왕지향(土旺之鄕)을 만나면 신

결석, 방광염, 중풍, 위병 및 혈액순환 등의 병에 걸리기 쉽다.

＜乾命＞

丙 辛 辛 戊
申 亥 酉 戌

본 명조는 金이 지나치게 왕하므로 선천적으로 간담, 안목, 사지 등의 질병
에 걸리기 쉽다. 일상생활에 비위 허한증(虛寒症), 피부 과민증 및 혈액불
량 등의 병에 걸리기 쉽다. 세운에 금왕지향(金旺之鄕)을 만나면 폐렴, 간
담병, 근골 낙상, 장염 및 뜻밖의 상해 등 병난에 걸리기 쉽다.

＜坤命＞

丁 壬 辛 壬
未 子 亥 辰

본 명조는 水가 지나치게 왕하므로 선천적으로 심혈병, 풍습증, 관절염, 비
뇨기계통의 질병에 걸리기 쉽다. 일상에서는 사지 허한증, 간병, 빈혈증에
걸리기 쉽다. 세운에 수왕지향(水旺之鄕)을 만나면 뇌일혈, 당뇨병, 안질,
심혈(心血) 등의 병에 걸리기 쉽다.

＜坤命＞

癸 甲 戊 乙
酉 辰 寅 未

본 명조는 木土 상극을 형성하므로 선천적으로 위병, 장병, 소화계통의 질
병에 걸리기 쉽다. 세운에 목왕지향(木旺之鄕)을 만나면 위출혈, 변비, 설

사, 장병(腸病), 편두통, 요도계통의 질병에 걸리기 쉽다.

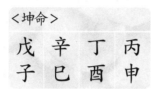

＜坤命＞

戊	辛	丁	丙
子	巳	酉	申

본 명조는 火金 상극을 형성하므로 선천적으로 인후, 신경근골 등의 질병에 걸리기 쉽다. 일상생활에서 화상, 불면증, 혈해실조(血海失調) 등의 병에 걸리기 쉽다. 세운에 화왕지지(火旺之地)를 만나면 어지러움, 신경통, 폐병, 관절염 등에 걸리기 쉽다.

＜坤命＞

庚	癸	壬	戊
申	未	戌	子

본 명조는 土水 상극을 형성하므로 선천적으로 생식계통의 질병에 걸리기 쉽다. 일상생활에서 안질, 심혈병, 신병(腎病), 요도 등의 질병에 걸리기 쉽다. 세운에 토왕지향(土旺之鄕)을 만나면 건망증, 요독증, 중풍, 동맥경화 등의 질병에 걸리기 쉽다.

＜坤命＞

己	辛	甲	庚
亥	卯	申	寅

본 명조는 金木 상극을 형성하므로 선천적으로 간담, 근골, 관절 및 안목 등의 질병에 걸리기 쉽다. 일상생활에서 자빠져 다치거나 찔려서 상처를

입거나 탈모 등의 병리 변화에 걸리기 쉽다. 세운에 금왕지향(金旺之鄕)을 만나면 칼로 인한 상처, 근골을 접질리거나 교통사고, 혈광의 재액, 간담병 등에 걸리기 쉽다.

<坤命>

乙	癸	丙	丁
卯	亥	午	亥

본 명조는 水火 상극을 형성하므로 선천적으로 심혈쇠약증, 안목 피로증, 간병, 배설계통의 질병에 걸리기 쉽다. 일상생활에서 소장병, 피로증, 월경 불순 등에 걸리기 쉽다. 세운에 화왕지지(火旺之地)를 만나면 비뇨계통의 질병, 화상, 혈액순환 질병에 걸리기 쉽다.

43 명조에 혈인, 양인을 띠고 칠살이 많은 자는 자빠져 다치거나 부딪쳐 다치거나 접질리거나 찔려서 상처를 입거나 칼, 검, 창, 총, 지뢰, 포, 폭죽 등으로 상해를 입기 쉬우며 교통사고 등의 재액을 겪는다.

<乾命>

乙	丙	壬	丙
未	申	辰	午

본 명조는 년지에 양인을 띠고 월간에 칠살이 나타났으므로 선천적으로 자빠져 다치거나 접질리거나 찔려서 상해를 입기 쉽다. 27세 유년 壬申은 칠살년이 되므로 원명 칠살의 힘을 증강시키므로 그 해 11월 壬子월에 명중의 양인을 충동(沖動)할 때 교통사고가 발생하여 팔다리가 상하였다.

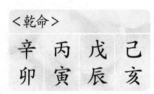

<乾命>

戊	壬	丙	乙
申	子	戌	巳

본 명조는 칠살이 중하고 년지에 혈인 및 일지에 양인이 나타났으므로 선천적으로 부딪쳐 상하거나 낙상을 당하거나 자상을 입거나 근골을 접질리기 쉽다. 26세 庚午년에는 원명의 양인과 상충되므로 그 해 5월 壬午월 및 10월 丁亥월에 모두 명 중의 혈인 및 양인을 충동하므로 그 두 달 모두 교통사고가 발생하였다.

44 명조에 일원이 약하면 신경쇠약증, 건망증, 빈혈 등에 걸리기 쉽다.

<乾命>

辛	丙	戊	己
卯	寅	辰	亥

본 명조는 일원 丙火가 약하므로 선천적으로 신경쇠약 및 건망증에 걸리기 쉽다. 30, 31세 유년 戊辰, 己巳년 모두 원국 일원이 힘을 설기하므로 양년에는 항상 신경계통 및 혈액순환계에 이상이 있었다.

45 명조의 일지가 子午卯酉인 자는 위장병 및 근골병에 걸리기 쉽다.

<乾命>

己	丙	乙	庚
丑	午	酉	子

본 명조는 일지가 午이고 국 중의 지지에 子午卯酉 등의 글자가 많이 나타났으므로 선천적으로 위장병, 근골병에 걸리기 쉽다. 또한 일원 丙火가 약하므로 불면증 및 신경쇠약증에 걸린다.

제07장
요절과 흉망

1 신왕함이 태과하고 인성 세운을 만나거나 혹은 명 중에 양인이 많고 재성 세운을 만나면 모두 질액으로 사상(死傷)할 우려가 있으며 혹은 혈광의 재앙이 있다.

본 명조는 일원 己土가 태왕하고 시주의 金水가 설수(洩秀)하여 유창함이 길신이다. 20세 유년 丁巳, 대운 역시 丁巳 모두 인성이다. 원명과 丁壬合, 巳申合이 형성되고 명 중의 길신 모두 극제를 받으므로 그 해에 질액으로 수술하고 목숨을 잃었다.

<乾命>

甲	丙	丙	壬
午	午	午	辰

본 명조는 양인이 많으며 39세 유년 庚午, 대운 庚戌 모두 재성이다. 명국과 양인이 중하고 火金 상극을 만나므로 그 해에 질액으로 상해를 입어 수술하고 치료하였다.

2 신약하면 인성으로 부신(扶身)함이 희용신이 되므로 인성이 강한 재를 만나 극파되고 다시 재왕운을 만나면 질액으로 수술하고 목숨을 잃는 위험이 있기 쉽다.

<乾命>

庚	己	甲	癸
午	亥	子	巳

본 명조는 일원 己土가 약하므로 화인(火印)으로 일원을 생함이 용신이 되고 인이 강한 재를 만나 극파된다. 8세 유년 庚子, 대운 癸亥 모두 왕한 재와 명국이 재파인(財破印 : 子午沖, 巳亥沖)이 되므로 그 해에 심장병으로 수술을 하였으나 실패하여 요절하였다.

3 명 중에 겁재가 중하고 재가 약하며 재가 용신인데 다시 겁재운을 만나면 수명이 다할 조짐이 있다.

＜坤命＞

丁	己	壬	戊
卯	巳	戌	戌

본 명조는 겁재가 중하고 재가 약하며 또한 재성 길신이 극을 받았다. 41세 유년 戊寅, 대운 戊午 모두 겁재운이므로 명국과 쌍겁재가 재를 극하므로 그 세운에 수명이 다할 우려가 있다.

4 신강하고 관이 용신인데 다만 관성이 쇠약하며 세운에 상관을 만나면 목숨을 잃을 재험(災險)이 있다.

＜乾命＞

戊	己	戊	甲
辰	亥	辰	辰

본 명조는 일원 己土가 강하므로 甲 관이 용신이 된다. 亥水 재성이 甲木을 생함이 용신이다. 그러나 국 중에 水木이 쇠약한데 17세 유년 庚申, 대운 庚午 모두 상관운이므로 명 중의 관성이 극을 받으므로 그 해에 차 사고로 요절하였다.

5 살중신약하면 명이 공자의 제자 안회(顔回)처럼 장생을 얻기 어려우며, 다시 칠살운을 만나면 상처를 입고 목숨을 잃기 쉽다.

＜坤命＞

己	壬	壬	戊
酉	午	戌	戌

본 명조는 일원이 약하고 칠살이 중하므로 선천적으로 명이 안회(顔回)와 같다. 41세 유년 戊寅, 대운 戊午 모두 칠살운이므로 명국과 쌍살이 일원을 극하게 형성되고, 지지가 삼합하여 재국(財局)이 되어 인성의 힘을 손상한다. 또한 살왕을 도우므로 그 해에는 모름지기 흉험한 재난, 질액을 방비해야 한다.

6 명국에 일원이 약하고 상관이 태중(太重)하며 다시 상관운을 만나면 장애로 인한 망신의 우려가 있다.

< 乾命 >

辛	壬	己	癸
亥	戌	未	卯

본 명조는 일원이 약하고 지지가 삼합하여 상관국이 되어 상관이 태중(太重)하다. 35세 대운 乙卯 10년 모두 상관운이므로 일원의 기운을 도설(盜洩)함이 더욱 중하다. 그러므로 그 운에서는 모름지기 장애로 인하여 몸을 망치는 재앙을 방비해야 한다.

7 명조에 식신이 용신인데 편인운을 만나면 질액과 재난 목숨을 내거는 위험이 있기 쉽다.

8 명국에 일시 양주(兩柱)가 천동지충(天同地沖)되면 어릴 때 억울하게 죽거나 상처를 입으며 수명이 좋지 못하다.

9 명국에 양인이 있고 세운과 충이 되며 구조됨이 없는 자는 차 사고, 혈광, 수술, 재난 등이 있기 쉽다.

10 명조에 칠살과 양인이 동주하고 세운과 충극을 만나면 가벼우면 상처를 입고, 중하면 흉하게 죽는다.

11 명조의 도화가 양인 혹은 칠살과 동주하고 세운의 충동(沖動)을 만나면 이 사람은 색으로 인해 화망(禍亡)을 초래한다.

12 신강하고 월령에 양인이 있으며 인성이 양인을 생함이 많은데 양인을 충하는 해를 만나면 상처를 입거나 목숨을 내거는 위험이 있다.

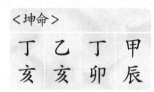

본 명조는 식신으로 용신을 삼는다. 30세 유년 癸酉, 대운 癸亥 모두 편인운이므로 명조의 식신이 극손을 당하므로 그 해에는 모름지기 질액과 재난을 방비해야 하고, 또한 목숨을 내거는 우려가 있다.

본 명조는 일시 이주(二柱)가 천동지충(天同地沖)되므로 어릴 때 불구로 요절할 우려가 있다. 17세 유년 戊午와 명국의 甲子가 천극지충이 되므로 그 해에 차 사고가 발생하여 목숨을 잃었다.

본 명조는 22세 甲子 유년에 명 중의 양인을 충동하므로 그 해에 질액으로 수술하였다. 34세 유년 丙子와 명 중의 양인이 子午 상충되므로 그 해에는 모름지기 차 사고나 혈광 등의 재액을 방비해야 한다.

본 명조는 47세 유년 丙子와 원명의 월주 壬午가 천극지충이 된다. 또한 국 중의 양인과 칠살이 충을 만나는 해이므로 그 해에는 모름지기 차 사고, 혈광, 흉험한 재액 등을 방비해야 한다.

본 명조는 월주 양인이 도화와 동주한다. 48세 유년 己卯가 명 중의 월주와 천극지충되고 도화이며 양인과 충이 되므로 그 해에 모름지기 색정으로 인한 분쟁을 방비해야 하고 목숨을 잃는 재앙을 야기한다.

본 명조는 일원이 강하고 월령이 양인이며 많은 인성이 양인을 생한다. 35세 유년 辛酉가 명국의 월주와 충되어 양인이 충을 만나므로 그 해에 차 사고로 사지불구가 되었다.

13 명국에 재가 살중(煞重)을 생하고 제함이 없으면 일생 반드시 여러 차례 위험한 재액이 있다. 가벼우면 불구자, 중하면 목숨을 잃기 쉬우며 살운을 만나면 더욱 영험하다.

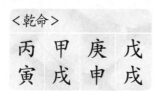

본 명조는 재가 살을 생하여 살중(煞重)한데 제함이 없으므로 일생에 흉험한 재난이 많다. 23세 유년 庚申은 칠살운이므로 그 해에 혈광의 재액이 발생하였고, 33세 유년 庚午와 원명은 살이 신(身)을 공격하고 지지는 합하여 식상국이 되어 신(身)을 설(洩)하므로 그 해에 차 사고로 인해 사지가 상하였다.

14 己亥일생이 국 내의 木이 천간에 투출하고 金星이 가까이 붙어 木을 제어할 수 없는 자는 칠살운에서 불구자가 되거나 목숨을 잃을 우려가 있기 쉽다.
15 癸巳일생이 국 내의 土가 천간에 투출하고 木이 가까이 붙어 土를 제할 수 없는 자가 칠살운을 만나면 불구자가 되거나 목숨을 잃거나 위태한 재난이 있기 쉽다.

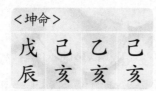

본 명조는 己亥일생이고 국 내의 木이 천간에 투출되고 金星이 가까이 붙

어 木을 제할 수 없다. 또한 33세 유년 辛未, 대운 己卯에 명 운세가 삼합하여 칠살 왕운을 형성하므로 그 해에 뜻밖의 사고로 불구자가 되었다.

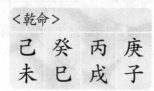

<乾命>

己	癸	丙	庚
未	巳	戌	子

본 명조는 土가 천간에 투출하고 木星의 제화(制化)가 나타나지 않았다. 30세 유년 己巳, 대운 己丑에 세운이 쌍칠살이 일원을 공격하므로 그 해에 일을 하다가 뜻밖의 사고로 외팔이가 되는 불행을 겪었다.

16 명국에 金木 상극이 형성되고 또한 양 세력이 각각 강한데 水星이 상극의 힘을 인화(引化)함이 보이지 않으면 차 사고, 혈광, 수술 등의 재액이 있기 쉽다. 가벼우면 불구자가 되고 중하면 목숨을 잃는다.

<乾命>

丙	辛	甲	庚
申	卯	申	寅

본 명조는 金木 상극이 형성되고 두 세력이 각각 강하며 水星이 상극의 힘을 인화(引化)함이 나타나지 않았다. 때문에 선천적으로 재난이 있음을 암시한다. 31, 32세 유년 庚申, 辛酉年에 원명과 金木이 교전을 벌임이 격렬하므로 그 2년간에 차 사고가 몇 차례 발생하였다.

17 火日이 겨울에 생하고 지지가 三合會水局이 되며, 다시 水旺運을 만나면 귀 나 눈을 손상하는 재액이 있기 쉽다. 또한 변사의 우려가 있다.

18 水日이 여름에 태어나고 지지가 三合會火局이 되며, 다시 火旺運을 만나면 귀나 눈에 손상이 있기 쉽다. 전기에 감전이 되거나 벼락을 맞거나 뜨거운 물 이나 불에 화상을 당하거나 부서져 죽을 우려가 있다.

본 명조는 일원 火가 겨울에 태어나고 또한 지지가 亥子丑 三會하여 북방 水局이 되며 35세 유년 癸酉, 대운 癸酉 모두 水旺運이 되므로 그 해 겨울 에는 모름지기 귀와 눈을 손상하는 재액을 방비해야 되며 부서져 죽을 우 려가 있으니 모름지기 조심해야 한다.

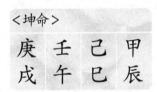

본 명조는 일원 水가 여름에 태어나고 명 중에 火가 왕한데 31세 유년 甲 戌, 대운 丙寅이 명국과 삼합하여 火旺의 운을 형성하므로 그 해에는 모름 지기 눈과 귀의 상해나 부서져 죽을 우려가 있으니 삼가 방비해야 한다.

19 명 운세가 동시에 복음·반음을 형성하면 비교적 의외의 상해가 생기기 쉽 다. 가벼우면 불구, 무거우면 목숨을 잃는다.

20 명조에 희용신이 세운에 쌍쌍이 충극을 만나면 가벼우면 중병, 중하면 목숨을 잃는다.

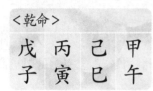

본 명조는 33세 유년 丙寅, 대운 壬申에 명 운세가 동시에 복음·반음을 형성하므로 그 해에 차 사고가 발생하여 사지에 중상을 입었다. 39세 유년 壬申, 대운 역시 壬申에 세운이 복음되고 일주와 천충지충이 되므로 그 해에 두 번의 차 사고가 발생하여 목숨을 잃었다.

<乾命>

庚 丙 丙 己
寅 子 子 亥

본 명조는 일원인 火가 약하고 국 중에 水가 왕하여 木이 水를 설기하여 일원 火를 생하므로 木이 용신이고 火가 희신이다. 34세 유년 壬申, 대운 癸酉에 세운이 쌍쌍이 원명의 희용신을 충극하므로 그 해에 교통사고로 중상을 입고 사망하였다.

21 명 운세가 삼형이 되고 충을 만나면 질병으로 수술을 하지 않으면 차 사고로 사망하기 쉽다.

22 일원이 대운 지지에 대하여 만일 십이운성의 묘를 만나면 그 운에서 중병이나 수명이 다할 우려가 있다.

<乾命>

己	壬	甲	癸
酉	寅	子	巳

본 명조는 43세 유년 乙亥, 대운 庚申에 명 운세가 寅巳申 삼형이 되고 巳亥冲이 되므로 그 해에는 모름지기 질액, 혈광, 차 사고 등 흉험한 재난을 방비해야 한다.

<乾命>

辛	甲	丁	壬
未	子	卯	辰

본 명조는 41~45세 운은 未에 있다. 마침 일원 甲木의 묘지이므로 그 운에는 모름지기 중병 및 수명이 다할 흉험과 재난이 있으니 삼가 조심해야 한다.

23 명조에 오행이 편고되고 세운에 형충을 아울러 보면 흉험함이 있기 쉽고, 중하면 사상되기 쉽다.

24 명조에 연일시 三亥가 모두 월령을 충하면 그 사람은 불구나 요절함이 있기 쉬움을 암시한다.

<坤命>

乙	甲	己	戊
亥	辰	未	戌

본 명조는 土가 태왕하므로 오행이 편고(偏枯)되었다. 또한 30세 유년 己巳,

대운 丙辰에 명 운세가 형충을 아울러 보므로 그 해에 교통사고를 만나 중상을 입었다.

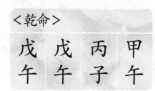

< 乾命 >

본 명조는 연일시 三支가 모두 월령을 충하므로 양인이 월제강을 충한다. 때문에 선천적으로 불구나 요절할 우려가 있다. 37세 유년 庚午와 월주 丙子가 천극지충이 되므로 그 해에 차 사고로 목숨을 잃었다.

25 명조에 연월시 三支가 모두 일지 앞 一位가 되면 주로 그 사람은 요절하기 쉽다. 살아도 중년을 넘기지 못한다.

< 坤命 >

본 명조는 연월시 三支 모두 일지 앞 一位가 되므로 선천적으로 수명이 길지 않음을 암시한다. 30세 유년 丁卯와 일주 癸酉가 천극지충되므로 그 해에 가슴앓이로 세상을 떠났다.

26 명조에 연월시 三支가 모두 일지 후 一位가 되면 그 사람은 살아도 중년을 넘기지 못한다.

<化命>

庚	丁	戊	庚
子	亥	子	子

본 명조는 연월시 三支가 모두 일지 후 一位가 되므로 선천적으로 장수하기 어려운 징조가 있다. 42세 유년 辛巳와 명 중의 일주가 천극지충되므로 그 해에는 마땅히 질액과 차 사고의 흉험 등 재난을 삼가 방비해야 한다.

27 원명의 지지에 상충이 일조(一組) 있고 세운을 만나 양조(兩組)의 상충이 촉진되면 목숨을 잃거나 불구자가 되기 쉽다.

<乾命>

丙	戊	壬	庚
辰	子	午	寅

본 명조는 지지에 일조 子午沖이 있고 43세 유년 壬申, 대운 丙戌에 원명과 寅申沖, 辰戌沖이 되므로 그 해에 의외의 사고로 신체 불구가 되었다.

28 명조가 동시에 복음·반음이 나타나고 일원이 약하면 어린 시절에 요절하거나 불구자가 되기 쉽다.

<乾命>

甲	戊	甲	戊
寅	申	寅	午

본 명조는 동시에 복음·반음이 나타나고 살이 중하여 일원이 약하므로

선천적으로 요절하거나 불구자가 될 우려가 있다. 7세 유년 甲子와 연주가 천극지충이 되고 또한 국 중의 희신이 충파되므로 그 해에 차 사고가 발생하여 소년에 일찍 사망했다.

29 명국에 살중하고 식신이 왕하며 신약하여 무근(無根)인 자는 가난하고 요절하거나 장애인이 되기 쉽다.

30 명조에 형충극이 많은 자는 지체장애자 혹은 요절 단명하기 쉽다.

31 명국에 한난(寒暖)이 조화를 잃고 너무 차갑거나 너무 더운 자는 가벼우면 불구자, 무거우면 요절한다.

32 명 중에 칠살, 상관, 양인이 많은 자는 불구자가 되거나 요절하기 쉽다.

본 명조는 칠살이 중하고 식신이 왕하며 일원 戊土가 약하고 일생 행운이 모두 일원의 기운을 도와줌이 없으므로 2세 유년 甲寅년에 장애를 치료하지 못하고 요절하였다.

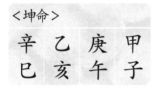

본 명조는 연월 二柱가 천극지충되고 일시 二柱가 역시 천극지충이 되어 金木이 교전을 벌인다. 때문에 선천적으로 사상의 재앙을 당할 우려가 있

다. 7세 유년 庚午, 대운 己巳에 다시 원국과 충극이 격렬하므로 그 해에 차 사고로 요절하였다.

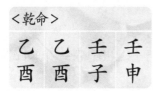

본 명조는 한랭함이 태과하고 火星의 조후함이 보이지 않으므로 선천적으로 장수할 명이 아니다. 2세 유년 癸酉년과 명조의 酉酉가 자형이 되고, 癸水가 그 추움을 더욱 증가시키므로 그 해에 심폐의 병으로 요절하였다.

본 명조는 칠살, 상관, 양인이 나타났으므로 선천적으로 다치거나 질액의 우려가 있기 쉽다. 30세 유년 己巳와 명조의 월령이 상충되고 상관년이므로 그 해에 흉험한 차 사고가 발생하여 손발을 상하였다.

33 일원이 극설교집(剋洩交集)을 만나고 형충이 많으면 장애자가 되기 쉽고 요절할 명이다.

34 전왕격, 종왕격, 화기격은 월령을 충하는 세운을 행하면 갑자기 부러지거나 부수어져 죽는 조짐이 있기 쉽다.

<乾命>

壬	庚	戊	乙
午	午	子	未

본 명조는 일원이 극설교집(剋洩交集)을 만나고 지지에 형충이 많으므로 선천적으로 불구자가 될 우려가 있다. 30세 유년 甲子와 명조의 일주가 천극지충이 되므로 그 해 겨울에 차 사고의 재앙으로 사지를 상하였다.

<乾命>

丙	甲	癸	壬
寅	寅	卯	辰

본 명조는 전왕곡직격이다. 65세 유년 丁酉, 대운 己酉에 세운이 월제강을 쌍충하므로 그 해에는 모름지기 혈광, 차 사고, 질액, 재난 등 흉난을 방비해야 한다.

제08장

관비(官非) 소송

1 팔자에 비겁이 적고 관살이 왕하면 일생 시비, 구설, 분쟁이 많다. 다시 관살 세운(유년과 대운)을 행하면 관송 시비의 일을 삼가 방비해야 한다.

<乾命>

庚 己 乙 甲
午 卯 亥 辰

본 명조는 팔자에 단지 겁재가 하나이고 관살이 왕하므로 일생 시비와 분쟁이 끊이지 않음을 나타낸다. 28세 유년 辛未, 대운 戊寅에 명 운세(본명 대운 유년)가 三合會하여 관살 왕국이 되므로 그 해에 관송 시비의 재액이 많았다.

2 팔자에 상관·정관이 함께 一柱 혹은 둘이 나타나 가까이 붙으면 일생 시비, 분쟁, 관재가 많다.

<乾命>

癸	辛	壬	甲
巳	亥	申	午

본 명조는 二柱에 상관과 정관이 서로 충극하므로 일생에 시비, 다툼, 관송의 일이 많다. 36세 유년 己巳, 대운 乙亥에 세운이 관성을 충극하므로 그 해에 관송이 많았다.

3 원명에 조후인 글자가 세운에 형충극파를 만나고 세력이 편고되면 모름지기 관비 소송을 주의해야 한다.

<坤命>

丙	庚	乙	丁
戌	子	巳	酉

본 명조는 비겁이 약하고 관살이 왕하며 명조가 초조(焦燥)하여 水로 조후한다. 다만 水가 土에게 극상되므로 선천적으로 시비가 많은 상이다. 31세 丁卯년 및 34세 庚午년 두 해 모두 子水를 형충하므로 관비(官非) 형송(刑訟)이 있었다.

4 명조에 관살이 혼잡한데 재성 세운을 행하면 재무로 인하여 관비 소송의 분규를 야기하기 쉽다.

<乾命>

본 명조는 관살혼잡하고 재성의 생조를 만나므로 선천적으로 재물로 인하여 시비를 일으키는 조짐이 있다. 27세 유년 辛未, 대운 甲戌에 명 운세가 합회하여 관살이 되고 재성이 입명(入命)하므로 그 해에 재리(財利)로 인하여 남과 관사(官司)를 벌였다.

5 세운과 원명이 형충극을 아울러 보면 전국이 강렬하게 동요하므로 모름지기 관송과 형상(刑傷)을 방비해야 한다.

<坤命>

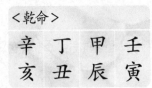

본 명조는 29세 유년 辛酉, 32세 유년 甲子, 대운 戊午에 명 운세가 형충극을 아울러 보므로 명국이 강렬하게 동요하므로 이 두 해에는 관비 형송의 일이 많았다.

6 운세(대운, 유년)에 子午卯酉가 전(全)하거나 寅申巳亥가 전하거나 辰戌丑未가 전하면 모름지기 관비, 형상을 주의해야 한다.

<乾命>

본 명조는 33세 유년 甲戌, 대운 丁未에 명 운세가 辰戌丑未가 全하므로 그 해에는 모름지기 관비 형상의 일을 주의해야 한다.

7 명조에 합이 많고 귀인이 많으며 비록 신약하고 관살이 왕하면 비교적 관비 소송의 일을 범하기 쉽지 않다.

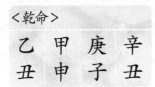

＜乾命＞

본 명조는 비록 신약하고 관살이 왕하지만 국 중에 子丑合과 子申合이 있고 쌍으로 천을귀인을 띠므로 일생에 비교적 관송 시비의 일을 범하기 쉽지 않다. 만일 소송의 일을 범해도 봉흉화길(逢凶化吉)로 좋게 된다.

8 명조에 양관(兩官) 혹은 양살(兩煞)이 있고 관이나 살의 유년을 만나면 모름지기 관송, 시비, 형상, 재난을 삼가 방비해야 한다.

＜坤命＞

본 명조는 관살혼잡이 되고 정관과 상관이 동주하므로 선천적으로 관비 형상(刑傷)이 있음을 암시한다. 21세 유년 乙丑에 편관이 일원을 극하고 지지 丑土가 水를 극(비겁이 재를 극한다)하므로 그 해에 금전으로 인하여 다른 사람과 관송 시비의 일이 생겼다.

9 명조의 관성이 상관 세운을 만나 충극되고 재인(財印)의 화해(化解)가 없으면 모름지기 관송으로 감옥에 가는 재앙을 방비해야 한다.

<乾命>

癸	己	戊	庚
酉	丑	寅	辰

본 명조는 41세 庚申년 및 53세 壬申년 모두 유년 상관이 본명의 관성 寅을 寅申으로 충극하므로 그 양년에 모두 관송의 일이 생겨 감옥에 가는 재액이 있었다. 국 중에 인성의 화해함이 결여된 까닭이다.

10 행운이 원명의 관살을 합하여 타신(他神)을 이루면 모름지기 관비 형상 및 감옥의 재액을 삼가 방비해야 한다.

<乾命>

乙	丙	癸	丙
未	戌	巳	申

본 명조는 33세 戊辰년에 유년 戊土가 원명의 癸水 관성을 합하여 타신(비겁이 된다)이 되므로 그 해에 남과 재무로 다투다가 관비 소송의 일을 야기하여 감옥에 가는 재액이 있었다.

11 팔자에 인이 많은 자가 만일 관송 시비를 범하고 관살 세운을 행하면 승소하거나 명예를 회복하기 쉽다.

<乾命>

乙	壬	辛	戊
巳	申	酉	戌

본 명조는 인성이 많고 국 중에 관인 상생이 형성되므로 일생 관송 시비를 범하기 쉽지 않다. 27세 유년 甲子에 국 중의 관성이 극(甲木이 戊土를 극한다)을 받으므로 관송의 일을 범하였으나 억울한 죄를 벗겨 종결되었다.

12 명조에 쌍관이 나타나 일원을 쟁합하고 다시 관성 세운을 만나 일원을 합하면 시비, 관송, 감옥에 가는 재액을 범하기 쉽다.

<乾命>

甲	己	甲	辛
戌	亥	午	卯

본 명조는 쌍관이 일원을 쟁합하고 또한 34세 甲子년을 만나 甲木 관성이 다시 일원을 합하고 지지가 子午沖하므로 그 해에 문서, 어음, 증서를 잘못하여 시비 관재를 범하여 감옥에 가는 재앙이 있었다.

13 팔자에 인성이 없거나 혹은 인성이 암상(暗傷)을 받은 자는 재리와 친척으로 인한 시비 다툼이 일어나기 쉽다.

<坤命>

辛	壬	丁	丙
丑	午	酉	午

본 명조는 국 중의 인성이 재성에게 극제를 받으므로 재리와 친척어른으로 인한 시비가 발생하기 쉬움을 암시한다. 24세 유년 己巳, 대운 乙未에 명 운세가 三會한 재방(財方)이 명 중의 인성을 극손하므로 친척어른과 관송 시비의 일이 발생하였다.

14 명조에 재성이 세운을 만나 충극되면 금전으로 인한 관비 형송의 일이 생기기 쉽다.

본 명조는 27세 丙寅년에 국 중의 재성이 유년을 만나 충극되므로 그 해에 재무로 분쟁하여 관비 소송의 일을 야기하였다. 39세 戊寅년에 국 중의 재성이 두 번 충을 만나므로 그 해에는 모름지기 파재와 관송의 일을 방비해야 한다.

15 명 중에 비겁성이 관살을 만나고 세운에 충극되면 남과 다투어 화를 초래하여 관송 시비를 야기한다.

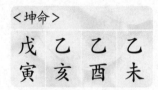

본 명조는 26세, 27세 유년 庚申, 辛酉년 모두 관살운을 행하므로 명조의

비겁성이 충극을 받는다. 그러므로 그 두 해에 모두 감정으로 분쟁이 있어 시비 다툼을 야기하였다.

16 남녀명을 막론하고 일지가 도화유년을 만나 충합(沖合)되면 감정으로 시비 화근을 초래하기 쉽다.

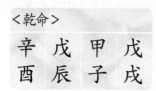

본 명조는 24세 辛酉년 및 36세 癸酉년 모두 도화가 일지를 합하여 들어온다. 24세에는 결혼하고 36세에는 모름지기 색정으로 인한 분쟁으로 관송 시비의 일을 초래하니 방비해야 한다.

17 남녀명을 막론하고 국 중에 칠살이 양인 혹은 도화와 동주하면 색정으로 인하여 시비를 초래하기 쉽다.

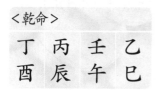

본 명조는 월주에 칠살과 양인이 동주하므로 감정으로 시비를 야기할 징조가 있음을 암시한다. 32세 丙子년에는 유년이 국 중의 양인을 충동하므로 모름지기 도화로 인하여 관비 형송의 일을 야기함을 방비해야 한다.

<坤命>

癸 甲 丁 己
酉 午 卯 亥

본 명조는 월주 도화와 양인이 동주하고 일시 二柱가 상관이 관을 극하므로 선천적으로 감정으로 인하여 시비를 야기할 조짐이 있다. 35세 癸酉년에는 유년이 국 중의 도화를 충동하므로 그 해에는 색정으로 화를 초래함을 삼가 방비해야 한다.

18 전왕격이 관살운을 행하고, 종식상격이 인성운을 행하면 모두 관비 소송의 일이 있기 쉽다.

<乾命>

癸 乙 丁 甲
未 亥 卯 辰

본 명조는 전왕곡직격이다. 27, 28세 유년 庚午, 辛未, 대운 庚午에 세운이 모두 관살지를 형성하므로 그 두 해에는 관비 형송의 일이 많았다.

<乾命>

己 甲 甲 丙
巳 辰 午 午

본 명조는 종식상격이다. 27, 28세 壬申, 癸酉년 모두 인성 왕운이므로 그 두 해에는 문서나 어음의 잘못으로 관비 소송의 일을 야기하기 쉽다.

제09장

재산

1 일주가 낭건(朗健)하고 용신이 손상됨이 없으며 행운(行運)에서 도우면 돈을 벌어 부자가 되기 쉽다.

< 乾命 >

丁	辛	甲	戊
酉	丑	子	戌

본 명조는 일원 辛金이 낭건하고 상함이 없으며 국 중에 土가 많아 木을 용신으로 하는데 水의 생조를 만나고 손상됨이 없다. 또한 대운 앞 三柱가 乙丑, 丙寅, 丁卯이며 모두 木火를 돕는 운을 행한다. 그러므로 장사로 이득을 얻고 돈을 벌어 부자가 되었다.

2 대운이 희용신을 보조하고 일주가 낭건하며 오행이 유창(流暢)한 자는 돈을
벌고 부자가 되기 쉽다.

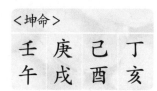

본 명조는 일원 庚金이 낭건하고 오행이 유창하며 대운이 25세 후 일로
(一路)에 식상재의 왕운을 행하고 명 중의 희용신인 水木의 힘을 보조하
므로 장사 및 부동산 투자로 돈을 벌어 치부하였다.

3 사주가 순전히 재(財)이고 행운에서 신재(身財)가 양정(兩停)한 자는 재원이
무성하여 치부하기 쉽다.

본 명조는 사주가 순재(純財)이고 일원이 낭건하여 손상됨이 없다. 또한
대운이 19세 후 일로(一路)에 신재양정(身財兩停)의 운을 행하므로 부동
산업에 종사하여 재원이 무성하고 돈을 벌어 치부하였다.

4 일주가 중화(中和)되고 재성이 희신이며, 또한 생조하는 신이나 보호하는 신
이 있으면 부자가 될 명이다. 다시 행운에서 보조를 얻으면 부호인(富豪人)이
되기 쉽다.

<乾命>

乙	己	戊	甲
亥	酉	辰	午

본 명조는 일주가 중화되고 재성 水가 희신이며 식신의 생조 및 관성의 가호함이 있으니 부자의 명이다. 또한 대운 25세 후 일로(一路)에 식상생재의 운이므로 부동산에 투자하고 해외무역에 종사하여 큰 돈을 벌어 치부하였다. 현재 자산이 일백 억이 넘는 부호인이다.

5 무릇 신약한 사주가 순전히 살의 제어함이 있고 또한 一路에 비겁, 인수의 운을 행하면 부호인이 되기 쉽다.

<乾命>

癸	戊	甲	戊
亥	午	寅	戌

본 명조는 일주가 약간 약하고 명 중에 살중한데 인성이 제화(制化)한다. 또한 대운 28세 후 일로(一路)에 丁巳, 戊午, 己未를 행하여 모두 인수, 비겁운이므로 윗사람과 귀인의 도움 및 벗의 도움으로 무역업에 종사하여 돈을 벌고 치부하였다.

6 명조에 정관과 재성이 二位 이상이고 행운에 신(身)을 돕고 재관을 억제하여 균등하면 중등 부자나 재원이 폭넓은 사람이 되기 쉽다.

<乾命>

己 甲 辛 戊
巳 寅 酉 子

본 명조는 일주가 조금 약하고 재관이 조금 강하다. 또한 대운 25세 후 일로에 甲子, 乙丑, 丙寅, 丁卯를 행하여 모두 부신(扶身)하고 재관을 억제하여 균등한 운이므로 장사로 돈을 벌어 치부하였으며 중등 부자가 되었다.

7 신왕하고 인이 많으며 재성이 월령을 얻었으며 대운 앞 三, 四柱가 식상재운을 행하면 돈을 벌어 치부하기 쉽다.

<坤命>

乙 甲 壬 癸
亥 寅 戌 巳

본 명조는 신강하고 인이 많으며 재성이 득령하였다. 또한 대운 四, 五柱가 丙寅, 丁卯로 모두 식상, 비겁운을 행하므로 장사로 돈을 벌어 치부하였다. 그러나 풍족할 사람일 뿐이다. 행운에서 재성을 만나지 못한 까닭이다.

8 사주 천간이 호환(互換)으로 녹신(祿神)이고 또한 행운에 신(身)이 균등함을 얻은 자는 재원이 넓어 부자가 되기 쉽다.

<乾命>

甲 庚 癸 丙
申 寅 巳 子

본 명조는 연월이 호환 녹신(丙의 녹은 巳이고, 癸의 녹은 子이다)이고, 일시가 호환 녹신(庚의 녹은 申이고, 甲의 녹은 寅이다)이며 또한 대운 30세 후 일로에 丙申, 丁酉를 행하여 신재(身財)가 양정(兩停)한 운이므로 장사로 돈을 벌어 치부하였다.

<坤命>

癸	丙	甲	庚
巳	子	申	寅

본 명조는 연월 천간이 호환으로 녹신(庚의 녹은 申이고, 甲의 녹은 寅이다)이 되고 일시 천간이 호환으로 녹신(丙의 녹은 巳이고, 癸의 녹은 子이다)이 되며 또한 대운 31세 후 일로에 庚辰, 己卯, 戊寅을 행하여 모두 신재(身財)가 균등해지는 운이므로 부동산에 투자하여 이득을 얻고 치부하였다.

❾ 일주의 강약을 막론하고 재성이 희신을 도울 수 있고, 또한 왕한 정도가 적중되고 행운이 돕는다면 중등 부자 혹은 작은 부자는 될 수 있다.

<乾命>

癸	甲	乙	甲
酉	戌	亥	午

본 명조는 팔자에 비겁이 많고 왕하므로 식상이 비겁의 힘을 유창함이 용신이다. 재성은 식상의 힘을 제하는 인성을 극하므로 재는 희신이 된다. 또한 행운 29세 후의 대운이 재성을 돕는 운을 만나므로 소자본 장사에 종사하여 작은 부자가 되었다.

10 신강하고 인왕하며 식상이 가볍고 재성이 득국(得局)하며 또한 대운이 一路
　　에 식상재지(食傷財地)를 행하면 중간 부자가 되기 쉽다.

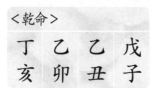

＜乾命＞

丁	乙	乙	戊
亥	卯	丑	子

본 명조는 신강하고 지지가 亥子丑 三會하여 인성이 왕하고 식상이 가벼
우며 재성이 득국(得局)하였다. 또한 24세 후 대운이 일로(一路)에 戊辰,
己巳 모두 식상 재운이므로 장사를 하여 중등 부자가 되었다.

＜정몽준＞

甲	己	己	辛
子	巳	亥	卯

＜석승＞

戊	甲	辛	己
辰	午	未	巳

＜구인회＞

丁	戊	戊	丁
巳	申	申	未

＜김승연＞

辛	癸	壬	壬
酉	未	寅	辰

＜이병철＞

壬	戊	戊	庚
戌	申	寅	戌

＜정주영＞

丁	庚	丁	乙
丑	申	亥	卯

＜김우중＞

癸	戊	辛	丙
亥	午	丑	子

11 신강한 명조에 재성이 없고 식상이 왕하게 빼어나서 재성을 암(暗)으로 생조
　　하면 중등 부자가 된다. 행운에서 돕는다면 실제로 부자가 된다.

<乾命>

甲	乙	丙	甲
申	巳	寅	午

본 명조는 신강하고 명 중에 재성이 없으며 식상이 왕하여 유창하게 수기(秀氣)하여 재국(財局)을 암(暗)으로 생한다. 또한 대운 26세 후 일로(一路)에 己巳, 庚午, 辛未를 행하여 모두 식상재관의 운이므로 토목건축업에 종사하여 이득을 얻고 치부하여 중등 부자가 되었다.

12 식상, 편재, 편관이 모두 일원과 가까운 위치에 나타나고 행운에서 일원을 돕는다면 재원이 광범하고 사업이 순조로워 중간 부자가 되기 쉽다.

<乾命>

戊	乙	丁	癸
寅	酉	巳	巳

본 명조는 식상재관이 모두 일원과 가까운 위치에 나타나고 대운이 20세 후 일로에 乙卯, 甲寅, 癸丑, 壬子를 행하여 모두 일원을 돕는 인비의 운이다. 그러므로 몇 종류의 사업에 종사하고 투자하여 이득을 얻고 재원이 광범하여 중등 부자가 되었다.

13 명조에 관성 및 재성이 두세 개 있고 행운에서 신관(身官)이 평균되면 중등 부자가 되기 쉽다.

<坤命>

辛	甲	己	丁
未	寅	酉	亥

본 명조는 일원이 좀 약하고 재관이 좀 중하다. 기쁜 것은 대운 23세 후 일로에 壬子, 癸丑, 甲寅, 乙卯를 만나 모두 신(身)을 돕는 운이므로 방직 무역에 종사하여 돈을 벌고 치부하여 중등 부호인이 되었다.

14 명조에 비겁이 약간 강하고 재성이 조금 약하며 행운에 신재(身財)가 양정(兩停)한 자는 소부인(小富人)이 되기 쉽다.

<乾命>

乙	壬	辛	壬
巳	午	亥	辰

본 명조는 비겁이 조금 강하고 재성이 조금 약하다. 대운 23세 후 일로에 甲寅, 乙卯, 丙辰, 丁巳를 행하여 모두 식상 재운이므로 증권에 투자하여 재원의 기복 변화가 다단하므로 소부인이 되었다.

15 재성이 비록 희신이지만 충극을 받고 행운이 순조롭지 못한 자는 조금 풍족한 사람이 되기 쉽다.

<乾命>

辛	丁	甲	丙
亥	未	午	申

본 명조는 재성이 비록 희신이지만 극제를 받고 또한 일생 행운이 다 개두절각(대운의 간지가 상극된다는 뜻)되므로 일생 재원이 다만 조금 풍족할 따름이다.

16 전왕격, 종약격 혹은 화기격은 행운의 보조를 얻게 되면 대부호가 되기 쉽다.

＜乾命＞

| 丁 | 甲 | 壬 | 壬 |
| 卯 | 午 | 寅 | 寅 |

본 명조는 곡직전왕격이며 희용신은 水木火이다. 또한 일생 모두 癸卯, 甲辰, 乙巳, 丙午, 丁未 水木火운을 행하므로 조업(祖業)으로 재백을 얻고 자신은 장사를 하여 이익을 얻어 대부호인이 되었다.

＜乾命＞

| 壬 | 庚 | 癸 | 壬 |
| 午 | 午 | 卯 | 寅 |

본 명조는 종세의 종약격이며 희용신은 水木火이다. 또한 대운 앞 사주가 모두 木火운을 행하므로 조상의 재백과 부모의 재정적인 지원과 비호를 받아 장사에서 이득을 얻어 대부호인이 되었다.

17 신약한데 인비운을 행하고 신강한데 재관 왕운을 행하면 돈을 벌고 치부하기 쉽다.

<坤命>

戊	乙	己	丁
寅	未	酉	亥

본 명조는 신약하고 재관이 왕한데 다행히 대운 29세 후 일로에 壬子, 癸丑, 甲寅, 乙卯를 행하여 모두 인비로 일원을 돕는 운이므로 부동산에 투자하고 무역에 종사하여 많은 돈을 벌고 치부하였다.

<乾命>

丙	庚	己	癸
子	申	未	卯

본 명조는 신강하고 재관이 조금 약하다. 다행하게도 대운 24세 후 일로에 丙辰, 乙卯, 甲寅을 행하여 재관 왕운이 되므로 건축업 및 부동산을 경영하여 돈을 벌고 치부하여 중등 부자가 되었다.

18 신강한데 식상생재함이 희용신이 되고 행운에서 돕는다면 재원이 부유하여 중간 부자가 되기 쉽다.

<乾命>

丁	乙	癸	壬
丑	巳	卯	寅

본 명조는 일원이 신강하고 국 중에 火土가 식상생재하여 희용신이 된다. 또한 대운이 30세 후 일로에 丙午, 丁未, 戊申, 己酉를 행하여 모두 식상재운이므로 제품업 및 식품가공업에 종사하여 돈을 벌고 치부하였다.

19 신강하고 인왕하며 관살이 가볍고 재성이 득령하면 재관을 돕는 운을 만나면 부자가 되기 쉽다.

＜乾命＞

甲	乙	壬	癸
申	亥	戌	亥

본 명조는 신왕 인왕하고 관살이 약하다. 다행히 재성이 월령을 얻고 대운이 일로(一路)에 辛酉, 庚申, 己未, 戊午를 행하여 모두 재관 왕운이므로 장차 중등으로 부귀한 자가 되기 쉽다.

20 신강하고 재관이 천간에 투출하여 희용신이 되고 재관 왕운을 행하면 중등 부귀한 자가 되기 쉽다.

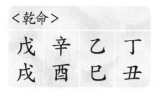

＜乾命＞

戊	辛	乙	丁
戌	酉	巳	丑

본 명조는 신강하고 재관이 천간에 투출하여 희용신이 된다. 또한 대운 앞 三柱가 甲辰, 癸卯, 壬寅으로 모두 재왕운을 행하므로 장사로 돈을 벌어 치부하였다. 그러나 다만 소부인(小富人)이 되었다. 큰 부자가 되지 못한 것은 행운에 관성이 나타나지 않은 까닭이다.

21 명조에 오행이 상생하여 유창하고 일주가 낭건하며 재성이 없으면 부귀쌍전한 사람이 되기 쉽다.

<乾命>

壬 己 丙 甲
申 亥 寅 午

본 명조는 일주가 낭건하고 오행이 상생하여 유창하며 재성이 손상됨이 없고, 일생 행운이 순탄하여 충극됨이 없으므로 부귀쌍전한 사람이 되었으며, 지방의회 의원 대표를 역임하였다.

<乾命>

己 丙 辛 壬
亥 申 亥 午

본 명조는 일주가 낭건하고 오행의 상생함이 유창하고 재성이 손상됨이 없다. 또한 일생 행운이 순조롭고 충극됨이 없으므로 부귀쌍전한 명이며 재산이 수백 억이다.

22 재성의 희기를 막론하고 연월주에 나타나고 충극공망을 만나지 않고 행운에서 재성을 돕는다면 소부(小富)가 되기 쉽고 혹은 중등으로 풍족한 사람이다.

<乾命>

甲 丙 乙 庚
午 午 酉 子

본 명조는 재성이 연월주에 나타나고 충극공망을 만나지 않았다. 대운 28세 후 일로에 戊子, 己丑을 행하여 모두 식상이 재를 돕는 운이므로 소자본으로 소매상에 종사하여 돈을 벌고 치부하여 중등으로 풍족한 사람이 되었다.

23 녹인격(祿刃格)이 명 중의 재관이 힘이 없고 식상을 희용신으로 삼으며 행운에서 식상의 힘을 돕는다면 중등 부자가 되기 쉽다.

＜乾命＞

庚	甲	癸	壬
午	戌	卯	辰

본 명조는 월인격(月刃格)이며 국 중에 재관이 비교적 무력하여 상관으로 설수(洩秀)함이 희신이 된다. 또한 대운 23세 후 일로에 丙午, 丁未, 戊申, 己酉를 행하여 모두 식상 재관의 운이므로 중등 부자가 되기 쉽다.

24 명조에 비록 재고(財庫)가 있으나 재성이 나타나지 않고 국 중에 식상이 나타나고 세운에서 재고를 충함을 만나면 벼락부자가 되기 쉽다.

＜乾命＞

庚	壬	甲	癸
戌	寅	子	未

본 명조는 재고(財庫)인 戌이 있으나 재성이 나타나지 않았으며 국 중에 식신이 있다. 또한 대운 40세 戊辰에 명 중의 재고를 辰戌沖하므로 부동산에 투자하여 벼락부자가 되었다.

25 신약하고 인성이 천간에 투출하여 극됨이 없거나 혹은 신강하고 재성이 천간에 투출하여 손상됨이 없는데 행운에서 돕는다면 작은 부자 혹은 중간으로 풍족한 사람이 되기 쉽다.

<乾命>

癸	甲	辛	戊
酉	寅	酉	戌

본 명조는 일원이 신약하고 인성이 천간에 투출하여 극손됨이 없다. 또한 대운 23세부터 일로에 甲子, 乙丑, 丙寅, 丁卯로 모두 일원을 돕는 운을 행하므로 간이식당을 경영하여 돈을 벌어 작은 부자가 되었다.

<乾命>

庚	己	乙	癸
午	卯	丑	巳

본 명조는 일원이 신강하고 재성이 천간에 투출하여 극을 받음이 없다. 또한 대운 앞 三柱가 모두 재관운이고 게다가 37세 후 대운이 이십 년간 식상운이므로 조업(祖業)의 비호를 받고 장사를 하여 치부하고 작은 부자가 되었다.

학 력

1 명국에 정관이 힘을 얻고 충극됨이 없는 자는 고시에 성공하기 쉽고 고학력을 얻을 수 있다.

〈乾命〉

己 辛 丁 丙
亥 未 酉 午

본 명국은 정관이 힘(편관의 도움을 받는다)을 얻고 충극됨이 없으므로 학업시기에 공부와 고시 모두 순조롭다. 게다가 자기의 지식 욕구 및 학습력이 모두 강하므로 대졸이다.

2 명 중에 인성이 월령을 얻었거나 혹은 인성이 중한 자는 비록 고학력을 얻기

는 쉬우나 공부한 것을 유용하게 쓰지 못한다.

<乾命>

癸	甲	戊	庚
酉	子	子	戌

본 명국은 인성이 월령을 얻고 거듭 만나므로 공부와 고시가 모두 신통치 않아 전문대에 들어가 기계과를 졸업했으나 실제에 응용할 방법이 없다.

3 명 중에 비록 관성이 없으나 재왕하여 암(暗)으로 관을 생한 자는 학력이 전문 과목에 이르기 쉽다.

<坤命>

乙	丁	庚	戊
巳	酉	申	申

본 명국은 비록 관성이 나타나지 않고 재성이 왕하여 암으로 관성을 생하므로 학업시기에 성적은 나쁘지 않았으므로 전문대를 졸업하였다.

4 신강하여 식상으로 설수(洩秀)하는 자는 지략이 재빠르고 영리하며 뛰어난 재치가 있으므로 고학력을 얻기 쉽다.

5 인성이 희신이고 천간에 투출하여 극합됨이 없는 자는 지식욕과 향학열이 강하여 학력이 높기 쉽다.

6 명 중에 천간이 상생하여 유창함이 나타나거나 지지가 상생하여 유창한 자는 학력이 최고 수준에 이르기 쉽다.

<乾命>

壬	己	戊	己
申	未	辰	酉

본 명국은 일원이 강한데 申酉金 식상이 설수(洩秀)하므로 지략이 뛰어나고 재치가 넘친다. 그러므로 유명 대학 통상계열을 졸업하였다.

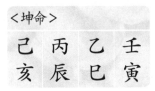

<乾命>

乙	甲	癸	己
亥	午	酉	酉

본 명국은 인성이 희신이고 천간에 투출하여 극(己土가 癸水를 극한다)을 받으므로 지식욕과 향학열이 강하지만 학력에 지장을 받기 쉽다. 가정 형편으로 전문대를 졸업하였다.

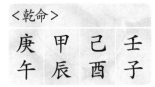

<坤命>

己	丙	乙	壬
亥	辰	巳	寅

본 명국은 천간이 상생하여 유창하고 지지 또한 상생하는 정의가 있다. 또한 관인이 서로 돕고 장애가 없으므로 학업시기에 성적이 특출하여 고시에 순조로워 석사학위에 이르렀다.

<乾命>

庚	甲	己	壬
午	辰	酉	子

본 명국은 지지가 상생하여 유창하므로 학업과 고시가 모두 순조로워 성적이 특출하므로 대학의 학사에 이르렀다.

7 관살이 명 중의 용신이 되고 충극공망됨이 없는 자는 학교 성적이 좋아 고학력을 얻기 쉽다.

8 신강하고 재관이 희신이며 연월주가 아울러 재관이 나타난 자는 공부가 순조로워 학력이 높기 쉽다.

본 명국은 관성이 용신인데 충극공망을 받지 않았으므로 학업시기에 성적이 양호하고 진학시험이 모두 순조로워 사범대학을 졸업하였다.

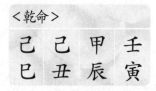

본 명국은 일원이 강하여 재관이 희신이다. 마침 연월주에 재관성이 함께 나타나므로 학업시기에 공부가 순조롭고 고시가 뜻대로 되므로 대학을 졸업하였다.

9 명조에 재관인 모두 천간에 투출하고 상생된 자는 공부와 학업이 모두 괜찮아 학력이 전공분야에 이르기 쉽다.

<乾命>

壬	乙	戊	庚
午	丑	子	戌

본 명국은 정재, 정관, 정인 모두 천간에 투출하고 상생하므로 학업성적이 괜찮았다. 또한 고시가 순조로워 장애가 없으므로 공업전문대를 졸업하였다.

10 명국에 오행이 중화(中和)되고 고시의 계단과 행운이 거역하지 않은 자는 공부와 고시가 모두 순조로워 고학력을 얻기 쉽다.

<乾命>

庚	癸	甲	丙
申	丑	午	申

본 명국은 오행이 중화되고 진학시험 단계에 丙申대운을 행하여 원명과 충극이 없으므로 공부와 고시가 모두 순조로워 전문대를 졸업했다.

11 명 중의 관살이 분명하게 통근하고 충극됨이 없는 자는 학업성적이 특출하고 학력은 전문대 이상이다.

<乾命>

己	辛	丙	丙
亥	酉	申	午

본 명국은 관성이 분명하게 통근하고 충극을 받음이 없으므로 학업시기

에 학교성적이 특출하고 진학시험이 순조로워 전문대학에 이르렀다.

12 명 중에 인성이 없는 자는 학력이 비록 높을 수 있으나 공부가 다 쓸모가 없는 현상이므로 활용할 방법이 없다. 사회에 진출한 후 배운 것을 활용할 방법이 없음을 초래하기 쉽다.

<乾命>

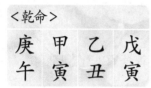

본 명국은 인성이 없으므로 비록 전문 분야를 졸업했으나 활용할 방법이 없으므로 사회에 나가 배운 것을 활용할 방법이 없음을 초래한다.

13 명 중에 관살이 약하고 극제를 받음이 태과한 자는 학업을 함에 장애를 받기 쉬우므로 학력이 대략 고등학교 이하이다.

14 명국에 관살이 많고 재성의 생조함을 받으며 인성이 무력한 자는 뜻밖의 일로 인하여 학력에 장해를 받는다.

<乾命>

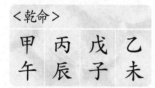

본 명국은 관성이 약하고 식상에게 극제를 받음이 태과하므로 학업시기에 가정 살림이 곤고하여 일찍이 사회에 나가 일을 해야 했으므로 학력이 초등학교 졸업이다.

<坤命>

癸	戊	乙	癸
亥	午	卯	丑

본 명국은 관성이 중하고 재가 생조함이 많으며 인성이 힘이 없으므로 학업 단계에서 연애를 하느라고 늘 감정의 곤혹을 받아 학업에 영향을 주었으므로 대학교에 진학하지 못하고 고졸이다.

15 명국에 금한수랭(金寒水冷)이 나타나고 국에 木火 조후가 분명하게 나타나거나 국 내에 화염토초(火炎土焦)하고 金水 조후가 분명하게 나타난 자는 학력이 높이 오르기 쉽고 전문대 이상의 학력이다.

<乾命>

甲	辛	庚	辛
午	丑	子	丑

본 명국은 금랭수한(金冷水寒)이 나타나고 국 중에 木火 조후가 분명히 보이므로 공부와 고시 및 학업성적이 모두 순조롭게 나아가 학력이 전문 분야에 이르렀다.

<乾命>

辛	壬	乙	丙
亥	午	未	午

본 명국은 화염토초(火炎土焦)하고 金水 조후가 분명하게 나타났으므로 학업시기에 공부를 잘하고 고시가 순조로워 대학교를 졸업하였다.

16 명국에 오행이 균등하고 소년 시기에 행운이 좋은 자는 전문대 이상 고학력을 얻기 쉽다.

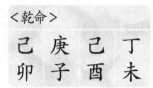

본 명국은 오행이 고르고 소년에 *庚戌*, *辛亥*운을 행하여 모두 원명과 충극됨이 없으므로 학업시기에 공부를 잘하고 고시가 순조로워 학력이 전문대 졸업이다.

17 명에 신살을 띠고 문창, 학사, 학당, 화개, 육수가 많이 나타나고 형충극공망을 만나지 않으면 글재주가 출중하여 전문대 이상의 학력을 얻기 쉽다.

18 정인이 홀로 왕하고 희신이거나 혹은 정관이 합하여 일주에 들고 기신이 되지 않은 자는 학교성적이 특출하고 글재주가 아주 뛰어나 고학력을 얻기 쉽다.

본 명국은 년에 학당을 띠고 일에 육수를 띠며, 시에 문창을 띠고 모두 충극공망됨이 없으며 천간이 상생하여 유창하다. 그러므로 글재주가 탁월하고 학업성적이 특별히 뛰어나 고시가 순조로워 박사학위를 취득하였다.

<乾命>

乙	丁	己	壬
巳	未	酉	子

본 명국은 월에 문창·학당을 띠고 일에 육수를 띠며 또한 모두 충극공망
됨이 없고 지지가 상행하여 유창하므로 글재주가 특히 뛰어나고 학업성적
이 우수하며 고시가 순조로워 유명 대학교를 졸업했다.

<乾命>

壬	丁	甲	甲
寅	酉	戌	辰

본 명국은 정인이 홀로 왕하고 희신이며 정관이 일원을 합하고 기신됨이
없다. 게다가 일시 二柱가 문창, 학당, 학사를 띠므로 글쓰는 재능이 뛰어
나고 공부와 고시가 다 순조로워 석사학위를 취득하였다.

<坤命>

甲	己	丙	己
子	未	寅	酉

본 명국은 정관이 일원을 甲己合하고 국 중에 관인이 상생하며 게다가 연
주에 문창·학당을 띠고 일주에 육수를 띠므로 글재주가 출중하고 학교에
서 학업성적이 특별히 뛰어나므로 대졸이다.

19 명 중에 정관, 정인이 함께 나타나고 왕하며 희용신인데 충극을 받음이 없는
자는 학력이 전문대 이상에 이르기 쉽다.

20 명국에 장생, 천월덕, 육수를 띠고 충극공망이 없는 자는 학업에 탁월한 인
물이며 학력이 높다.

21 명국에 정관이 쟁합된 자는 놀기를 좋아하고 독서를 싫어하므로 학력이 초
등학교나 중학교 졸업이다.

22 명국에 관살이 태왕하고 기신이 된 자는 성격이 일정치 못하고 독서를 싫어
하므로 학력이 낮다.

본 명국은 정관, 정인이 함께 나타나고 왕하며 희용신인데 충극이 없으므
로 공부할 시기에 스승의 정확한 지도로 공부가 양호하고 고시가 순조로워
대학교를 졸업하였다.

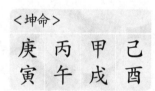

본 명국은 일주에 천월덕과 육수를 띠고 시주에 장생을 띠며 충극공망됨
이 없으므로 학업에 전념한 사람으로 대졸이다.

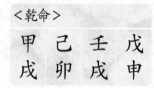

본 명국은 관성이 쟁합하므로 놀기를 좋아하고 공부하기를 싫어하여 학업의 진전에 영향을 끼쳐 학력이 중졸이다.

<乾命>

壬	庚	丙	丁
午	戌	午	未

본 명국은 관살성이 태왕하고 기신이 되므로 그 사람의 심성은 안정적이지 못하다. 또한 책읽는 것을 좋아하지 않으므로 학력에 제한을 받으므로 초·중 졸업자이다.

23 명 중에 인성이 월주에서 합이 된 자는 건강 상태가 좋지 않아 학업 진전에 영향을 주므로 학업을 중도에서 그만두기 쉬워 학력이 초·중 졸업이다.

<乾命>

己	丙	乙	庚
亥	午	酉	子

본 명국은 인성이 월주에서 乙庚合化金이 되므로 건강 상태가 좋지 않아서 학업 진전에 영향을 주므로 학력이 낮으니 초·중 졸업이다.

24 관성이 용신인데 공망을 만나면 뜻밖의 변화가 생기기 쉬워 학력에 장애를 받는다. 모름지기 일하면서 공부를 하여 학업을 완성하거나 혹은 수학(修學)하는 암시가 있다.

<坤命>

己	乙	戊	丁
卯	亥	申	未

본 명국은 관이 희신이지만 관성이 공망을 만나므로 의외의 변화로 학업에 장애를 받는다. 때문에 그 사람은 고학으로 학업을 완성하여 전문대를 졸업하였다.

25 명 중의 연월주에 상관견관(傷官見官) 혹은 겁재극재(劫財剋財)가 나타난 자는 청소년 시기에 가정 살림으로 열심히 일하느라고 학업에 영향을 받으므로 학력이 대략 낮다.

<乾命>

乙	丁	戊	壬
巳	酉	申	寅

본 명국은 연월주에 상관극관(傷官剋官)이 나타나므로 청소년 시기에 가계(家計)로 인하여 열심히 일하느라고 학업에 영향을 주어 학력이 고졸이다.

<乾命>

丙	甲	乙	戊
寅	午	丑	申

본 명국은 연월 二柱에 겁재 극재가 나타나므로 청소년 시기에 가계로 열심히 일하느라 학업에 영향을 주었다. 다행한 것은 지지가 상생하여 유창하므로 일하면서 공부하여 학력이 전문대 졸업이다.

26 연월 二柱에 그 하나가 공망을 만난 자는 가정의 변고로 학업에 장애를 받기 쉬우므로 학력이 낮을 우려가 있기 쉽다.

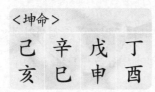

본 명국은 일주가 辛巳이니 공망은 申酉인데 연월 二柱 모두 공망을 만나므로 청소년기에 가정 변고로 학업에 장애를 받는다. 그러나 연월주가 살인상생이 되므로 일하면서 공부하는 고학생이 되어 대학교를 졸업하였다.

27 남명은 식상태왕하고 ,여명은 재성태왕하면 모두 놀기를 좋아하고 연애를 하여 학업에 영향을 주기 쉽다. 그러므로 학력은 대략 고등학교 이하이다.

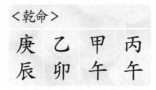

본 명국은 식상 태왕하므로 놀기를 좋아하고 학업시기에 연애를 하여 학업에 영향을 받아 고등 직업학교를 졸업하였다.

28 남명은 재성이 용신이고, 여명은 관성이 용신이면 이성으로 인하여 학력이 낮다.

<坤命>

甲	己	癸	庚
子	未	未	戌

본 명국은 일원이 강하여 甲木 관성이 용신이다. 그러므로 학업시기에 연애를 하느라 감정에 곤혹됨을 항상 받아 학업에 영향을 주므로 고졸이다.

29 진학 고시 기간에 대운 및 유년 모두 길하면 공부와 고시 모두 뜻대로 되어 고학력을 얻기 쉽다.

<乾命>

辛	丁	丙	甲
亥	丑	寅	寅

본 명국은 연월 양주가 쌍으로 학사를 띠고 또한 29세 유년 壬申, 대운 丁卯에 대운이 비록 기신이지만 유년이 희신이므로 공부와 고시가 뜻대로 되어 전문대를 졸업하였다.

30 화기격이고 사주에 관성이 나타나지 않으면 학업에 장애를 받기 쉽고 고학력을 얻기 어렵다.

31 전왕격 혹은 종약격이 파격운(破格運)을 행하면 공부와 고시 모두 순조롭지 못하므로 학력이 낮다.

32 연월에 형충이 있는 자는 집안일로 변천이 있기 쉬워 학업에 영향을 받으므로 대략 고졸이거나 혹은 타향에서 공부를 하게 된다.

<乾命>

辛	戊	癸	丙
酉	辰	巳	午

본 명국은 戊癸化火格이며 사주에 관성이 없으므로 학업시기에 가정 변고로 학업에 장해를 받으므로 고졸이다.

<乾命>

戊	己	戊	己
辰	巳	辰	酉

본 명국은 전왕가색격인데, 그러나 17세 유년 乙丑이 관성이고 파격운이다. 그러므로 그 해에 고시가 불리하여 학업에 장애를 받았다. 다행히 18, 19세 유년 丙寅, 丁卯 모두 희신운이므로 고시가 순조로워 전문대에 입학하였으며 전문대를 졸업하였다.

<坤命>

癸	甲	丙	壬
酉	戌	午	子

본 명국은 연월 二柱에 子午冲이 되므로 학업시기에 가정 형편 변천으로 학업 진전에 영향을 받아 고등 직업학교를 졸업하였다.

고학력과 저학력의 구분은 고졸, 전문대졸, 대졸, 대학원졸은 고학력으로 고졸 이하는 저학력을 판단한다. 다만 이것은 오늘날 사회에서 보는 통념일 뿐이다.

대학을 졸업하기 힘든 팔자의 예는 다음과 같다.

- 관살이 혼잡하고 탁기가 있는 팔자
- 신약한 사주가 인수 또는 편인이 재성이나 식상에 의해 파진된 팔자
- 관살이 미약한데 식상에 의해 파진된 팔자
- 신왕한 사주가 식상이 매우 미약하거나 인수 및 편인에 의해 파진된 팔자
- 일주가 매우 약하고 관살 또는 재성 및 식상이 왕한 팔자
- 종격과 화격 등 외격 사주가 기신이 사주의 천간 및 지지를 차지한 경우

공망의 작용

공망은 '없다', '사라지다'. '소멸되다', '비었다' 는 뜻을 지닌다.

공(空)은 '없다' 는 뜻이고 망(亡)은 '사망', '멸망', '사라진다' 는 뜻이다.

甲子旬中에는   戌亥가   **공망**

甲戌旬中에는   申酉가   **공망**

甲申旬中에는   午未가   **공망**

甲午旬中에는   辰巳가   **공망**

甲辰旬中에는   寅卯가   **공망**

甲寅旬中에는   子丑이   **공망**이다.

공망은 주 중에서 길(吉)은 길함이 감소되고 흉(凶)은 흉함이 감소된다.

사주를 추명함에 연주 및 일주로 나머지 三柱 지지를 대조하면 무슨 주가 공망인지 무슨 육신이 공망인지를 알게 된다.

공망에 관한 논술은 심히 많다. 이른바 사대공망·육갑공망·절로공망이 있으며, 木이 공망되면 절(折)하고, 火가 공망이면 발(發)하고, 土가 공망이면 함붕(陷崩)하고, 金이 공망이면 명(鳴)하고, 水가 공망되면 유(流)한다.

『명리대전(命理大全)』에 이르기를 "공망이 생왕(生旺)을 대동하면 기도(氣度)가 관대하여 의외의 명리를 얻을 수 있지만 사절(死絶)에 있으면 성패가 많고 정처없이 떠돌아다니며 삼기·장생·귀인·화개와 같이 있으면 크게 총명하다"고 하였다.

공망이 충(沖)을 만나거나 합(合)을 만나면 공망이 풀리고 귀인이나 길신을 만나도 공망이 풀린다고 알고 있다. 다만 공망이 沖을 만나면 공망을 풀 방법이 없을 뿐만 아니라 도리어 공망의 흉조를 증가한다.

어떤 사람은 명 중에 二柱가 공망되면 일생 크게 성취할 가능이 없고, 명 중에 三柱 이상 공망되면 도리어 대부대귀한다고 하였다.

봄에는 寅卯가 공망되지 않고, 여름에는 巳午가 공망되지 않으며 가을에는 申酉가 공망되지 않고, 겨울에는 亥子가 공망되지 않는다. 이것은 오행 왕기(旺氣)의 시령(時令)인 까닭이다.

공망을 만난다는 봉공망(逢空亡)의 뜻은 지지의 신(神)이 공망과 동거한다는 의미이다.

공망에 앉는다는 좌공망(坐空亡)의 뜻은 천간의 신(神)이 지지 공망에 앉아 동일주(同一柱) 안에 있다는 의미이다.

1 年柱가 空亡되면 조상궁의 공망이므로 조부모 및 조가(祖家)와 인연이 박하여 조상들이 살던 곳을 일찍 떠나기 쉽다. 일생 고생이 많고 바쁘며 자력으로 자수성가한다. 또한 연주는 18세 전의 명운을 관장하고 유소년기에 비교적 유쾌하고 아름다운 시간이 없다. 아울러 공부하는 과정에서 장애를 받기 쉽다. 이 시기에는 조상과 부모의 순조롭지 않은 곤액을 따르기 쉬워 그 고통을 함께 받는다. 자신은 남의 양자나 양녀가 되기 쉽다.

2 月柱가 空亡되면 부모궁 및 형제궁이 공망을 만나므로 부모 및 형제자매와의 인연이 박하거나 일찍 이별하거나 화목하지 못한다. 아울러 친형제가 흩어질 우려도 있다. 또한 월주는 19~36세의 청년운을 주관하며 공망을 만나면 이 기간에 진학, 취업, 혼인 등이 모두 순조롭지 못하고 거슬림이 많을 우려가 있으며 늘 이변이 생긴다. 혹은 부모, 형님이 패망하여 순조롭지 않아서 그 불순한 고통을 같이 받는다.

3 日柱가 空亡되면 부부궁이 공망을 만나므로 부부연에 변동이 있을 우려가 있다. 본인 혹은 배우자가 일찍 죽거나 이혼, 재혼, 혼인 불순, 색정으로 분쟁 등을 예시한다. 또한 일주는 37~54세의 중년운을 주관하고 이 기간 본인, 가정, 부부 등에 곤액, 장애와 거스름, 재난이 많을 우려가 있다. 본인 혹은 배우자가 색정으로 풍파가 있기 쉽고 부부가 해로할 방법이 없다.

4 時柱가 空亡되면 자녀궁이 공망되므로 자손이 궁핍하거나 드물고, 혹은 딸을 낳는 기회가 많으며 아들을 낳을 기회가 적다. 또한 시주는 55세 이후 만년운을 주관한다. 공망을 만나면 만년에 반드시 고독과 적막에 비교적 빠지기 쉽다. 자손의 복도 비교적 누리기 어려우며 곤역(困逆)의 상황에 이르기 쉽다. 일에 대한 야심이 결여되고 자식과의 연이 박하여 일찍 이별하기 쉽다.

<乾命>

辛	己	丙	甲
未	亥	寅	辰

본 명조는 일주가 己亥이니 辰巳가 공망이며 연지 辰이 공망을 만나므로 부모와의 인연이 박하고 일찍이 고향을 떠난다. 유소년 시기에는 아름답고 유쾌한 어린 시절이 없으며 조상의 음덕을 얻지 못하고 빈손으로 집을 일으키는 사람이다. 유년 시기에 아버지가 장사를 하다가 실패하여 생활이 안정적이지 못하고 늘 거처가 변동하였다.

<坤命>

癸	丙	戊	丙
巳	寅	戌	申

본 명조는 일주가 丙寅이므로 戌亥가 공망인데 월주가 戌이니 공망을 만나므로 부모 형제와 인연이 희박하고 가족과 모임이 적고 헤어짐이 많다. 또한 청년기 공부나 취업 모두 순조롭지 못하고 거스름이 많으며 아울러 감정상 우여곡절이 많다.

<乾命>

乙	甲	丙	壬
亥	辰	午	寅

본 명조는 연주가 壬寅이므로 辰巳가 공망인데 일주 辰이 공망을 만나므로 감정 혼인상 순조롭지 못하고 거스름이 많다. 또한 연애 혹은 혼인 과정에서 제3자의 개입이 있으며 평생 모름지기 색정으로 혼인 변동을 야기할 우려를 방비해야 한다.

<坤命>

庚	丁	壬	丁
子	巳	寅	酉

본 명조는 일주가 丁巳이므로 子丑이 공망인데 시주 子가 공망을 만나므로 자식이 적다. 자녀와의 연분이 희박하고 만년에 고독과 적막에 빠지기 쉽다. 자손의 복을 비교적 누리기 어려우며 아울러 일에 대한 야심이 부족하고 심하면 자식이 손상되기 쉽다.

5 年月柱가 모두 공망을 만나면 가정 형편이 시들기 쉽고, 부부연이 변하기 쉬우며 청소년기에 늘 이상한 행동을 한다.

6 생년에서 보아 일주가 공망되면 타인에게 양육되기 쉬우며 남녀명 모두 배우자의 도움을 얻기가 쉽지 않다.

7 年柱와 日柱가 서로 공망되고 형충양인되면 남명은 몸이 허약하여 병이 많기 쉽고, 여명은 색정으로 분쟁이 있기 쉬우며 항상 감정의 곤혹과 번민을 받는다.

8 명 중에 三柱가 공망되면 도리어 부귀한데 단지 연월시주가 공망을 만나는 것에 한정하고, 일주에 공망이 있으면 그렇게 보지 않는다.

<乾命>

甲	辛	丙	癸
午	丑	辰	巳

본 명조는 일주가 辛丑이니 辰巳가 공망인데 연월주 辰巳가 모두 공망을 만나므로 출생한 가정의 형편이 쇠락하여 청소년 시기에 학업과 취업 모두 항상 이상한 변동이 있었다. 또한 부부연에 돌변이 있을 우려가 있다.

<坤命>

庚	己	甲	癸
午	酉	寅	未

본 명조는 생년 癸未의 공망은 申酉인데 일주 酉가 공망을 만나므로 타인에게 양육되기 쉽고 친부모와의 인연이 박하다. 또한 혼인상에 있어서 좋은 남편을 만나 귀여워하고 아껴줌을 얻기 어렵다. 심하면 부부가 색정적인 풍파가 있기 쉬우며 혼인 변동을 야기한다.

<乾命>

丁	庚	癸	丁
亥	辰	卯	酉

본 명조는 연주 丁酉의 공망은 辰巳이고, 일주 庚辰의 공망은 申酉인데 酉는 庚일의 양인이며 卯를 만나 충이 되었다. 그러므로 명국이 연주와 일주가 서로 공망되는 호환공망(互換空亡)이 되고 또한 양인을 충하므로 이 사람은 신체가 허약하고 질병이 많다.

<坤命>

辛	壬	庚	丁
亥	申	戌	亥

본 명조는 일주 壬申의 공망은 戌亥인데 연월시 三柱에 戌亥가 모두 공망을 만나므로 비록 일생 부귀하더라도 가정, 육친, 남편, 자녀 등 모든 인연이 박하여 독신, 적막한 환경에 빠지기 쉽다.

9 공망이 합을 만나면 공망이 풀린다고 한다. 그러나 子丑과 午未의 공망은 비록 두 지지가 합이 되어도 공망을 풀지 못한다.

10 공망이 천을귀인, 천덕, 월덕, 천혁일, 복성일, 괴강일, 금신, 장성, 삼기 등 길신이면 역시 공망이 풀린다고 한다. 다만 이상의 길신살 역시 공망은 풀리지만 복력은 절반 이상 감소된다.

11 흉신살이 공망을 만나면 그 흉한 성질은 해제되어 소실되기 쉽다. 다만 공망의 힘은 아직 30~40%가 있게 된다.

12 공망이 근충(近沖)을 만나면 공망을 풀 방법이 없을 뿐만 아니라 도리어 공망의 힘이 더욱 뚜렷하다.

<乾命>

戊	辛	丙	甲
戌	亥	寅	午

본 명조는 일주가 辛亥이므로 寅卯가 공망이다. 월주 寅은 비록 공망을 만났으나 지지가 寅亥合 및 寅午戌 三合이 되니 공망이 합을 만나면 공망의 힘을 풀리게 하므로 寅이 비록 공망이지만 합을 만나므로 공망으로 논하지 않는다.

<坤命>

壬	庚	丁	甲
午	辰	丑	午

본 명조는 연주가 甲午이니 공망은 辰巳이므로 일주가 공망을 만난다. 그러나 庚辰일은 괴강이 되고 천월덕을 띠므로 공망의 힘은 완전히 해제된

다. 그러나 길신이 공망을 풀리게 할 수는 있지만 복력은 절반 이상 감소된다.

본 명조는 일주가 壬辰으로 공망은 午未인데 연월주 午未가 모두 공망을 만났다. 午未가 비록 합이 되지만 공망의 힘은 존재하므로 청소년기에 학업과 취업 모두 순조롭지 못하고, 혼인상에 있어서도 아내의 내조를 얻기가 어려우며 아내와 늘 불화하고 심하면 혼인 변동이 있기 쉽다.

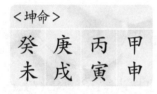

본 명조는 일주가 庚戌이므로 寅卯가 공망인데 월주 寅이 공망을 만나고 또한 申의 근충(近沖)을 만나 공망을 풀리게 할 방법이 없을 뿐만 아니라 공망의 힘이 더욱 분명하므로 부모 형제 및 가정 모두 인연이 박하다. 또한 청년기에 사업의 기복과 변화가 다단하였다.

13 비겁이 공망을 만나면 형제자매와 정분이 희박하고 형제와 일찍 이별하거나 화목하지 못하기 쉽다. 동업으로 사업하면 성공하지 못하고 친구, 동료, 또래의 도움을 얻기 어렵다. 친우에게 연루되어 손재를 입기 쉬우며 본인 혹은 형제중 타인의 양자나 양녀가 되기 쉽다.

14 비견이 공망에 앉으면 동성(同性) 형제가 적고 일찍 이별하기 쉬우며, 인사상 벗의 도움을 받기 어렵다.

15 겁재가 공망에 앉으면 이성 형제가 적고 일찍 이별하기 쉬우며, 아울러 일생 중 색정으로 알력이 생김이 많다.

16 식신이 공망을 만나면 남명은 감정상 풍파를 받기 쉽고 또한 장인, 장모와 인연이 얇다. 여명은 자식을 손상하기 쉽거나 혹은 생남함이 많고 생녀하지 못하며 혹은 자식이 요절함이 있다.

17 상관이 공망을 만나면 여명은 자식을 손실하기 쉽고 혹은 생녀함이 많고 생남하지 못한다. 중하면 자녀가 자기보다 일찍 죽을 우려가 있다. 남명은 자식 역시 결함이 있고 비교적 부하의 도움을 얻기 어렵다. 남성은 감정상 장애를 받기 쉽고 후배와 구설시비가 생기기 쉽다.

18 식신이 공망에 앉으면 자녀가 명리, 관상, 풍수, 주역을 배우거나 수행의 길을 걷는 자가 있기 쉬우며, 중하면 출가하여 스님, 목사, 신부, 도사가 되기 쉽다.

<乾命>

丙	己	丙	甲
寅	亥	子	辰

본 명조는 일주가 己亥이므로 辰巳가 공망이며 연주 辰 겁재가 공망을 만나므로 형제자매와 인연이 박하다. 또한 형제와 일찍 이별할 우려가 있으며 아울러 인간관계에서 친구나 동료의 도움을 얻기가 어렵다. 그의 동생이 병역 복무시에 자살하였다. 辰 겁재가 공망이고 백호대살과 귀문관살, 원진이 가세한 까닭이다.

<乾命>

己　辛　辛　辛
亥　酉　卯　丑

본 명조는 일주가 辛酉이니 子丑이 공망인데 년간 辛 비견이 丑에 앉아 공망을 만났으므로 동성(同性) 형제는 적고, 형제자매와 일찍 이별할 우려가 있다. 인사상에서는 벗의 돕는 힘을 얻기 어렵다. 본명의 형제는 2명이고 자매는 4명이며 형제자매가 이야기를 나눌 기회가 적다.

<乾命>

甲　辛　庚　丙
午　酉　子　申

본 명조는 일주가 辛酉이므로 子丑이 공망인데 월간 庚 겁재가 子에 앉아 공망을 만났으므로 이성 형제자매는 적다. 또한 형제자매와 일찍 이별할 우려가 있고, 일생에 색정적으로 분쟁이 많으며 아울러 항상 감정의 곤혹이 있다. 본명은 형제가 3명이고 자매가 1명이며 형제자매가 서로 모일 기회가 적다.

<乾命>

壬　壬　甲　乙
寅　子　申　巳

본 명조는 일주가 壬子이므로 공망은 寅卯인데 시주에 寅 식신이 공망을 만나므로 감정상에 있어서 우여곡절을 받기 쉽다. 또한 혼인 후 장인, 장모와의 인연이 박하며 일생 고생함이 많고 편안한 형편이 적다.

<坤命>

甲	癸	庚	乙
寅	丑	辰	未

본 명조는 일주가 癸丑이니 寅卯가 공망인데 시주 寅 상관이 공망을 만나므로 자식과의 인연이 박하다. 또한 자녀가 손상되기 쉽고 더욱이 딸을 많이 낳고 아들을 적게 낳는다. 부하, 후배와의 구설이나 충돌이 생기기 쉬우며 자녀 중 한 명이 유실됨이 있다.

<坤命>

丙	辛	壬	癸
申	丑	戌	巳

본 명조는 일주가 辛丑이므로 辰巳가 공망인데 연주 癸 식신이 巳 공망에 앉았으므로 자녀가 종교, 현학(玄學), 오술(五術)에 흥미가 심후함이 있어서 장래에 수행의 길을 가기 쉽다. 실제로 자식 중 아들 하나가 성상학(星相學)에 취미가 있다.

19 정재가 공망을 만나면 인정(人情)으로 인한 사고로 파재한다. 재(財)가 오고 재가 가니 재를 지킬 방법이 없다. 남명은 이성 인연이 얕고 혼인 후 아내가 신약하여 병이 많기 쉬우며, 중하면 재혼이나 배우자를 잃는다. 여명은 감정에 곤란을 받기 쉽고 아울러 부친과의 인연이 박하다.

20 편재가 공망을 만나면 일생 늘 뜻밖의 지출이 크며 평상시 신상에 거금이 있음이 적고 또한 재물을 쌓기가 쉽지 않다. 남명은 부친과의 연이 박하고 또한 부친이 몸이 약해 병이 많아서 일찍 돌아가시기 쉽다. 남명은 아내가 병약하

기 쉽고 중하면 배우자를 잃고 재혼할 징조가 있다. 여명은 이성으로 인하여 손재하기 쉽고 혼인 후에는 시부모와 불목하고 구설과 다툼이 생기기 쉽다.

21 정재가 공망에 앉으면 짜내는 도둑의 재난을 받기 쉽고, 갑자기 재물을 잃기 쉬우며 일상 귀중한 물품을 분실하기 쉽다. 남녀명 모두 실연의 경험이 있다.

22 편재가 공망에 앉으면 일생 중 남을 위해 어음에 배서(背書)하거나 보증을 서거나 돈을 꾸는 등의 일을 하여 큰 파재의 재난을 야기하기 쉽다. 중하면 사업실패 혹은 파산이나 직업을 바꾸는 조짐이 있기 쉽다.

23 정관이 공망을 만나면 학업 고시에 낙방하기 쉽고 혹은 학업에 지장을 받기 쉽다. 공무원이 되어도 권세를 잃거나 파직당하고, 업무상에 중책임을 짊어져 승진, 영전의 기회가 적다. 남명은 딸을 얻기가 쉽지 않고 아들을 많이 낳거나 딸이 요절할 우려가 있다. 여명은 남편연이 박하여 남편의 애틋한 사랑을 얻지 못하고, 남편이 색정으로 분쟁이 있기 쉬우며 재혼 혹은 배우자를 일찍 잃기 쉽다.

24 편관이 공망을 만나면 정관직 혹은 행정관리원이 되어도 권세와 지위를 잃기 쉽다. 남명은 아들을 얻기가 쉽지 않고 딸을 많이 낳거나 아들이 요절할 우려가 있다. 여명은 남편의 도움을 받기가 쉽지 않고 남편과의 연이 박하다. 아울러 시어머니와 불목하여 구설이 있기 쉽고 재혼이나 배우자를 잃을 징조가 있다.

25 관성이 공망에 앉으면 행정 권세를 상실하기 쉽고, 학력상 장애를 받기 쉬우며 생활상 무형의 책임이 가중되어 인간관계 사교상 제한을 받기 쉽다. 여명은 남편과 일찍 이별할 조짐이 있다. 남명은 자녀와 이야기를 나눌 기회가 적다.

26 정인이 공망을 만나면 학술상 큰 성취를 이루기 어려우며 학력에 장애를 받

기 쉽고 휴학할 징조가 있다. 남명은 모친과의 인연이 얕고 또한 모친의 몸이 불편하기 쉬우며, 중하면 모친을 일찍 잃는다. 여명은 조부모와의 인연이 박하고 집안 살림 때문에 사회 직업전선에 일찍 나간다.

27 편인이 공망을 만나면 남명은 조부모와의 연이 박하고, 조상이 살던 고향땅을 일찍 떠나가기 쉬우며 타인의 양육을 받을 조짐이 있다. 여명은 모친과의 연이 박하고 또한 모친의 몸이 약하여 병이 많으며, 중하면 일찍 잃기 쉽다. 남녀명을 막론하고 사람됨이 비교적 주견(主見) 및 주의력을 집중함이 없으며 범사에 일관된 신념이 결여되어 내심의 불안함을 야기시키기 쉽다. 다만 현재 유행하는 사물을 추구하기를 좋아하며 일에 있어 안정성이 결여된다.

28 인성이 공망에 앉으면 문서 권력을 상실하기 쉽고, 인격이 좀 졸렬하며 가정에 원만함이 부족하다.

＜乾命＞

본 명조는 일주가 壬辰이니 午未가 공망인데 년지 午 정재가 공망을 만나므로 일생 인정 사고로 파재하기 쉬우며 또한 재원을 지키기 어렵다. 이성의 인연이 얇고 아울러 혼인 후 아내가 몸이 약하고 병이 많다.

＜坤命＞

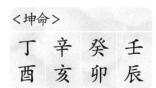

본 명조는 일주가 辛亥이므로 寅卯가 공망인데 월주 卯 편재가 공망을 만

나므로 일생 한도를 벗어난 지출이 많고 신상에 거액의 돈이 있음이 적다. 아울러 이성으로 인한 파재가 있으며 결혼 후 시부모와 불목한다.

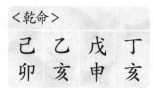

본 명조는 일주가 乙亥이니 申酉가 공망인데 월간 戊 정재가 申에 앉아 공망을 만나므로 일생 중 재물을 짜내는 도둑의 우려가 있고, 일상생활에서 갑자기 실재(失財)하기 쉽다. 또한 감정상에 있어서 실연의 경험이 있기 쉽고, 결혼 후 아내와 서로 불목하게 지낸다.

본 명조는 일주가 壬申이므로 戊亥가 공망인데 년간 丙 편재가 戊에 앉아 공망을 만나므로 일생 중 남을 대신하여 배서(背書)하거나 보증을 서거나 돈을 빌리기 쉬워 재무손실을 야기한다. 의리를 중시하고 정을 아낌이 너무 지나쳐 재무에 몇 차례 손실을 초래하였다.

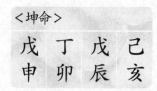

본 명조는 일주가 丁卯이니 공망은 戊亥이며 년지 亥 정관이 공망을 만나

므로 학업 단계에 장애를 받기 쉬우며, 일을 함에도 무거운 책임을 짊어지기 쉽다. 감정상 좌절을 받기 쉬우며 혼인 후에는 남편의 도움을 얻기가 쉽지 않고 부부가 겉으로는 사이가 좋은 것 같지만 실은 소원한 경향이 있다.

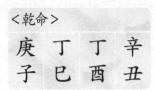

본 명조는 일주가 丁巳이므로 공망은 子丑이다. 시지 子 편관이 공망을 만나므로 행정공무원이나 인사담당을 책임지는 일에 종사함은 좋지 않다. 자녀 중 아들은 비교적 양육하기 어렵고 또한 부자가 서로 대화할 기회가 적다.

본 명조는 일주가 癸亥이므로 子丑이 공망이다. 년간 戊 정관이 子에 앉아 공망을 만나므로 공부하는 과정에서 장애를 받기 쉬우며, 일을 함에 있어서 무형의 책임과 압력이 가중되기 쉽다. 감정 혼인상에서 우여곡절이 있기 쉽고 남편과 일찍 이별함이 있는 상이다.

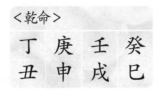

본 명조는 일주가 庚申이니 子丑이 공망이다. 시지인 丑 정인이 공망을 만나므로 진학시험에 장애를 받기 쉬우며 학술 일에 있어서 큰 성취가 있기 어렵다. 또한 모친과의 인연이 박하고 모친의 몸이 항상 편안치 못하더니 본명이 고등학생일 때 중병으로 돌아가셨다.

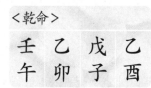

＜乾命＞

壬	乙	戊	乙
午	卯	子	酉

본 명조는 일주가 乙卯이므로 子丑이 공망이다. 월지인 子 편인이 공망을 만나므로 조부모와 인연이 박하고 고향을 일찍 이별하기 쉽다. 사람됨이 비교적 주견 및 마음을 안정시키는 힘이 없고 범사에 자신감이 결여되어 작업상에 있어서 안정성이 부족하다.

＜坤命＞

乙	辛	己	壬
未	巳	酉	辰

본 명조는 일주가 辛巳이니 공망은 申酉이다. 월간 己 편인이 酉에 앉아 공망을 만나므로 문서·권력을 상실하기 쉽고, 가정에 원만함이 부족하며 항상 집안일로 애써 수고한다. 문서의 처리를 잘하지 못하고 또한 남편과 늘 다툼이 있다.

29 명 중에 재관이 모두 공망을 만난 자는 남녀명 모두 일생에 감정 곤혹이 많고 또한 혼인 후 배우자의 도움을 얻기 어렵다. 중년시기에는 자식의 요절함이

있거나 배우자가 사망할 우려가 있고 벼슬길이 순조롭지 못할 징조가 있다.

30 명 중에 공망을 띤 자가 종교, 예술, 철학, 약학, 소설가, 만화가, 심리학자, 학
습지도사 등의 일에 종사하면 좋으며 비교적 잠재능력을 발휘할 수 있어서
성취함이 있기 쉽다.

<乾命>

丁　癸　戊　壬
巳　卯　申　辰

본 명조는 일주가 癸卯이므로 辰巳가 공망이다. 년지인 辰 정관 및 시지인
巳 정재 모두 공망을 만났으므로 일생 감정의 곤혹이 많고, 혼인 후 배우자
의 도움을 얻기 어려우며 아울러 일을 함에 있어서 비교적 승진의 기회가
없다.

<乾命>

壬　辛　戊　丁
辰　巳　申　酉

본 명조는 일주가 辛巳이므로 申酉가 공망이다. 연월주 申酉가 모두 공망
을 띠므로 종교, 철학, 약학, 소설가, 예술가, 심리학자 등의 일에 종사하면
좋고 비교적 성취를 얻기 쉬우며 자신의 잠재능력을 발휘할 수 있다.

제12장

단식과 복식판단의 실례

01			<女命>
戊	丙	丁	乙
子	子	亥	巳

◉ 대운

68	58	48	38	28	18	8
甲	癸	壬	辛	庚	己	戊
午	巳	辰	卯	寅	丑	子

- 水가 왕하여 식신으로 제살함을 용신으로 삼으며 木으로 살인상생한다.

- 戊子운은 학업에 이롭고 己丑운은 학업에 유리하다.

- 庚운은 매우 바쁜 운세이고 창업은 좋지 않으며 寅운은 여의하다.

- 辛운은 평범하고 卯운은 재물이 따르나 마음이 편안치 못하다.

- 壬辰운은 사업을 확장하는 것은 좋지 못하다.

- 癸巳운은 운이 호전되고 甲운은 길하며 午운은 길흉에 기복이 있다.

02　〈男命〉

丁	乙	辛	己
亥	丑	未	巳

⊙ 대운

64	54	44	34	24	14	4
甲	乙	丙	丁	戊	己	庚
子	丑	寅	卯	辰	巳	午

- 사주가 메마르고 신약하므로 水木을 기뻐하고 火土를 꺼린다.
- 庚午운은 건강과 공부운이 좋지 않고 己巳운은 사회에 진출한다.
- 戊辰운은 수고롭고 평범하며 丁卯운과 丙寅운은 비교적 안정적이다.
- 甲子운은 부유하고 이후는 건강과 시비에 조심해야 한다.

03　〈女命〉

丁	庚	丁	己
丑	寅	丑	酉

⊙ 대운

70	60	50	40	30	20	10
甲	癸	壬	辛	庚	己	戊
申	未	午	巳	辰	卯	寅

- 土金이 많아 신강하므로 木火를 기뻐하고 土金水를 꺼린다.
- 戊寅운은 평범하고 己卯운은 형편이 점점 좋아진다.
- 庚辰운은 평범한 운이고 辛巳운은 발전할 가능성이 보이며 巳운에는 부부가 많이 참아야 한다.
- 壬午운은 하고자 하면 일이 이루어진다.
- 癸未운은 평범하고 甲申운은 신체를 보호해야 한다. 특히 己未년에는 평안을 구해야 좋다.

04　〈男命〉

癸	己	辛	乙
酉	卯	巳	巳

⊙ 대운

67	57	47	37	27	17	7
甲	乙	丙	丁	戊	己	庚
戌	亥	子	丑	寅	卯	辰

- 火土가 왕하여 신강하므로 金水를 기뻐하고 火土를 꺼린다.

- 庚辰운은 매우 길하고 己卯운은 불길하다.
- 戊寅운은 사업보다는 봉급생활이 좋으며 丁丑운은 길하다.
- 丙운은 막힘이 있고 재운이 좋지 않으며 子운은 이롭다.
- 乙亥운과 甲戌운은 평범하다.

05			＜男命＞
丙	壬	壬	壬
午	寅	子	午

⊙대운

69	59	49	39	29	19	9
己	戊	丁	丙	乙	甲	癸
未	午	巳	辰	卯	寅	丑

- 水가 왕하므로 따뜻한 木火를 기뻐하고 金水를 꺼린다.
- 癸丑운은 건강이나 학업이 뜻과 같지 못하고 甲寅운과 乙卯운은 매우 길하다.
- 丙辰운은 겉보기에는 좋으나 실속이 없고 재물이 나가거나 건강에 이상이 있을 수 있다.
- 丁巳운은 점차 길하여 재운이 따르고 戊午운은 명리를 얻으나 午운에는 운세에 기복이 있다.
- 己未운은 청한하게 지내며 여의하다.

06			＜男命＞
己	癸	丙	丙
未	亥	申	申

⊙대운

66	56	46	36	26	16	6
癸	壬	辛	庚	己	戊	丁
卯	寅	丑	子	亥	戌	酉

- 金水가 왕하여 신강하므로 火土를 기뻐하고 金水를 꺼린다.
- 丁酉운은 길흉이 절반이고 戊戌운은 모든 일이 길하다.
- 己亥운은 불길한 운이나 구하고 도모함에는 이롭다.

- 庚子운은 평평한 운세이며 여색을 조심해야 한다.

- 辛丑운은 평범하고 壬寅운은 사업을 확대하면 안 된다.

- 癸卯운은 분수를 지켜 안정해야 한다.

07				⊙대운						
		<女命>		67	57	47	37	27	17	7
辛	辛	乙	甲	戊	己	庚	辛	壬	癸	甲
卯	丑	亥	戌	辰	巳	午	未	申	酉	戌

- 水木이 많아 신약하므로 土金을 기뻐하고 水木을 꺼린다.

- 甲戌운은 평범하고 癸酉운은 여의하고 행복하다.

- 壬申운은 바쁘고 재물이 점차 들어오며 辛未운은 매사에 점차 길하다.

- 庚午운은 길흉이 절반이며 己巳운은 재리가 있고 戊辰운은 형통하여 여의롭다.

08				⊙대운						
		<女命>		67	57	47	37	27	17	7
辛	壬	己	甲	壬	癸	甲	乙	丙	丁	戊
丑	申	巳	辰	戌	亥	子	丑	寅	卯	辰

- 火土가 많고 신약하므로 金水를 기뻐하고 火土를 꺼린다.

- 戊辰운과 丁卯운는 평범하고 하는 일 없이 그럭저럭 지낸다.

- 丙寅운과 乙丑운은 좋지 않으며 甲子운은 점차 좋아진다.

- 癸亥운은 의외로 순조롭고 壬戌운은 형통하고 여의하다.

<男命>   ⊙대운

戊	丙	辛	壬	65	55	45	35	25	15	5
子	子	亥	辰	戊	丁	丙	乙	甲	癸	壬
				午	巳	辰	卯	寅	丑	子

- 본 명조는 종(從)할 것 같지만 종하지 않는다. 식신제살함을 용신으로 삼으니 火土를 기뻐하고 金水를 꺼린다.

- 丑운에 공업전문학교를 좋은 성적으로 졸업하였다. 아버지는 일찍 사망하였고 어머니는 개가하였으며 형제자매는 3명이다. 어릴 때부터 조모에 의하여 길러졌으며 조모는 장수하였다.

- 26세 丁巳년에는 火土가 득지하여 혼인을 하였으며 1남 1녀의 자녀를 두었다. 병원에서 총무과장으로 있었으며 29세 庚申년에 세운과 대운이 천극지충이 되므로 비교적 순조롭지 않았다.

- 30세 辛酉년에는 기사와 치고받고 다투었다. 31세 壬戌년에는 원장실에서 일하게 되었다. 만년인 丁巳, 戊午, 己未년에는 대길대리하다.

<男命>   ⊙대운

甲	甲	乙	庚	68	58	48	38	28	18	8
子	子	酉	辰	壬	辛	庚	己	戊	丁	丙
				辰	卯	寅	丑	子	亥	戌

- 천간에 연월이 乙庚合金이 되고 지지에 연월이 辰酉合金이 되어 살세가 당령하므로 일간이 약하다. 水木을 기뻐하고 土金을 꺼리며 火는 한신이다. 어릴 때에 소아마비에 걸려 수족이 반신불수이다.

- 亥운 癸卯년에 복술과 명리를 공부하여 매우 심득(心得)함이 있더니 戊子운 33세 壬子년, 34세 癸丑년, 35세 甲寅년, 36세 乙卯년에 철학관을 운영하여 매우 좋았다. 결혼하여 1남 1녀를 두었으며 아내는 어질고 장

사를 하였으며 자신은 역술업으로 돈을 꽤 많이 벌었으며 미국에 가서 살고 있다.

11			＜男命＞	⊙대운

壬	丙	壬	庚
辰	午	午	戌

70	60	50	40	30	20	10
己	戊	丁	丙	乙	甲	癸
丑	子	亥	戌	酉	申	未

* 원국에 火土가 조열(燥熱)하므로 金水의 조후를 기뻐하며 진신(眞神)이 용신을 얻었다. 西北운을 행하여 고시에 합격하고 행정직 고급관리로 여러 해 근무하였다.

* 65세 甲寅년에 퇴직하였으며 전처에 3남 1녀를 두고 후처에는 자녀가 없고 61세 庚戌년에 사망하였다. 본명은 己丑운 己未년 71세에 사망하였다. 그것은 원국과 세운이 사고(四庫)인 辰戌丑未가 모두 충이 되고 천간에 二己가 二壬을 극하며 기신인 火土가 있는 까닭이다.

12		＜男命＞	⊙대운

壬	辛	癸	乙
辰	酉	未	丑

66	56	46	36	26	16	6
丙	丁	戊	己	庚	辛	壬
子	丑	寅	卯	辰	巳	午

* 土金이 많고 신왕하므로 水木을 기뻐하고 土金을 꺼린다.

* 壬午운은 평범하고 辛巳운은 학문을 탐구함에 끈기와 투지로 나아가야 한다.

* 庚辰운은 사업보다 봉급생활이 안정적이다.

* 己卯운과 戊寅운은 길하며 丁丑운 이후는 평범하다.

      `<男命>`

己	辛	壬	己
亥	酉	申	酉

◉대운

63	53	43	33	23	13	3
乙	丙	丁	戊	己	庚	辛
丑	寅	卯	辰	巳	午	未

- 土金이 많고 신왕하므로 水木을 기뻐하고 土金을 꺼린다.
- 辛未운은 평범하고 庚午운은 공부 운이 이상적이지 못하며 己巳운은 지식의 욕구가 왕성하다.
- 戊辰운은 직장을 맡는 것이 좋고 丁卯운은 재운이 길하다.
- 丙寅운과 乙丑운은 꽤 길하다.

14   `<女命>`

丙	乙	辛	戊
戌	酉	酉	申

◉대운

63	53	43	33	23	13	3
甲	乙	丙	丁	戊	己	庚
寅	卯	辰	巳	午	未	申

- 관살이 혼잡하고 신약하므로 水木운을 기뻐하고 土金운을 꺼린다.
- 庚申운은 재난이 많고 좋지 않다.
- 己未운은 평평한 운이고 戊午운은 점차 통하며 丁巳운은 백사에 길하다.
- 丙운은 좋고 辰운은 나쁘며 乙卯운, 甲寅운은 길하다.

15   `<女命>`

壬	己	辛	丙
申	丑	卯	申

◉대운

67	57	47	37	27	17	7
甲	乙	丙	丁	戊	己	庚
申	酉	戌	亥	子	丑	寅

- 金水가 많고 신약하므로 火土를 기뻐하고 金水를 꺼린다.
- 庚寅운은 형편이 평범하고 己丑운은 길하며 학문에 이롭다.
- 戊子운은 매우 길하며 여의롭고, 乙酉운은 평범하며, 甲申운 이후는 마

땅히 천수를 누린다.

- 戊子운은 순탄하고 丁亥운은 길흉이 절반이다.

16			\<男命\>	⊙대운

丙	丁	癸	己
午	未	酉	丑

63	53	43	33	23	13	3
丙	丁	戊	己	庚	辛	壬
寅	卯	辰	巳	午	未	申

- 土金이 왕하므로 신약하다. 木火운을 기뻐하고 土金운을 꺼린다.
- 壬申운은 金水가 왕해지므로 좋지 않고 후운은 丙辛合水하므로 좋다고 할 수 없다. 未운은 전환의 기회가 있으며 점차 좋다.
- 庚운은 나쁜 가운데 평운이고 午운은 이롭고 길하다.
- 己운은 길하고 巳운은 길흉이 절반이다.
- 戊운은 매우 길하고 辰운은 평범하며 丁卯운과 丙寅운은 성공한다.

17			\<女命\>	⊙대운

戊	丙	己	乙
子	申	卯	未

61	51	41	31	21	11	1
丙	乙	甲	癸	壬	辛	庚
戌	酉	申	未	午	巳	辰

- 신약하므로 木火를 기뻐하고 土金水를 꺼린다. 진신이 용신을 얻으니 일생 복분이 넉넉하다.
- 庚辰운은 흉하고 액이 많을 우려가 있다.
- 辛운은 길하지 못하고 巳운은 길하며 공부에 이롭다.
- 壬운은 평운이고 午운은 이로우나 기복이 많다.
- 癸未운은 평길하고 甲운은 유리하며 申운은 불길하다.
- 乙운은 매사가 여의하고 길하며 酉운은 건강이나 신용을 잃기 쉽다.

- 丙戌운은 점점 좋다.

18				⊙대운						
			<男命>	62	52	42	32	22	12	2
辛	戊	丁	丁	庚	辛	壬	癸	甲	乙	丙
酉	戌	未	丑	子	丑	寅	卯	辰	巳	午

- 火土가 왕하여 신강하므로 金水를 기뻐하고 火土를 꺼린다. 정인이 투출하니 책임감이 있고 이지(理智)가 있으며, 재고(財庫)를 띠었으니 의식은 풍족하다.
- 丙午운은 불길하고 액이 많을 수 있다.
- 乙巳운은 학업에 이롭고 甲辰운은 마음이 번거롭다.
- 癸卯운은 점차 좋아지며 壬寅운은 이익이 따를 수 있다.
- 辛丑운은 명성이 있고 庚子운은 온건하고 기쁘다.
- 庚子운 이후는 평온한 여생을 보낸다.

19				⊙대운						
			<男命>	70	60	50	40	30	20	10
己	己	丙	壬	癸	壬	辛	庚	己	戊	丁
巳	卯	午	寅	丑	子	亥	戌	酉	申	未

- 火土가 많고 水가 부족하여 신강하므로 金水를 기뻐하고 火土를 꺼린다. 재관인을 모두 갖추었으니 기질이 고결하고 신용을 중시하며 책임감이 있다.
- 丁未운은 좋지 않고 건강과 학업에 유의해야 한다.
- 戊申운은 바라는 것이 높고 재물운은 평범하다.
- 己酉운은 재물운이 평길하고 부부 반목을 주의해야 한다.

- 庚戌운은 재운이 좋고 辛亥운도 재운이 좋으며, 壬子운 역시 운세가 좋고 아름다우며 癸丑운은 여의롭고 한가하다.

20   <男命>   ⊙대운

己	己	辛	壬
巳	酉	亥	戌

72	62	52	42	32	22	12	2
己	戊	丁	丙	乙	甲	癸	壬
未	午	巳	辰	卯	寅	丑	子

- 신약하므로 火土를 좋아하고 金水를 꺼리며 木은 한신이다. 기신이 부모 궁에 들고 초운이 壬子, 癸丑운을 행하므로 본명이 태어났을 때 아버지는 이미 사망하였다. 오래지 않아 어머니는 개가하였다.
- 22세 이전에는 조모에 의해 양육되었는데 연지 戌이 화고(火庫)인 까닭이다. 22세 이후에는 경찰학교에 들어가 경찰행정에 수십 년 종사하며 저축도 좀 하였다. 甲寅, 乙卯운에는 천간에 辛金이 극거(剋去)하고 지지에 寅戌이 공화(拱火)하며 卯戌이 합화(合火)한다.
- 51세 壬子년에는 유년과 일주가 천극지충이 되므로 아내가 사망하였다.
- 59세 庚申년에는 장자가 사업에 실패하여 2억 이상 손실을 입었다. 그것은 원국과 대운이 巳亥 상충이 되고 유년과 원국이 申酉戌 三會하여 서방金이 되며 申巳가 合水되어 금수일편(金水一片)이기 때문이다.
- 60세 辛酉년에는 생활이 평범했으며 자녀는 4남 3녀를 두었다.

21   <男命>   ⊙대운

壬	戊	己	壬
子	寅	酉	午

67	57	47	37	27	17	7
丙	乙	甲	癸	壬	辛	庚
辰	卯	寅	丑	子	亥	戌

- 본 명조는 火土를 기뻐하고 金水木을 꺼린다.

- 중앙과 남방이 이롭고 서방, 북방, 동방은 불리하다.
- 火土성의 직업인 부동산중개업, 레미콘 회사, 블럭 공장, 도자기 공장, 건축업, 밭농사 등이 좋다.
- 庚戌운은 삼합하여 화국(火局)이 되므로 길하다.
- 辛亥운은 평범하다. 壬子운은 바쁘나 큰 이익이 없으며 午火를 충하므로 여의치 못하고 불길하다.
- 癸丑운은 길함도 없고 흉함도 없다. 甲寅운은 명리에 길하다.
- 乙卯운은 명예가 좋다. 丙辰운은 형편이 좋다.
- 살구, 대추, 붉은 콩, 마, 당귀, 천궁, 조개, 양고기, 소고기, 참외, 마늘 등이 좋고 복숭아, 밤, 오이, 개고기, 닭고기, 돼지고기 등은 좋지 않다.

22		<女命>	
辛	壬	戊	辛
亥	辰	戌	亥

◉대운

53	43	33	23	13	3
甲	癸	壬	辛	庚	己
辰	卯	寅	丑	子	亥

- 壬일주가 戌월에 생하고 戊土가 사령(司令)하니 편관격이다. 편관격이므로 사람됨이 세심하고 총명하며 교활하고 유능하다. 노련하나 사심이 중하다.
- 일주가 두 개의 녹을 만나 개성이 억세고 사나우며 제 버릇대로 하고 다른 사람의 의견을 듣지 않는다. 천간에 辛이 둘 투출하니 겉으로는 고상하고 우아하지만 허영심이 강하다. 대인관계 처사에는 표면을 중시하여 보기 좋도록 한다.
- 戊土가 매우 중하니 사람됨이 신의를 지키고 명예를 중시하나 하는 일에 변동이 적다. 壬水가 왕하니 성격이 충동적이어서 격동적으로 일을

만들기 쉽다. 辰戌沖이 있으므로 처사에 마음을 정하기 어렵고 의견을 변경하기 쉽다.

- 연상에 정인이 있으니 태어나서 복을 누리고 고생을 모르며 中上의 가정 출신이다. 辰戌沖되어 화기(火氣)가 충멸(沖滅)하므로 부친의 도움이 없다. 인수가 둘 투출하니 어머니의 총애를 얻고 본신이 왕하므로 모름지기 어머니의 도움이 없다. 편관이 태왕하니 형제자매의 도움이 없다. 일과 월이 반음이 되니 남편이 친정과 불화한다. 편관이 당령하니 남편이 매우 재능이 있고 유능하며 노련한 사람이다.

- 丁丑년에 丁이 인수 壬을 극하므로 부모와 의견 충돌로 결혼이 불리하고, 己卯년에는 卯가 戌을 합하여 辰戌沖을 풀어 격 중의 병을 제거하니 결혼에 크게 기쁘다. 辰戌沖이 남편궁에 있으므로 혼인에 풍파가 있으니 조심해서 해결해야 한다. 이 사람은 총명하고 재능이 차고 넘치므로 인재를 많이 얻을 수 없다.

- 壬丑운에는 인성이 왕하므로 남에게 신세를 지고 비록 자립심이 있으나 시기와 기회가 이르지 않아 꽤 인내해야 한다. 33세 이후에는 교룡이 풍운을 만나 연못의 물건이 아니다. 인성이 둘 나왔으니 문서에 종사하는 샐러리맨이 비교적 유리하다. 동방운 30년은 순조롭고, 후운에는 인성이 왕하여 복을 누리고 유유자적하다.

- 丑운에는 관성이 득기(得氣)하여 길흉이 반수이며 발전에 한계가 있다.

- 壬운에는 신강하여 신살(身殺)이 크게 싸우니 전부 아름다울 수는 없다.

- 寅운에는 木이 강하여 편관을 제어하니 뜻을 얻음이 비범하다.

- 癸운에는 편관을 합하므로 명리가 쌍수(雙收)하니 길하다.

- 卯운에는 辰戌沖을 풀리게 하니 모든 일이 순조롭고 명리가 있다.

- 甲운에는 편관을 제어하니 일이 순탄하고 즐거우며 근심이 없다.
- 辰운에는 신(身)이 왕하고 관살이 왕하여 모든 일이 벌떼처럼 일어나니 불길하다.

23		＜男命＞		⊙대운

癸	戊	乙	甲	65 55 45 35 25 15 5
丑	寅	亥	辰	壬 辛 庚 己 戊 丁 丙
				午 巳 辰 卯 寅 丑 子

- 본 명조는 편재격이며 甲이 투출했으니 개성이 굳세고 기개가 있으며 강렬하게 매진함이 있다. 乙이 투출했으니 사방에서 발전의 기회를 잘 찾으며 점유욕이 비교적 강하다. 戊가 투출했으니 남을 용납하는 아량이 있으며 사람됨이 신의를 지키고 꾸밈없이 소박하다. 癸가 투출했으니 일을 함에 근성이 있으나 실제로 환상을 끊지 못한다.

- 편재격이므로 본성이 강개하고 사람을 대함에 정이 있으며 치켜세우는 것을 좋아한다. 관살이 모두 투출했으니 주장함을 변경하기 쉽다.

- 편재가 월에 있어서 가정 형편은 괜찮고 부친의 총애와 도움을 얻는다. 寅亥合하여 습한 나무가 불꽃이 없으니 모친의 도움은 없다. 辰丑 비겁은 관살이 왕하므로 형제가 비록 있으나 형제의 도움이 없다. 처궁에 살이 앉아서 아내의 버릇이 좋지 못하다. 편관이 월령에 장생을 얻으므로 자식의 품성이 좋고 갑살(甲殺)이 좌하(坐下)에서 녹을 얻으니 부자간 연분이 두텁고 또한 자식이 부귀한다. 만년에 남방운을 행하면 목기(木氣)가 쇠하여 자식의 도움이 적다. 寅亥合하니 모친과 아내의 정감이 화목하다.

- 己운에는 甲을 합하여 거살유관하므로 생각이 드디어 결정되고 결혼으로 크게 기쁘다. 甲乙이 투간하여 목업(木業)에 종사함이 좋고, 금업(金

業)을 가까이 하면 좋지 않다. 관살이 모두 나왔으니 마음을 정하기 어렵
고 이것을 돌아보면 저것을 잃으니 전념하기가 쉽지 않다. 사업발전에 불
리하고 이러한 현상에 많은 조심이 좋으며 피할 수 있는 방법이다.

- 己운에는 거살류관하여 격중의 병을 제거하니 한 가지 업에 열중하면
  발전에 크게 이롭다.
- 寅운에는 甲乙이 모두 왕하여 하는 일에 우유부단하여 사업에 불리하다.
- 己운에는 재록이 서로 따라서 길하고 순조롭다.
- 卯운에는 관살이 혼잡하니 마음이 들떠서 불기하다.
- 庚운에는 살을 거(去)하고 관을 용(用)하니 경쟁력이 있고 명리 쌍수(雙
  收)한다.
- 辰운에는 일주가 득위(得位)하므로 재관을 감당할 수 있으니 재물과 명
  예가 함께 이른다.
- 辛운에는 남방으로 드니 장래에 크게 승리하여 평범한 사람이 아니다.
- 巳운에는 일주가 녹을 얻으므로 재물을 원하면 재물이 생기고 명예를
  바라면 명예가 있다.
- 壬운에는 편재운이므로 일이 순조롭게 진행되고 봄바람에 뜻을 얻는다.
- 午운에는 일주가 양인을 얻어 신왕함이 살과 싸우니 불길하고 71세에
  생명이 위험하다.

24		＜女命＞	
甲	甲	癸	庚
戌	午	未	辰

⊙대운

50	40	30	20	10
戊	己	庚	辛	壬
寅	卯	辰	巳	午

- 본 명조는 정재격이며 재관이 모두 좋다. 재는 주로 이득이고 관은 주로

명예이니 평생 크게 명리가 있다.

- 庚은 남편인데 녹을 얻지 못했으니 보통 사람이며 庚에서 시주의 甲은 재가 되니 남편은 돈이 있다.
- 火가 자식인데 火가 未에 월령에 얻고 午에 왕함을 얻으며 戌에 고(庫)를 얻으니 품성이 좋고, 일(日)을 얻으면 모자간 정분이 두텁고 시(時)를 얻으면 만년에 자식의 힘이 있다.
- 甲木이 높이 오르니 강렬하게 매진함이 있고 성격이 정직하며 동정심이 풍부하다. 팔자에 土가 중하니 성질이 침착하여 모든 일에 심사숙고하며 충동적이지 않으며 남을 용납하는 큰 아량이 있다. 土는 주로 믿음, 신의 이므로 사람됨이 신용과 명예를 중시한다.
- 연월에 재기(財氣)가 왕하니 부잣집 출신이다. 지지가 전부 재이므로 반드시 아버지의 사랑과 도움을 얻고 부녀간 연분이 매우 깊다. 월간에 정인이 가까이 있으니 어머니의 귀여움을 받는다. 비견이 천간에 나왔으니 형제자매가 비록 있어도 도움은 깊지 못하다.
- 午未가 합하므로 친정과 시집이 서로 화목하고 선후천 환경변화는 크지 않으며 친정의 지원을 얻는다. 午戌이 삼합하므로 남편과 자녀가 서로 사이가 좋다.
- 壬운에는 인성이 왕하니 아기 때 두터운 은혜와 돌봄을 받았다.
- 子운에는 식상이 왕하여 총명하고 공부를 열심히 하나 경쟁력은 약간 떨어진다.
- 후운에는 관과 살이 섞이니 번거로운 일이 비교적 많으니 인내심을 갖고 처리해야 한다.
- 巳운에는 경쟁력이 강하게 되고 명리가 모두 유기(有氣)하다.

- 庚운에는 부부가 화합하고 하는 일이 순조롭다.
- 辰운에는 재리가 들어오고 일이 순조로우나 건강에 주의해야 한다.
- 己卯운에는 비견이 재를 다투니 파재를 방비해야 하고 20년은 재물에 근신해야 뉘우치고 한탄함을 면할 수 있다.
- 戊운에는 戊癸合되므로 길하다고 할 수 없으며 분수를 지킨다면 편안하다.
- 寅운에는 일주가 녹을 얻으니 매우 좋고 재리가 좋으나 남편은 불리하다. 60세 이후 북방운을 행하면 인성이 왕하게 되어 인(印)은 주로 복이니 복을 누리고, 명리가 각축하여 평범하게 된다.

25		＜男命＞		⊙대운					
壬	丙	己	丙	52	42	32	22	12	2
辰	子	亥	子	乙	甲	癸	壬	辛	庚
				巳	辰	卯	寅	丑	子

- 水가 당령(當令)하고 연월이 亥子 북방 水가 되고 일시가 子辰 삼합 수국(水局)이 되며 지지가 일편(一片) 왕양(汪洋)하고 천간에 壬水가 투출하여 일주가 공중에 매달리어 뿌리가 없다.
- 비견 丙은 子에 앉아 자신을 보전하기 어려워 일주를 도울 수 없고 겨우 일점의 己土에 의지하나 水의 세력이 왕하여 도리어 화기(火氣)를 설기한다.
- 사주에 납음오행이 水 3개, 木 1개로 화기(火氣)가 조금도 없으며 파도가 세차게 치솟아 일주가 고립무원이다. 사주가 물소리이니 개성이 외향적이고 총명하며 지모가 많다. 자유를 숭상하고 상상력이 풍부하다.
- 壬水가 국을 얻고 천간에 나오며 壬은 양수(陽水)이니 격동하여 일을 저지르기 쉽고, 행위가 충동적이어서 이따금 행동이 먼저이고 나중에 생각

하니 사려함이 부족하다. 편관이 태왕하니 성격이 고독하고 초조하며 싸우기를 좋아하고 버릇이 조급하나 정의감은 풍부하며 강자를 누르려고 하고 약자를 돕는다.

- 연월에 재가 없고 년간이 비겁이니 조업이 몰락한다. 사주에 재성이 보이지 않고 선천에 인성이 없으니 부친이 쓸모가 없다. 亥 중의 甲印은 물을 따라 떠내려가니 모친 역시 도움이 없다. 편관이 왕하고 비견은 자신도 보전키 어려우니 형제의 도움이 없다. 처궁에 정관이 앉으니 아내는 어질고 총명하며 미모이고 단정하다. 편관이 체(體)가 되고 용(用)이 되니 자식이 현명하고 쓸모가 있다.

- 이 명조는 종살격으로 편관이 체용이 되므로 평생 사업은 문무를 벗어나지 않는다. 관직이 가장 좋고 그 나머지는 모두 하등이다. 웃어른이나 선배의 돌봄과 지지로 성취함이 있다.

- 庚운에는 편재가 종(從)함을 도우니 길하고 생활환경에 재가 있으며 누린다.

- 子운에는 관이 종함을 도우니 길하고 공부를 열심히 하여 경쟁력이 풍부하다.

- 辛운에는 丙辛合하여 길하고, 丑운에는 북방 水가 되어 격국이 진종(眞從)하니 길하다.

- 壬운에는 편관이 왕하니 길하고, 寅운에는 일주가 장생을 얻어 살에 저항하나 다행히 寅亥合하여 길하다.

- 癸운에는 정관이 왕하고 관살혼잡이 되니 길한 가운데 대략 흉하다.

- 卯운은 丙이 卯에 패하고 卯木은 비록 신(身)을 생(生)하나 할 수 없으니 길하다.

- 甲운은 인(印)이 신(身)을 생(生)하여 살에 대항하고 화살(化殺)하니 각 각 길흉이 있다.
- 辰운은 辰 중의 乙木이 신(身)을 생하므로 길하다고 할 수 없다.
- 乙운은 남방운으로 돌고 신(身)을 생하여 일주를 도와 살에 대적하니 길하지 못하다.
- 巳운은 일주가 녹을 얻고 신왕하여 살과 투쟁하니 크게 불길하다.

26   **＜男命＞**

庚	己	丁	癸
午	亥	巳	酉

◉대운

55	45	35	25	15	5
辛	壬	癸	甲	乙	丙
亥	子	丑	寅	卯	辰

- 일록귀시격이며 신강하고 기(氣)가 왕하여 개성이 고집불통이다. 팔자에 火가 왕하여 성격이 조급하고 겉으로는 공경하고 겸손하며 온화하나 내심으로는 사양과 상관없다. 편인이 천간에 나왔으니 개성이 완강하여 소통하는 것을 좋아하지 않는다. 상관이 천간에 나와 본성은 총명하고 다재다능하다.
- 년간에 재가 있고 월간에 인이 노출하므로 조상의 음덕이 풍부하고 이로운 점이 많다. 재가 일지에 있으니 부친의 사랑과 힘을 얻었다. 인성이 월에 있고 시에 녹이 있으니 어머니가 어질고 연분이 깊다. 동기인 戊土가 월에 녹을 얻으니 형제자매 모두 성취함이 있다.
- 처궁에 재가 있으니 반드시 내조를 얻으며 처궁에 충을 만나니 혼인이 전부 아름답기는 어렵다. 木이 자식인데 木은 시지 午에 쇠하나 일록귀시 이므로 자식의 도움이 있다.
- 丙운은 정인이 당령하니 어릴 때 복을 누리고 어진 보살핌을 받는다.

- 辰운은 길운이며 모든 일이 순조롭고 독서에 힘쓴다.

- 乙卯운과 甲寅운은 관살이 왕하여 불길하다.

- 癸운은 운세가 호전되어 재리가 점점 모인다.

- 丑운은 신왕하여 크게 길하다.

- 壬운에는 丁壬合하여 길한 가운데 흉함이 있다.

- 子운에는 子가 午록을 충하여 파격이 되니 불길하고 명리에 손실이 있다.

- 亥운은 식신이 당령하니 명리가 성취되고 이후에는 일이 뜻대로 순조롭다. 소년시대에는 뜻을 얻기 어려우나 북방운에는 점점 여의하다.

27		＜女命＞	
丁	癸	丙	丁
巳	巳	午	丑

◉대운

56	46	36	26	16	6
壬	辛	庚	己	戊	丁
子	亥	戌	酉	申	未

- 사주에 火가 왕하여 성질이 급하고 버릇이 거칠다. 火는 주로 예(禮)이므로 대인관계 일 처리에 겸손하고 공경하며, 예의를 지키고 법규를 지킨다.

- 연주에 재가 있으니 중상위 가정 출신이다. 사주에 재가 왕하니 반드시 부친의 총애와 도움을 얻는다. 신약하여 인성을 좋아하니 어머니의 애틋한 사랑을 얻는다. 동기(同氣)가 미약하니 형제의 도움은 한계가 있다.

- 일주 상하가 합화하니 부부의 감정이 친근하고 달콤하다. 화신(化神)인 丙火가 자식이 되는데, 丙이 巳에 녹을 얻으니 자식은 녹이 있고 귀함은 신(身)에 있다.

- 丁운은 어릴 때 양호한 보살핌을 받는다.

- 未운은 丑을 충하여 일이 많고 몸이 안정하기 어렵다.

- 戌운은 火가 土를 생하여 원국의 기운을 설기하여 화기(火氣)를 용(用)

함이 있으니 일주가 복을 누린다.

- 申운은 火剋金하여 쓸 곳이 있으니 일주가 평범치 않음을 나타내고 巳申合하므로 이성과 가까이 한다.

- 己운은 상관생재하여 명리가 모이고 일이 순조롭게 진행된다.

- 酉운에는 巳酉丑 金局을 이루어 일주를 도우니 주로 반본(返本)하여 종(從)하지 않으니 흉운이다.

- 庚운에는 재기(財氣)가 왕하여 명리가 다시 있고 화목하며 즐겁다.

- 戌운은 종화(從化)가 도움을 얻으니 마음으로 생각하는 일이 이루어지고, 봄바람에 뜻을 얻으니 더 말할 필요가 없다.

- 亥운은 대운이 북으로 돌아 水火가 서로 싸우니 운세가 내려가고 모든 일이 벌떼처럼 일어나니 불길하다.

- 亥운에는 남편궁과 자식궁을 충하니 남편과 자식에 불리하다.

- 壬운은 1壬이 2丁을 합하고 丙과 싸우니 꽤 공평하다고 할 수 있다.

- 子운은 子午沖이 되니 왕한 水가 火를 멸하니 몸을 상하여 크게 불길하고 생명의 위험이 있다.

28			＜女命＞
癸	壬	壬	己
卯	申	申	酉

⊙ 대운

56	46	36	26	16	6
戊	丁	丙	乙	甲	癸
寅	丑	子	亥	戌	酉

- 본 명조는 주로 총명하고 지혜가 많으며 말이 선량하고 느리다. 몸은 풍후하고 음식을 잘 먹으며, 평생 병이 적고 흉악함을 만나지 않으며 재물에 인색하다. 성격이 충동적이기 쉽고 때때로 행동이 먼저이고 생각이 나중이다. 개성이 예리하고 급진적이며 도덕과 인륜을 중시한다.

- 연월에 재가 없고 관인이 년에 있으니 출신이 비록 좋으나 조상의 음덕은 매우 한정되어 있다. 팔자에 재가 없으므로 부친의 도움을 얻지 못한다. 인성이 왕하므로 모친의 영향력이 크고 어머니의 애틋한 사랑과 도움을 얻는다. 비겁이 모두 나왔으니 형제자매가 많고 동기간의 힘을 얻는다.
- 癸운은 겁재이니 어릴 때 재물을 누리지 못하고 청빈한 가정에서 태어났다.
- 酉운은 인성이 왕하므로 생활환경이 호전되어 행복을 누리고 고생하지 않았다.
- 甲운에는 식신이 왕하고 일주가 설수(洩秀)되어 유유히 세월을 보냈다.
- 戌운에는 재관이 왕하여 앞날이 밝고 순조로웠다.
- 乙운에는 상관이 왕하여 자식에 이로우나 남편에 불리하다.
- 亥운에는 壬의 녹이 亥에 있으므로 녹을 얻고 재물을 지키며 순조로웠다.
- 丙운에는 재성이 밝게 나타나 군비쟁재하므로 도리어 불길하다.
- 子운에는 일주가 양인을 얻고 申子化水가 되므로 허(虛)로 寅을 쓸 수가 없어서 불길하다.
- 丁운은 2壬 1癸가 정재를 다투어 파재운이므로 불길하다.
- 丑운은 관운이므로 남편의 사업이 최고에 달하여 크게 길하다.
- 戌운은 관을 쓰는데 살이 와서 혼잡되므로 불길함이 많은 운이다.
- 寅운은 허신(虛神)이 분명하게 나타나 제강을 충하므로 이 운은 크게 불리하다.
- 66세 甲寅년 丙寅월에는 천충지충이 되어 생명에 위험이 있다.

＜男命＞

己	丙	壬	丁
亥	午	子	卯

⊙대운

57	47	37	27	17	7
丙	丁	戊	己	庚	辛
午	未	申	酉	戌	亥

- 辛운인 10세 丙子年에는 양인을 충하여 흉험함이 있으나 평안하게 보낼 수 있다.

- 亥운인 16세 壬午년에 흉험함이 있으나 예봉이 나오지 않아 평안할 수 있으며 그렇지 않으면 재앙이 있다.

- 庚운인 17세 癸未년에 양인을 합하므로 번거로운 일이 많고 마음을 정하기 어려우니 인내심을 갖고 일 처리를 해야 한다. 19세인 乙酉년에는 부모에게 불리하고 모친이 불안하기 쉽다.

- 戌운인 22세에는 모든 일이 함께 오므로 평상심으로 대처해야 평안할 수 있다. 26세에는 태세에 범하므로 일에 있어서 보수적이면 평안하겠으나 진취적이면 재앙이 있다.

- 己운인 27세에는 건강과 직업상 일이 생기기 쉽고 큰 뜻은 불가하다. 28세에는 가문에 불리한 일이 많고 모친이 크게 불리하다.

- 酉운인 34세에는 여인과 번거로운 일이 생기기 쉬우니 조심해야 하고, 인내심으로 대처함이 좋다. 35세에는 결혼하는 경사가 있다.

- 戊운인 37세에는 불리하고 일이 많다. 39세에는 일에 있어서 강하게 두각을 나타낼 수 없으며 건강에 유의해야 하고 대의를 가볍게 여겨서는 안 된다. 40세에는 가정에 일이 많아 편안하기 어렵고, 41세에는 파재를 방비해야 한다.

- 申운인 43세에는 파재하면 재앙은 소멸되고 44, 45세에는 파재를 방비해야 하고 재물 사항에 있어서 자세함이 묘하다. 46세에는 불리하고 가

문에 재앙이 많다.

- 丁운인 47세에는 태세를 범하여 불길하다. 51세에는 자식과 건강으로 소비함이 많다.

- 未운인 52세에는 가정풍파가 일어나니 평심으로 조용히 처리하라. 53세 에는 태세를 범하여 흉험함이 많으나 평안히 보낼 수 있다. 54, 55세에는 파재를 방비해야 한다.

- 丙운인 57세에는 태세를 범하므로 건강이 좋지 않다. 58세에는 태세를 범하여 가정이 평안하기 어렵다.

- 午운인 63세에는 건강이 좋지 않다. 64세에는 태세를 범하여 크게 불길 하고 생명에 위험이 있다.

30		＜女命＞		⊙ 대운						
己	辛	辛	甲	67	57	47	37	27	17	7
丑	酉	未	子	甲	乙	丙	丁	戊	己	庚
				子	丑	寅	卯	辰	巳	午

- 전록격이며 일주가 매우 왕하므로 설수(泄秀)하는 子水가 용신이다.

- 庚운인 7, 8세에 순조롭지 않은 일이 많았다.

- 午운인 14세 丁丑년에는 태세를 범하여 일에 불길함이 많았다. 16세 己 卯년에는 卯酉가 충동(沖動)하여 학업에 안심할 수가 없으나 순조롭다.

- 己운인 17세 庚辰년에는 겁재가 일을 주장하므로 파재를 방비해야 한다. 18세 辛巳년 역시 파재를 방비해야 하고, 19세에는 관이 왕하여 역시 불 길하다. 20세에는 대운과 유년이 서로 극하여 모든 일이 벌떼처럼 일어 나니 조심해서 처리해야 한다.

- 巳운인 23세에는 관살이 태왕하여 유년이 불리하고, 24세에는 태세와

대운이 상전(相戰)하니 일이 많다.

- 戊운인 28세에는 파재를 방비해야 하고, 29세에는 세와 운이 상전하여 모든 일이 함께 오니 인내심을 갖고 처리해야 한다.

- 辰운인 32세에는 건강과 자녀에 유의해야 하며, 34세에는 번거로운 일이 많고, 35세에는 辰戌沖이 되어 다만 일이 많겠으나 평안하게 지낼 수 있다.

- 丁운인 37세 유년은 불리하고, 38세에는 파재하며, 40세에는 태세를 범하여 모든 일이 불리하다. 丁운 5년의 운세는 나쁘므로 범사에 있어서 인내가 필요하고 특히 남편에 대해서 더욱 인내가 요구된다.

- 卯운은 卯未가 酉를 충하여 부부의 감정이 화합을 잃으니 참으면 평안하고 참지 못하면 일이 있다. 43세에는 유년이 불길하여 큰 뜻은 불가하다. 44세에는 가정 내에 일이 많아 평안키 어렵다. 46세에는 2酉가 卯를 충하여 불길하다.

- 丙운인 47세 유년은 불리하고, 49세 유년도 불리하며 구설 시비가 많다. 50세에는 건강과 자녀에 주의해야 한다.

- 寅운인 52세에는 태세를 범하여 큰 뜻은 불가하다.

- 乙운인 57, 58세에는 파재하기 쉽다.

- 丑운인 64세에는 태세를 범하므로 대인관계 일 처리에 조심해야 한다.

- 甲운인 67세에는 파재하고 일이 많으며 불길하다. 68세 유년에는 불길하고 건강에 크게 불리하며 생명에 위험이 있다.

合理心得

제 4 편
기문명리(奇門命理)

운명을 보는 방법

☞ 만세력을 보고 사주팔자를 기록한다

☞ 태어난 해의 연간(年干)과 태어난 날의 일간(日干)을 대조해 명간대조표에서
　명간(命干)을 결정한다

☞ 태어난 달의 월지(月支)와 태어난 날의 일지(日支)를 대조해 명문대조표에서
　명문(命門)을 결정한다

☞ 명간과 명문이 결정되면 해당하는 항목에서 찾아보면 된다

다음의 예시들을 참조하기 바란다.

時干	日干	月干	年干
己	丁	甲	戊
酉	酉	子	寅
時支	日支	月支	年支

연간 戊와 일간 丁을 대조하니 壬이 곧 명간(命干)이고, 월지 子와 일지 酉를 대조하니 생(生)이 곧 명문(命門)이므로 壬의 생문(生門)을 찾아서 보면 된다.

時干	日干	月干	年干
丁	己	壬	甲
卯	巳	申	申
時支	日支	月支	年支

연간 甲과 일간 己를 대조하니 庚이 곧 명간(命干)이고, 월지 申과 일지 巳를 대조하니 사(死)가 곧 명문(命門)이므로 庚의 사문(死門)을 찾아서 보면 된다.

時干	日干	月干	年干
丁	庚	甲	丙
丑	寅	午	子
時支	日支	月支	年支

연간 丙과 일간 庚을 대조하니 癸가 곧 명간(命干)이고, 월지 午와 일지 寅을 대조하니 개(開)가 곧 명문(命門)이므로 癸의 개문(開門)을 찾아서 보면 된다.

時干	日干	月干	年干
乙	己	丁	癸
亥	卯	巳	巳
時支	日支	月支	年支

연간 癸와 일간 己를 대조하니 己가 곧 명간(命干)이고,월지 巳와 일지 卯를 대조하니 생(生)이 곧 명문(命門)이므로 己의 생문(生門)을 찾아서 보면 된다.

時干	日干	月干	年干
戊	戊	甲	乙
午	午	申	未
時支	日支	月支	年支

연간 乙과 일간 戊를 대조하니 庚이 곧 명간(命干)이고, 월지 申과 일지 午를 대조하니 경(驚)이 곧 명문(命門)이므로 庚의 경문(驚門)을 찾아서 보면 된다.

명간대조표(命干對照表)

出生日干 出生年干	甲	乙	丙	丁	戊	己	庚	辛	壬	癸
甲	乙	丙	丁	戊	己	庚	辛	壬	癸	甲
乙	丙	丁	戊	己	庚	辛	壬	癸	甲	乙
丙	丁	戊	己	庚	辛	壬	癸	甲	乙	丙
丁	戊	己	庚	辛	壬	癸	甲	乙	丙	丁
戊	己	庚	辛	壬	癸	甲	乙	丙	丁	戊
己	庚	辛	壬	癸	甲	乙	丙	丁	戊	己
庚	辛	壬	癸	甲	乙	丙	丁	戊	己	庚
辛	壬	癸	甲	乙	丙	丁	戊	己	庚	辛
壬	癸	甲	乙	丙	丁	戊	己	庚	辛	壬
癸	甲	乙	丙	丁	戊	己	庚	辛	壬	癸

出生月支 \ 出生日支	子	丑	寅	卯	辰	巳	午	未	申	酉	戌	亥
子	景	休	生	死	開	驚	傷	驚	開	生	驚	杜
丑	休	景	驚	驚	景	開	生	死	生	開	死	驚
寅	生	驚	景	杜	驚	死	開	驚	死	驚	開	休
卯	死	驚	杜	景	驚	生	生	開	驚	傷	休	開
辰	開	景	驚	驚	死	生	生	杜	開	休	傷	驚
巳	驚	開	死	生	生	景	杜	生	死	開	生	傷
午	傷	生	開	生	生	杜	死	休	驚	驚	開	驚
未	驚	死	驚	開	杜	生	休	景	生	生	死	開
申	開	生	死	驚	開	死	驚	生	景	杜	生	生
酉	生	開	驚	傷	休	開	驚	生	杜	死	生	生
戌	驚	死	開	休	傷	生	開	死	生	生	景	驚
亥	杜	驚	休	開	驚	傷	驚	開	生	生	驚	死

1 성격	온화하고 학문이 깊으며 품행이 의젓하고 고상하며 명랑하다. 풍격 기질이 매우 훌륭하고 적극적이다.
2 마음씨	성미가 온화하고 수양이 좋으며 영예를 중히 여기고 신용을 지키며 의협심을 중히 여긴다.
3 출신	대부분 고상하고 부귀한 가정환경에서 출생한 자가 많다.
4 부모	품질 조건이 함께 높고 명성과 지위가 상당히 있으며 가정교육을 중시한다.
5 형제	형제자매가 많지 않고 감정이 깊고 두터우며 단결하여 협력하고 성취함이 있다.
6 연애	격식 조건을 요구함이 좀 높으며 모름지기 선을 보아 신분이 모두 걸맞아야 성혼한다.
7 혼인	배우자에 대해 좀 거만하지만 역시 충분하고 행복하며 원만한 혼인이다.
8 자녀	자녀를 가르치는 일에 비교적 엄숙하고 권위를 중히 하며 자녀가 효순하고 표현이 좋다.
9 학식	고등 이상의 학력이 다수를 차지하고 또한 차별이 매우 크다.
10 재능	학술, 연구, 창조, 발명 혹은 전문가의 재능이 있다.
11 사업	상인, 실업가, 창조 발명가, 학술가 모두 크게 성공한다.
12 직업	정치인이나 관리가 되거나 학술, 전문기술 모두 매우 높은 성취를 얻을 수 있다.
13 재산	극히 좋으며 설사 가난하고 권세가 없는 출생이더라도 마침내 반드시 큰 사업을 보유한다.
14 사교	활기가 있고 적절하며 알맞은 정도이고 명성과 인망과 소문이 좋고 남의 존경을 받는다.
15 신체	건강이 양호하고 보양함을 소중히 할 줄 알며 장수하는 사람이다.
16 질병	뇌신경쇠약, 두통, 현기증이 나는 오래묵은 병을 얻기 쉽다.
17 희망	아무리 견고한 것이라도 쳐부술 수 있고 만사 모두 자기의 생각처럼 성과가 탁월하다.
18 운세	일생 운세가 강하고 좋으며 순풍에 돛을 단 것처럼 순조로워 파죽지세와 같다.
19 복택	하늘로부터 받은 것이 홀로 두텁고 행복, 부귀, 장수 삼자를 모두 구비한 행운아이다.

1 성격	열정적이고 친절하며 온화하고 믿음직하며 활발하고 적극적이며 지모가 풍부하다.	**2** 乙 奇 을 기 와 生 門 생 문 의 命 명
2 마음씨	선량하고 성실하며 감정과 동정심이 풍부하고 남을 돕기를 즐긴다.	
3 출신	대다수 온화하고 고귀한 가정환경에서 출생하였다.	
4 부모	품질 조건이 높고 상당한 지위와 명성과 인망이 있고 자녀 교양을 중시한다.	
5 형제	형제자매가 적으나 다정하고 정의가 깊으며 협력하여 각각 성취함이 있다.	
6 연애	상당히 안정되고 순조롭게 진행된다. 또한 대부분 모두 원만한 결말이 있을 수 있다.	
7 혼인	부부가 서로를 손님처럼 존경하는 마음이 있으며 솔직하고 정직하며 살뜰히 돌보아 남들이 부러워하는 혼인이다.	
8 자녀	자상하고 친밀하게 이성적으로 자녀를 가르치며 자녀가 걸출하게 발휘함이 크다.	
9 학식	높은 학력자가 많고 충분한 지식인이다.	
10 재능	문필이 좋고 퍼뜩 글의 구상이 떠오름이 민첩하며 예술의 재능이 있다.	
11 사업	문예, 문교의 대사업에 종사한다면 반드시 큰 성취를 얻는다.	
12 직업	반드시 예술, 창작, 문예와 관련된 일에 큰 발전이 있다.	
13 재산	매우 좋으며 큰 사업, 높은 직위는 큰 재산, 큰 자산을 가져온다.	
14 사교	열정적이고 공익에 힘쓰며 인연, 풍문, 명성이 극히 좋다.	
15 신체	건강 형편이 양호하고 운동을 부지런히 하는 자가 많으며 상당히 장수하는 명이다.	
16 질병	간 부위가 비교적 약하고 비교적 신경기능에 고장이 많다.	
17 희망	운이 본래 좋고 능력 또한 좋으며 스스로 돕는 자는 남도 돕고 하늘도 도우며 큰 성과가 있다.	
18 운세	일생 운세가 강하고 좋으며 순탄하고 파죽지세로 전진할 수 있다.	
19 복택	행복, 부귀, 장수를 모두 갖춘 행운아이며 사회에 보답을 많이 함이 좋다.	

1 성격	정신력과 신심이 충분하고 적극적이며 낙관적이고 명랑하며 진보적이고 능력이 강하다.
2 마음씨	이익을 좋아함에 좀 급급하지만 정직하고 의지가 굳으며 공무에 충실하고 법을 준수하며 실력을 믿는다.
3 출신	대다수 근면하고 활기찬 가정환경에서 출생한 자가 많다.
4 부모	품질 조건이 괜찮고 명성과 인망이 있으며 자녀를 매우 준엄하게 가르친다.
5 형제	형제가 많으며 와자지껄하게 경쟁하지만 단결하여 협력하고 힘을 얻는다.
6 연애	안정되고 순조로운 가운데 파란곡절이 조금 있으며 선을 보아 결혼하는 자가 적지 않다.
7 혼인	작은 고집이 좀 있으며 대체적으로 행복하고 원만한 혼인이다.
8 자녀	자녀에게 은혜와 위엄을 아울러 베풀어 가르치고 자녀는 효도를 나타내고 또한 걸출하다.
9 학식	중고 이상의 학력이 다수를 차지하고 또한 차별이 매우 크게 있다.
10 재능	지도 능력이 가장 뛰어나고 전형적인 수령의 인물이다.
11 사업	대사업은 성취됨이 중등이고 중소사업이면 도리어 크게 성취한다.
12 직업	정사에 참여하는 관리가 되거나 개인기구 또한 반드시 고급 지도자 직위이다.
13 재산	중상(中上)이며 일생 금전이 풍족하고 자유롭게 운용하며 자산이 좀 있다.
14 사교	간절히 바라고 적극적으로 활약하며 인연, 소문, 명성, 인망이 모두 좋다.
15 신체	건강 형편이 좋고 일생 병이 적으며 좀 장수하는 사람이다.
16 질병	심장병, 고혈압 혹은 중풍, 뇌일혈병에 주의함이 좋다.
17 희망	달성률이 매우 높고 성과가 매우 이상적이다.
18 운세	일생 운세가 좋으나 비교적 오르락내리락하는 변화가 있으나 무방하다.
19 복택	행복, 부귀, 장수를 모두 구비한 행운이라고 할 수 있다.

1 성격	지모가 풍부하고 온화하며 낙관적이고 진취적이며 품위 있고 예의가 바르다.	
2 마음씨	평화로 일을 처리하고 친절하게 사람을 대한다. 멀리 내다보고 깊이 타산하며 의논해서 결정한다.	
3 출신	대다수가 건전하고 온난한 가정환경에서 출생한다.	
4 부모	품질 조건이 좋고 처지가 안정하며 가정과 자녀를 중시한다.	
5 형제	많지 않으며 도리어 매우 화목하고 친절하다. 정의가 깊고 돈독하며 단결하여 협력한다.	
6 연애	안정되어 있으며 평온하고 순조롭다. 이성(理性)을 존중하여 진행하고 마침내 가족을 이룬 자가 많다.	
7 혼인	솔직하고 정직하며 정답고 매우 행복한 혼인이다.	
8 자녀	자녀 교육에 대하여 이성(理性)과 소통함을 중시하며 자녀가 효도하고 장래성이 있다.	
9 학식	중상(中上)의 학력이 다수를 차지하고 이른바 지식인이다.	
10 재능	기획, 설계, 책략에 뛰어난 지혜형 인물이다.	
11 사업	창업은 비교적 이상적이지 못하고 동업은 좋으며 보좌하는 인재에 가장 좋다.	
12 직업	지도자, 간부는 좋지 않고 막료, 참모관, 기획, 보좌함에 좋고 크게 발휘할 수 있다.	
13 재산	중상(中上)이고 일생 의식과 금전운용은 걱정하지 않으며 자산이 있을 수 있다.	
14 사교	담백하고 극력 참여하지 않는다. 인연, 소문, 명성, 인망은 도리어 매우 좋다.	
15 신체	건강 상황이 그런대로 괜찮고 보양을 그리 중요시하지 않으며 좀 장수하는 명이다.	
16 질병	비교적 풍습증, 관절염, 신경염 등의 시큰시큰 쑤시고 아픈 증세에 걸리기 쉽다.	
17 희망	대다수 모두 자기의 의견과 같을 수 있고 낱낱이 실현에 부치어 결과가 좋다.	
18 운세	인생 운세가 좋고 평온하여 안정되며 순조롭게 발전할 수 있다.	
19 복택	뜻밖의 복운은 없으나 귀인의 도움이 많고 흉을 만나면 반드시 길하게 된다.	

1 성격	활발하고 명랑하며 낙관적이고 진취적이다. 신용을 중시하고 의리를 지키며 교제에 뛰어나다.
2 마음씨	충실하고 어질며 성실하고 극진하다. 의리와 은원이 분명하고 공명정대하며 광명하고 정직하다.
3 출신	대다수 충실하고 이성적인 가정환경에서 출생하였다.
4 부모	품질 조건이 훌륭하며 단정하고 장중하며 돈후하다. 자녀를 가르침에 매우 이성적이다.
5 형제	형제자매가 많고 화목하며 우애로 단결하고 각각 성취하여 힘을 얻음이 있다.
6 연애	정중하고 달콤한 분위기로 진행되며 대다수 모두 가족이 될 수 있다.
7 혼인	부부가 정답게 조화되고 힘을 다하여 가정이 온화하고 향기롭게 만들 수 있는 분위기이다.
8 자녀	소통과 이성으로 자녀를 가르침을 채용하고 자녀는 효순하고 출세한다.
9 학식	중상(中上)의 학력 정도가 다수를 차지하고 대중의 지식 수준이 있다.
10 재능	교제 인사 및 복잡한 사물 처리에 뛰어나다.
11 사업	대사업은 좋지 않고 중소형의 공동사업은 비교적 성취함이 있다.
12 직업	외교관, 의사, 상인, 실업가가 좋으며 모두 발전이 있을 수 있다.
13 재산	중상(中上)이며 큰 부자는 아니다. 다만 일생 돈이 풍족하고 자산을 보유한다.
14 사교	활동적이고 적극적이며 성의, 인연, 소문, 명성, 인망 모두 매우 우수하다.
15 신체	건강 형편이 좋고 평생 병이 적으며 좀 장수하는 사람의 명이다.
16 질병	위장병, 소화불량, 배설이 곤란한 병증에 걸리기 쉽다.
17 희망	달성률이 매우 높으며 만약 실제에서 동떨어진 고원한 일을 추구함을 좋아하지 않는다면 현실에 부합되지 않는다.
18 운세	일생 운세가 매우 괜찮으며 변화 기복이 좀 있으나 지장없이 성취한다.
19 복택	노후에 복이 많고 장수한다. 젊은 시절에 더욱 자기를 수양하고 천성을 함양하면 좋고 바야흐로 큰 복이 있다.

1 성격	온화하고 고상하며 활발하고 적극적이다. 교제수단에 뛰어나고 반응이 영리하다.	**6** 乙 儀 기 의 와 生 門 생 문 의 命 명
2 마음씨	온화하여 친해지기 쉽고 남을 돕기를 좋아하며 인정미가 풍부하고 낙관적이며 명랑하다.	
3 출신	대다수 행복, 온난, 친절한 가정환경에서 출생했다.	
4 부모	품질 조건이 훌륭하며 온화하고 자상하며 친정(親情)을 중시하고 또한 선량하다.	
5 형제	형제자매가 많고 화락하며 융화한다. 분위기가 와자지껄하고 온난하며 단결한다.	
6 연애	아주 달콤하고 열정적이며 로맨틱함이 충만하고 원만하게 결합한다.	
7 혼인	서로 마음에 두고 가호와 생각해 주는 마음이 세세한 곳까지 미치고 애정으로 행복한 혼인이다.	
8 자녀	자녀를 총애하고 사랑에 빠져 가르치고 자녀 또한 효도하고 장래성이 있다.	
9 학식	중등 학력 정도가 다수를 차지하고 매우 향상된 연수하는 기회가 있다.	
10 재능	교제에 가장 뛰어나고 사람과 사람 사이의 모순과 충돌에 대처하여 처리한다.	
11 사업	너무 큰 사업은 좋지 않고 공동경영이나 동업은 좋으며 서비스업은 크게 성취할 수 있다.	
12 직업	샐러리맨, 서비스업, 외교, 공공관계성의 일이 적합하다.	
13 재산	중중(中中)이며 대부호는 아니지만 돈도 있고 부동산도 있는 사람이다.	
14 사교	활기 있고 적극적이며 열중이고 마음의 인물이며 큰 수확이 있다.	
15 신체	건강 상황이 좋고 음식을 비교적 절제하지 않으며 보통 수명의 사람이다.	
16 질병	위장병이 가장 많고 대다수 폭음과 폭식으로 인하여 병이 생겼으며 궤양률이 크다.	
17 희망	대부분 모두 순조롭고 뜻과 같이 염원을 달성할 수 있다.	
18 운세	인생 운세가 좋고 안정되어 어떤 파란곡절 기복이 없다.	
19 복택	복이 있는 사람으로 일생 큰 흉험이 없고 귀인의 도움이 많다.	

1 성격	의지가 굳고 정직하며 단호하고 과단하며 활발하고 적극적이며 엄숙하고 장중하다.
2 마음씨	의지가 매우 강하고 불요불굴하며 백절불굴하고 자신감이 충분하다.
3 출신	대부분 엄하고 완고한 가정환경에서 출생함이 많다.
4 부모	품질 조건이 중중(中中)이고 엄숙하게 가르치며 가정 분위기가 비교적 엄숙하다.
5 형제	형제자매가 많고 어른과 어린이에는 차례가 있으며 예절과 권위를 상당히 중시한다.
6 연애	엄숙하고 장중하게 진행되어 비교적 분위기가 없으나 결국에는 원만하다.
7 혼인	배우자에 대해 좀 가혹하게 징수한다. 다만 부부 혼인의 행복하고 원만함에 영향을 주지 않는다.
8 자녀	은혜와 위엄을 베푸는 방식으로 자녀를 가르치며 자녀는 효도하고 또한 걸출하다.
9 학식	중등 정도의 학력이 다수를 차지하고 상당히 연수하여 자기에게 충실함을 안다.
10 재능	견고한 결단력이 있고 늘 성공한 자는 반드시 갖춘 재능이다.
11 사업	큰 사업은 비교적 곤란하고 중소형의 사업투자는 도리어 이상적이다.
12 직업	벼슬을 하여 관리가 되거나 개인기구에 책략적으로 주관함에 가장 적합하다.
13 재산	중중(中中)이며 부자라고 말할 수 없다. 다만 돈이 충분하고 작은 부동산을 구입함은 있다.
14 사교	활기가 있고 적절하며 강경하고 인연, 풍문, 명성, 인망은 같지 않다.
15 신체	건강 형편은 좋고 대부분 보양에는 소홀하며 보통 수명의 사람이다.
16 질병	사지, 근골, 머리, 등 부위에 의외의 상해를 주의함이 좋다.
17 희망	선천적인 운세를 배제한 아무리 견고한 것이라도 쳐부수는 달성력이 크게 있다.
18 운세	인생 운세가 크게 일어났다가 크게 떨어지며 성공도 많고 실패도 많으나 결말에는 그런대로 좋다.
19 복택	어떤 복이나 행운도 없고 모두 자기의 역량에 의지하여 인생을 창조해야 한다.

1 성격	적극적이며 활발하고 환상을 좋아하여 헛된 꿈을 꾸며 지혜가 뛰어나다.	8 辛 儀 신의와 生 門 생문의 命 명
2 마음씨	정신생활을 중시하고 낙관적인 환상형이며 행동이 모두 실정과 맞지 않는다.	
3 출신	대부분 중상(中上) 가정에서 출생했으나 정다운 마음이 부족한 환경이 많다.	
4 부모	품질 조건이 괜찮고 늘 밖에 나가 부산하게 다니며 자녀들도 모임이 적고 헤어짐이 많다.	
5 형제	형제자매가 적고 도리어 친밀하지 않으며 매우 냉담하고 소원하여 힘을 얻지 못한다.	
6 연애	현실에 부합되지 않는 감정관이고 연애에 파란곡절이 많으며 결말은 정하기 어렵다.	
7 혼인	배우자에 대해 고집이 좀 있으나 배우자가 양해하여 혼인이 화목하다.	
8 자녀	자녀를 가르침에 비교적 완고하여 이해력이 좋지 않으며 자녀는 꽤 효도하고 태도가 좋다.	
9 학식	중등 정도의 학력이 다수를 차지하고 일반 사회 대중 수준이다.	
10 재능	상상력이 풍부하고 문필이 그런대로 좋다. 합당한 운용에 창작력이 있다.	
11 사업	큰 사업은 성공할 가능성이 없으나 문화와 교육류의 작은 상점은 꽤 좋다.	
12 직업	문서, 문예, 창작의 직업에 종사하면 아마 발휘함이 있을 것이다.	
13 재산	평범하고 큰 부자는 없으며 중류 생활수준 상태는 어렵지 않으나 부동산을 사는 것은 쉽지 않다.	
14 사교	알맞은 정도이며 그리 적극적이고 열중적이지 않다. 인연과 소문은 그런대로 괜찮다.	
15 신체	건강 형편은 꽤 좋으나 다만 작은 병은 끊이지 않으며 보통 수명이다.	
16 질병	폐 부위가 비교적 나쁘고 늘 감기, 기침, 숨이 차며 기관지염이 있다.	
17 희망	달성률이 절반이고 결과 또한 보통이며 광채가 찬란하지 않다.	
18 운세	인생 운세가 평온하고 큰 변화는 없으며 평범하게 날을 보낸다.	
19 복택	노년운은 비교적 복이 있으며 덕을 쌓고 선을 행함이 많으면 좋고 바야흐로 미래의 행복이 크다.	

1 성격	활발하고 적극적이며 행동이 민첩하고 말이 나오면 반드시 행하며 사려함이 주도면밀하지 못하다.
2 마음씨	조바심을 내고 용감하지만 지혜가 없으며 낙관적이고 진취적이며 지능이 약간 부족함이 의심된다.
3 출신	대부분 와자지껄하고 복잡한 대가정 환경에서 출생하였다.
4 부모	품질 조건이 보통이고 돈후하며 열성적이고 자녀와 매우 다정하다.
5 형제	형제자매가 많으며 논쟁이 그치지 않고 대단히 단결하며 성취함은 크지 않다.
6 연애	말다툼을 하며 진행되고 연애 분위기가 없으며 결말은 확정적이지 않다.
7 혼인	배우자는 비교적 좋고 그 자체는 혼인 혼란의 제조자이다.
8 자녀	자녀를 가르침에 강경하여 요령을 잡지 못하고 자녀가 효도하며 특색이 없다.
9 학식	중하(中下) 정도의 학력이 다수를 차지하고 또한 자아가 연수하여 충실함을 알지 못한다.
10 재능	행동 및 조작하는 힘이 강하고 운용에 합당하며 또한 상당히 걸출하다.
11 사업	대사업은 크게 실패하기 쉽고 공동경영은 좋지 않으며 작은 상점이 가장 적당하다.
12 직업	월급쟁이가 좋고 다만 노력으로 노동하는 성질의 일이 있다.
13 재산	보통이고 우연히 적자가 나타나며 대체적으로 중류의 생활수준을 유지할 수 있다.
14 사교	매우 열중적으로 활기가 있지만 끝내 틀에 꼭 맞지 않으며 인연과 소문은 나쁜 편이다.
15 신체	상당히 강건하고 평생에 병이 적게 생긴다. 다만 보통 수명일 따름이다.
16 질병	당뇨병, 신장, 비뇨계통의 병에 걸리기 쉽다.
17 희망	조급하여 대강대강 되는 대로 아무렇게 하며 항상 최후의 고비에서 역부족으로 실패하며 패배는 도리어 높다.
18 운세	인생 운세는 보통이고 다 인위적인 요소로 평온하지 않은 기복이 조성된다.
19 복택	행운이 좀 있으며 흉을 만나도 길하게 되고 위험을 만나도 무사하게 된다.

1 성격	성질이 안정되지 않고 멋대로 행동하며 자아관념을 중시하고 사귐성이 좋지 않다.
2 마음씨	대략 신경질이 있고 조용함이 갇힌 물과 같으며 동하면 팽배하게 용솟음치고 이중인격이다.
3 출신	대부분 드러냄이 다양하고 불평불만의 환경에서 출생하였다.
4 부모	품질 조건이 보통이고 곤액이 많으며 늘 부산하게 다니고 자녀에게 온정이 없다.
5 형제	형제자매가 많으나 서로 모든 것을 용납하지 않고 남이 뭐라고 하든 자기 식대로 하는 이기심이 중하다.
6 연애	상대방의 느낌에 관심이 없으며 자기 뜻대로 고집을 부리다가 늘 실패하고 선을 보게 된다.
7 혼인	배우자에 대해 조금도 관심을 두지 않으며 배우자는 여러 가지로 인내해야 하고 이혼율이 높다.
8 자녀	자녀에 대한 가르침에 털끝만큼도 중시하지 않는다. 다행히 자녀는 그런 대로 효도하고 평범하다.
9 학식	중하(中下) 정도의 학력이 다수를 차지하고 그다지 눈에 띄는 사람은 아니다.
10 재능	평범하고 특색이 없으며 배운 것도 없고 재주도 없다고 할 수 있다.
11 사업	큰 사업은 불가능하고 동업은 좋지 않으며 작은 상점이면 그런대로 보통이다.
12 직업	월급쟁이는 비교적 안정적이다. 다만 자리가 불안하고 늘 일을 바꾼다.
13 재산	보통 나쁘고 가끔 돈 때문에 고뇌하고 혼란하며 부동산을 사기 어렵다.
14 사교	활동적이지 않고 사귐성이 좋지 않으며 인연, 소문, 명성 모두 나쁜 편이다.
15 신체	건강 형편이 꽤 좋고 보양을 소중히 여길 줄 알며 보통 수명이다.
16 질병	비뇨계통의 병이 많고 방광, 요도, 신장병에 걸리기 쉽다.
17 희망	씩씩한 마음, 웅대한 뜻은 없으며 행동은 안정적이지 못하고 소원 성패는 하나가 아니다.
18 운세	인생 운세는 꽤 좋으며 남의 착오로 인하여 도리어 발전에 영향을 준다.
19 복택	만년에 행복을 좀 누릴 수 있다. 그러나 반드시 일찍이 천성을 함양하고 자기를 수양해야 바야흐로 미래의 행복이 있다.

1 성격	고결하고 총명하며 돈후하고 명랑하며 기질이 고상하고 수양이 매우 좋다.
2 마음씨	보수적이고 내향적이며 공명정대하고 온화하며 온건하고 포부가 원대하다.
3 출신	비교적 청귀하고 고급 가정환경에서 출생함이 다수를 차지한다.
4 부모	품질 조건이 좋으며 가업을 유지함에 알맞고 위엄이 장중하며 자녀가 효도한다.
5 형제	형제자매가 많고 대부분 비교적 내향적이다. 다만 매우 우애하고 화목한다.
6 연애	연애 성패의 결말은 하나가 아니고 도리어 선을 보아 혼인이 성립됨이 다수를 차지한다.
7 혼인	배우자에 대해 서로 사랑하는 감정을 이해하지 못한다. 매우 금실이 좋고 원만한 부부가 아니다.
8 자녀	자녀에 대한 가르침이 상당히 위엄이 있고 자녀의 나타남이 꽤 좋으나 인연이 얇다.
9 학식	고중상(高中上) 정도의 학력이 다수를 차지하고 대중 이상의 수준이다.
10 재능	지도능력, 결단력이 강하고 협조와 안정성은 높다.
11 사업	대사업의 성취는 크지 않고 중소형의 사업은 좋으며 비교적 발전이 있다.
12 직업	정사에 참여하는 관리가 되면 꽤 좋고 개인회사는 비교적 고위직을 얻을 수 있다.
13 재산	중상(中上)이며 큰 부자는 어렵고 중간 부자에 가까우며 부동산을 보유한다.
14 사교	활기 있고 적극적이며 열중적이고 이익 및 수확을 상당히 올린다.
15 신체	건강 형편이 그런대로 좋고 정신 또한 좋으며 장수하는 명의 사람이다.
16 질병	간장 및 신장의 병이 비교적 많고 평생 동안 병이 적지만 한번 병이 나면 중하다.
17 희망	예정된 계획에 비추어 한 걸음 한 걸음 실현에 옮긴다.
18 운세	인생 운세가 매우 좋고 인력으로 배합하면 더욱 큰 발전이 있다.
19 복택	중년 후 상당히 행복이 있다고 할 수 있으며 더욱 파악함에 좋고 확대하고 강화하여 빛나고 성대하다.

1 성격	온화하고 믿음직하며 고상함을 지키고 겉보기와 실질이 알맞게 조화되어 있으며 친절하고 온화하다.	**12** 乙 奇 을 기 와 死 門 사 문 의 命 명
2 마음씨	선량하고 열정적이며 인정미가 풍부하고 남을 돕기를 좋아하며 도리어 공로가 있다고 자처하는 생각을 하지 않는다.	
3 출신	대부분 선량하고 충실한 가정환경에서 출생함이 다수를 차지한다.	
4 부모	품질 조건이 좋고 지위와 명망이 있으며 상당히 자녀의 공경을 받는다.	
5 형제	형제자매가 많지는 않지만 우애하고 화목하며 정의가 깊고 돈독하며 돕는 힘이 크다.	
6 연애	안정된 가운데 도리어 생각해 주는 마음이 세세한 곳까지 미친다. 다만 돌변하여 실패하는 결말이 되기 쉽다.	
7 혼인	배우자에 대해 배려하고 이해성이 있으며 극진하다. 다만 부부가 의사가 상통하지 않음이 있다.	
8 자녀	자녀를 가르침에 자상하고 온화하며 자녀는 표현이 다정하지 않다.	
9 학식	중고상(中高上)의 학력이 다수를 차지하고 대부분 지식인이라고 할 수 있다.	
10 재능	문필이 좋고 문장의 구상이 민첩하며 창작력이 강하다.	
11 사업	문예, 출판, 창작 등에 종사하면 커도 두려워함이 없다.	
12 직업	상업이나 지도계층에 종사함은 좋지 않고 막료, 참모관 혹은 기획하는 일이 좋다.	
13 재산	중상(中上)이고 큰 부자는 비교적 어렵고 돈이 부족함을 염려하지 않으며 자산이 있을 수 있다.	
14 사교	보통이며 적당한 때에 그만두고 인연과 소문은 상당히 좋다.	
15 신체	건강 상황이 꽤 좋고 작은 병은 있으나 큰 병은 없으며 좀 장수하는 명이다.	
16 질병	뇌신경쇠약, 불면증, 류머티스, 관절염 등에 걸리기 쉽다.	
17 희망	달성률이 높은 편이고 안정되고 침착하게 추진하며 대다수 성공하기 쉽다.	
18 운세	인생 운세가 강하고 안정적이며 큰 기복의 우려가 없다.	
19 복택	복이 있는 사람이며 천성이 선량하고 남 돕기를 좋아하며 더욱이 비교적 큰 미래의 행복이 있다.	

1	**성격**	능력이 강하고 정신력이 넉넉하며 적극적으로 나아가고 타인에게 쉽게 굴복하지 않는다.
2	**마음씨**	조급하면서도 보수적인 풍조이며 적극적인 가운데 내향적으로 스며든다.
3	**출신**	중중(中中)의 가정환경에서 출생함이 다수를 차지한다.
4	**부모**	품질 조건이 그런대로 좋고 운은 조금 부족하며 가정교육과 부모의 정을 중시한다.
5	**형제**	형제자매가 많으나 화락하고 융화하며 상당히 서로 단결을 도울 수 있다.
6	**연애**	대다수 비교적 짝사랑이 형성되거나 일방적인 생각이기 쉽고 성공률이 낮다.
7	**혼인**	표면은 평온한 것 같으나 도리어 매우 화해하지 못하고 생이별하기 쉬워서 좋다고 말하기 어렵다.
8	**자녀**	자녀에 대해 늘 정확하게 가르치는 방법이 없고 자녀의 연분이 매우 부족하다.
9	**학식**	중등 정도의 학력이 다수를 차지하고 상당히 자아에게 충실함을 안다.
10	**재능**	일을 처리하는 능력, 조작력이 괜찮고 대단히 요령과 효율이 있다.
11	**사업**	큰 사업은 좋지 않고 작은 사업이 좋으며 또한 동업이 가장 좋고 탐을 내지 않으면 성공할 수 있다.
12	**직업**	정사에 참여하는 관리가 되면 큰 수확이 없으나 개인회사는 비교적 발전하여 승진할 수 있다.
13	**재산**	평중(平中)할 따름이며 큰 부자는 곤란하고 돈을 마음대로 운용할 수 있다.
14	**사교**	활기가 있고 적절하며 얼마의 도움과 이익이 있으며 인연과 소문은 매우 좋다.
15	**신체**	건강 정황은 그런대로 좋고 폭음과 폭식을 하는 경향이 있으며 보통 수명이다.
16	**질병**	소화계통 질병, 위장병, 변비, 설사에 걸리기 쉽다.
17	**희망**	인력과 운세가 거의 정비례를 이루며 성패는 같지 않으며 결과는 좋다.
18	**운세**	인생 운세가 좀 좋은 편이며 인력으로 적당한 배합을 하면 좋다.
19	**복택**	복이 좀 있는 사람이고 항상 흉을 만나면 길하게 되고 재앙이 바뀌어서 기쁨이 된다.

① 성격	소박하고 온화하며 고상하고 품위가 있으며 예의바르고 지혜가 우수하며 좀 내향적이다.
② 마음씨	보수적이고 비교적 만족 현상에 안정하기 쉽고 화평 안락주의이다.
③ 출신	평범하고 안정하며 온화한 환경 아래에서 성장한 사람이다.
④ 부모	품질 조건이 보통이고 자녀와 연분이 깊으며 집안을 다스림에 적정하다.
⑤ 형제	많지 않으며 오히려 온화한 분위기이고 서로 배려와 도움은 크지 않다.
⑥ 연애	이성적이고 안정적인 가운데 진전이 있으며 도리어 성공도 있고 실패도 있으며 결말은 같지 않다.
⑦ 혼인	배우자에 대해 합리적으로 넘겨주고 보답은 비교적 공평하지 않으며 좋다고 말하기 어렵다.
⑧ 자녀	자녀를 가르침에 비교적 객관적이고 이성적이며 결코 자녀와 다정할 수 없다.
⑨ 학식	중등 정도의 학력이 다수를 차지하고 일반 대중 수준이다.
⑩ 재능	문필의 재능이 좀 있고 큰 힘을 발휘할 방법이 없다.
⑪ 사업	작은 사업은 좋으나 큰 사업은 좋지 않으며 크면 크게 패하고 작으면 작게 이루고 동업은 괜찮다.
⑫ 직업	샐러리맨이 가장 좋고 상당히 발휘하는 바 승진과 영전의 기회가 있을 수 있다.
⑬ 재산	평중(平中)이고 중류의 생활수준을 유지할 수 있으며 혹은 소액의 저축이 있다.
⑭ 사교	알맞은 정도이고 적절한 요점을 찌르며 인연과 소문은 그런대로 좋다.
⑮ 신체	건강 형편이 보통이고 보양을 많이 함이 좋고 보통 수명의 사람이다.
⑯ 질병	심장병을 특별히 주의하고 다음으로는 혈압과 순환계통에 유의해야 한다.
⑰ 희망	달성률이 보통이고 대체로 만족할 만하며 그리 원대한 포부나 웅대한 뜻이 없다.
⑱ 운세	인생 운세가 그런대로 안정적이고 일생 크게 위태함은 없다.
⑲ 복택	평범하고 완전하며 모름지기 자신에 의지하여 스스로 다복함을 구한다.

1	**성격**	신용을 중시하고 의리에 밝으며 지혜가 있고 교제에 뛰어나며 약간 보수적이다.
2	**마음씨**	명예심과 책임감이 중하고 보수적이며 자기의 능력을 남에게 자랑하는 것을 좋아하지 않는다.
3	**출신**	대다수 평범하고 중용의 가정환경에서 출생하였다.
4	**부모**	품질 조건이 보통이고 온화하며 충실하고 자녀를 가르침에 상당히 엄격하다.
5	**형제**	많으며 단결하여 협력하고 우애가 있으며 화목하고 각각 성취함은 크지 않다.
6	**연애**	평범해서 재미가 없는 연애이고 선을 보는 자가 다수를 차지한다.
7	**혼인**	부부가 동침이몽(同枕異夢)이 있고 상당히 감정 의견이 어긋나고 이혼하는 자가 있다.
8	**자녀**	자녀를 가르침에 상당히 의사가 잘 통하고 어쩔 수 없이 자녀 연분이 비교적 부족하다.
9	**학식**	중등 정도의 학력이 다수를 차지하고 사회 보편적인 수준에 달한다.
10	**재능**	교제에 상당히 뛰어나고 지혜가 있으며 다만 표현에 특별함이 없다.
11	**사업**	작은 사업은 좋으나 큰 사업은 좋지 않고 동업 투자나 작은 상점은 좋다.
12	**직업**	월급쟁이가 가장 좋고 안정된 가운데 승진의 기회가 꽤 있다.
13	**재산**	보통이고 그런대로 수입과 지출의 균형이 맞으며 중류의 생활수준을 유지할 수 있다.
14	**사교**	활기가 있고 알맞은 정도이며 인연, 풍문, 명성, 인망은 대체로 만족할 만하다.
15	**신체**	건강 형편은 꽤 좋고 활동력은 충분하며 보통 수명의 사람이다.
16	**질병**	위장병, 심장병, 괴혈병 및 피부병 등에 걸리기 쉽다.
17	**희망**	인력과 운세는 절반의 성공 결말을 형성한다.
18	**운세**	인생 운세는 꽤 좋고 기복은 평균적이며 그런대로 중중(中中)하다.
19	**복택**	만년에 비교적 복록이 있으며 일찍이 자아가 시작함이 좋다.

1 성격	충실하고 정이 두터우며 진실하고 내향적이며 보수적이다. 오히려 유머 감각이 있고 구변이 좋다.	
2 마음씨	반응이 민첩하고 말을 잘하며 도리어 나타내는 표현은 잘하지 못한다.	
3 출신	대부분 안정적이고 소박하며 비천한 살림살이에서 출생한 자가 많다.	
4 부모	품질 조건이 높지 않고 오히려 충실하고 정이 두터우며 근검하고 검소하며 가정교육을 잘 한다.	
5 형제	형제자매가 많고 화목하며 함께 한다. 다만 각각의 성취는 보통이다.	
6 연애	분위기를 꽤 만들 줄 알고 이성연이 그리 좋지 않음이 아쉬우며 선을 보는 자가 다수를 차지한다.	
7 혼인	배우자에 대해 매우 온유하고 이해성이 있다. 보답함에 친절하지 않고 도리어 감정 의견에 대립이 있다.	
8 자녀	자녀를 가르침에 비교적 총애함에 치우친다. 다만 자녀와 인연이 매우 없다.	
9 학식	중하(中下) 정도의 학력이 다수를 차지하고 대략 자기에 충실함을 안다.	
10 재능	교제에 재능이 좀 있으며 오히려 표현이 뛰어나지 않고 드러나지 않게 한다.	
11 사업	사업이 크면 지금 세상에 희망이 없고 그런대로 작은 상점을 경영할 기회가 있다.	
12 직업	샐러리맨이 가장 좋고 평온하게 날을 보낼 수 있으며 승진은 없다.	
13 재산	보통 나쁘며 그런대로 중류생활의 국면을 유지할 수 있고 가끔 적자가 나타나게 된다.	
14 사교	보통이고 도리어 작은 도움과 이익이 있고 인연과 소문은 꽤 좋다.	
15 신체	건강 형편은 평범하고 음식은 절제해야 하며 단명한 사람에 속한다.	
16 질병	위궤양, 십이지장 궤양률이 높고 위장염의 병증이다.	
17 희망	웅대한 포부가 없고 탐하지 않으므로 성패 승부가 없다고 할 수 있다.	
18 운세	일생 운세가 보통이고 대성 대패가 없으며 비교적 평범하다.	
19 복택	행운이 있고 하는 일 없이 지내며 자기 힘에 의지하여 스스로 다복함을 구한다.	

1 성격	보수적이고 내성적이며 의지가 굳고 견고하며 외유내강하고 늘 사람을 놀라게 하는 행동이 있다.
2 마음씨	그렇게 안정적이지 못하고 표현이 극단적이며 정서가 되고 항상 자아를 억압한다.
3 출신	대부분 결함이 있고 안정적이지 못한 환경에서 출생함이 다수이다.
4 부모	품질 조건은 높지 않으며 일년 내내 밖에서 분주하게 다니고 가정에 온난함이 결핍되어 있다.
5 형제	많지 않고 보통이며 친절하지도 않고 소원하지도 않으며 대성은 없다.
6 연애	늘 짝사랑함이 있고 스스로 다정한 상황을 만들며 선을 보는 자가 다수를 차지한다.
7 혼인	배우자에 대해 너무 가혹하고 냉담함을 받으며 고집함이 끊이지 않으며 이혼이 많다.
8 자녀	자녀를 가르침에 너무 지나치게 엄하여 자녀에게 큰 반감과 불화를 야기한다.
9 학식	비교적 낮은 학력이 다수를 차지하고 사회상에서도 낮은 수준에 속한다.
10 재능	평범하고 하는 일 없이 지낸다.
11 사업	일생 사업과 무슨 관계도 가까스로 올라갈 수 없다.
12 직업	월급쟁이가 좋고 우연히 승진할 기회가 있다.
13 재산	조금 나쁘며 그런대로 큰 곤고함에는 이르지 않는다. 돈 때문에 트러블과 번뇌하게 된다.
14 사교	보통이고 활동적이지 않으며 인연은 그리 나쁘지 않고 소문, 명성, 인망 또한 마찬가지이다.
15 신체	건강 형편은 꽤 좋으며 일생 병이 적으나 장수하는 명의 사람은 아니다.
16 질병	사지, 등 뇌, 허리 부위에 의외의 상해가 이르기 쉽다.
17 희망	작게 이루고 크게 패하는 상황이 다수를 치지한다.
18 운세	일생 운세는 나쁜 편이며 액운이 결국 호운보다 많다.
19 복택	만년에 행운이 좀 있다고 말할 수 있으며 일찍이 온갖 고생을 다한다.

1 성격	공상, 망상의 생활을 하며 헛되고 실속이 없는 가운데 활력도 없다.	
2 마음씨	극단적이고 내성적이며 보수적이고 환상을 좋아하며 현실에 부합되지 않고 세상을 피해 숨어 산다.	
3 출신	대부분 비천하고 쓸쓸하며 허무한 가정환경 아래에서 출생하였다.	
4 부모	품질 조건은 나쁘고 곤액과 분주하게 바쁨이 많고 자녀와 친밀한 정이 부족하다.	
5 형제	형제자매가 적지 않으며 평범하고 소원하며 피차간에 조금도 관심을 두지 않는다.	
6 연애	이성연이 본래 나쁘며 또한 늘 자기가 옳다고 여기는 것이 실패한다.	
7 혼인	배우자에 대해 너무 무리하고 피차 냉담하여 감정이 없으며 이혼률이 높다.	
8 자녀	자녀를 가르침에 너무 무리하게 원칙이 없고 자녀와 매우 인연이 없다.	
9 학식	낮은 학력이 다수를 차지하고 사회 대중 가운데에서도 비교적 낮은 수준이다.	
10 재능	환상력이 풍부하여 도리어 현실에 부합되지 않으며 무슨 재능이 없다.	
11 사업	일생 사업 문제는 문제가 되지 않으며 더욱이 창업은 안 된다.	
12 직업	월급쟁이 또한 다만 평범한 사무 일에 종사할 수 있다.	
13 재산	매우 나쁘지만 반드시 적자가 있는 것이 아니나 생활의 곤고함을 면키는 어렵다.	
14 사교	활기가 없으며 적극적이지 못하고 흥미를 느끼지 못하며 심지어 도피를 생각한다.	
15 신체	건강 형편이 나쁘고 작은 병은 끊이지 않으며 단명하는 사람에 속한다.	
16 질병	천식, 숨참, 기침, 감기, 기관지염, 폐병이 끊이지 않는다.	
17 희망	환상, 공상이 매우 많고 혼미하며 결국 행동에 옮기지 않는다.	
18 운세	일생 운세가 극히 나쁘고 좋은 운이 없으며 평범하게 날을 보낸다.	
19 복택	복이 없는 사람이며 적극 행동함에 좋고 스스로 다복함을 구한다.	

18
辛儀
신의와
死門
사문의
命명

1 성격	겁이 많고 심성이 안정적이지 못하며 극히 보수적이고 의기가 소침하며 때로는 경솔하다.
2 마음씨	내성적, 보수적, 비관적, 경솔하고 충동적이며 매우 신경질적이다.
3 출신	대다수 결함이 있고 재액이 많은 환경 아래에서 출생한 자가 많다.
4 부모	품질 조건이 나쁘고 성미가 좋지 않으며 자녀 교양 온정에 소홀하다.
5 형제	형제가 많고 말다툼을 그치지 않으며 서로 적대시하고 각각 이룬 바가 없다.
6 연애	이성연이 나쁘며 실연함도 있고 반드시 선을 보아 성혼하는 자가 많다.
7 혼인	냉전과 열전, 서로 관심이 없고 감정도 거의 없으며 이혼률이 높다.
8 자녀	자녀와 상당히 연분이 없으며 항상 충돌과 고집이 발생한다.
9 학식	낮은 학력이 다수를 차지하고 남의 주목을 받지 않는 사람이다.
10 재능	평범하며 재주가 없다고 말할 수 없다.
11 사업	한평생 사업의 문제를 말할 수 없는 것이 무섭다.
12 직업	샐러리맨 혹은 곳곳에서 품팔이하는 것이 생존의 길이 된다.
13 재산	극히 나쁘며 일생 돈과 인연이 매우 없고 빈궁하며 곤고하게 보낸다.
14 사교	활동하지 않고 환영받지 못하고 인연이 극히 나쁘고 소문 또한 나쁘다.
15 신체	건강 상황이 매우 나쁘며 겉만 번드르르하고 단명하는 사람이다.
16 질병	비뇨계통, 신장 또한 나쁘고 당뇨병에 걸리기 쉽다.
17 희망	일생 거의 절망적인 생활이고 실망이다.
18 운세	인생 운세가 극히 나쁘고 풍파가 끊이지 않으며 곤액이 많다.
19 복택	불운한 사람이고 미래의 운은 복이 좀 있으며 자기가 노력하여 창조함이 좋다.

1 성격	극단적이고 소극적이며 보수적이고 내성적이다. 침체된 분위기에 무거운 모양이며 털끝만큼도 활력이 없다.
2 마음씨	비관적이고 담이 작으며 겁이 많고 무능하며 게으르고 실패주의자이다.
3 출신	대부분 비천하고 약하거나 너무 준엄한 가정환경에서 출생한 사람이다.
4 부모	품질 조건이 나쁘며 자녀를 가르침에 너무 엄하고 가혹하거나 조금도 관심을 두지 않는다.
5 형제	형제자매가 적고 화목하지 못하며 소원하고 냉담하며 돕는 힘이 없다.
6 연애	이성연이 매우 나쁘며 반드시 중매인의 말을 믿고 성혼하는 사람이 대다수이다.
7 혼인	부부간 연분이 부족하고 냉담하며 이혼률이 매우 높다.
8 자녀	자녀를 가르침에 관심이 없으며 자녀와 연분은 매우 부족한 경향이다.
9 학식	하등의 학력 정도와 비교적 지식이 없는 자가 다수를 차지한다.
10 재능	평범하며 거의 재주가 없다고 말할 수가 없다.
11 사업	일생 사업의 문제를 말할 수 없다.
12 직업	월급쟁이나 노동이 다수를 차지하고 하는 일 없이 지낸다.
13 재산	극히 나쁘며 재원을 개척하고 지출하는 것을 절약할 줄 모르며 빈궁하고 곤고하게 날을 지낸다.
14 사교	활기가 없고 환영받지 못하며 인연, 소문, 명성이 모두 나쁘다.
15 신체	건강 상황이 극히 나쁘며 평생 병약하고 아주 단명한 사람이다.
16 질병	신장병, 당뇨병, 요독증, 임파선, 비뇨계통의 병이다.
17 희망	완전하고 철저한 실패자이다.
18 운세	인생 운세는 극히 나쁘고 재액이 많으며 말로 다할 수 없을 정도로 고생이 심하다.
19 복택	상당히 불행한 명이며 오직 덕을 쌓고 선을 행함이 많으면 스스로 다복함을 구하는 것이다.

1	**성격**	얌전하고 품행이 의젓하며 기질이 고상하고 믿음직하며 의지가 군고 적극적으로 진취한다.
2	**마음씨**	신심, 정신력, 용기, 과단, 참고 버티어 동요하지 않으며 지혜롭고 꾀가 많다.
3	**출신**	대부대귀한 가정환경에서 출생한 자가 다수를 차지한다.
4	**부모**	품질 조건이 모두 높고 또한 크게 상반됨이 비천한 자와 같다.
5	**형제**	형제자매가 적지 않으며 형은 우애하고 아우는 공손하며 정의가 두텁다.
6	**연애**	안정적이고 순조롭게 진행되며 또한 선을 보아 성혼한 자가 많다.
7	**혼인**	배우자에 대해 좀 거만한 혐의가 있고 다만 변함없는 행복의 부부이다.
8	**자녀**	자녀에 대한 가르침에 비교적 위엄이 중하고 자녀의 표현이 걸출하고 특별히 우수하다.
9	**학식**	고등 이상의 학력이 다수를 차지하고 차별이 매우 크게 있다.
10	**재능**	학술, 연구, 창조, 발명의 특수한 재능이 있다.
11	**사업**	큰 사업은 크게 발전하고 작은 사업은 작게 발전하며 큰 것은 좋고 작은 것은 좋지 않다.
12	**직업**	전형적인 지도자, 전문가, 발명가이고 모두 발휘함이 있다.
13	**재산**	극히 좋으며 설사 가난하고 권세가 없는 출생이더라도 반드시 큰 부자가 되어 큰 자산을 소유한다.
14	**사교**	활기가 있고 적극적이며 다만 제어함이 양호하고 인연과 명성 모두 특별히 우수하다.
15	**신체**	상당히 강건하고 일생 병이 적으며 매우 장수하는 명이다.
16	**질병**	운동이 많고 휴양이 많으며 간 보양이 적절하면 더욱 건강할 수 있다.
17	**희망**	운이 본래 좋으며 자신의 조건과 노력이 적극적이고 성과가 반드시 풍부하고 광대하다.
18	**운세**	인생 운세가 매우 강하고 게다가 인력세가 파죽지세와 같으며 대성공한다.
19	**복택**	하늘을 독차지하는 명이고 행복, 부귀, 장수를 모두 구비한 행운아이다.

1 성격	적극적이고 친절하며 공손하고 친히 부화뇌동한다. 온화하고 문아하며 온건하고 침착하며 배짱이 크다.	22 乙奇을기와 休門흉문의 命명
2 마음씨	돈후하고 충직하며 선량하고 남 돕기를 좋아하며 지능이 우수하고 착실히 일을 한다.	
3 출신	대부분 고귀하고 장중한 가정환경에서 출생한 자가 많다.	
4 부모	품질 조건이 높고 온화하며 장엄하고 자녀와 연분이 깊다.	
5 형제	많지 않으며 피차 정의가 중하고 서로 우애를 도우며 각각 성취함이 있다.	
6 연애	매우 자상하게 돌보고 온유함을 알며 온화하고 향기로우며 달콤하게 진행한다.	
7 혼인	하늘이 좋은 짝을 이루고 부부가 서로 신임하고 양해하며 정답게 보우한다.	
8 자녀	자녀를 가르침에 상냥하고 친절하며 자녀는 효도하고 표현이 걸출하며 특별히 우수하다.	
9 학식	고등 이상의 학력이 다수를 차지하고 정말로 지식인이다.	
10 재능	글의 구상이 퍼뜩 떠오르고 문필이 좋으며 학식이 풍부하고 가장 뛰어나 있다.	
11 사업	사업은 문교류가 좋고 크게 창업하여 발전할 수 있으며 성공한다.	
12 직업	정사에 참여하거나 관리가 되면 좋고 다만 글이 뛰어나지 않으면 무예 성취가 비교적 크다.	
13 재산	좋으며 부자라 할 수 있고 동시에 적지 않은 자산을 소유한다.	
14 사교	활동적이고 남의 환영과 인정을 받으며 지위와 명성 모두 매우 높다.	
15 신체	건강 형편이 양호하고 우아하며 호리호리한 형이고 수명이 긴 사람이다.	
16 질병	신경염, 결리고 뻐근하며 시큰시큰함, 사지, 관절, 머리 부위에 병이 걸리기 쉽다.	
17 희망	일마다 여의하고 스스로 돕고 남도 돕고 하늘도 돕는 큰 성과이다.	
18 운세	인생 운세가 매우 좋고 파란곡절이 거의 없으며 순풍에 돛을 단 것처럼 순조로운 행운이다.	
19 복택	복이 있는 행운아이고 행복, 부귀, 장수를 모두 구비하며 더욱이 사회에 바침이 좋다.	

1 성격	침착하고 온건하며 기백과 신심이 충분하고 용감하며 적극적이고 어려움을 두려워하지 않는다.
2 마음씨	대략 눈앞의 성공과 이익을 밝히고 강대한 조작력이며 특별히 지혜 능력이 우수하다.
3 출신	대다수 와자지껄하고 풍족한 가정환경에서 출생하였다.
4 부모	품질 조건이 중상(中上)이며 바쁘고 근면하며 도리어 상당히 자녀를 중시한다.
5 형제	형제자매가 많고 와자지껄 떠들썩하게 소란을 피운다. 도리어 단결하여 협력하며 서로 힘을 얻는다.
6 연애	달콤하고 정열적으로 진행하며 우연히 작은 의견충돌이 있지만 원만하게 결말된다.
7 혼인	가끔 배우자로 하여금 마음을 풀지 않으나 훌륭하고 원만한 혼인이다.
8 자녀	자녀를 가르침에 매우 방법이 있고 상당히 자녀의 존경과 효도를 얻는다.
9 학식	중고 이상의 학력이 다수를 차지하고 이른바 지식인이다.
10 재능	복잡한 사무 처리에 뛰어나고 능력과 효율이 모두 고강하다.
11 사업	중형의 사업은 큰 성취가 있을 수 있고 공동사업이나 동업은 심사숙고하지 않으면 안 된다.
12 직업	정치, 관리, 개인기구 모두 고급지도자 간부직을 얻을 수 있다.
13 재산	중상(中上)이고 일생 돈이 충분하며 부동산을 소유할 수 있다.
14 사교	상당히 적극적이고 갈망하며 활기가 있고 인연과 소문 모두 괜찮다.
15 신체	상당히 건장하고 자아의 보양을 모르며 좀 장수하는 사람의 명이다.
16 질병	고혈압, 콜레스테롤, 혈압의 병증이 많다.
17 희망	지혜롭고 꾀가 많으며 용감하고 적극적이며 염원이 낱낱이 실현된다.
18 운세	인생 운세가 본래 좋고 후천적인 인력이 배합되면 성취함을 얻을 수 있다.
19 복택	복이 있는 사람이며 일생 위태함이 없고 착한 사람에게는 하늘의 도움이 있으며 복이 저절로 온다.

1 성격	공명정대하고 공정하며 이성(理性)이 감정보다 중하고 침착하며 온건하고 단정하며 성실하다.
2 마음씨	의리가 분명하고 공무에 충실하며 법을 준수한다. 직무와 책무를 다하며 주도면밀하게 계획하고 먼 장래도 고려한다.
3 출신	대부분 중등이고 얌전한 가정환경에서 출생하였다.
4 부모	품질 조건이 중상(中上)이고 가업을 유지함에 적정하며 자녀와 연분이 농후하다.
5 형제	형제자매가 많지 않고 화목하며 우애한다. 서로 돕고 힘을 얻으며 각각 성취함이 있다.
6 연애	애정이 깊고 생각이 농후하며 도리어 아주 장중하고 마음대로 하지 않으며 안정된 결말을 짓는다.
7 혼인	매우 합리적인 혼인이고 서로 신뢰하며 가호하여 솔직하고 정직하다.
8 자녀	자녀를 가르침에 매우 이성적이고 결코 가혹하지 않으며 자녀의 나타냄이 특별히 우수하다.
9 학식	중고 이상의 학력이 다수를 차지하고 지식인 부류이다.
10 재능	미술 관계의 일, 예술, 설계 등에 천부적인 재능이 있다.
11 사업	동업에 투자해도 좋으며 다만 너무 큰 것은 좋지 않고 비교적 위험이 있다.
12 직업	월급쟁이로 말하자면 지도자가 되는 것은 좋지 않으며 순수한 막료, 참모 인재이다.
13 재산	중상(中上)이고 일생 의록과 돈이 모자라지 않으며 동시에 자산을 소유할 수 있다.
14 사교	적절히 알맞으며 극력 참여하지 않고 인연과 소문 모두 특별히 우수하다.
15 신체	건강 형편이 그런대로 좋고 우연히 작은 병이 있으며 좀 장수하는 명이다.
16 질병	비교적 심장병이 뚜렷하며 고혈압, 저혈압까지 주의해야 한다.
17 희망	계획을 하나하나 달성하는 염원이 있고 인력의 공(功)이 비교적 운수보다 크다.
18 운세	인생 운세가 좋은 편이고 안정적이며 항상 좋은 운이 왕림한다.
19 복택	복이 있는 사람이고 귀인의 도움이 많으며 가장 뚜렷하다.

1	성격	충실하고 어질며 독실하다. 강의를 중시하여 믿고 교제에 뛰어나며 믿음직하고 굳세다.
2	마음씨	고결하고 돈후하며 정대광명하고 지혜가 있으며 신심이 충분하다.
3	출신	대다수 중등이고 온화하며 소박한 가정환경에서 출생하였다.
4	부모	품질 조건이 중중(中中)으로 근면하고 충실하며 어질고 검소하며 자녀를 중시한다.
5	형제	많지 않지만 화목하며 정의가 깊고 힘을 얻으며 각각 이룸이 있다.
6	연애	확고하여 평온하지 않은 감정이고 순조롭게 진행하며 선을 보아 성혼한 자가 많다.
7	혼인	안정, 신뢰, 솔직하고 담백하며 애정이 원만한 혼인생활이다.
8	자녀	자녀를 가르침에 상당히 이성적으로 소통을 잘하고 자녀는 매우 효도하고 친밀하다.
9	학식	중등 정도 학력이 다수를 차지하고 보편적인 대중 수준이다.
10	재능	외교 고수로 의견을 조정하는 능력과 설득력이 뛰어나다.
11	사업	대사업은 좋지 않고 공동투자는 좋으며 작은 사업은 성취함이 크다.
12	직업	외교관, 의사, 상인, 서비스업 등 모두 나타남이 있을 수 있다.
13	재산	중등으로 대부는 없고 돈으로 인한 근심은 없으며 자산이 있다.
14	사교	상당히 활기 있고 소매가 길면 춤추고 날기 쉽듯이 상당한 수확이 있을 수 있다.
15	신체	건강 형편이 꽤 좋고 음식에 나쁜 습관이 일정치 못하며 보통 수명이다.
16	질병	위병에 가장 걸리기 쉽고 소화와 배설의 병이 특히 많다.
17	희망	달성률이 그런대로 좋고 인력 외에 선천운의 원인이 크다.
18	운세	일생 운세는 비교적 크게 좋고 크게 나쁨이 있으며 평균하여 꽤 좋다고 할 수 있다.
19	복택	좀 복이 있는 편이고 늘 흉을 만나면 길하게 되고 위험한 상태를 평온한 상태로 한다.

1 성격	기지가 민첩하고 남의 의향을 잘 이해하며 구변이 좋고 친절하며 사이좋게 지낸다.	**26** 己 儀 기의와 休 門 휴문의 命 명
2 마음씨	진심이 담겨 있고 열심이며 남 돕기를 즐기고 인정미와 동정심이 있다.	
3 출신	대부분 소박하고 수수하며 온화한 가정환경에서 출생한 자가 다수를 차지한다.	
4 부모	품질 조건이 중중(中中)이고 근면하며 충실하고 어질며 소박하고 인연이 깊다.	
5 형제	형제자매가 많고 와자지껄 화목하고 정의가 깊으며 각각 작은 성공이 있다.	
6 연애	달콤함을 만듦에 뛰어나고 열정과 섬세한 분위기이며 성공이 많다.	
7 혼인	부부의 감정이 아교풀처럼 딱 붙어서 떨어지지 않으며 애정이 비할 바 없으며 행복하고 원만하다.	
8 자녀	자녀를 가르침에 좀 방임하고 너무 귀여워하며 자녀들과 감정이 아주 친밀하다.	
9 학식	중등 정도의 학력이 다수를 차지하고 일반 대중의 수준이다.	
10 재능	교제에 뛰어나고 수완과 성의가 모두 좋으며 인간관계 처리가 고수이다.	
11 사업	사업을 크게 하는 것은 좋지 않고 공동투자는 좋으며 소형 경영도 비교적 좋다.	
12 직업	외교, 업무, 공공관계, 비서 등의 직무에 발전이 있다.	
13 재산	중등이고 대부는 쉽지 않으며 돈은 오히려 곤고함에 이르지 않고 부동산을 구입함이 적다.	
14 사교	상당히 활기가 있으며 적극적이고 양심 있는 인물이며 인연이 좋고 소문이 그런대로 좋다.	
15 신체	건강 형편이 꽤 좋고 자아를 소중히 할 줄 알며 보통 수명의 사람이다.	
16 질병	위장병이 비교적 많고 위장염, 위궤양 등에 주의해야 한다.	
17 희망	시기 장악을 잘하고 아쉽게도 타고난 운세는 비교적 보통이며 큰 성취는 어렵다.	
18 운세	일생 운세는 보통이며 크게 좋은 기회는 없고 또한 크게 위태함도 없다.	
19 복택	타고난 복택은 그런대로 괜찮지만 특별하게 좋음은 없다.	

1 성격	조용하면 고인 물과 같고 움직이면 물결이 세차게 출렁거림과 같다. 온화한 가운데 강대한 결단력을 함유하고 있다.	
2 마음씨	비교적 마음을 나타냄이 쉽지 않으며 깊고 남에게 친근함이 쉽지 않고 이상이 있다.	
3 출신	대부분 불안정하고 변천이 큰 가정환경에서 출생하였다.	
4 부모	품질 조건이 중중(中中)이고 자녀를 가르침에 적극적이며 다만 재액이 많다.	
5 형제	형제자매가 적고 보통의 정의이며 각각 성취함이 같지 않다.	
6 연애	마음 성미가 때로는 좋고 때로는 나쁘며 항상 적응할 수 없으며 마침내 허사가 된다.	
7 혼인	부부생활은 좋은 짝을 얻으며 가끔 너무 지나치고 융통성이 없다.	
8 자녀	대다수가 자녀를 가르침에 비교적 엄격하고 자녀의 표현은 꽤 좋은 편이다.	
9 학식	중등의 학력이 다수를 차지하고 사회 일반 대중의 수준이다.	
10 재능	비교적 특별한 재능과 기예를 갖추고 있으며 다만 표현력이 충분하지 못하다.	
11 사업	큰 사업은 좋지 않고 성취가 있기 매우 곤란하며 가게식 경영이 가장 좋다.	
12 직업	굳은 성질, 모험성에 편중되고 타인이 원하지 않는 일에 종사하면 좋다.	
13 재산	보통이며 중류의 국면을 유지할 수 있고 부동산을 사는 기회가 크지 않다.	
14 사교	적당하게 들어맞으며 인연, 소문, 명성이 그런대로 괜찮다.	
15 신체	건강 상황이 꽤 좋고 대부분 일생 병이 적으며 보통 수명이다.	
16 질병	사지, 머리, 허리, 등 부위의 병 혹은 외상이 다수를 차지한다.	
17 희망	염원 달성률이 반이고 운세와 정비례한다.	
18 운세	일생 운세가 비교적 안정적이지 않고 크게 오르락내리락하고 성패가 같지 않다.	
19 복택	후운(後運) 복택이 비교적 크고 일찍이 반드시 덕을 많이 쌓아야 복운을 누릴 수 있다.	

1 성격	환상과 의심을 좋아하고 정신생활을 중시하며 온화하고 침착하며 충후하다.	
2 마음씨	생각은 많고 하는 것은 적으며 비교적 비관과 열등감이 있으나 선량한 본성을 잃지 않는다.	
3 출신	대다수가 비교적 빈한하고 낮은 가정환경에서 출생하였다.	
4 부모	품질 조건이 나쁘고 자녀와 친밀하지 않으며 곤액과 파란곡절이 많다.	
5 형제	형제자매가 많고 화평하며 함께 거처하고 연계를 유지하나 도리어 조금도 관심을 두지 않는다.	
6 연애	늘 자기 의견을 고집하고 열등감으로 분위기를 파괴하며 심지어 실패한다.	
7 혼인	부부간에 꽤 잘 어울리며 단, 의견충돌로 이혼하는 자가 있다.	
8 자녀	자녀를 가르침에 너무 준엄하여 도리를 모르고 다행히 자녀는 그런대로 이해한다.	
9 학식	중하(中下) 정도의 학력이 다수를 차지하고 다소 자기에게 충실할 줄 안다.	
10 재능	예술, 기예의 재능이 있으며 다만 표현 발휘를 모른다.	
11 사업	크든 작든 사업은 모두 좋지 않고 성취가 있기 어려우며 창업 또한 좋지 않다.	
12 직업	샐러리맨이 좋고 일반 사무직이나 노동은 좋지 않다.	
13 재산	보통이고 꽤 먹고 살 만한 국면을 유지하지만 가끔 금전 때문에 근심하게 된다.	
14 사교	매우 활발하지 못하고 단결하지 않으며 인연과 소문은 꽤 좋은 편이다.	
15 신체	건강 상황은 보통이고 수명 또한 보통에 속하는 사람이다.	
16 질병	폐나 호흡계통의 병이 가장 많고 끊임없다.	
17 희망	모든 일은 다 빈 환상, 헛된 꿈이고 행동을 아직 못보는 자가 다수를 차지한다.	
18 운세	일생 운세가 보통이고 그다지 변화가 없으며 더욱이 창조할 줄 모른다.	
19 복택	노후에 비교적 행운이 있고 부드러운 덕을 많이 기르면 좋고 선을 행하면 바야흐로 미래의 행복이 있다.	

28

辛 儀
신의와
休 門
휴문의
命
명

1	성격	표면은 온화하고 침착하나 내면으로는 조급하고 충동적임을 함유하고 있으며 표리가 같지 않다.
2	마음씨	보수적이고 내성적이며 꽤 생각이 있고 야심과 행동력을 머금고 있다.
3	출신	대다수 평범하고 온난하지 않으며 결함이 있는 환경에서 출생하였다.
4	부모	품질 조건이 부족하고 자녀와 연분이 박하며 적게 모이고 많이 헤어짐이 두렵다.
5	형제	형제자매가 많지 않고 친밀하지도 않으며 각각 이기심이 중하다.
6	연애	갑자기 열정이 불과 같고 갑자기 냉담하기가 얼음과 같으며 대부분 실패가 많다.
7	혼인	부부가 많이 조화가 되지 않으며 냉담함과 따뜻한 싸움으로 시끄럽고 이혼함이 많다.
8	자녀	자녀를 가르침에 원칙이 없고 방법도 없으며 자녀는 그런대로 매우 효도할 줄 안다.
9	학식	중하(中下)의 학력이 다수를 차지하고 자기에게 충실함을 알고 있음이 적다.
10	재능	평범하며 특별한 재능이 없고 대다수 한 가지의 재간도 없다.
11	사업	큰 사업, 작은 사업 모두 구분이 없으며 창업은 적합하지 않고 비교적 안정적이다.
12	직업	월급쟁이가 좋고 야심이 있으며 도리어 표현을 잘 할 방법이 없으며 자기의 분수에 만족하지 않는다.
13	재산	조금 나쁘고 수입과 지출이 균형을 유지하고 좋은 편이며 부동산을 사기 어렵다.
14	사교	별로 활기가 없고 오히려 열중하는 마음이 있으며 인연과 소문은 모두 좋지 않다.
15	신체	건강 형편이 나쁜 편이고 정신 상태가 좋지 않으며 단명하는 사람이다.
16	질병	임파선과 편도선염이 많고 늘 신장질병을 띤다.
17	희망	야심이 있고 욕망이 많으며 사람이 돕고 하늘이 돕는 힘이 좋지 않으며 성공률이 낮다.
18	운세	일생 운세가 극히 안정적이지 못하고 변화와 기복이 많으며 뜻을 얻지 못한다.
19	복택	복이 없는 사람이고 만년에 비교적 행운이 좀 있다.

1 성격	보수적이고 내성적이며 온화하고 침착하며 자기를 내세우는 것을 좋아하지 않으며 버릇이 좋다.
2 마음씨	비교적 소극적이고 진취심이 부족하며 활력이 없고 편안한 현상에 만족하기 쉽다.
3 출신	대다수 평범하고 비교적 가난하며 권세가 없는 가정환경에서 출생하여 성장하였다.
4 부모	품질 조건이 조금 좋지 않으며 또한 자녀와 친절하지 않고 가정을 중시하지 않는다.
5 형제	형제자매가 많고 화평하며 함께 살고 오히려 친절하지 않으며 비교적 인연이 얕다.
6 연애	항상 짝사랑하며 한편은 진심으로 원하는 국면이고 성공률이 낮다.
7 혼인	매우 어울리지 않으며 일면은 과분한 관심이고 일면은 조금도 관심을 두지 않는다.
8 자녀	자녀를 가르침에 특별히 주의하지 않고 의견이 많지 않으며 자녀는 도리어 명예와 체면을 자못 소중히 한다.
9 학식	중하(中下) 정도의 학력이 다수를 차지하고 사회상 그리 눈에 띄는 사람이 아니다.
10 재능	평범하고 특별한 재능과 학습 진취심이 없다.
11 사업	어떠한 사업의 대소 모두 좋지 않으며 비교적 자립, 자주할 방법이 없다.
12 직업	월급쟁이가 좋고 마음을 쓰며 노동력으로 하는 일은 그리 좋지 않고 승진함은 없다.
13 재산	조금 나쁘며 가끔 수입과 지출이 균형을 이루지 못하고 적자를 보이며 부동산을 사기 어렵다.
14 사교	활기가 없고 열중하지 않으며 적극적이지 않고 더욱이 솜씨 수완이 없다.
15 신체	건강 형편이 그리 좋지 않고 비교적 병약하며 좀 단명한 사람인 편이다.
16 질병	신장이 비교적 나쁘고 비뇨계통 질병이 많으며 늘 안질에 걸린다.
17 희망	웅대한 뜻이 없고 또한 무슨 소원도 없으며 다만 안정적인 생활을 구한다.
18 운세	인생 운세가 본래 좋지 않으며 인력 또한 배합을 알지 못하며 좋다고 말하기 어렵다.
19 복택	박복한 명이고 덕을 쌓고 선을 행함이 좋으며 바야흐로 미래의 행복이 있다고 말할 수 있다.

1 성격	낙관적이고 적극적이며 명랑하고 침착하다. 기질이 고상하고 수양과 풍격이 좋다.	
2 마음씨	굳세고 확고하며 자신감과 기백이 있고 어려움을 두려워하지 않으며 웅대하고 원대한 포부이다.	
3 출신	대다수 고귀하고 부유한 가정 형편에서 출생하였으며 또한 차이가 매우 큼이 있다.	
4 부모	품질 조건이 높고 부유하며 고귀함이 다수를 차지하고 매우 위엄이 있다.	
5 형제	형제자매가 적고 품질 조건이 모두 좋으며 각각 크게 성취함이 있다.	
6 연애	정중하고 안정된 가운데 진행하며 선을 보아 양쪽 집안의 문벌이 걸맞음을 구하는 자가 적자 않다.	
7 혼인	애정이 원만한 혼인생활이고 가정 분위기는 비교적 우아하고 정중하다.	
8 자녀	자녀를 가르침에 권위를 중시하고 진취적이며 자녀의 표현은 매우 걸출하다.	
9 학식	고상(高上)의 학력 정도가 다수를 차지하고 더욱이 고급의 학술을 지니고 있다.	
10 재능	학술, 전문가, 특수 연구, 발명, 창조 능력이 있다.	
11 사업	상인, 실업가, 학술 연구, 전문가는 반드시 큰 성취를 얻을 수 있다.	
12 직업	벼슬을 하여 관리가 되고 장사 등 반드시 큰 인물이며 고급 지도자이다.	
13 재산	매우 좋고 대부하지 않으면 대귀하고 큰 자산을 가지고 있을 수 있다.	
14 사교	활동함이 적극적이고 대중이 기대하는 바이며 훌륭한 사람들이 좌석에 가득차고 자본금이 많으면 일하기 쉽다.	
15 신체	건강 형편이 좋고 항상 보양 운동에 소홀하며 매우 장수한다.	
16 질병	간 부위가 비교적 약하고 피로하기 쉬우며 고혈압과 뇌일혈 등에 주의해야 한다.	
17 희망	어떠한 것도 다 이겨낼 수 있는 좋은 운과 기백 능력이 없고 성과 역시 매우 눈부시다.	
18 운세	인생 운세가 강하고 좋으며 순풍에 돛을 단 것처럼 순조롭고 파죽지세와 같다.	
19 복택	하늘로부터 받은 것이 홀로 두텁고 행복, 부귀, 장수를 모두 갖춘 행운아이다.	

1 성격	온화하고 믿음직하며 낙관적이고 명랑하다. 적극적이고 진취적이며 현실에 발을 붙인다.	32 乙奇 을기 와 開門 개문의 命 명
2 마음씨	멀리 내다보고 깊이 타산하며 계획이 세밀하다. 언행이 일치하고 마침내 관철한다.	
3 출신	대부분 좋은 집안 내력과 배경이 있고 부귀하며 고상한 가정이다.	
4 부모	품질 조건이 높고 신분과 지위가 있으며 상당히 남의 존경을 받는다.	
5 형제	형제자매가 적고 감정이 매우 독실하며 서로 협동하고 각각 대성함이 있다.	
6 연애	열정, 간절함, 온화, 달콤한 연애와 아울러 원만한 결말이다.	
7 혼인	부부 감정이 애정, 행복이고 서로 의존하며 신뢰한다.	
8 자녀	자녀를 가르침에 자상하고 이성적이며 자녀는 충분하게 발휘하고 걸출하다.	
9 학식	고등의 학력이 다수를 차지하고 또한 차이가 아주 크게 있다.	
10 재능	다재다능하고 박학하며 능력이 넓고 하늘로부터 받은 것이 홀로 두터운 사람이다.	
11 사업	사업의 대중소를 막론하고 모두 한번의 대성취는 있다.	
12 직업	관리가 되어 벼슬을 하거나 개인기구 등 모두 반드시 고급을 주관하는 직위가 있다.	
13 재산	좋으며 평생 금전으로 왜 고생하는지 모르고 큰 자산을 소유할 수 있다.	
14 사교	상당히 활동하고 적절하며 인연과 명성이 있으며 극히 좋다.	
15 신체	건강이 양호하고 병이 적으며 다만 장수하는 명의 사람이다.	
16 질병	풍습병, 관절염, 신경통 등 시큰시큰 쑤시고 아픈 병에 걸리기 쉽다.	
17 희망	지혜와 재능운이 좋고 다시 진취심을 더하며 매사 소원대로 된다.	
18 운세	인생 운세가 강하고 좋으며 인위적인 조건이 좋고 운수가 좋은 사람이다.	
19 복택	행복, 부귀, 장수 삼자를 모두 구비하였으며 사회 보답을 잊지 말아야 한다.	

1 성격	낙관적이고 명랑하며 적극적이고 진취적이며 기백이 충분하고 능력이 강하고 빼어나다.
2 마음씨	자기를 내세우기 좋아하고 체면과 영예를 중시하며 불요불굴하고 좀 성급하다.
3 출신	좋은 환경의 대가정에서 출생한 자가 다수를 차지한다.
4 부모	품질 조건이 고상하고 굳세고 장엄하며 지위와 신분이 좀 있다.
5 형제	형제자매가 많고 화목하며 왁자지껄 경쟁함이 많고 각각 대성함이 있다.
6 연애	너무 적극적이고 열정이며 아끼고 뒤따름을 포기하지 않고 마침내 반드시 원만하게 결말난다.
7 혼인	배우자에 대해 자아심이 좀 강하지만 역시 매우 애정이 원만한 혼인이다.
8 자녀	자녀를 가르침에 권위와 강요를 중시하고 자녀연이 좋지 않으며 다른 부문과 협동하지 않고 제각기 자기 일만 한다.
9 학식	중고 이상의 학력이 다수를 차지하고 지식인은 반드시 의심할 바가 없음이 많다.
10 재능	학술, 기술, 지혜가 특별히 평범하지 않고 일 처리 효율이 뛰어나게 강하다.
11 사업	대사업은 보통 성취하고 중소사업은 대성취한다.
12 직업	월급쟁이는 좋지 않고 고급직위 또한 원하지 않으며 스스로 창업함이 많다.
13 재산	좋고 부유한 사람이며 의기가 복받치고 손이 크며 금전이 넉넉하고 자산이 있다.
14 사교	상당히 열중이고 적극적이며 활기가 있고 중간에서 그 이익을 크게 얻는다.
15 신체	건강 형편이 좋고 비교적 운동이 부족하며 장수하는 사람의 명이다.
16 질병	위장병이 많고 고혈압, 뇌일혈, 심장병자가 많다.
17 희망	백절불굴하고 목적을 달성하지 못하지만 죽어도 그치지 않으니 마침내 반드시 대성취한다.
18 운세	인생 운세가 좋고 기복이 있으며 장애가 없이 승리 성공한다.
19 복택	착한 사람은 하늘이 도우며 다복하고 장수하며 온순한 덕을 기르면 좋고 더욱이 복이 두텁다.

1 성격	온화하고 상냥하며 친절하고 활기가 있으며 명랑하고 낙관적이며 진취적이다.	
2 마음씨	도리에 밝으며 의를 말하고 법과 질서를 지키며 성실하고 선량하며 심사숙고한다.	
3 출신	고상하고 온화한 가정환경에서 출생함이 다수를 차지한다.	
4 부모	품질 조건이 중상(中上)이며 청귀하고 근검하며 살림하고 원만한 가정이다.	
5 형제	형제자매가 적고 친절하며 우애로 서로 단결하고 감정이 깊으며 농후하다.	
6 연애	안정되고 확고한 연애 혹은 선을 보아 연애하며 원만하게 결말난다.	
7 혼인	하나 이상을 소유하고 합리적이며 안정적이고 원만한 혼인이다.	
8 자녀	자녀를 가르침에 있어 비교적 이성적임을 중시하고 자녀는 자유롭게 발휘, 발전하기 쉽다.	
9 학식	비교적 중고상(中高上) 정도의 학력이 많지만 그에 반해 상반됨이 있다.	
10 재능	문예, 미술, 설계 등에 천부적인 면이 있고 하나를 배우면 즉시 안다.	
11 사업	비교적 상업에 종사하는 것은 적합하지 않고 기예 위주의 사업은 좋다.	
12 직업	샐러리맨은 적합하지 않으며 성취함도 없고 자유업이 좋다.	
13 재산	중상(中上) 정도이고 청귀한 명이며 재산을 말하지 않고 다만 모자라도 걱정하지 않는다.	
14 사교	적절하며 도리어 상당히 인연과 환영을 받고 좋은 명성을 얻는다.	
15 신체	건강 형편이 꽤 좋고 가끔 만성병이 있으며 좀 장수하는 명이다.	
16 질병	뇌신경쇠약과 불면증에 주의해야 하고 운동을 많이 하여 균형을 갖춤이 좋다.	
17 희망	명리와 자산을 그리 갈망하지 않으며 소원은 결국 순조롭게 달성한다.	
18 운세	일생 운세가 그런대로 좋으며 안정적이고 순풍에 돛을 단 것처럼 순조롭다.	
19 복택	복이 있는 사람이고 더욱이 사회에 보답함이 좋으며 곤액과 약자를 도와주어야 한다.	

1	**성격**	명랑하고 낙관적이며 진취적이고 적극적이며 비교적 장중하고 엄숙하며 교제를 잘 한다.
2	**마음씨**	신용을 중시하고 의리에 밝으며 독실하고 강건하다. 말이 나오면 반드시 실행하고 사려함이 빈틈이 없다.
3	**출신**	대부분 장엄하고 권위 있는 가정환경에서 출생한 자가 많다.
4	**부모**	품질 조건이 비교적 고상하고 장중하며 자녀의 존경을 상당히 받는다.
5	**형제**	형제자매가 적지만 매우 화목하며 서로 존경하고 각각 성취함이 있다.
6	**연애**	한 걸음 한 걸음 계획을 진행하고 안정적이며 순탄한 결말이다.
7	**혼인**	힘을 다하여 분위기를 만들고 피차 솔직 담백하며 애정의 부부생활이다.
8	**자녀**	자녀를 가르침에 비교적 이성(理性)을 변통할 줄 알고 자녀가 발휘할 수 있는 기회가 있다.
9	**학식**	중상(中上)의 학력이 다수를 차지하고 사회상의 지식인이다.
10	**재능**	창조력 관리와 실행력이 상당히 특징이 있다.
11	**사업**	큰 사업의 운세가 좋지 않으며 중소형은 비교적 우수한 성적을 성취함이 있다.
12	**직업**	상인, 실업가의 전형이고 지도자, 간부 직무가 좋다.
13	**재산**	중상(中上) 정도이고 일생 금전운용이 넉넉하며 자산을 소유할 수 있다.
14	**사교**	활기가 있고 처리를 적절하게 하며 사람과 사람 사이 소문, 명성, 인망은 모두 좋다.
15	**신체**	건강 형편이 좋으며 운동이 모자라고 좀 장수하는 명이다.
16	**질병**	위장이 비교적 나쁘고 고혈압과 심장병 등에 주의하는 것이 좋다.
17	**희망**	스스로 돕고 남이 도우며 하늘이 돕고 대부분 염원은 결국 달성할 수 있다.
18	**운세**	일생 운세가 꽤 좋고 인력 배합 또한 타당하면 반드시 성취가 있다.
19	**복택**	중년운 이전은 비교적 복이 많으며 덕을 쌓고 선을 행함이 많으면 좋으며 노년운은 바야흐로 복이 많다.

1 성격	낙관적이고 명랑하며 상냥하다. 온화하고 친절하며 열성적이고 적극적으로 앞으로 나아간다.	
2 마음씨	선량하며 겉보기에는 어리숙하나 아주 총명하다. 인정미와 동정심이 풍부하고 안정적이다.	
3 출신	온난하고 충후하며 선량한 가정환경에서 태어남이 다수를 차지한다.	
4 부모	품질 조건이 중등이고 다만 충후하고 자상하며 가정과 자녀를 중시한다.	
5 형제	형제자매가 많고 화목하며 친절하고 단결하여 협력하며 상당히 힘을 얻는다.	
6 연애	로맨틱하고 정열적으로 사랑하는 분위기가 매우 풍부하며 원만한 결말이 많다.	
7 혼인	부부가 서로 솔직 담백하고 살뜰히 돌보며 애정과 같은 마음으로 협력하는 혼인이다.	
8 자녀	자녀에 대한 가르침이 비교적 지나치게 사랑하고 내버려두며 자녀는 자유롭게 발전한다.	
9 학식	중상(中上) 정도의 학력이 다수를 차지하고 사회상 지식인이다.	
10 재능	비교적 외교에 뛰어나고 인간관계 사무에 대처하며 처리에 능숙하다.	
11 사업	큰 사업운 및 능력이 좀 부족하고 중소형 사업은 좋다.	
12 직업	외교관, 교사, 의사, 업무를 주관하는 월급쟁이가 좋다.	
13 재산	중등이고 대부라고 할 수 없으며 의식은 풍족하고 돈 때문에 근심하지 않는다.	
14 사교	상당히 활동적이고 사교에 양심적인 사람이며 인연이 좋다.	
15 신체	건강 형편이 꽤 좋으며 음식은 모름지기 절제하고 보통 수명의 사람이다.	
16 질병	위와 장 부위가 비교적 나쁘며 늘 위장염과 소화불량 등의 병이 있다.	
17 희망	목표 염원을 정한 것이 높지 않고 대부분 모두 소원성취한다.	
18 운세	일생 운세가 그런대로 좋고 균형이 순조로우며 파란곡절과 기복이 크지 않다.	
19 복택	착한 사람은 하늘이 돕는다. 항상 요행과 성공의 복운을 얻을 수 있다.	

1 성격	나아감은 있으나 물러남이 없고 예의는 있으나 절개가 없으며 기개의 용감함에 의지하여 경솔하게 나아가기 쉽다.
2 마음씨	낙관적이고 적극적이며 강대한 결단력이 있다. 다만 멀리 내다보고 깊이 타산할 줄 모른다.
3 출신	대부분 복잡다단하고 안정적이지 못한 가정환경에서 출생하였다.
4 부모	품질 조건이 꽤 좋고 도리어 재액이 많으며 자녀 역시 뒤이어 고되게 뛰어다닌다.
5 형제	형제자매가 많고 감정이 꽤 좋지만 화목성이 좋지 않고 힘을 얻지 못한다.
6 연애	지나치게 자기 견해를 고집하며 상대방에게 소홀히 하고 감수하므로 허사가 된다.
7 혼인	부부간에 그런대로 솔직 담백하다. 다만 배우자에 대해서는 좀 지나치게 들추어낸다.
8 자녀	자녀를 가르침에 있어 상당히 준엄하지만 융통성이 없어 도리어 자녀가 저버리게 된다.
9 학식	중등 학력이 다수를 차지하고 사회 대중 일반적인 수준이다.
10 재능	결단력이 강하고 백절불굴의 정신이 좋다.
11 사업	큰 사업은 대실패하고 가게 혹은 작은 장사는 대성도 하고 대패도 한다.
12 직업	월급쟁이가 좋으나 안정적이지 못하다. 굳고 단단한 직업이 좋고 타인이 원하지 않는 일에 종사하면 좋다.
13 재산	보통이며 수입과 지출이 평형을 이루고 대략 소액의 저축이 있다.
14 사고	활기가 있으나 도리어 환영 중시를 그리 받지 못하고 비교적 조바심을 내고 충동적이어서 적을 만들기 쉽다.
15 신체	건강 상황이 좋고 정력이 넘치며 다만 보통 수명의 사람이다.
16 질병	사지, 등, 허리 부위에 의외의 상해를 얻기 쉽다.
17 희망	대성과 대패가 같지 않고 사려가 세밀하지 못하여 후유증이 있다.
18 운세	일생 운세 기복이 안정적이지 못하고 변화가 다단하며 인력이 매우 중요하다.
19 복택	전반생은 복분이 없다고 말할 수 있으나 후반생은 착한 사람은 하늘이 돕는다.

1 성격	환상과 의심을 잘하고 그름이 쌓여 옳음을 이루며 행동이 느리고 적극성이 부족하다.
2 마음씨	자아 환상에 깊이 빠져 도취됨을 좋아하고 앉아서 말뿐이고 행동하지 못한다.
3 출신	평범한 가정환경에서 출생한 자가 다수를 차지한다.
4 부모	품질 조건이 높지 않고 자녀에 대해 비교적 소원하며 가정생활을 중시하지 않는다.
5 형제	형제자매가 직고 냉담하여 친절하지 못하며 거리를 유지하고 화평하여 함께 산다.
6 연애	억지로 상대방과 자기가 함께 좋아하고 함께 느끼게 함을 좋아하며 늘 고집을 부리고 결말이 같지 않다.
7 혼인	부부간에 말하지 못할 것이 없으며 오히려 늘 자기 의견을 고집하고 늘 시끄럽게 싸운다.
8 자녀	자녀를 가르침에 너무 지나치고 결국 자녀는 받아들이기를 원치 않으며 극단으로 간다.
9 학식	중등 정도의 학력이 다수를 차지하고 그런대로 대중화의 수준이 있다.
10 재능	문필 글의 구상이 좋고 생각이 많으며 조금 총명한 것이 특색이다.
11 사업	큰 사업은 성취함이 있기 어렵고 문구나 서점을 경영함에 좋으며 성과가 있다.
12 직업	샐러리맨이 좋고 다만 지도자, 간부나 문서, 사무류는 적합하지 못하다.
13 재산	보통이며 큰 부자는 없고 먹고 살 만한 국면은 어렵지 않으며 부동산을 매입할 가능성은 낮다.
14 사교	평범하고 갈망하지 않으며 인연, 소문, 명성, 인망이 좋고 나쁨이 절반이다.
15 신체	건강 형편이 좋지 않으며 작은 병이 끊이지 않고 단명하는 사람에 속한다.
16 질병	폐 부위가 나쁘고 감기, 기관지염, 콧병, 두통에 걸리기 쉽다.
17 희망	성공률이 매우 낮고 대부분 말이 능숙하지 않으며 적극적인 행동이 부족하다.
18 운세	일생 운세가 매우 약하고 호운(好運)에 잘못하기 쉬우며 평범하여 되는 것이 없음이 다수를 차지한다.
19 복택	박복한 명이며 부드러운 덕을 많이 기르면 좋고 선을 행하면 반드시 바야흐로 미래의 행복이 있다.

1	**성격**	낙관적이고 명랑하며 적극적으로 진취한다. 사려가 세밀함이 부족하고 경솔하게 나아가기 쉽다.
2	**마음씨**	천진하고 솔직 담백하며 활발하고 움직이기를 좋아하며 경망스럽고 조바심을 내며 믿음직하지 못하다.
3	**출신**	대부분 평범하고 충후하며 소박한 가정환경에서 출생하였다.
4	**부모**	품질 조건이 중중(中中)이고 자녀와 매우 친밀하며 상당히 존경을 받는다.
5	**형제**	형제자매가 많고 단결하여 협력하고 와자지껄하며 성취함은 같지 않다.
6	**연애**	이성의 심리를 잘 알지 못하여 항상 정확하게 나타낼 방법이 없고 성패는 하나가 아니다.
7	**혼인**	부부간 말하지 않는 바가 없으며 매우 솔직 담백하고 도리어 몹시 떠들며 일생을 보낸다.
8	**자녀**	자녀를 가르침에 원칙이 없고 늘 자녀와 논쟁하며 친밀하지 못하다.
9	**학식**	중하(中下) 정도의 학력이 다수를 차지하고 특출한 사회 인물이 아니다.
10	**재능**	행동력과 조작력이 좋고 일 처리 능력이 꽤 좋다.
11	**사업**	대사업 경영은 좋지 않고 가능성도 없으며 작은 가게는 비교적 적합하다.
12	**직업**	월급쟁이 혹은 건강, 여행업, 잡화점에 종사하면 비교적 좋다.
13	**재산**	보통이고 그런대로 먹고 살 만한 국면을 유지할 수 있으며 가끔은 작은 적자가 있다.
14	**사교**	활기가 있고 열중이며 적극적이고 인연과 소문이 보통이며 하는 일 없이 지내고 있다.
15	**신체**	건강 형편이 양호하고 운동량이 넉넉하며 보통 수명의 사람이다.
16	**질병**	평생 큰일의 발생은 없으며 다만 당뇨병과 신장병 등에 걸리기 쉽다.
17	**희망**	웅대한 뜻이 없고 소원을 달성하는 것 또한 눈부심에 충분하지 않다.
18	**운세**	일생 운세가 비교적 순탄하고 기복이 없으며 평범하고 안정적으로 일생을 보낸다.
19	**복택**	노후에 바야흐로 비교적 행운이 있다고 말할 만하여 젊을 때 선을 행하고 덕을 많이 쌓음이 좋다.

1 성격	솔직하고 세심하지 못하며 사이좋게 지냄을 헤아리지 못하고 비교적 크게 변화한다.	**40** 癸儀 계의와 開門 개문의 命名
2 마음씨	낙관적이고 명랑하며 그날 그날 되는 대로 살아가고 현 상태에 만족하며 웅대한 뜻이 없다.	
3 출신	대부분 평범하고 따뜻한 큰 가정환경에서 성장한 자가 많다.	
4 부모	품질 조건이 보통이고 낙천파이며 온화한 온정주의자이다.	
5 형제	형제자매가 많고 화목하며 친절하고 우애로 단결하며 성취함은 크지 않다.	
6 연애	원수를 좋아하는 형이며 의견충돌로 시끄럽게 싸우며 달콤한 열정으로 진행한다.	
7 혼인	때로는 사랑이 깊어 갈라놓을 수 없으며 때로는 냉전과 열전을 하고 침대 머리맡을 치고 침대 꼬리와 화한다.	
8 자녀	자녀에 대한 가르침이 무관심하고 전형적으로 자손이 스스로 자손복이 있다.	
9 학식	중하(中下) 정도의 학력이 다수를 차지하고 평범하여 눈에 띄지 않는 사람이다.	
10 재능	형편을 봐 가면서 일을 처리하고 세상과 다툼이 없으며 겉보기에는 어리숙하나 아주 총명하다고 할 수 있다.	
11 사업	사업의 대성취는 하늘보다 어렵고 가게를 열면 반드시 매우 만족하게 된다.	
12 직업	월급쟁이가 좋고 너무 마음을 쓰고 노동하는 일은 적합하지 않으며 자기의 분수에 만족한다.	
13 재산	보통이며 가끔 적자가 나타나고 부동산을 살 기회가 비교적 작다.	
14 사교	평범하고 좋게 오고 좋게 가니 이를 바 없으며 인연은 꽤 괜찮은 편이다.	
15 신체	건강 형편이 좀 약하고 보양을 중요시하지 않으며 보통 단명한다.	
16 질병	비뇨계통 질병이 비교적 많고 신장이 약한 것이 주된 원인이다.	
17 희망	그날 그날 되는 대로 살아가고 무슨 소원이나 야심이 없다고 말할 수 있다.	
18 운세	보통 약한 인생운이고 적극적으로 앞으로 나아가는 마음과 패기가 없다.	
19 복택	중년 전운은 비교적 복이 박하나 늘어서는 복이 좀 있다.	

1 성격	돈후하고 충실하며 총명하고 고결하다. 우아하고 점잖으며 예절이 바르고 수양이 좋다.	
2 마음씨	공무에 충실하고 법을 준수하며 자기의 분수에 만족하고 본분을 지키며 마음이 명랑하고 이치에 밝으며 의를 말한다.	
3 출신	대부분 온화하고 충후하며 독실한 가정환경에서 출생하였다.	
4 부모	품질 조건이 중상(中上)이고 권위가 있으며 이성이 있고 온화하며 믿음직하다.	
5 형제	형제자매가 많지 않으며 감정은 상당히 좋고 서로 존중하며 우애한다.	
6 연애	안정되고 순조롭게 진행되며 비교적 정중하고 선을 보는 사람이 적지 않다.	
7 혼인	배우자에 대해 좀 가혹하게 요구하지만 남들이 부러워하는 부부이다.	
8 자녀	자녀를 가르침에 비교적 소통보다는 위엄이 높으며 자녀의 나타남은 중상(中上)이다.	
9 학식	중등 이상의 학력이 다수를 차지하고 지식인에 속한다.	
10 재능	중매, 매개, 협조, 사람과 사람 사이의 모순과 충돌을 완화시킴에 뛰어나다.	
11 사업	큰 사업은 좋지 않고 동업은 그런대로 발전이 있으며 점포를 여는 것은 좋다.	
12 직업	월급쟁이가 좋고 벼슬을 하여 관리가 되면 성취함이 좀 있다.	
13 재산	중상(中上)의 경제능력이고 큰 부는 비교적 어려우며 부동산을 사는 능력은 좀 있다.	
14 사교	활기가 있으나 적절하고 알맞으며 인연과 풍문, 명성, 인망은 꽤 좋다.	
15 신체	건강 형편이 좋다고 할 수 있으며 보통 수명에 속한다.	
16 질병	머리 부위, 뇌 부위, 신경염 등의 병이 다수를 차지한다.	
17 희망	달성률이 매우 높으며 다만 매우 눈부신 대성공은 아니다.	
18 운세	일생 안정적이고 대흉험과 파란곡절은 없다.	
19 복택	전운(前運)은 좀 나쁘며 중년과 노년운은 복이 매우 높고 소중하게 여김이 좋다.	

1 성격	온화하고 믿음직하며 평범하고 마음이 놓인다. 적응력이 강하며 단정하고 성실하다.
2 마음씨	비교적 평안하고 고요하며 소박한 생활을 좋아하고 조급해하지 않으며 소극적이지 않다.
3 출신	대부분 중등의 가정환경에서 출생하였으며 안정적이다.
4 부모	부모가 자상하고 온화하며 충후하고 꾸밈이 없으며 온 집안이 한 가닥 상서롭고 화목함을 나타낸다.
5 형제	형제자매가 적고 매우 의기투합하고 못할 말이 없으며 사이가 좋아 화목하고 우애한다.
6 연애	성실하고 진지하며 소박하게 바치고 보고함은 반드시 행복한 것은 아니고 결말은 같지 않다.
7 혼인	배우자에 대해 마음과 성의를 다하고 힘을 다한다. 오히려 50, 60%의 보답함을 얻을 수 있다.
8 자녀	자녀를 가르침에 매우 자상하고 상냥하고 친절하며 자녀의 표현은 보통이다.
9 학식	중등 이상의 학력이 다수를 차지하고 꽤 수준이 있는 지식인이다.
10 재능	사물의 처리 안배에 조리가 있고 매우 요령이 있다.
11 사업	대사업은 비교적 발전, 경영하기 어렵고 보수적임이 좋으며 소형사업은 좋다.
12 직업	월급쟁이가 매우 적합하고 승진할 수 있으며 중급간부에 이른다.
13 재산	중등이고 돈 때문에 근심하지만 고뇌함에는 이르지 않는다. 저축을 좀 하고 부동산도 좀 살 수 있다.
14 사교	적당히 적절하고 인간관계도 좋으며 소문과 명성 또한 매우 이상적이다.
15 신체	건강이 꽤 좋으며 비교적 운동 및 보양이 모자라고 보통 수명의 사람이다.
16 질병	인후, 기관지염, 감기, 콧병, 폐병 등에 걸리기 쉽다.
17 희망	한 걸음 한 걸음 목표를 향하여 성큼성큼 내디디고 마침내 걸음마다 소원을 실현할 수 있다.
18 운세	일생 운세는 안정적인 가운데 파란곡절이 조금 있으나 큰 재앙에 이르지는 않는다.
19 복택	중전운(中前運)은 복분이 비교적 크고 늦게 오면 모름지기 스스로 다복함을 구하여야 한다.

1 성격	능력이 강하고 기백이 있으며 도리어 자신감이 없고 표현력을 나타내는 힘이 약하다.
2 마음씨	비교적 망설이면서 결정하지 못하고 겁이 많으며 비관적이고 의기소침하며 불러일으키면 크게 메아리친다.
3 출신	대부분 평범하고 독실한 가정환경에서 출생한 자가 많다.
4 부모	품질 조건이 중중(中中)이고 소박하며 보수적이고 자녀와 매우 친밀하다.
5 형제	형제자매가 많고 성취가 같지 않으며 피차의 감정 역시 일치하지 않는다.
6 연애	변덕이 심하여 친하기도 쉽고 소원해지기도 쉬우며 결말이 같지 않고 선을 보는 자가 많다.
7 혼인	흰머리가 되도록 해로할 수 있으며 애정의 친밀함은 부족하고 길에 틈이 있는 담장이 있다.
8 자녀	자녀를 가르침에 매우 탄력성이 있으며 자녀는 영리하고 다만 나타남이 보통이다.
9 학식	중등 학력이 다수를 차지하고 대중의 수준을 갖추고 있다.
10 재능	판단력이 좋고 정확하며 자기는 얼마의 신심이 없다.
11 사업	대사업은 좋지 않고 동업은 꽤 좋으며 소매나 작은 가게 역시 좋다.
12 직업	월급쟁이가 적합하고 승진의 기회가 있을 수 있다.
13 재산	보통이고 조금 영활하게 운용할 수 있으며 소액저축과 작은 부동산을 산다.
14 사교	평범하고 자발적이지 않으며 주동적이지 않고 인연과 소문은 꽤 좋다.
15 신체	건강 형편이 그런대로 좋고 가끔 작은 병이 끊이지 않으며 보통 수명이다.
16 질병	소화계통이 나쁘고 늘 변비가 생기며 설사 혹은 소화불량 등이 있다.
17 희망	달성률은 본래 높고 판단력은 세밀하고 정확하며 오히려 신심이 없고 패배한다.
18 운세	일생 운세가 보통이고 비교적 기복과 변화 없이 평범하다.
19 복택	전운(前運)은 복이 없고 모름지기 손해를 제거해야 하며 후운(後運)은 복이 저절로 옴을 바라지 않는다.

1 성격	조금 지혜가 있으나 작게 총명함이 다수를 차지하고 화평과 이성주의자이다.	
2 마음씨	부드럽고 다정하며 세심하고 신중하며 대략 솜씨가 있고 실행력이 약하다.	
3 출신	대부분 평범하고 안정적인 가정환경에서 출생함이 다수를 차지한다.	
4 부모	부모와 비교적 소통함이 쉽지 않고 대부분 매우 효도하는 자녀이다.	
5 형제	형제자매가 많고 친밀하지 않으며 또한 논쟁하지 않고 결부함은 있으나 돕는 힘이 없다.	
6 연애	감정을 표현함에 세밀하지 않고 대부분 연애 경험이 없어 성혼한다.	
7 혼인	특이한 것 없이 평범한 혼인생활이고 배우자는 대부분 비교적 도리에 밝지 못하다.	
8 자녀	자녀를 가르침에 매우 이성이 있고 가혹하게 요구하지 않으며 자녀의 나타남은 보통이다.	
9 학식	중등 정도의 학력이 다수를 차지하고 일반 대중 수준을 갖추고 있다.	
10 재능	가끔 특출한 구상 혹은 창의성 등이 있다.	
11 사업	공동투자는 좋으나 크게 하는 것은 좋지 않고 소매 점포는 그런대로 발휘할 수 있다.	
12 직업	샐러리맨이 가장 좋고 간부가 되는 것은 적합지 못하며 기획사무는 좋다.	
13 재산	보통이고 금전으로 근심에는 이르지 않으며 편안하고 안정적인 국면은 있을 수 있다.	
14 사교	보통이며 인연이 꽤 좋고 소문, 명성, 인망은 조금 좋다.	
15 신체	건강 형편은 보통이고 문 밖 활동을 좋아하지 않으며 보통 수명이다.	
16 질병	위장질병 및 근골, 사지, 관절이 시큰시큰 쑤시고 아픈 증상을 얻기 쉽다.	
17 희망	달성률은 보통이고 가끔 지혜로 승리를 취하고 그것을 이겨도 무력이 아니다.	
18 운세	인생 운세가 보통이고 자신과의 노력과 진취는 정비례를 이룬다.	
19 복택	보통이며 스스로 다복함을 구하는 것이 가장 필수적이고 덕을 쌓고 선을 행하면 반드시 미래의 행복이 있다.	

1 성격	충후하고 성실하며 허락을 중시하고 신용을 지키며 담력과 식견이 비교적 나쁘고 보수적이다.
2 마음씨	내성적이며 순박하고 말재간이 없다. 책임감과 영예심이 있고 적극적인 용기가 부족하다.
3 출신	대부분 비교적 매섭고 비천한 가정환경에서 출생함이 많다.
4 부모	품질 조건이 높지 않으며 자녀가 용이 되고 봉황이 되기를 희망하며 마음이 강하고 엄격하다.
5 형제	형제자매가 많지 않고 모두 비교적으로 내성적이며 활발하지 못하고 감정은 매우 좋다.
6 연애	늘 추파를 해결하지 않고 분위기를 소홀히 하여 실패하며 선을 보는 자가 많다.
7 혼인	애정이 아니고 어울리는 부부이며 피차 솔직 담백하게 소통할 수 없다.
8 자녀	자녀를 가르침에 평화롭고 준엄하지 않으며 자녀의 나타남이 하는 일 없이 지내고 있다.
9 학식	중하(中下) 정도의 학력이 다수를 차지하며 사회에서 그리 눈에 띄지 않는다.
10 재능	평범하고 걸출하지 않으며 또한 너무 형편없지 않으나 눈에 띄지는 않는다.
11 사업	큰 사업은 털끝만큼도 경영할 수 없으며 소매나 작은 점포는 시험 삼아 해 보아도 꽤 좋다.
12 직업	월급쟁이가 가장 알맞으며 적극적으로 노력하고 그런대로 승진도 있다.
13 재산	보통이며 가까스로 먹고 살 만한 국면이고 부동산을 사는 것은 비교적 곤란하다.
14 사교	활기가 없고 열중하지 않으며 인연, 소문, 명성 또한 평범하다.
15 신체	건강하다고 말하기 어렵고 큰 병에 벗어나지 못함에 이르지는 않으며 보통 단명하는 사람이다.
16 질병	위장 부위가 비교적 나쁘고 위염, 위장 등의 궤양증을 얻기 쉽다.
17 희망	어떤 웅대한 뜻, 원대한 포부가 없고 또한 대성 혹은 대패의 결말이 없다.
18 운세	인생 운세가 보통 약하고 오직 후천적인 인력에 의지하여 창업함이 있다.
19 복택	복이 없으며 또한 불행한 사람도 아니고 전적으로 자신에 의지하여 스스로 다복함을 구해야 한다.

1 성격	화평주의와 교묘하게 아첨하는 말과 보기 좋게 꾸미는 안색과 패기가 없이 좋은 사람이며 보수적이고 내성적이다.
2 마음씨	담력이 작고 겁이 많으며 나약하나 도리어 위장하고 감춤에 뛰어나고 조용한 생활을 좋아한다.
3 출신	낮은 가정환경에서 출생한 자가 다수를 차지한다.
4 부모	품질 조건이 낮고 약하며 보수적이고 담력이 작으며 소박하고 자녀는 오히려 매우 효도한다.
5 형제	형제자매는 많지 않고 도리어 차분하게 함께 살 수 있고 연계를 유지한다.
6 연애	진심으로 바라고 있으며 스스로 다정하게 하는 경향이고 선을 보면 성공하기 쉽다.
7 혼인	짝사랑이 조화되지 않으며 원만하고 행복한 혼인생활이 아니다.
8 자녀	상당히 사랑에 빠져 자녀를 방임하고 자녀의 나타남은 매우 이상적이지 못하다.
9 학식	중하(中下) 정도의 학력이 다수를 차지하고 특별히 사회 수준은 아니다.
10 재능	조화와 중매, 소개의 능력은 꽤 특징이 있다.
11 사업	창업함에 적합하지 못하고 설사 작은 가게를 하더라도 좋은 성적이 있기 어렵다.
12 직업	샐러리맨이 가장 적합하고 일반 사무는 비교적 자기의 분수에 만족하고 안정될 수 있다.
13 재산	보통이고 먹고 살 만한 생활을 유지할 수 있으며 저축과 부동산 구입은 비교적 쉽지 않다.
14 사교	보통이고 활기가 없으며 오히려 상당히 인연이 있고 소문과 명성은 꽤 좋은 편이다.
15 신체	건강 형편이 꽤 좋으며 작은 병일 뿐이고 보통 단명하는 사람이다.
16 질병	장 부위가 비교적 약하고 십이지장 궤양이나 급만성 장염에 걸리기 쉽다.
17 희망	평생 큰 뜻이 없고 단지 평온하고 순조롭게 안정을 구하므로 역시 하는 일 없이 지낸다.
18 운세	일생 운세의 기복 변화가 크지 않고 크게 위험하거나 큰 행복은 없다.
19 복택	복택이 좀 있으며 후천적이고 인위적인 역량으로 원래의 기초 위에서 더욱 확대, 발전시킴이 좋다.

1	**성격**	꿋꿋하고 완고하며 좋은 것을 택하여 고집부릴 방법이 없고 늘 잘못된 결단을 하게 된다.
2	**마음씨**	진심으로 하는 충고는 귀에 거슬리며 완강하여 변통할 줄 모르며 오히려 우유부단하고 모순된다.
3	**출신**	복잡하고 곤액이 많은 가정환경에서 출생한 자가 다수를 차지한다.
4	**부모**	품질 조건이 나쁘고 완고하여 진취적이지 못하며 자녀와 조금도 어울리지 않는다.
5	**형제**	형제자매가 많고 떠들썩하게 소란을 피우고 의견이 충돌하며 서로 양보하지 않고 이기심이 중하다.
6	**연애**	지나치게 들추어내고 가혹하게 요구하여 실패하는 자가 다수를 차지하고 선을 보아 성혼한다.
7	**혼인**	배우자에 대해 상당히 엄격하고 가혹하게 요구한다. 부부가 항상 의견 충돌이 그치지 않으며 짝을 원망한다.
8	**자녀**	자녀에 대한 가르침에 너무 준엄하고 자녀의 표현은 좋지 않으며 반역성이 매우 강하다.
9	**학식**	중하(中下)의 학력이 다수를 차지하고 연수하여 진취함을 알지 못함을 스스로 알지 못한다.
10	**재능**	어떤 특별한 재능이 없다고 말할 수 있으며 가끔 타인보다 용감하다.
11	**사업**	일생 큰 사업은 이루지 못하고 작은 장사도 상당히 억지로 한다.
12	**직업**	월급쟁이가 가장 적합하고 승진의 기회가 매우 작으며 늘 일을 바꾼다.
13	**재산**	조금 나쁘며 억지로 먹고 살 만한 국면을 유지시키고 부동산을 살 생각이지만 비교적 곤란하다.
14	**사교**	활기가 없고 또한 그리 환영받지 못하며 인간관계 유대를 강하게 한다
15	**신체**	건강 형편이 꽤 좋고 평생 큰 질병은 없으며 보통 수명이다.
16	**질병**	혈액의 질병, 고혈압, 저혈압, 괴혈병에 걸리기 쉽고 콜레스테롤이 높다.
17	**희망**	성패가 하나가 아니며 늘 완고하며 잘못된 결단으로 패배를 만난다.
18	**운세**	일생 처지가 변천이 많고 또한 대중의 지혜를 모으고 좋은 의견을 널리 받아들일 줄 모르고 곤액이다.
19	**복택**	복이 없는 명이고 스스로 다복함을 구하고 좋은 일을 많이 하면 좋다.

1 성격	신경질적이며 민감하고 터무니없는 생각을 잘하고 진취적으로 행동하는 힘이 부족하다.	
2 마음씨	담력이 작고 겁이 많으며 나약하고 헛된 꿈을 꾸고 의심하길 좋아하며 언행이 일치되기 어렵다.	
3 출신	대부분 비천하고 생기가 없는 가정환경에서 출생한 사람이다.	
4 부모	품질 조건이 나쁘고 자녀를 돌봄에 비교적 소홀하고 친밀하지 못하다.	
5 형제	형제자매가 많지 않고 냉담하여 제각기 진을 쳐서 서로 소식을 전하지 않는다.	
6 연애	사이가 좋지 않고 각각 자기 견해를 지니며 항상 의견충돌로 실패하고 선을 봄이 많다.	
7 혼인	늘 의견이 시끄럽고 개와 닭처럼 시끄러워 편안치 못하며 이혼할 확률이 높다.	
8 자녀	자녀에 대한 가르침이 상당히 완고하고 자녀는 대략 신경질적인 감정이 있다.	
9 학식	중하(中下)의 학력이 다수를 차지하고 사회 경험을 쌓음이 비교적 편협하여 넓지 못하다.	
10 재능	특별한 재능은 없고 학습을 모방하는 힘은 꽤 좋다.	
11 사업	일생 무슨 사업이라도 있기 어렵고 또한 소자본 장사도 적합하지 못하다.	
12 직업	월급쟁이 혹은 종교에 종사하거나 장의사 또는 장례식장이 가장 적합하다.	
13 재산	좋지 않으며 억지로 평형을 유지할 수 있고 또한 근심과 고뇌를 면치 못하나 엄중하지는 않다.	
14 사교	활기가 없고 열중하지 않으며 요령이 없고 인간관계 소문과 명성은 다 보통이다.	
15 신체	건강 형편은 좀 나쁘고 작은 병은 끊이지 않으며 좀 단명한 사람에 속한다.	
16 질병	폐렴, 콧병, 감기, 숨이 참, 천식 등이 일어난다.	
17 희망	결국 헛된 꿈이 한 차례요, 상상함을 동경함이 다하고 적극적인 행동이 부족하다.	
18 운세	일생 기복이 일정치 않고 변화가 다단하며 결국 직면함이 없이 곤란을 극복하는 용기가 있다.	
19 복택	박복한 명이며 적극적으로 현실에 부딪침이 좋고 노력하여 인생을 창조해야 한다.	

1 성격	용감하나 지혜가 없고 시작만 하고 끝을 맺지 못하며 새것을 좋아하고 낡은 것을 싫어하며 색다른 것을 보면 마음이 옮겨가니 의지가 굳지 못하다.
2 마음씨	조바심을 내고 경망스러우며 주견이 없고 신념이 일관되며 마음 내키는 대로 하고 잘 변한다.
3 출신	대부분 빈한하고 요구가 지나친 가정환경에서 출생한 자가 많다.
4 부모	품질 조건이 나쁘고 함께 화목하게 살 방법이 없으며 자녀는 불효한다.
5 형제	많고 떠들썩하게 소란을 피우며 단결하여 화목하지 못하고 이기적이며 남이야 어떻게 말하든지 자기 식대로 한다.
6 연애	파란곡절이 많고 논쟁이 끊이지 않으며 결말이 있기 어렵고 선을 보아 성혼함이 많다.
7 혼인	서로 이해하고 소통할 방법이 없으며 냉전과 열전이 끊이지 않고 이혼률이 높다.
8 자녀	자녀를 정확하게 가르칠 줄 모르고 의견충돌이 많으며 자녀는 형편없다.
9 학식	대부분 학력이 비교적 낮고 사회에서 실지 경험을 쌓은 견문이 천박하고 유치하다.
10 재능	특별한 재능이 없으며 또한 한 가지 재간 및 학습심이 없다.
11 사업	털끝만큼도 조그만 사업도 말할 수 없으며 창업 또한 적합하지 않다.
12 직업	월급쟁이가 가장 좋고 노동력을 위주로 하는 일은 비교적 적합하다.
13 재산	아주 나쁘고 수입과 지출이 항상 적자를 보이며 일생 늘 돈 때문에 고민한다.
14 사교	활기가 없고 요령을 얻지 못하며 인연과 소문, 명성 역시 이상적이지 못하다.
15 신체	건강 형편이 나쁘고 병이 끊임 없으며 단명한 사람에 속한다.
16 질병	방광, 신장, 비뇨계통의 병이 많거나 당뇨병에 걸리기 쉽다.
17 희망	하는 일 없이 지내고 있으며 결국 생각함이 주도면밀함이 부족하고 우매하게 일을 행하여 실패한다.
18 운세	일생 운세가 매우 나쁘고 복잡하며 다단하고 기복이 일정치 못하다.
19 복택	복 없는 사람이고 단지 후천적으로 자기에 의지하여 스스로 다복함을 구해야 한다.

1 성격	우유부단하고 마음의 변화가 일정치 않으며 소극적이고 활력이 없다.
2 마음씨	담이 작고 겁이 많으며 나약하고 주견이 없다. 의지가 굳지 못하고 현실과 책임을 도피한다.
3 출신	대부분 곤액이 있고 불안정하며 따뜻하고 친밀한 정이 부족한 환경에서 성장하였다.
4 부모	부모와 연분이 박하고 일찍 이별하거나 부모가 재액이 많다.
5 형제	매우 많고 연분은 박하며 사이가 좋지 않고 늘 의견충돌하며 서로 무관심하고 배척한다.
6 연애	알력과 충돌, 파란곡절이 자주 일어나고 대부분 중간에서 흐지부지 그만두게 된다.
7 혼인	서로 무관심하고 논쟁과 냉전과 열전이 끊이지 않으며 이혼한다.
8 자녀	자녀에 대한 가르침에 무관심하고 자녀의 나타남은 더욱이 형편없다.
9 학식	하등의 학력이 다수를 차지하고 학식 문제를 말할 수 없다.
10 재능	무슨 특별한 재능이 없다고 말할 수 있으며 배운 것도 없고 재주도 없는 자가 다수를 차지한다.
11 사업	일생 털끝만큼도 사업이 없다고 말할 수 있으며 더욱이 성취 여하를 말할 수 없다.
12 직업	샐러리맨은 무리이고 승진 기회 및 나타내어 돌파함이 있지 않다.
13 재산	매우 나쁘고 늘 지출함이 부족하여 근심하고 또한 수입을 늘리고 지출을 줄임을 모른다.
14 사교	활동적이지 않고 인연, 소문, 명성 또한 매우 이상적이지 못하다.
15 신체	건강 형편이 나쁘고 보양과 운동이 부족하며 단명한 사람이다.
16 질병	신장병이 많고 임파선, 편도선염 등이 한꺼번에 발생하기 쉽다.
17 희망	담력이 작고 무능하며 웅대한 뜻이 없고 만사 모두 실패하는 자이다.
18 운세	인생 운세가 아주 나쁘고 파란곡절이 끊이지 않으며 본신 또한 적극적이지 못하다.
19 복택	박정하고 복이 없는 명이며 덕성을 수양함이 많고 선을 행하고 덕을 쌓으면 좋다.

1 성격	얌전하고 학문이 깊으며 품행이 의젓하고 고결하며 인정이 많고 후하며 총명하다.
2 마음씨	언행이 떳떳하고 정당하며 정직하고 믿음직하며 영예심과 명예심이 왕성하다.
3 출신	대부분 선비 집안 가문, 학자적 가풍 문절 혹은 부귀하고 고상한 가정환경에서 출생하였다.
4 부모	품질 조건이 높고 자녀 교양과 가정생활 수준을 중시한다.
5 형제	많지 않으며 우애하고 화목하며 고상하고 우아하며 아름답고 각각 걸출한 성취가 있다.
6 연애	서로 존경하고 심후한 감정을 맺으며 안정적이고 순조롭다.
7 혼인	행복하고 원만한 부부생활이며 애정이 깊고 백발이 되도록 해로한다.
8 자녀	자녀를 가르침에 매우 위엄이 있으며 자녀는 상당히 앞으로 나아가 나타남이 걸출할 수 있다.
9 학식	고등의 학력이 많고 상당히 존경받는 사회 지식인이다.
10 재능	학술, 연구, 기예 등에 뛰어난 재능이 있다.
11 사업	큰 사업은 성취가 크지 않고 중형 사업은 상당히 성공한다.
12 직업	학술, 연구, 공사, 과학기술, 벼슬을 하는 관리 모두 좋다.
13 재산	중상(中上)의 돈 있는 사람이고 일생 금전 때문에 걱정하지 않으며 상당히 자산이 있다.
14 사교	활기가 있으나 적절하고 인연, 소문, 명성 모두 상당히 칭찬을 받는다.
15 신체	건강 정황이 양호하고 보양 및 운동을 하며 장수하는 명이다.
16 질병	간장이 모든 병의 근원이고 또한 모름지기 뇌 부위의 질병을 주의해야 한다.
17 희망	달성률이 매우 높으며 운명 및 인력 모두 알맞게 배합할 수 있다.
18 운세	선천적인 운세는 매우 강하고 게다가 인위적인 역량이 더욱 발휘하기 쉽다.
19 복택	처한 환경이 남달리 좋은 행운아이고 사회에 보답하는 것을 잊지 말아야 한다.

1 성격	온화하고 믿음직하며 근면 성실하다. 진취적이고 임기응변력이 강하다.
2 마음씨	의논해서 결정한 후 움직이고 안정적인 가운데 발전을 구하며 아름다운 이상주의다.
3 출신	대부분 안일하고 꾸밈이 없으며 안정적인 가정환경에서 출생한 자가 다수를 차지한다.
4 부모	부모와의 연분은 평범하고 부모의 품질 조건이 매우 좋다.
5 형제	형제자매가 많지 않고 감정이 꽤 좋으며 각자 발전과 도와줌이 작다.
6 연애	순조롭고 안정적이며 비교적 열정이 없고 차고 넘치는 분위기이며 정신적인 사귐을 중시한다.
7 혼인	원만한 부부생활이고 피차 마음이 서로 맞고 의지한다.
8 자녀	자녀를 가르침에 자상하고 친절한 방식이며 자녀의 나타남이 뛰어나다.
9 학식	중고등 이상의 학력이며 매우 학자풍이 있는 사람이다.
10 재능	문필이 좋고 기획 능력에 뛰어나며 군사(軍師) 재능이다.
11 사업	창업은 비교적 맞지 않고 공동투자와 동업은 비교적 이익을 얻고 성취가 있다.
12 직업	지도자나 간부가 되는 것은 좋지 않으며 보좌에 가장 우수하고 막료, 참모 인재이다.
13 재산	중상(中上)이며 큰 부자는 없고 생활비가 모자람은 근심하지 않는다.
14 사교	적당하고 갈망하지 않으며 다만 인간관계는 아주 좋고 소문도 매우 좋다.
15 신체	건강 형편이 꽤 좋고 집 밖 활동을 좋아하지 않으며 보통 수명이다.
16 질병	머리 부위, 뇌신경쇠약, 근골이 시큰시큰 쑤시고 아픈 증세가 비교적 많이 나타난다.
17 희망	결국 소원이 실현되고 지혜 및 계획을 합쳐서 달성한다.
18 운세	인생 운세 기복이 크지 않고 좋은 운은 늘 왕림한다.
19 복택	행운이 있는 사람이고 일생 큰 난은 없으며 귀인의 도움이 많다.

1 성격	의지가 군세고 열의가 충분하며 불요불굴하고 기백이 호탕하다.
2 마음씨	예리하고 민첩하며 세심하고 총명하다. 용기가 있고 표면이 좋으며 의기를 말한다.
3 출신	대부분 준엄하고 고상한 가정환경에서 출생하여 성장한 사람이다.
4 부모	품질 조건이 높고 위엄이 있으며 상당히 자녀의 존경을 받는다.
5 형제	많으며 피차 경쟁하고 도리어 단결하여 서로 돕는 힘이 각각 모두 이룸이 있다.
6 연애	좀 엄숙하고 장엄하며 매우 순조롭게 진행하고 또한 선을 봄이 있다.
7 혼인	매우 이성의 부부생활이고 안정적이며 원만하고 달콤한 분위기가 부족하다.
8 자녀	자녀를 가르침에 은혜와 위엄을 함께 베풀고 자녀의 나타남은 걸출하고 뛰어나다.
9 학식	중고등 이상의 학력이고 상당히 수준이 있다.
10 재능	영도 능력과 결정적인 대체 능력, 일 처리 능력이 상당히 뛰어 넘는다.
11 사업	중대형의 기업을 경영할 수 있고 중형의 성취는 아주 뚜렷하다.
12 직업	벼슬을 하여 관리가 되거나 공장, 생산, 제조업 모두 매우 이상적이다.
13 재산	중상(中上)의 큰 부자이고 중상(中上)의 자산이며 월급쟁이는 좀 나쁘다.
14 사교	상당히 활기가 있고 적극적이며 인연이 꽤 좋고 소문과 명성 또한 비교적 좋다.
15 신체	건강하고 보양과 운동에 부지런하며 좀 장수하는 명이다.
16 질병	위장병이 많고 또한 고혈압 및 심장병 등을 주의해야 한다.
17 희망	성공률이 매우 높고 지나치게 강하여 소인이 일을 그르침을 야기하는 것을 방비하는 것이 좋다.
18 운세	일생 운세 기복이 상당히 크며 마침내 반드시 승리하여 결말을 짓는다.
19 복택	복이 많고 행운의 명이며 더욱이 사회에 보답함을 잊지 말고 덕을 많이 쌓아야 한다.

1 성격	온화하고 친절하며 점잖고 예절이 바르며 이성(理性)을 중시하고 의리가 분명하다.	54 丁奇 정기와 景門 경문의 命 명
2 마음씨	화평으로 일을 처리하고 온화하게 사람을 대하며 멀리 내다보고 깊이 타산하며 책임을 진다.	
3 출신	학식과 교양이 있고 예절이 밝은 가정환경에서 성장한 자가 다수를 차지한다.	
4 부모	중상(中上) 정도의 사회 표준이고 가정과 자녀를 상당히 중시한다.	
5 형제	형제자매가 많지 않고 화목하며 우애가 있고 각각 우수한 발전이 있다.	
6 연애	안정적이고 순조롭게 진행하며 파란곡절이 없고 또한 선을 보는 자가 있다.	
7 혼인	상당히 행복하고 원만함을 가지고 있으며 남들이 부러워하는 혼인생활이다.	
8 자녀	자녀를 가르침에 완전히 합리화를 선택하여 시행하고 자녀의 나타남은 매우 걸출하다.	
9 학식	중고등 이상의 학력이고 학식이 있는 사람이라고 할 수 있다.	
10 재능	글의 구상이 좋고 문필이 유창하며 매우 창작의 문예 재능이 있다.	
11 사업	상공업체 발전에 종사함은 맞지 않으며 문교사업에 좋다.	
12 직업	학술, 연구, 교사, 문예, 창작 등에 성취함이 있다.	
13 재산	중상(中上)이고 재리에 열중하지 않으며 생활이 오히려 매우 충실하고 자산이 있다.	
14 사교	보통이고 열중하지 않으며 적당한 사교이고 인연과 명성 모두 좋다.	
15 신체	건강 형편이 보통이고 집 밖 활동을 좋아하지 않으며 보통 수명이다.	
16 질병	풍습증, 관절염, 허리, 목, 사지가 시큰시큰 쑤시고 아픈 병을 얻기 쉽다.	
17 희망	대부분 소원대로 되고 실패 또한 매우 그르침에 이르지는 않는다.	
18 운세	인생 운세가 매우 좋으며 순풍에 돛을 단 것처럼 순조롭다고 할 수 있으며 평탄하여 비할 바 없다.	
19 복택	선천적으로 복이 있는 사람이고 더욱이 후천적 인위적으로 장악하여 유지함이 좋다.	

① 성격	의리를 중시하고 신용을 지키며 은원이 분명하고 적극적이며 단정하고 성실하다.
② 마음씨	명예심, 영예심이 왕성하고 맹목적으로 따르지 않으며 의논해서 결정한 후 움직인다.
③ 출신	안정적이고 충후하며 소박한 환경에서 성장한 자가 다수를 차지한다.
④ 부모	품질 조건이 중등이고 충후하며 꾸밈이 없고 근면하며 낙관적이고 마음이 놓인다.
⑤ 형제	형제자매가 많으며 화목하게 단결하고 각각 발전이 있고 서로 힘을 얻음이 있다.
⑥ 연애	분위기를 만듦에 뛰어나고 달콤하게 정열적으로 사랑하며 선을 보아 성혼함도 또한 있다.
⑦ 혼인	애정이 친밀한 부부생활이고 또한 배우자가 부적절한 남녀 관계를 가질 가능성이 있다.
⑧ 자녀	자녀를 가르침에 소통함과 도리어 밝음을 중시하고 자녀의 나타남은 우수함을 돌파한다.
⑨ 학식	중상(中上)의 학력이고 식견이 해박하며 연수하여 자기에게 충실함을 얻을 줄 안다.
⑩ 재능	일을 처리하는 능력이 뛰어나고 요령이 있으며 중점을 장악함에 뛰어나다.
⑪ 사업	중형의 사업은 비교적 성취와 발휘를 할 수 있다.
⑫ 직업	상인, 실업가, 의사, 교사, 외교관 모두 성취가 있다.
⑬ 재산	중상(中上)의 돈이 있는 사람이고 부유하지만 큰 부자는 아니며 자산을 소유할 수 있다.
⑭ 사교	상당히 활기가 있고 적절하며 인연, 소문, 명성이 매우 좋다.
⑮ 신체	건강 형편이 양호하고 평생 병이 적으며 장수하는 명이다.
⑯ 질병	위 부위가 비교적 약하고 폭음과 폭식을 하는 경향이 있기 때문이며 위병이 많다.
⑰ 희망	비교적 소원을 달성하기 쉽고 운이 좋으며 일 처리가 마땅함을 얻는다.
⑱ 운세	인생 운세가 좋고 인위적인 역량 역시 적당히 장악할 수 있다.
⑲ 복택	복이 있는 사람이고 더욱이 만년운은 더욱 많은 명이다.

1 성격	원만하고 섬세하며 겉치레, 장식, 분장함을 중시하고 말주변, 응변함이 좋다.	56 己 儀 기의와 景 門 경문의 命 명
2 마음씨	겉보기에는 어리숙하나 아주 총명한 모양이고 상냥하여 친근하기 쉬우며 좋은 성미에 어울림이 뛰어나다.	
3 출신	대부분 비교적 안정되고 따뜻하며 친밀한 정이 농후한 가정에서 출생하였다.	
4 부모	품질 조건이 중등이고 자녀와 가정생활을 중히 여긴다.	
5 형제	많지 않고 화목하게 사이가 좋고 서로 관심을 가지며 성취함은 높지 않으나 힘을 얻는다.	
6 연애	로맨틱함이 충만하며 달콤하고 순조로우며 갖가지 자태이다.	
7 혼인	금실이 좋고 서로 관심을 가지며 가호하고 상당히 행복하며 원만하다.	
8 자녀	가르침에 좀 지나치게 사랑하고 내버려두며 행복한 바는 자녀가 도리어 모두 앞으로 나아간다.	
9 학식	중상(中上)의 학력이 다수를 차지하고 견문을 체험함이 꽤 풍부하다.	
10 재능	미술, 외교의 타고난 재질과 재능이 있고 또한 표현에 뛰어난 것이 장점이다.	
11 사업	중형의 사업은 한 번의 성취가 있고 너무 크면 비교적 좋지 않다.	
12 직업	외교, 공공관계 업무의 성질이 높은 직위를 얻을 수 있다.	
13 재산	중상(中上)이며 금전이 넉넉하고 다만 큰 부자는 아니며 자산을 소유할 수 있다.	
14 사교	꽤 활기가 있고 인연, 소문, 명성 모두 널리 호평을 받는다.	
15 신체	건강 형편이 그런대로 좋고 운동이 부족함이 불만이며 좀 장수하는 명이다.	
16 질병	위장 부위가 비교적 약하고 이런 류의 각종 병이 비교적 많다.	
17 희망	달성률이 매우 높으며 탐심이 있는 사람이 아니므로 비교적 소원대로 된다.	
18 운세	인생 운세는 좋고 후천 인위적인 역량이 배합되어 알맞다.	
19 복택	비교적 있는 사람이며 일생 기쁨이 고민보다 많다.	

1	**성격**	결단력이 강하고 적극적이며 완고하고 강직하며 성패 득실을 중시한다.
2	**마음씨**	자기 의견을 고집하고 충고하는 말은 귀에 거슬리며 보기에는 좋으나 실속이 없고 백절불굴한다.
3	**출신**	대부분 복잡하거나 재액이 많은 가정환경에서 성장한 사람이다.
4	**부모**	품질 조건이 나쁘고 형편이 좋지 않으며 상당히 자녀의 효도를 얻는다.
5	**형제**	단결함이 많고 윗사람과 아랫사람 사이에는 엄격한 차례가 있으며 권위를 중시하고 각각 파란곡절이 많다.
6	**연애**	비교적 엄숙하고 살뜰히 돌보며 분위기를 모른다. 지출함은 적고 수확은 도리어 비교적 많다.
7	**혼인**	배우자에 대해 거만함이 있으며 배우자는 이해를 잘하고 원만한 혼인이다.
8	**자녀**	자녀를 가르침에 상당히 준엄하고 자녀의 나타남은 또한 장래성이 두드러진다.
9	**학식**	중등의 학력이 다수를 차지하고 **좀 지식인의 숲을 밀 수 있다.** **말뜻을 이해 못하겠습니다....**
10	**재능**	조작력을 잘하고 연구심이 풍부하며 일에 열성이다.
11	**사업**	대사업은 좋지 않고 성취는 크지 않으며 소형기업 혹은 소매가 비교적 좋다.
12	**직업**	건강사업, 농업, 목축업, 모두 좋고 중간 간부는 성적이 있을 수 있다.
13	**재산**	그런대로 좋고 반드시 돈 때문에 근심하지 않으며 저축과 부동산을 좀 두게 된다.
14	**사교**	꽤 활기가 있지만 그렇게 사람들과 잘 어울리지 않으며 인간관계 소문이 비교적 보통이다.
15	**신체**	매우 건장하며 도리어 작은 병은 끊이지 않고 좀 장수하는 명이다.
16	**질병**	감기, 코막힘, 인후통, 기관지, 폐 부위에 병을 얻기 쉽다.
17	**희망**	대부분 성패가 같지 않고 만약 타인에게 증가시켜 주기를 바람이 많고 더욱이 수확이 있다.
18	**운세**	인생운이 좀 강하고 도리어 인위적인 잘못으로 세가 약함을 받기 쉽다.
19	**복택**	전운(前運)은 비교적 파란곡절과 상리(常理)에 어그러지고 만년의 운은 대부분 행운이 있다.

1 성격	비교적 외모의 성패득실을 중시하고 환상과 동경을 잘하고 실현될 수 없는 환상을 한다.	58 辛 儀신의와 景門의 경문의 命명
2 마음씨	앉아서 말하면 일어날 수가 없이 행하며 웅대한 뜻, 원대한 포부가 없으며 현상에 안주한다.	
3 출신	평범하고 파란곡절이 많지 않은 환경에서 성장함이 다수를 차지한다.	
4 부모	부모와 마음이 맞지 않으며 부모의 품질 조건이 보통이고 일 없이 지내고 있다.	
5 형제	형제자매가 적고 친밀하지 않으며 또한 소원하지도 않고 평범하게 유지한다.	
6 연애	순조롭고 여의하며 비록 작은 파란곡절이 있으나 마침내 희극의 결말을 짓는다.	
7 혼인	배우자에 대해 좀 가혹하게 요구하며 다만 일방적으로 어떤 일에나 순순히 따르고 원만하다.	
8 자녀	자녀를 가르침에 대략 완고하고 진보적이지 않으며 자녀의 나타냄은 꽤 장래성이 있다.	
9 학식	중등 정도의 학력이고 일반 사회의 보편적 수준이다.	
10 재능	문필이 좋고 상상력이 풍부하며 문예의 천부적인 재능이 있다.	
11 사업	창업은 좋지 않고 문교류의 가게를 제외하고 성적은 좋기 어렵다.	
12 직업	월급쟁이에 적합하고 문예, 교육 혹은 학술류 직무이다.	
13 재산	보통이며 큰 부자는 있을 수 없고 먹고 살 만한 국면이 어렵지 않으며 부동산을 사기 어렵다.	
14 사교	보통 나쁘고 열중하지 않으며 인연, 소문, 명성은 다 특별함이 없다.	
15 신체	건강 형편이 좀 약하고 운동과 보양이 부족하며 좀 단명하다.	
16 질병	폐 부위 및 뇌 부위는 비교적 병을 얻기 쉽고 숨이 차거나 천식의 고질이 다수를 차지한다.	
17 희망	달성률이 매우 높고 비교적 현상에 만족하기 쉬우며 환상을 좋아한다.	
18 운세	인생 운세가 보통이고 비교적 기복과 변화가 없으며 또한 발전이 있기 어렵다.	
19 복택	복이 있는 사람이 아니고 일체 전적으로 자아에 의거하여 추적하고 창조한다.	

1 성격	과장하고 실속없이 겉만 화려하며 외모를 중시하고 행동력이 민첩하고 적극적이며 활력이 있다.
2 마음씨	이기심과 고집이고 헛된 명성, 헛된 이익을 추구하기를 좋아하며 진취적이고 현실에 부합되지 않는다.
3 출신	결함이 있고 원만하지 못한 가정환경에서 성장한 자가 다수를 차지한다.
4 부모	품질 조건이 중하(中下)이고 가정에 대한 자녀 가르침에 전력을 다해 책임지지 않는다.
5 형제	형제자매가 많고 이기려 애쓰고 이기기를 좋아하며 서로 양보하지 않고 각자 발전한다.
6 연애	변덕이 심하고 파란곡절이 중중하며 대부분 인연을 이루지 못한다.
7 혼인	배우자에 대해 무관심하고 배우자는 상당히 사소한 데까지 살뜰히 돌본다.
8 자녀	자녀와 화목하지 못하고 늘 의견충돌을 하며 자녀는 오히려 아주 장래성의 나타냄이 있다.
9 학식	중등 이하의 학력이고 지식이나 견문이 그런대로 괜찮다.
10 재능	설득력과 표현력이 강하고 허상 혹은 분위기를 잘 만든다.
11 사업	사업을 크게 하는 것은 좋지 않으며 소형 혹은 소매 방식은 그런대로 성적이 있다.
12 직업	외교 업무, 공공관계의 직무에 가장 적합하고 좋다.
13 재산	보통이고 수입과 지출이 평형이며 먹고 살 만한 국면을 유지할 수 있고 부동산을 사기 어렵다.
14 사교	열중이고 활동적이며 인간관계는 매우 성공하고 소문은 같지 않다.
15 신체	건강 형편이 꽤 양호하며 단지 수명은 보통이다.
16 질병	당뇨병, 요독증, 심장병 등에 걸리기 쉽고 한꺼번에 일어난다.
17 희망	대부분 성패가 같지 않고 늘 사심이 너무 중하므로 성공을 눈앞에 두고 실패한다.
18 운세	보통이고 선천과 후천은 거의 정비례하며 거복이 늘 나타난다.
19 복택	복이 많은 사람은 아니고 부드러운 덕을 많이 기르고 덕을 쌓고 선을 행함이 좋다.

1 성격	외모를 중시하고 과장하며 경망스럽고 소극적이며 두려워서 위축되고 활력이 부족하다.	
2 마음씨	이기심이 중하고 편안함을 좋아하며 수고로움을 싫어한다. 향락을 탐내고 실속없이 겉만 화려하며 실제적이지 못하다.	
3 출신	대부분 온정이 부족하거나 혹은 비교적 비천하고 지위가 낮은 환경에서 성장하였다.	
4 부모	연분이 매우 희박하고 부모의 품질 조건이 높지 않은 자가 다수를 차지한다.	
5 형제	형제자매가 많고 화목하여 단결하지 못하고 옥신각신한다.	
6 연애	대부분 한쪽이 거꾸로 나타나고 한편은 진심으로 원하는 짝사랑이며 원만하기 어렵다.	
7 혼인	매우 안정적이지 못하고 때로는 냉전과 열전을 하며 때로는 남녀의 사랑이 깊어 갈라놓을 수 없다.	
8 자녀	대부분 자녀 교양을 중시하지 않으며 자녀의 나타냄은 그런대로 괜찮다.	
9 학식	대부분 중하(中下) 정도 학력이고 실지 경험을 쌓은 견문이 나쁘다.	
10 재능	특별한 재능이 없고 평범하며 말재주의 표현함이 좋다.	
11 사업	대사업을 할 수 없으며 다른 사람들이 대부분 원치 않는 직업이 도리어 좋다.	
12 직업	장례업, 종교업 등에 비교적 적응할 수 있다.	
13 재산	좀 나쁘며 지출하여 적자를 보이고 늘 돈 때문에 근심한다.	
14 사교	보통이고 인연이 좀 나쁘며 소문, 명성 또한 좋은 일이 없다.	
15 신체	건강이 보통이고 정신 상황이 나쁘며 정상적인 수명의 사람이다.	
16 질병	신장이 비교적 약하고 방광, 요도, 성기능 등의 병이 많을 우려가 있다.	
17 희망	욕망이 아주 크고 대부분 실망하여 결말을 지으며 적극적인 행동이 부족하다.	
18 운세	인생 운세가 매우 약하고 인위적인 역량이 만일 큰 힘으로 진취적이지 못하고 더욱 나쁘다.	
19 복택	불행한 명이며 좋은 운은 결국 한번 번쩍이면 지나가고 액운은 비교적 늘 왕림한다.	

1 성격	고결하고 돈후하며 총명하다. 훌륭한 풍모가 좋고 기질이 고상하며 학자풍으로 너그럽다.
2 마음씨	침착하고 강건하며 기량이 크다. 타인을 잘 이해하고 동정심이 풍부하다.
3 출신	대부분 교양이 좋은 가정환경에서 출생하여 성장한 사람이다.
4 부모	부모는 충후하고 독실하며 고귀하고 이성적이며 자녀의 존경을 매우 많이 받는다.
5 형제	많지 않으며 함께 지내고 서로 융합되며 화락, 단결하고 각각 좋은 발전이 있다.
6 연애	안정적이고 순조로우며 고조가 자꾸 일어나지 않으며 선을 보아 성혼하는 자가 역시 많다.
7 혼인	배우자를 존중하고 자상하게 보살피며 가끔 작은 충돌이 있으나 장애가 없다.
8 자녀	자녀를 가르침에 비교적 권위를 중시하고 자녀는 꽤 얌전하며 다만 나타냄은 보통이다.
9 학식	중고상(中高上)의 학력이고 사회상 수준 있는 인사에 속한다.
10 재능	학술, 예술 방면에 타고난 재질 및 재능이 있고 조정을 잘 한다.
11 사업	비교적 문교류의 사업에 종사함이 적합하고 큰 것은 좋지 않으며 성공하기 쉽다.
12 직업	벼슬하여 관리가 되거나 개인기구 모두 승진의 좋은 기회와 호운이 있다.
13 재산	좋으며 부유하고 충분하며 상당히 저축과 부동산을 구입할 가능성이 있다.
14 사교	정상적인 사교활동이고 인연, 소문, 명성이 상당히 좋다.
15 신체	건강 상황이 좋고 생활 기거가 정상이며 좀 장수하는 명이다.
16 질병	간장이 비교적 약하고 또한 고혈압 및 심장병 등을 주의해야 한다.
17 희망	대부분 실현될 수 있고 성과는 모두 안위와 행운의 축하함을 만난다.
18 운세	인생운이 비교적 순탄하고 파란곡절이나 기복이 크지 않으며 발전이 있기 쉽다.
19 복택	일생 복택이 낮지 않고 박하지 않으며 소중하게 여겨 파악함이 좋다.

1 성격	온화하고 믿음직하며 열성적이고 친절하며 명예나 성패득실을 중시한다.
2 마음씨	인정미와 동정심이 풍부하고 남 돕기를 즐기며 오히려 보답함을 중시한다.
3 출신	대부분 고상하고 청귀한 가정환경에서 출생하여 성장하였다.
4 부모	부모의 연분이 보통이고 품질 조건이 모두 괜찮고 수수하다.
5 형제	많지 않으며 화목하게 함께 지내고, 그렇게 친밀하지는 않으며 각자 발전하고 이룸이 있다.
6 연애	충만하고 상냥하며 달콤한 분위기로 진행하고 결말은 같지 않다.
7 혼인	배우자에 대해 상당히 자상하고 세심하게 보살피나 효과는 도리어 그리 아름답지 않다.
8 자녀	자녀를 가르침에 비교적 온화하고 자상하며 자녀는 교활하고 영리하나 두드러지지는 않다.
9 학식	중상(中上)의 학력이고 일반 사회의 수준으로 특별히 훌륭하지 않다.
10 재능	디자이너, 예술, 설계, 표구, 장식 등의 재능이 뛰어나다.
11 사업	큰 사업에 투자하여 경영하는 것은 적합하지 못하고 기술, 기예, 서비스업은 좋다.
12 직업	지도자나 간부는 적합하지 않고 설계, 디자이너, 사무 처리는 좋다.
13 재산	꽤 좋고 먹고 살 만한 국면은 유지할 수 있으며 부동산 구입도 좀 있다.
14 사교	열중하지만 활기가 없고 인연, 소문, 명성은 상당히 좋다.
15 신체	건장하며 보양을 중시하지 않고 보통 수명의 사람이다.
16 질병	뇌신경쇠약, 사지 관절이 시큰시큰 쑤시고 아픈 증상에 비교적 걸리기 쉽다.
17 희망	대다수 달성률이 높으나 완전무결한 수확은 아니다.
18 운세	인생 운세는 꽤 좋고 기복은 비교적 작으며 완전히 안정적인 것은 아니다.
19 복택	작은 행운은 있는 명이고 인위적으로 더욱 더하여 스스로 다복함을 구하면 좋다.

1 성격	의욕이 충분하고 굳센 힘과 기백이 있으며 신심이 충분하고 강력함이 높다.
2 마음씨	솔직하고 자신의 능력을 믿으며 신심이 충분하고 충동적으로 경솔하게 나아가기 쉽다.
3 출신	중상(中上)이고 상당히 교양 있는 가정환경에서 성장한 사람이다.
4 부모	부모가 고상하고 정직하며 그런대로 부모와의 연분이 좋다고 할 수 있다.
5 형제	형제자매가 많고 늘 의견충돌이 있지만 도리어 상당히 단결하여 서로 도와줌이 있다.
6 연애	순조롭게 진행하는 가운데 작은 분쟁이 있지만 대부분 원만하게 결말을 짓는다.
7 혼인	좋은 짝이라고 할 수 있으며 다만 가끔 배우자로 하여금 순조롭지 못한 느낌이 있다.
8 자녀	가르침에 도리와 소통함을 중시하고 상당히 자녀의 존경을 얻는다.
9 학식	중상(中上)의 학력이고 견문이 해박하며 지식과 상식이 풍부하다.
10 재능	복잡하고 심오하여 이해하기 어렵고 곤란한 사무를 처리함에 뛰어나며 효율이 매우 높다.
11 사업	대사업에 성취함이 있기가 쉽지 않고 작은 공장, 제조업 등을 경영할 수 있다.
12 직업	군인, 경찰, 공무 혹은 사법 등의 직업에 종사함이 적합하다.
13 재산	중등이고 대부는 없고 소부는 가능하며 부동산이 있을 수 있다.
14 사교	꽤 활기가 있고 적극적이며 인연, 소문, 명성, 비난과 칭찬이 절반을 차지한다.
15 신체	건강 형편이 양호하고 보양을 중시하며 좀 장수하는 명이다.
16 질병	체내 수분 조절기능이 나쁘고 항상 변비 혹은 설사 증상이 일어난다.
17 희망	성패가 각각 반이며 분수에 넘치고 기세를 지니며 승리를 과시하고 마침내 패함이 나타나기 쉽다.
18 운세	인생 운과 자기의 노력이 각각 절반을 차지하고 좀 기복이 있다.
19 복택	중년에 복운이 가장 강하고 그 나머지는 비교적 보통이며 그런대로 복이 있는 명이다.

1 성격	외유내강하고 이성(理性)을 중시하며 도리를 말하고 대략 야망과 이기심을 가지고 있다.	
2 마음씨	온화하고 수수하며 일을 처리함에 지혜를 잘 쓰고 부드러움으로 강함을 이기는 방법을 말한다.	
3 출신	평범하고 파란곡절과 곤액이 없는 환경에서 성장하였다.	
4 부모	부모가 비교적 보수적이고 융통성이 없음이 다수를 차지하며 부모에게 상당히 효도할 수 있다.	
5 형제	적으며 함께 살고 극히 사이가 좋으며 친밀하고 각각 나타냄이 좋고 힘을 얻는다.	
6 연애	상당히 순조롭고 또한 한쪽이 간절히 바람이 있다.	
7 혼인	부부생활이 상당히 합리화되고 안정적이며 착실하게 일생을 보낸다.	
8 자녀	자녀를 가르침에 이성(理性)과 친정(親情)을 중시하고 자녀의 나타냄은 특별하지 못하다.	
9 학식	중상(中上)의 학력이고 대단히 학식이 있으며 수준이 높다.	
10 재능	기획, 설계, 장식의 재능에 뛰어나고 상당히 효율이 있다.	
11 사업	큰 사업은 비교적 적합하지 않고 기예, 설계류의 작은 사업이 좋다.	
12 직업	설계, 기획의 막료, 참모에 적합하고 지도자를 담당하는 것은 좋지 않다.	
13 재산	중등이고 금전이 모자람에 이르지는 않으며 또한 약간의 작은 자산을 소유한다.	
14 사교	보통이고 인간관계에 그리 열중하지 않으며 다만 상당히 호평을 받는다.	
15 신체	건강 형편이 좀 약하고 집 밖 활동을 좋아하지 않으며 장수하는 명이라고 말하기 어렵다.	
16 질병	신경쇠약, 불면증, 두통, 어지러움, 목병이 있다.	
17 희망	달성률이 절반이고 행동력, 조작력은 좀 느리다.	
18 운세	인생 운세가 보통이고 인위적인 역량을 보충하여 배합함이 좋다.	
19 복택	전운(前運)은 비교적 복이 순조롭고 후운(後運)은 복이 조금 나쁘다.	

1 성격	성깔이 좀 크며 다만 상당히 신용을 지키고 의리에 밝으며 교제를 잘 한다.
2 마음씨	조급하며 성격이 솔직하고 바른 말을 잘하며 다만 상당히 도리를 말하고 이성(理性)이 순진하며 솔직함이 있다.
3 출신	대부분 불안정한 가정환경에서 성장하였다.
4 부모	부모와의 연이 보통이고 품질 조건이 꽤 좋으며 다만 가운이 안정적이지 못하다.
5 형제	형제자매가 많지 않고 피차 연분이 보통이며 친밀하지 않고 소원하지도 않다.
6 연애	달콤하고 미묘한 분위기를 만들 줄 알고 파란곡절이 적으며 다만 결말이 같지 않다.
7 혼인	상당히 잘 맞고 사이가 좋으며 다만 남몰래 서로 의심한다.
8 자녀	자녀를 가르침에 매우 이성적이며 합리적이고 자녀의 나타냄은 특별하지 않다.
9 학식	중상(中上) 정도의 학력이고 사회 대중 수준을 갖추었다.
10 재능	교제와 대답함에 달인이고 설득력이 강하며 노래와 동작 모두 좋다.
11 사업	큰 사업은 비교적 성취가 어렵고 작은 사업은 도리어 좋은 성적이 있겠다.
12 직업	업무, 외교, 공공관계 등의 지도자 간부에 적합하다.
13 재산	중등으로 큰 부자는 없으며 다만 풍부하고 충분하며 자산이 있을 수 있다.
14 사교	상당히 활기가 있고 열중이며 인간관계가 좋기 때문에 많은 수확이 있다.
15 신체	건강 형편이 꽤 좋고 운동도 넉넉하며 보통의 수명이다.
16 질병	위 부위가 가장 약하고 위염, 위통, 궤양 등의 병을 얻기 쉽다.
17 희망	대부분 소원을 성취할 수 있지만 결말은 결코 휘황하지 않다.
18 운세	인생 운세는 그런대로 강하고 다시 인위적인 역량을 배합하면 크게 좋다.
19 복택	선천적인 복택은 꽤 좋고 청년 시기는 불리하며 만년에는 크게 좋다.

1 성격	원활하게 임기응변을 잘하고 말주변이 좋으며 대략 경망스럽고 침착하지 못하며 성미가 좋다.	**66** 己 儀 기 의 의 傷 와 門 상 의 문 命 의 명
2 마음씨	즐거움과 노여움을 얼굴에 나타내지 않고 모험과 투기를 좋아하고 도리어 숨기며 양호하다.	
3 출신	평범하고 안정적인 환경에서 성장하였으며 그리 큰 곤액을 받지 않는다.	
4 부모	부모와의 연분이 좋고 상당히 마음이 맞으며 투기와 부모의 정이 깊고 농후하다.	
5 형제	형제자매가 적고 매우 화목하며 우애가 있고 서로 돌보며 관심을 가진다.	
6 연애	이성의 연이 매우 좋고 상당히 달콤하며 순조로운 연애이다.	
7 혼인	배우자에 대해 매우 살뜰히 돌보지만 도리어 부적절한 남녀 관계가 있고 아울러 사고가 폭발할 가능성이 있다.	
8 자녀	너무 심하게 내버려두고 자녀를 지나치게 사랑하며 자녀의 나타냄은 오히려 상당히 좋지 않다.	
9 학식	중등 학력이고 견문이 해박하며 표현을 잘하고 더욱이 나타나며 학식이 있다.	
10 재능	타고난 외교 인재이고 다만 성실과 진지함이 좀 부족하다.	
11 사업	큰 사업은 비교적 어렵고 작은 사업이나 소매는 그런대로 성취가 있을 수 있다.	
12 직업	서비스업이 가장 좋고 외교, 업무, 공공관계 직업도 비교적 좋다.	
13 재산	중등이고 큰 부자는 비교적 어려우며 다만 금전 문제에 대해서는 크게 고뇌함에 이르지는 않는다.	
14 사교	가장 활기가 있고 열중이며 사교활동을 하며 인연, 명성, 소문 모두 좋다.	
15 신체	건강 형편이 꽤 좋고 음식과 일상생활이 일정치 못하며 보통 수명이다.	
16 질병	위장 부위가 비교적 약하고 이 방면의 병에 걸리기 쉽다.	
17 희망	반수 이상 소원을 성취하고 다만 욕망이 매우 많고 패한다.	
18 운세	인생 운세가 꽤 좋고 다만 기복이 있음을 면하기 어렵다.	
19 복택	복택이 조금 있고 자아가 진취적으로 추구함을 소홀히 할 수 없다.	

1 성격	강함을 좋아하고 완고하며 의지가 굳고 과단하다. 진심으로 하는 충고는 귀에 거슬리고 제멋대로 한다.
2 마음씨	모험심과 투기심이 강하고 전진은 알고 후퇴는 모르며 꾹 참고 견디며 굴하지 않는다.
3 출신	재액과 곤액이 많은 환경에서 고통을 참고 지내며 성장한 자가 다수를 차지한다.
4 부모	부모에게 매우 효도하고 부모는 비교적 박정하고 고생하는 사람에 속한다.
5 형제	많으며 와자지껄하고 단결하나 개성이 모두 강하고 각각 성취함이 같지 않다.
6 연애	파란곡절이 적지 않고 늘 말다툼하며 달콤한 분위기가 없고 선을 보아 성혼함이 많다.
7 혼인	배우자를 가혹하게 구하고 때로는 충돌함이 있으며 부부간에 거의 도로벽이 있다.
8 자녀	자녀를 가르침에 있어 상당히 준엄하고 자녀의 표현은 상당히 나쁘거나 번거로움을 야기한다.
9 학식	중하(中下) 학력이 다수를 차지하지만 견문과 상식이 꽤 해박하고 수준이 있다.
10 재능	심오하여 이해하기 어렵고 곤란한 사물에 대하여 능력이 초과하여 강하다.
11 사업	큰 사업은 있기 어렵다고 말할 수 있으며 다만 소자본으로 상점을 경영하면 꽤 좋다.
12 직업	단단한 성질, 결단성, 모험성의 직무는 가장 잘 표현할 수 있다.
13 재산	보통으로 수입과 지출이 평형이며 먹고 살 만한 국면을 유지하지만 부동산을 사기는 어렵다.
14 사교	친절하고 오히려 그다지 환영을 받지 못하며 인연, 소문, 명성이 크게 좋다고 말하기 어렵다.
15 신체	건강이 강장하고 폭음과 폭식을 좋아하며 보통 수명의 사람이다.
16 질병	대부분 장 부위가 비교적 약하고 특히 대장, 배설 기능이 나쁘고 변비가 많다.
17 희망	소원달성은 같지 않으며 늘 너무 고집스럽고 변통을 알지 못하여 실패한다.
18 운세	인생 운세는 보통이고 성패는 완전히 인위적인 요인에 있다.
19 복택	만년에 복운은 비교적 좋고 청년 시기에는 불리하며 스스로 다복함을 구함이 좋다.

1 성격	오리가 높고 멀리를 좋아하듯 환상을 좋아하며 헛된 꿈을 꾸고 실제와 맞지 않는다.
2 마음씨	모험과 투기, 교활한 수단을 쓰며 벼락출세를 하기 좋아하고 늘 나쁜 것을 쌓아 옳다고 여기게 된다.
3 출신	빈한한 가정에서 출생한 자가 다수를 차지하고 알맞은 교양과 돌봄을 받지 못한다.
4 부모	부모와 거의 할 말이 없고 부모의 심리 상태를 볼 수 없음이 있다.
5 형제	형제자매가 많고 화목하지 못하며 단결하지 않고 각자 이기심을 추구한다.
6 연애	살뜰히 돌보고 온유함을 알지 못하며 늘 의견으로 시끄러우며 결말이나 끝은 같지 않다.
7 혼인	자녀 관념이 아주 중하고 부부가 늘 반목하므로 서로 충돌이 일어난다.
8 자녀	자녀에 대한 가르침이 지나치게 억지로 요구하고 완고하며 자녀의 나타남은 오히려 매우 나쁘다.
9 학식	대부분 학력이 부족하고 사상이나 관념이 비교적 한쪽으로 치우쳐 깨어 있지 않다.
10 재능	생각이 많은 외에 보통이며 특별한 재능을 말할 수 없다.
11 사업	큰 사업을 이루기는 어렵고 억지로 작은 가게의 장사를 경영할 수 있다.
12 직업	종교와 관련 있는 직업에 종사함이 가장 적합하고 다만 성취와는 관계가 없다.
13 재산	조금 부족하며 가끔 금전으로 근심하게 되고 부동산 구입은 쉽지 않다.
14 사교	그다지 활동적이지 못하고 인간관계를 잘하지 못하며 소문과 명예는 좀 나쁘다.
15 신체	건강 형편이 나쁘며 작은 병은 끊이지 않고 큰 병은 적으며 단명한 추세이다.
16 질병	폐 부위가 비교적 나쁘고 감기, 기침, 코막힘, 기관지염에 걸리기 쉽다.
17 희망	대부분 실현되지 못하고 운이 본래 나쁘며 본인 또한 착실함을 알지 못한다.
18 운세	인생 운세가 약한 편이고 성취가 있기 어려우며 좋은 운 역시 왕림하지 않는다.
19 복택	박복한 명이고 스스로 다복함을 구하는 것이 가장 좋은 방법이다.

1 성격	한다면 하고 대담하게 행동하며 도리어 충분하게 거칠고 투기주의이다.
2 마음새	조바심을 내고 충동적이며 생각함이 세심하지 못하고 모험을 좋아하며 기회를 이용하여 부당이익을 얻으나 솔직하다.
3 출신	평범하고 바쁘며 복잡한 대가정에서 성장했으며 교양이 부족하다.
4 부모	부모와의 연분이 보통이고 오히려 상당히 효도하며 부모의 출신은 낮다.
5 형제	매우 많으며 와자지껄하고 말다툼이 그치지 않으며 오히려 상당히 단결하여 협력한다.
6 연애	경솔하여 마음대로 하고 정서 분위기를 알지 못하여 늘 실패하는 결말을 짓는다.
7 혼인	부부가 시끄럽게 싸우고 냉전과 열전이 끊이지 않으며 이혼할 가능성이 매우 높다.
8 자녀	자녀를 어떻게 가르치는지 알지 못하여 늘 고집과 의견충돌이 발생한다.
9 학식	대부분 학력이 높지 않고 비교적 무지하며 유치한 모양에 속한다.
10 재능	용감하지만 지혜가 없고 어떤 특수한 재능을 말할 만한 것이 없다.
11 사업	무슨 사업이 있다고 말하기 어려우며 또한 개점하여 작은 장사를 하는 것은 적합하지 않다.
12 직업	월급쟁이가 가장 좋고 다만 노동력을 필요로 하는 것을 선택하는 것이 좋다.
13 재산	매우 부족하고 항상 적자가 나타나며 비교적 경제관념과 두뇌가 없다.
14 사교	매우 활기가 있으며 인연은 도리어 좋지 않고 늘 죄인이 됨을 스스로 알지 못한다.
15 신체	건강 형편이 매우 좋으며 오히려 장수하는 명은 아니다.
16 질병	사지, 허리, 목 부위의 외상 등 의외의 사건에 걸리기 쉽다.
17 희망	웅대한 뜻이나 노력하는 목표가 없으며 목적실현은 하지 못하고 손해만 본다.
18 운세	인생 운세는 매우 나쁘고 인위적으로 조성된 요인 또한 매우 큰 영향이다.
19 복택	복이 없는 명이고 부드러운 덕을 많이 기르고 몸을 수양하여 천성을 함양함이 좋다.

1 성격	생기가 전혀 없고 활력이 부족하며 도리어 초조해하고 충동적이기 쉬우며 만사에 제멋대로 한다.	**70** 癸儀 계의와 傷門 상문의 命 명
2 마음씨	비교적 비관적이고 소극적이며 머리를 쓰는 사고(思考)를 그다지 좋아하지 않고 화를 자제하지 못한다.	
3 출신	따뜻하고 친밀한 돌봄이 부족한 환경에서 성장하였다.	
4 부모	부모와 연분이 대다수 부족하고 적게 모이고 많이 떠나며 가정에 따뜻함이 없다.	
5 형제	형제자매가 많고 말다툼이 끊이지 않으며 거의 적대시함에 가깝고 각각 성취함도 없다.	
6 연애	이성의 연이 좋지 않고 또한 연애에 열중하지 않으며 선을 보아 성혼함이 많다.	
7 혼인	상당히 냉담하며 서로 관심을 가지지 않고 기만하며 이혼할 확률이 높다.	
8 자녀	자녀 교양에 관심이 없고 자녀의 나타냄 역시 나쁘며 번거로움을 야기하게 된다.	
9 학식	대부분 학력이 매우 낮고 본인 또한 자신에게 충실해야 함을 알지 못한다.	
10 재능	평범하고 무슨 특별한 재능을 말할 만한 것이 없다.	
11 사업	어떤 사업이 있다고 말하기 어려우며 소자본 장사까지도 모두 하는 것이 쉽지 않다.	
12 직업	샐러리맨이 가장 좋고 다만 일을 늘 바꾸며 주소도 항상 변동하기 쉽다.	
13 재산	아주 부족하며 수입이 매우 적고 비용 절약을 모르며 일생 돈 때문에 근심한다.	
14 사교	활동적이지 않고 인연도 좋지 않으며 소문과 명성 또한 좋지 못하다.	
15 신체	건강 형편이 좋지 않고 병이 끊이지 않으며 비교적 단명에 속한다.	
16 질병	신장, 방광, 요도, 임파선, 요독증 등이 많다.	
17 희망	거의 모두 헛된 꿈이 되고 실현률은 매우 낮으며 크고 원대한 포부 또한 없다.	
18 운세	인생 운세가 매우 나쁘고 결국 액운이 늘 왕림한다.	
19 복택	박복한 사람이라고 할 수 있으며 전적으로 자신에 의해 후천적 수양과 덕을 쌓음이 좋다.	

1 성격	총명하고 우월감이 중하며 기질이 고상하다. 학문이 깊고 품행이 의젓하며 침착하고 성숙한 모양이다.
2 마음씨	스스로 너무 높음을 보고 독선적이며 비교적 자기 주관없이 시대 흐름에 따름을 원하지 않는다.
3 출신	비교적 고상하고 우아한 환경에서 성장하였으며 상당한 총애와 돌봄을 얻는다.
4 부모	부모 연분이 매우 좋고 품질 조건 역시 상당히 수준이 있다.
5 형제	형제자매가 많지 않으며 함께 살고 꽤 화목하고 우호적이며 도움이 좀 있다.
6 연애	순조롭고 평탄한 가운데 작은 파란곡절이 꽤 있지만 마침내 원만한 결말이다.
7 혼인	화목하고 금실이 좋으며 가끔 서로 각각 작은 비밀이 있고 솔직 담백함을 다하지 않는다.
8 자녀	자녀를 가르침에 비교적 위엄이 있고 자녀의 표현은 꽤 단정하고 성실하다고 할 수 있다.
9 학식	중고등 이상의 학력이고 학식은 충분한 수준이라고 할 수 있다.
10 재능	학술에 관한 연구 방면에 비교적 세밀하고 전문적으로 두드러지며 능력이 고강하다.
11 사업	공사 혹은 문교 등에 종사하면 비교적 큰 사업을 얻을 수 있으며 다만 중등으로 성취한다.
12 직업	벼슬을 하여 관리가 되거나 샐러리맨은 승진의 기회가 있으며 높은 간부이다.
13 재산	좋으며 중등으로 돈이 있는 사람이고 금전은 풍족하며 자산이 있다.
14 사교	활기가 좀 있고 인연은 꽤 좋으며 명성과 소문은 상당히 우수하다.
15 신체	건강 형편이 양호하고 체력과 정신이 조금 나쁘며 좀 장수하는 명이다.
16 질병	간 부위가 비교적 약하고 모든 병의 근원이며 간염이나 간경화에 걸리기 쉽다.
17 희망	염원은 대부분 실현되고 운세는 본래 좋으며 본신이 진취적으로 배합할 수 있다.
18 운세	강한 인생 운세이고 만약 다시 개방하여 성취함이 더욱 크다.
19 복택	행운의 사람이라고 할 수 있으며 항상 귀인의 도움이 많고 흉을 만나도 길하게 된다.

1 성격	온화하고 믿음직하며 고결하고 총명하다. 대략 깊고 상당한 야심을 갖추고 있다.
2 마음씨	수수한 가운데 꽤 불만 현상이 있고 말이 많으며 불평하고 비평 논의한다.
3 출신	대부분 고달프고 액이 많은 환경에서 성장하였다.
4 부모	부모와 연분이 극히 좋지만 부모는 도리어 뜻과 같이 순조롭지 않다.
5 형제	형제자매가 적고 오히려 피차 조금도 어울리지 않으며 서로 배척한다.
6 연애	매우 순조롭고 달콤하며 다정한 가운데 부드러움을 교정하고 일부러 꾸밈을 머금는다.
7 혼인	꽤 행복하고 원만하며 부부간 오히려 매우 솔직 담백한 느낌이 아닌 것이 있다.
8 자녀	자녀를 가르침에 있어 자상하고 상냥하며 친절하고 자녀의 표현은 중등인 편이다.
9 학식	중상(中上)의 학력이고 사회 대중 수준이며 조금 강하다.
10 재능	설계, 계획, 복잡한 사무를 잘 처리하는 능력이 있다.
11 사업	큰 사업을 창업함은 좋지 않고 소형 기업 혹은 소매는 성취함이 있을 수 있다.
12 직업	상당히 우수한 보좌, 막료, 참모의 인재이고 지도자는 적합하지 않다.
13 재산	중등으로 큰 부자는 없으며 작은 재물은 어렵지 않고 부동산을 소유할 수 있다.
14 사교	활기가 좀 부족하고 인연은 보통이며 소문과 명성은 꽤 좋다.
15 신체	건강은 그런대로 괜찮고 운동이 부족하며 보통 수명이다.
16 질병	신경통, 풍습증, 관절염, 허리나 등이 시큰시큰 쑤시고 아픈 증상이 있다.
17 희망	대다수 달성할 수 있으며 다만 거의 비교적 느리며 파죽지세 같은 방법이 없다.
18 운세	꽤 좋고 인생 운세는 아주 강한 것이 아니며 비교적 행운이 늘 왕림한다.
19 복택	대략 부족한 것이 유감이고 덕을 많이 쌓고 선을 행하며 스스로 다복함을 구함이 좋다.

1 성격	지혜롭고 꾀가 많으며 기백이 있고 적극적이며 불평불만 현상이 생기기 쉽다.	
2 마음씨	늘 재능을 가지고 있으나 발휘할 때를 만나지 못한 감개가 있고 강한 것을 좋아하는 고집이 있으며 진 것을 인정하고 잘못을 인정하지 않는다.	
3 출신	대부분 흥망성쇠, 안정적이지 못한 환경에서 출생하고 상당히 일찍 조숙한다.	
4 부모	부친 운은 안정적이지 않고 모성은 날카롭고 세심하며 총명함이 다수를 차지하고 부모 모두 인연이 얕다.	
5 형제	형제자매가 많으며 화목하지 못하고 말다툼이 그치지 않으며 서로 돕는 힘이 부족하다.	
6 연애	순조로운 가운데 작은 의견충돌이 생기기 쉽고 대부분 좋은 결말이 있을 수 있다.	
7 혼인	튼튼하고 좋은 부부생활이며 가끔 침체 상태에 빠진다.	
8 자녀	상당히 자녀의 존경과 효도를 얻으며 아쉽게도 자녀의 표현은 특별히 훌륭하지 못하다.	
9 학식	중상(中上)의 학력이고 때때로 자신에게 충실하며 지식을 배울 줄 안다.	
10 재능	일 처리 능력이 강하고 과단한 효율이 높으며 그다지 겸손하지 못하고 자포자기하기 쉽다.	
11 사업	큰 사업을 창출할 수 있으나 성취도는 높지 않으며 겉은 화려해도 속이 비었다.	
12 직업	중급 간부, 군인, 경찰, 공무원에 적합하고 승진함이 있다.	
13 재산	꽤 좋으며 먹고 살 만한 이상의 상태이고 작은 자산이 있으며 저축도 좀 있다.	
14 사교	활기가 있고 인연이 보통이며 소문과 명성은 도리어 비교적 좋다.	
15 신체	꽤 건강한 편이며 활력이 있고 장수한다고 말하기 어려우며 단명한 사람도 아니다.	
16 질병	위장병, 사지, 근골, 허리 부위가 시큰시큰 쑤시고 아픈 병을 얻기 쉽다.	
17 희망	사려함이 높고 중도에서 그만두기 쉬우며 염원은 결국 이로 인해 성패가 같지 않다.	
18 운세	좀 강하며 인생 운세가 본래 좋고 도리어 결국 적당하게 배합이 좋은 방법이 없다.	
19 복택	선천적인 복택은 조금 있으며 더욱이 모름지기 인력으로 빛나고 성대함을 발휘해야 한다.	

1 성격	총명한 재능과 지혜가 있고 포용력과 협조성이 강하며 온화하고 믿음직함이 깊다.	
2 마음씨	만사에 동요하지 않고 꿋꿋하며 의논해서 결정한 후 움직이며 신중하고 깊이 타산하며 부드러움으로 승리를 차지한다.	
3 출신	먼저 성하고 후에 쇠한 가정에서 자라 성숙하여 실지 경험을 쌓음이 비교적 이르다.	
4 부모	부친과 연은 좋으나 모친의 연은 나쁘며 부친은 대부분 일찍이 뜻을 얻고 만년에 곤궁해진다.	
5 형제	형제자매가 많지 않고 그다지 친밀하게 힘을 얻지 못하며 거리감을 유지한다.	
6 연애	그 자연스러움에 따르고 감정의 장난질에 열중하지 않으며 선을 보는 자가 다수를 차지한다.	
7 혼인	부부생활은 상당히 이성적이고 안정적이며 비교적 남녀의 사랑이 깊어 갈라놓을 수 없는 분위기가 없다.	
8 자녀	자녀를 가르침에 상당히 공평하고 합리적이며 자녀의 나타남은 보통이다.	
9 학식	중상(中上)의 학력이고 사회 견문과 실지 경험을 쌓고 지식이 매우 충실하다.	
10 재능	지혜가 있고 세심하며 총명하고 유능하며 노련하다. 설계, 모략, 책략, 계획에 뛰어나다.	
11 사업	큰 사업의 창업은 적합하지 못하고 크고 작은 장사를 자영하여도 성취는 그리 좋지 않다.	
12 직업	월급쟁이가 가장 적합하고 막료나 참모의 인재이며 지도자형은 아니다.	
13 재산	꽤 좋으며 먹고 살 만한 상태를 유지하고 자산이 좀 있다.	
14 사교	꽤 활기가 있으나 열중하지 않으며 인연, 명성, 소문은 그런대로 좋다고 할 수 있다.	
15 신체	건강은 보통이고 편식을 하며 운동이 적고 보통 수명이다.	
16 질병	고혈압 혹은 저혈압이 있고 임파선, 편도선염이 다수를 차지한다.	
17 희망	대부분 멀리 내다보고 깊이 타산하며 소원을 성취하고 전적으로 지혜에 의거한다.	
18 운세	꽤 좋으나 매우 강한 인생 운은 아니고 후천적인 인력이 중요하다.	
19 복택	불행하지 않고 또한 다복한 명도 아니다. 모름지기 자기의 힘에 의거하여 스스로 다복함을 구해야 한다.	

1 성격	신용을 지키고 의리를 말하며 교제와 대응함에 뛰어나고 영예심을 중시한다.
2 마음씨	성실하고 극진하며 충후하고 책임지며 조리가 있고 가끔 불평불만한다.
3 출신	꾸밈이 없고 인정이 많으며 후하나 가난하고 권세가 없는 가정에서 성장한 사람이다.
4 부모	부친연이 나쁘고 모친연은 매우 좋으며 부모는 그다지 어울리지 않고 모친이 가정을 책임지며 담당한다.
5 형제	형제자매가 많고 화목하며 서로 단결하고 다만 각각 모두 운이 나쁘다.
6 연애	순조롭고 안정적인 가운데 진행하며 또한 선을 보아 성혼한 자가 있다.
7 혼인	표면으로는 꽤 좋은 짝이나 실제로는 그다지 어울리고 친밀하지 않다.
8 자녀	자녀를 가르침에 있어 늘 객관적인 이성으로 소통하고 자녀의 표현은 보통이다.
9 학식	중등 이상의 학력이고 일반 사회의 수준을 갖추고 있다.
10 재능	복잡한 사물 처리를 잘하고 나타내는 표현력은 모두 충분한 수준이다.
11 사업	일생 사업이 보통이고 큰 성취가 있기는 어려우나 여지없이 패하지만 재기불능에는 이르지 않는다.
12 직업	교직, 실무, 외교 등의 일에 종사함이 가장 적합하다.
13 재산	꽤 좋고 먹고 살 만한 상태이며 작은 자산을 소유할 수 있다.
14 사교	상당히 활기가 있고 신용이 좋으며 인연, 풍문, 명성 모두 뛰어나다.
15 신체	건장함에 속하는 사람이고 다만 늘 음식을 절제하지 않으며 보통 수명이다.
16 질병	위 부위가 가장 약하고 위염, 위궤양, 소화불량 등을 얻기 쉽다.
17 희망	대부분의 희망이 이루어질 수 있으며 다만 모두 완전무결한 성과는 아니다.
18 운세	보통이고 인생 운이 파란곡절이 많지 않으며 단 좋은 운이나 행운 역시 많지 않다.
19 복택	좀 좋으며 그런대로 자기에 의거하여 배양하고 적극적으로 창조해야 한다.

1 성격	나타내는 표현력이 강하고 원활하게 응변하는 능력이 좋으며 겉을 중시한다.	
2 마음씨	친절하고 상냥하며 자기를 잘 숨기고 솜씨 있는 공격으로 비평하는 사람이다.	
3 출신	중등이고 평범한 가정에서 성장했으며 풍랑 없이 순조롭고 안정적이다.	
4 부모	부모 품질 조건은 높지 않고 다만 상당히 자상하고 자녀를 사랑한다.	
5 형제	우애하고 화목하며 서로 돕는 힘은 좀 부족하고 각각 성취 발전은 같지 않다.	
6 연애	이성연이 좋고 분위기를 잘 만들며 풍류가 좀 있으나 순조롭다.	
7 혼인	배우자에 대해 매우 살뜰히 돌보고 섬세하다. 오히려 부적절한 남녀관계의 기회가 있고 은밀함을 좋아한다.	
8 자녀	자녀를 너무 지나치게 사랑하고 자녀는 그다지 크게 장래성이 없으며 투기심이 있다.	
9 학식	중등 학력이고 견문과 상식이 해박하며 높은 학식을 나타낸다.	
10 재능	꽤 좋고 교제수완이 고명하며 말재주와 임기응변력이 좋다.	
11 사업	큰 사업의 성취는 비교적 어렵고 소매성의 작은 장사는 매우 이상적이다.	
12 직업	외교 업무, 서비스, 공공관계 등은 좋은 성취가 있을 것이다.	
13 재산	꽤 좋고 큰 부자는 어려우며 먹고 살 만한 상태가 있고 작은 자산을 소유한다.	
14 사교	상당히 활동적이고 고명하며 원활하게 영민하며 인연과 명성이 모두 좋다.	
15 신체	표준체력이고 보통 건강하며 다만 장수하는 사람은 아니다.	
16 질병	위장 부위가 비교적 약하고 위장병 및 소화불량, 영양불량을 얻기 쉽다.	
17 희망	달성률이 높고 단 욕망이 매우 크며 비정상적으로 인하여 성패는 같지 않다.	
18 운세	인생 운세는 보통이고 기회와 운수를 잘 파악하고 도리어 행운을 얻기 쉽다.	
19 복택	꽤 좋고 후천적임을 기다려 창조와 쟁취를 추구하여 스스로 다복함을 구함이 있다.	

1 성격	의지가 굳고 과단하며 좀 조바심을 내고 좋은 것을 선택하는 고집이 있다.
2 마음씨	원수처럼 미워하고 거리낌없이 직언하며 권세를 두려워하지 않고 자신을 단속하며 남에게 가혹하다.
3 출신	보통 가정에 준엄하고 장중한 권위로 가르침을 받아 성장하였다.
4 부모	아버지는 엄하고 어머니는 자애로우며 부모의 조건은 보통이고 다만 정직하고 법을 지키며 이성적이다.
5 형제	형제자매가 많지 않고 단 장유유서(長幼有序)이며 예절을 중시하나 친밀하지 않다.
6 연애	매우 엄숙하며 실패율이 높고 중매인에 의지하여 선을 보아 성혼한다.
7 혼인	배우자에 대해 비교적 엄격하고 함부로 말하거나 웃거나 하지 않으며 부부생활은 서먹서먹함이 있다.
8 자녀	자녀를 가르침에 상당히 준엄하고 나타남은 꽤 좋으며 단 대부분 그리 효도하지 않는다.
9 학식	중등 학력이고 지식과 상식과 견문이 모두 일반 수준이다.
10 재능	일 처리 능력이 강하고 다만 조정함이 부족하며 자기 견해를 고집하고 변통을 알지 못한다.
11 사업	큰 사업의 성취는 어렵고 소자본 사업은 도리어 경영에 안정을 얻는다.
12 직업	굳은 결단으로 주동하는 기질은 좋고 승진의 좋은 기회가 있을 수 있다.
13 재산	보통이고 수입과 지출이 평형이며 돈으로 인한 근심을 하지 않고 부동산을 살 기회가 있다.
14 사교	꽤 좋은 군자의 사귐에 속하며 늘 강직하기 때문에 죄를 얻는 사람이다.
15 신체	정신이 매우 좋고 그런대로 건강하며 보통 수명의 사람이다.
16 질병	장 부위가 비교적 약하고 소화 및 배설기능의 병이 많다.
17 희망	성패가 같지 않고 비교적 욕망에 몰두하며 변통을 알지 못하고 도리어 성공이 쉽지 않다.
18 운세	인생 운세가 오르락내리락하고 좋은 운이 항상 오는 것이 아니며 아름답다고 말하기 어렵다.
19 복택	평범하고 부드러운 덕을 쌓음이 좋으며 스스로 다복함을 구하는 명이다.

1 성격	좀 내성적이고 조용하며 괴팍함이 있고 친근하기가 쉽지 않으며 너무 소심하다.	
2 마음씨	좀 신경질적이고 심사숙고하며 환상을 좋아하고 정신생활, 단꿈을 동경한다.	
3 출신	가정 형편이 비천하고 현실이 복잡하며 융통성이 없고 가혹하게 엄한 환경에서 성장하였다.	
4 부모	품질 조건이 중하(中下)이고 부모 연분이 비교적 세심하지 않고 얕으며 그다지 친밀하지 않다.	
5 형제	형제자매가 많고 의견이 서로 맞지 않으며 제버릇대로 하고 힘을 얻지 못한다.	
6 연애	지나치게 아름다움을 탐하는 관념이고 항상 골몰하며 스스로 번뇌와 고민을 찾는다.	
7 혼인	상대에게 너무 가혹하게 요구하고 자기의 의견을 고집하며 겉으로는 친한 듯하지만 실은 소원한 상을 조성한다.	
8 자녀	가르침에 너무 완고하여 진보적이지 못하고 자녀는 도리어 반역심이 강하고 나타냄이 나쁘다.	
9 학식	중등 학력이고 지식과 상식이 그런대로 좋으며 다만 비교적 한쪽으로 치우쳐 객관적이지 못하다.	
10 재능	일반 수준이고 문필이 좋으며 생각함이 많고 말도 많으며 도리어 적극적이지 못하다.	
11 사업	큰 사업은 있기 어렵고 작은 투자나 작은 가게는 비교적 성적이 있다.	
12 직업	월급쟁이가 가장 좋고 일반 사무원 혹은 작은 공무원이다.	
13 재산	좀 부족하고 큰 돈을 벌기 어려우며 반드시 금전 때문에 괴롭힘 혹은 고뇌할 필요가 없다.	
14 사교	보통이며 사교활동에 열중하지 않고 정상적인 교제를 한다.	
15 신체	좀 약하며 운동이 결핍되고 보양을 중시하지 않으며 장수하는 명이 아니다.	
16 질병	폐 부위가 비교적 약하고 호흡계통의 병이 많으며 감기나 코막힘에 걸리기 쉽다.	
17 희망	행동력이 느리고 결국 염원은 원만하게 달성하기는 쉽지 않으며 헛된 꿈이다.	
18 운세	좀 약한 인생 운이고 다만 파란곡절의 기복 변화가 크지 않으며 보통이다.	
19 복택	특이한 것 없이 평범하고 오직 자기 노력에 의하여 창조 쟁취한다.	

1 성격	초조해하고 신중하지 못하고 경솔하며 적극적이고 생각을 말하면 즉시 행동에 옮긴다.
2 마음씨	입은 거칠어도 뒤가 없고 입으로 가로막음이 없으며 솔직하게 비평하고 타인과 의논한다.
3 출신	가정 형편이 보통이고 오히려 매우 친밀하고 꾸준하며 낙관적이고 활달하며 시원시원한 집이다.
4 부모	부모는 중하(中下) 계층이고 도리어 상당히 근검하며 부모연이 모두 좋다.
5 형제	형제자매가 많고 화목 단결하며 다만 모두 장래성이 있는 것은 아니다.
6 연애	감정이 옥신각신하고 파란곡절이 상당히 많으며 시끄럽게 싸우고 결말이 있다.
7 혼인	부부의 감정이 안정적이지 못하고 늘 변덕이 심하며 심지어 서로 속인다.
8 자녀	자녀의 나타남은 보통이고 부모를 속이며 늘 의견충돌하는 일이 발생한다.
9 학식	중등 학력이고 지식과 상식이 일반 수준을 갖추었다.
10 재능	일하는 효율이 높고 다만 너무 경솔하며 사려와 세밀함이 부족하며 경솔하게 나아간다.
11 사업	투기, 모험, 경쟁성에 적합하고 다만 큰 사업은 있기 어렵다.
12 직업	도살업, 식육점, 체육인, 운동원, 치안, 군인, 경찰이 좋다.
13 재산	부족하고 지출이 수입보다 크며 늘 적자로 근심하고 번뇌함이 있다.
14 사교	인연, 명성, 소문이 좋고 나쁨이 절반이며 단 매우 활기가 있는 편이다.
15 신체	상당히 건장하고 위풍당당하며 힘이 아주 세고 다만 장수하는 명은 아니다.
16 질병	사지, 허리 부위, 근골, 관절, 머리 부위의 병이 다수를 차지한다.
17 희망	용감하나 지혜가 없고 충동하기 쉬우므로 만사에 비교적 소원을 성취하기 어렵다.
18 운세	약한 편이고 매우 안정적이지 못하며 좌절함이 끊이지 않고 실수하여 좋은 기회를 잃는다.
19 복택	박약하고 마음을 닦고 천성을 함양하며 덕을 쌓고 선을 행하면 좋고 바야흐로 미래의 행복이 있다.

1 성격	나약하고 무능하며 자신을 알지 못하고 소극적이며 활력이 없고 불평 불만이다.	
2 마음씨	신랄하고 매몰차며 비평과 들추어냄을 좋아하고 쌍방에 말을 옮겨 시비를 일으키기를 좋아한다.	
3 출신	가정 형편이 따뜻함이 부족하고 화목하지 못하며 물질 및 정신생활이 나쁘다.	
4 부모	부친연은 꽤 좋고 모친연이 나쁘며 부모의 품질 조건 역시 나쁘다.	
5 형제	형제자매가 많고 오히려 단결하여 협력하지 않으며 각각 발전한다.	
6 연애	여러 차례 좌절을 만나고 순조롭지 못하며 선을 보아 바야흐로 성혼하게 된다.	
7 혼인	감정이 좋지 않고 서로 무관심하며 기만하고 속인다.	
8 자녀	무관심하고 전력을 다해 책임지지 않으며 자녀의 표현은 나쁘고 불효한다.	
9 학식	학력이 높지 않고 지식이 결핍되며 더욱이 연수하여 충실함을 알지 못한다.	
10 재능	일 처리 효율이 나쁘고 중임을 담당할 방법이 없으며 그다지 겸허하지 않다.	
11 사업	털끝만큼도 사업을 말할 것이 없고 기껏해야 작은 가게를 열고 작은 장사를 한다.	
12 직업	월급쟁이가 가장 좋고 다만 승진할 기회가 낮고 늘 자리가 불안하다.	
13 재산	부족하며 지출이 결국 수입을 초과하고 늘 돈 때문에 근심하고 번뇌한다.	
14 사교	별로 활동적이지 못하고 인연이 나쁘며 명성과 소문 역시 좋지 않다.	
15 신체	그다지 신체가 건강하지 못하고 작은 병이 끊이지 않으며 수명 또한 길지 못하다.	
16 질병	신장, 방광, 비뇨계통, 임파선, 편도선 등의 병이 비교적 많다.	
17 희망	심사를 기울이고 결국 성공을 눈앞에 두고 실패하며 성공 달성률은 아주 낮다.	
18 운세	좀 약하며 또한 대부분 파도와 같은 기복의 형태를 보이고 적시에 장악할 방법이 없다.	
19 복택	선천적인 복택은 박약하고 수행을 많이 닦고 부드러운 덕을 수양하며 덕을 쌓음이 좋다.	

命理心得 명리심득

1판 1쇄 인쇄 | 2015년 09월 02일
1판 1쇄 발행 | 2015년 09월 11일

지은이 | 안희성
펴낸이 | 문해성
펴낸곳 | 상원문화사
주소 | 서울시 은평구 신사1동 32-9호 대일빌딩 2층
전화 | 02)354-8646 · **팩시밀리** | 02)384-8644
이메일 | mjs1044@naver.com
출판등록 | 1996년 7월 2일 제8-190호

ISBN 979-11-85179-15-5 (03180)